Ungleichheit

Christian Stegbauer (Hrsg.)

Ungleichheit

Medien- und kommunikations-
soziologische Perspektiven

 Springer VS

Herausgeber
Christian Stegbauer
Frankfurt, Deutschland

ISBN 978-3-531-17602-4   ISBN 978-3-531-94213-1 (eBook)
DOI 10.1007/978-3-531-94213-1

Die Deutsche Nationalbibliothek verzeichnet diese Publikation in der Deutschen Nationalbibliografie; detaillierte bibliografische Daten sind im Internet über http://dnb.d-nb.de abrufbar.

Springer VS
Einbandentwurf: KünkelLopka GmbH, Heidelberg

Gedruckt auf säurefreiem und chlorfrei gebleichtem Papier

Springer VS ist eine Marke von Springer DE. Springer DE ist Teil der Fachverlagsgruppe Springer Science+Business Media
www.springer-vs.de

Inhalt

I Einleitung

Medien und soziale Ungleichheit: Eine Einleitung

Christian Stegbauer

Fahrkarten im Internet buchen, Briefmarken per Mouse-Klick kaufen, sich über eine Krankheit und mögliche Behandlungsmethoden informieren oder sich nur mit Freunden im Facebook verabreden – ohne das Web lässt sich für viele das alltägliche Leben kaum noch vorstellen. Der Feierabend wird durch die Glotze erst richtig gemütlich und für die ersten Tagesinformationen beleuchtet das Flimmern des Frühstücksfernsehens den Kaffeetisch. Auf langen Autofahrten hilft das Radio nebenbei die Langeweile mit seinen Inhalten etwas aufzulockern.

Medien durchdringen unseren Alltag immer mehr, diejenigen, die mit dem Internet aufgewachsen sind, kommen kaum noch ohne aus. Das Internet ist dort häufig omnipräsent. Der Bezug zur Welt wird immer mehr über Medien vermittelt. Unser Wissen ist in beträchtlichem Umfang nicht mehr auf unmittelbare Erfahrung zurückzuführen, es kommt aus den Medien, es wird durch das Mediengeschehen und die Medienaufmerksamkeit geformt und verändert. Selbst dort, wo keine technischen Medien zwischengeschaltet sind, sind die Gesprächsinhalte zu hohem Anteil auf Informationen, die aus Medien stammen, zurückzuführen.

Aufgrund der hohen Bedeutung der Medien für uns in der Moderne muss genauer auf die sich daraus ergebenden Konsequenzen geschaut werden. Das alles ist nicht völlig neu[1]. Allerdings unterliegen die Medien, wie die Gesellschaft insgesamt andauernden Veränderungen. Dieser Wandel macht eine dauernde Beobachtung notwendig, denn die Auswirkungen sind groß. Wirkungen, die dieser Wandel hat, verändern die Gesellschaft und damit auch das soziale Gefüge. Zudem sind die Wirkungen ungeheuer vielfältig – hier fehlen genauere Analysen, die das Spektrum der Ungleichheitsproduktion in den zahlreichen Facetten abbilden. Zugang ist dabei nur eine unter vielen Komponenten.

Gesellschaftsbeschreibungen der letzten Jahre weisen alle auf die Bedeutung der Medien und ihres Wandels hin, bzw. lassen sich in diese Richtung interpretieren. Sei es die „Mediengesellschaft" (Jarren 2001) oder die „Mediatisierung" (Krotz 2001), die „Informationsgesellschaft" mit ihrer „Informatisierung" (Nora/Minc 1980) und der Ablösung der Industrie als Kern der Gesellschaft durch moderne Dienstleistungen, die auf Wissen und Information beruhen (Bell 1973). Dies führt zu einer „Wissensgesellschaft" (Stehr 1994; Spinner 1994), aber auch die „Aufmerksamkeitsökonomie" (Franck 1998) und die

---

[1] Für das Internet (Digitale Spaltung) siehe beispielsweise (Witte/Mannon 2010; Zillien 2006; Marr/Zillien 2010)

„Netzwerkgesellschaft" (Castells 2003) ist ohne eine Veränderung der Medienbedeutung nicht denkbar. Die Liste ist damit nicht zu Ende. Es soll nur ein Eindruck davon gegeben werden, dass solche Gesellschaftsdefinitionen nicht ohne Veränderungen der Medien und auch nicht ohne Konsequenzen für die Balancierung von Gleichheit und Ungleichheit auszukommen vermögen.

Medien sind in der Lage, räumliche und zeitliche Begrenzungen zu überwinden. Sie können Bildungsprozesse in Gang setzen und unterstützen. Sie können dadurch gesellschaftliche Klüfte potentiell verkleinern[2]. Einige von ihnen besitzen zudem die Eigenheit, dass bei bildloser Kommunikation Vorabzuschreibungen kaum möglich sind. Medien ermöglichen Organisationsprozesse von Menschen, die eine Gegenmacht erzeugen können und helfen damit Machtungleichgewichte partiell zu überwinden. Sie sorgen also für eine größere Gleichheit zwischen den Menschen.

Destrukturierung nannte man dies in der Frühphase der Einführung des Internet[3]. Enthusiastische Arbeiten und Bücher wurden in dieser Zeit publiziert (z. B. Brauner/ Bickmann 1996, Bühl 1997, Tappscot 1998, Turkle 1998). Vielleicht gehören solche Phantasien zum Gelingen der Einführung (Rogers 1962) von Medien. Wenn die Euphorie abgeklungen war (Stegbauer 1996), erfolgte öfters nicht nur Ernüchterung und die Phase der Empirie, es erfolgte auch eine Veralltäglichung, die zu einer „Betriebsblindheit" führt, und bestimmte Themen nicht mehr der Wahrnehmung zugänglich macht.

Von der Egalisierungsthese kam man im Falle des Internet sehr schnell zu (meist durch empirische Studien gestützten) differenzierteren Einschätzungen der Medien, inklusive dem Entstehen von neuen Ungleichheiten.

Hierbei spielte die Diffusionsperspektive eine deutliche Rolle, diese bildet sozusagen die Grundlage für alles andere. Beteiligen kann sich nur, wer „drin" ist im Internet. Hierzu wurden aufwändige Studien durchgeführt, um zu ermitteln, wie weit die Durchdringung der Gesellschaft bereits vorangeschritten war (etwa die (N)onliner-Studie, die seit 2001 regelmäßig durchgeführt wird)[4]. Es war klar, dass Männer und jüngere Menschen überrepräsentiert waren, insbesondere Ältere (Paul/Stegbauer 2005) und weniger gebildete Menschen immer noch nicht oder erst viel später zu „Onlinern" wurden. Vergleiche zwischen Ländern wurden angestellt – und es gilt als Wettbewerbsvorteil zwischen den Volkswirtschaften, wenn eine hohe Durchdringung erreicht wurde. Bei alldem zeigte sich, dass ganze Erdteile weitgehend abgehängt blieben oder sich mit einer peripheren Position begnügen mussten (Jensen 2002).

In den Gesellschaften wurden Bildungsprozesse in Gang gesetzt. Diejenigen sozialstrukturellen Gruppen, die noch nicht ausreichend vertreten waren, sollten auf den Stand gebracht werden (EU-Kommission 2002) – mit einem Computer- (Allerbeck/

---

2   Rammert (1993) zum Telefon: In England dauerte die Einführung länger als anderswo, weil die egalisierende Wirkung des Telefons in der britischen Klassengesellschaft eine kulturelle Hürde darstellte.
3   kritisch hierzu Stegbauer (2001).
4   http://www.nonliner-atlas.de/ (05.08.2011).

Hoag 1989) oder einem Internetführerschein[5]. Mag sein, dass solche Bildungsprozesse gelingen und zu einer Linderung von Ungleichheiten auf der individuellen Ebene führen. Es darf hierbei allerdings nicht vergessen werden, dass je kleiner die verbleibende Minderheit der Nichtnutzer wird, sich deren Lage verschlechtert, etwa was den Umbau der Infrastruktur angeht. In diesem Falle wird also durch Maßnahmen des Abbaus von Ungleichheit, genau diese noch weiter verstärkt.

Beteiligung ist aber nicht alles, wie sich zeigt, wenn man nach Unterschieden in den Nutzungsweisen fragt. So verteilt sich der Gebrauch sehr ungleich: Je höher die Bildung, umso häufiger und intensiver wird das Internet genutzt (Kutscher et al. 2009). Die Wissenskluft (Tichenor et al. 1970) zwischen den sozialen Schichten wächst damit weiter. Was Studien bereits in den 1980er Jahren für die Fernsehnutzung belegten, lässt sich auch auf das Internet übertragen: Die bildungsfernen Schichten nutzen das Fernsehen zur Entspannung und Unterhaltung, die tendenziell gebildeteren eher zur Information (Busse 2009). Ähnliche Befunde fanden sich auch zum Umgang mit Computern (Schwab/Stegmann 1999).

Die Beteiligung unterschiedlicher gesellschaftlicher Gruppen sorgt also, so legen es diese Erkenntnisse nahe, für einen Anstieg der Ungleichheit – im einen Fall werden Bildungsprozesse unterstützt, im anderen Fall nicht. Dies hat natürlich Auswirkungen für die Menschen, die sich damit befassen. Es lässt sich aber mindestens noch ein weiterer Trigger für Ungleichheit finden: In den Kommunikationsprozessen im Internet selbst entstehen neue Ungleichheiten, sei es, dass Zufälle im Partnerschaftsmarkt ausgeschlossen werden (Dröge in diesem Band) oder dass ein Kommunikationsstruktur entsteht, die dazu führt, dass nicht auf alle in gleichem Maße gehört wird (Stegbauer in diesem Band).

Ungleichheit ist nicht nur ein objektives Phänomen der Differenz, es ist gleichzeitig ein Phänomen der Deutung – und solche Deutungen werden häufig in den Medien präsentiert (hierzu beispielsweise der Beitrag von Karin Knop in diesem Band).

Was aber sind genau Ungleichheiten? Zunächst haben wir es mit Differenzen zu tun. Viele der Differenzen sind in einer arbeitsteiligen Gesellschaft als zwangsläufig anzusehen. Oft werden solche Differenzierungen aber gleichzeitig zu Ungleichheitsgrenzen, so verdient oft nicht der Tüchtigste das höchste Einkommen, wie manche das behaupten mögen, sondern es hängt von der Konkurrenzsituation und der Bewertung von Tätigkeiten ab, wie Arbeit dotiert ist. Will man eine solche Problematik thematisieren, so kommt man um eine Bewertung normativer/moralischer Art nicht umhin. Solche Bewertungen sind aber nicht der Gegenstand wissenschaftlicher Erkenntnis – sie können diese bestenfalls leiten, also der Forschung eine Richtung geben.

Mit dem Begriff der „Ungleichheit" ist somit eine Wertung verbunden, die aber soziologiegeschichtlich praktisch schon immer vorhanden war, bzw. sogar mitkonstitutiv für diese Wissenschaft war. Gesellschaftliche Umbrüche, bedingt durch die Industriali-

---

5   http://www.bildungsserver.de/zeigen.html?seite=3323 (05. 08. 2011).

sierung machten nicht nur klar, dass die Gesellschaft Wandlungen unterliegt, sie stellen auch bisherige Legitimierungen von Ungleichheit in Frage (Korte 1995).

Ungleichheit wurde also zu einem zentralen Thema, einem Thema sogar der soziologischen Aufklärung:

> „Soziale Ungleichheit ist eine von Menschen veränderbare Grundtatsache heutigen gesellschaftlichen Lebens. Von den Beteiligten und Betroffenen wird sie allerdings häufig als unabänderliches Schicksal hingenommen. Dennoch besteht die Hoffnung, dass mit der genaueren Einsicht in die Entstehung und Wirkungsweise sozialer Ungleichheitsverhältnisse auch deren vermeintliche Selbstverständlichkeit ins Wanken gebracht werden kann." (Kreckel, 2004).

Inwiefern die Medien dabei eine Rolle spielen, wurde ja bereits angedacht. Im Buch wird auf die Vielfalt von Ungleichheitsmustern hingewiesen. Ungleichheit aus einer kommunikations- und mediensoziologischen Perspektive zu thematisieren ist nicht ganz neu, gleichwohl gibt es nicht sehr viel Forschung dazu und schon gar keine Sammlung in der Breite der hier vorgestellten Beiträge.

Die Beiträge wurden gegliedert in die Bereiche Öffentlichkeit, Migration, Gesellschaft und Ungleichheitsproduktion in den Medien selbst. Klar, dass es sich bei dieser Gliederung nicht um ein richtig geschlossenes Gliederungssystem handelt, bei dem die Kategorien vorbehaltlos ineinander passen würden. Ziel der Gliederung ist es aber die Heterogenität der Beiträge dem Leser zugänglich zu machen. Nicht jeder wird sich für alle Themen gleichermaßen interessieren; nicht jeder wird alle Beiträge lesen wollen.

Das Buch beginnt mit dem Abschnitt „Öffentlichkeit". Der erste Beitrag wird durch eine grundlegende Betrachtung von Kurt Imhof über gesellschaftliche Differenzierung und ihrer Anwendung auf eine Soziologie der Öffentlichkeit gebildet. Dieser Beitrag, wie viele andere auch verschränkt ganz grundsätzliche Fragestellungen der Soziologie mit der speziellen Soziologie des Buches.

Während sich Öffentlichkeit sehr stark, aber eben nicht nur in Massenmedien abspielt, wird als Sammlungsmerkmal für die folgenden Beiträge die Orientierung an Massenmedien benutzt.

Im Beitrag von Cornelia Wallner, Oliver Gruber und Petra Herczeg wird danach gefragt, wer denn in der Öffentlichkeit zu Wort kommt. Die Autoren zeigen, dass es eher selten die Betroffenen von Entscheidungen sind – viel eher sind diejenigen zu vernehmen, welche die Bedingungen schaffen, von denen andere dann betroffen werden. Eine solche Struktur an Beteiligung kann man nur „elitendominiert" nennen, jedenfalls ist das weit entfernt vom deliberativen Modell der Öffentlichkeit.

Nicht um Inhalte, als um Präferenzen geht es im nächsten Beitrag, bei dem die Mediatisierungsthese (Krotz 2001) bedeutend ist. Im Beitrag von Jörg Hagenah und David Gilles wird gefragt, wie und in welchen sozialen Gruppen die Medienpräferenz der Deutschen seit Einführung des dualen Rundfunks gestiegen ist. Es wird gezeigt, dass das Fernsehen einen tatsächlichen Bedeutungsgewinn erfahren hat – und diese Beschäftigung andere Freizeitgestaltungsmoglichkeiten teilweise verdrängt. Allerdings zeigen sich in dieser Hinsicht deutliche Unterschiede zwischen sozialen Gruppen. Solche ungleichen Nutzungsweisen lassen sich auch zwischen West- und Ostdeutschland feststellen, wie der Beitrag von Thomas Döbler zeigt. Nicht die Nutzung, sondern die Inhalte der Medien stehen im nachfolgenden Beitrag auf der Agenda. Wie Ungleichheiten in den Medien thematisiert werden, wenn sie in Grenzregionen über die Nachbarländer berichten, interessieren Mike Schäfer, Andreas Schmidt und Teresa Zeckau. Sie stellen in ihrer Analyse von Printmedieninhalten fest, dass trotz Aufweichung der Grenzen kaum grenzüberschreitende Berichterstattung erfolgt. Ungleichheiten im Verhältnis zu den Nachbarländern dienen der Beschreibung von Gefahren – gegenüber den östlichen Nachbarn oder werden als Maßstab für mögliche Verbesserungen an der Westgrenze thematisiert.

Inhalte von Massenmedien spielen auch im darauf folgenden Beitrag eine Rolle: Es handelt sich um die Darstellung von Arbeitswelten im sog. Reality TV. Im Beitrag untersucht Karin Knop die Sendung „Deine Chance! 3 Bewerber – 1 Job". Ungleichheit wird hier dramaturgisch erzeugt und vor allem in den Eigenschaften der Darsteller gesucht. Im Prinzip wird die Misere am Arbeitsmarkt dort thematisiert, aber nicht als ein Strukturproblem. Das Problem wird auf die Einzelnen Teilnehmer übertragen und damit wird letztlich die Ideologie „Jeder ist seines Glückes Schmied" transportiert. Dramaturgisch arbeitet das Format mit Demütigung und moralischer Abstrafung. Die Autorin zeigt, dass in diesen Formaten keineswegs Aufklärung über die Ursachen der Ungleichheit betrieben wird.

Die Bereiche Öffentlichkeit und Massenmedien spielen auch eine Rolle, wenn man bedenkt, wie Themen medial behandelt werden. Man kann annehmen, dass journalistische Perspektiven mit der Herkunft der Akteure in einer Verbindung stehen. Klarissa Lueg zeigt in ihrer Studie an Journalistenschülern, dass sich eine starke Tendenz zur Homogenität der sozialen Herkunft und damit auch des Habitus zeigt. Die Schülerinnen und Schüler der Journalistenschule stammen fast ausschließlich aus der höheren Gesellschaftsschicht. Ungleichheit besteht damit nicht nur hinsichtlich der Zugänglichkeit von journalistischen Berufen, gleichzeitig bestehe die Gefahr, dass andere Perspektiven in der Berichterstattung zu kurz kommen können, da gleiche Milieus zu einer Vereinheitlichung von Wahrnehmungen und Bewertungen führen.

Während im ersten Buchabschnitt Beiträge gesammelt werden, die über die Gemeinsamkeit verfügen, dass ihre Untersuchungen den Schwerpunkt auf Nutzung und Inhalte von Massenmedien legen, ändert sich im folgenden Abschnitt die Perspektive. Hier werden Beiträge gesammelt, die einen inhaltlichen Schwerpunkt aufweisen. Die folgenden beiden Aufsätze beschäftigen sich mit der Bedeutung von Medien in der Diaspora und hierdurch bedingte Ungleichheiten. Der Abschnitt wird begonnen durch den Beitrag von Laura Suna, Andreas Hepp, und Cigdem Bozdag über die kommunikative Vernetzung von Migranten. In der Forschung zeigt sich, dass es hinsichtlich der Sprachkompetenzen offenbar darauf ankommt, wie und mit wem die Migranten vernetzt sind und auf welche Medien die zurückgreifen. Im Aufsatz wird eine Typologie vorgestellt, die dies als Orientierung bezeichnet. Ungleichheiten werden insbesondere hinsichtlich zwei Aspekten thematisiert: Erstens einer Ungleichheit, die eine Außenkonstruktion darstellt, im Sinne der Betrachtung der Andersartigkeit, die zweite Ungleichheitsperspektive untersucht die Binnenbeziehungen, bzw. die Ungleichheit zwischen den Migranten.

Migration als gesellschaftliches Phänomen ist aber nicht nur auf Europa beschränkt, es ist ein Zeichen der Globalisierung und spielt sich in anderen Erdteilen genauso ab. Hierauf nimmt die Untersuchung von Heike Greschke Bezug. Sie untersucht, nun wieder stärker an einem Medium orientiert, nämlich einem Kommunikationsforum für Paraguayanerinnen und Paraguayaner im Internet, die Beziehung zum Herkunftsland.

Der nächste Buchabschnitt thematisiert unterschiedliche Genderaspekte in Bezug auf die Medien. Der erste Aufsatz wird von Tanja Carstensen und Gabriele Winkler beigesteuert. In ihrem Beitrag werden Ungleichheiten bei der Nutzung des Web 2.0 betrachtet. Während bei „alten" Indikatoren, etwa dem Internetzugang Geschlecht als ungleichheitsanzeigende Variable mehr und mehr in den Hintergrund tritt, lässt sich bei genauerem Hinsehen erkennen, dass geschlechtsspezifische Ungleichheiten keineswegs verschwunden sind. Diese werden aber teilweise durch andere ungleichheitsstiftende Kategorien überlagert.

Eine ganz andere Ungleichheitsdimension spricht der nächste Beitrag von Christine Linke an. Es geht dabei um Ungleichheitsproduktion durch die Nutzung unterschiedlicher Medienrepertoires im Alltag von Paaren und Familien und zwischen den Generationen.

Kathrin F. Müllers Beitrag untersucht Geschlechterungleichheit, die sich an der Rezeption von Frauenzeitschriften zeigt. Die Autorin zeigt, dass die Rezeption selbst in durch den geschlechtsspezifisch aufgeladenen Alltag geprägt ist und dies gleichzeitig zu einer Reproduktion von Ungleichheiten beiträgt. Mit diesem Thema hätte der Beitrag sicherlich auch dem ersten Buchschwerpunkt, den Massenmedien zugeschlagen werden können – hier wurde aber eine Zuordnungsentscheidung hinsichtlich des spezifischeren Inhalts getroffen.

Der letzte Schwerpunkt des Buches widmet sich Ungleichheiten, die in den Medien selbst entstehen. Dieser Schwerpunkt wird von drei Beiträgen gebildet. Zunächst einmal behandelt der Beitrag von Kai Dröge am Beispiel von Partnerschaftsbörsen, dass sich Ungleichheiten an bestimmten Stellen innerhalb des Internet viel stärker reproduzieren, als dies große Teile der Internetsoziologie wahrhaben wollten. Das computergesteuerte Matching der Partner erfolgt an gesellschaftlichen Ungleichheitsgrenzen, das zufällige, nicht in dieses Muster passende Begegnungen nahezu ausschließt.

Der zweite Beitrag dieses Abschnittes von Christian Stegbauer geht den Ursachen der Entstehung von Ungleichheiten in Beziehungsmedien auf den Grund. Dabei wird behauptet, dass die Entstehung von Ungleichheit unvermeidbar ist – empirisch greift der Autor auf verschiedene von ihm durchgeführte ältere Studien zurück, ihre Interpretation wird aber in einen anderen Zusammenhang gestellt. Jeffrey Wimmers Beitrag fragt nach den Praktiken und Routinen, die von den Spielern von Computerspielen angewendet werden und inwiefern diese relevant sind, klassische Ungleichheiten zu reproduzieren oder neue Ungleichheiten zu erzeugen.

Das Buch sammelt ausgewählte Beiträge einer Tagung, die 2010 in Frankfurt stattfand. Bei der Organisation waren neben dem Herausgeber Jeffrey Wimmer und Maren Hartmann beteiligt. Für Hilfe bei der Durchsicht der Manuskripte bedankt sich der Herausgeber zudem bei Laura Rahman.

Literatur

Allerbeck, Klaus R.; Hoag, Wendy J., 1989, „Utopia is around the corner" – Computerdiffusion in den USA als soziale Bewegung. Zeitschrift für Soziologie 18, 1: 35–51.

Bell, Daniel (1973): The coming of post-industrial society. A venture in social forecasting. New York: Basic Books.

Brauner, Josef/Bickmann, Roland (1996): Cyber Society. Das Realszenario der Informationsgesellschaft. Düsseldorf: Metropolitan.

Bühl, Achim (1997): Die virtuelle Gesellschaft. Ökonomie, Politik und Kultur im Zeichen des Cyberspace. Opladen: Westdeutscher Verlag.

Busse, Arne (2009): Chancen(un)gleichheit bei der Mediennutzung aus Sicht der politischen Bildung. In: TV-Diskurs, Jg. 47, S. 38–41.

Castells, Manuel (2003): Der Aufstieg der Netzwerkgesellschaft. Opladen: Leske + Budrich (Das Informationszeitalter).

Europäische Kommission (2002): Auf dem Weg zur europäischen Wissensgesellschaft. Die Informationsgesellschaft in der Europäischen Union. http://ec.europa.eu/publications/booklets/move/36/de.doc (05.08.2011).

Franck, Georg (1998): Ökonomie der Aufmerksamkeit. Ein Entwurf. München [u.a.]: Hanser.

Jarren, Otfried (2001): „Mediengesellschaft" Risiken für die politische Kommunikation. Aus Politik und Zeitgeschichte 41-42, 2001: 10–19.

Jensen, Mike, 2002, Das Internet in Afrika. Ein Lagebericht per Mai 2002. http://90.146.8.18/de/archiv_files/20021/2002_139.pdf (05.08.2011).

Klein, Alexandra (2010): Soziales Kapital Online. Soziale Unterstützung im Internet. Eine Rekonstruktion virtualisierter Formen der Ungleichheit. Online verfügbar unter http://bieson.ub.uni-bielefeld.de/volltexte/2008/1260/pdf/Klein_Alexandra_Dissertation.pdf, zuletzt aktualisiert am 03.08.2010.

Kompetenzzentrum informelle Bildung (Hg.) (2006 /// 2007): Digitale Ungleichheit /// Grenzenlose Cyberwelt? Zum Verhältnis digitaler Ungleichheit und neuen Bildungszugängen für Jugendliche: UVK.

Korte, Hermann (2005): Einführung in die Geschichte der Soziologie. Opladen: Leske und Budrich, 3. Aufl.

Kreckel, Reinhard (2004): Politische Soziologie der sozialen Ungleichheit. 3., überarb. und erw. Aufl. Frankfurt/Main: Campus-Verlag (Theorie und Gesellschaft, 25).

Krotz, Friedrich (2001): Die Mediatisierung kommunikativen Handelns. Der Wandel von Alltag und sozialen Beziehungen, Kultur und Gesellschaft durch die Medien. Wiesbaden: Westdt. Verl.

Kutscher, Nadia; Klein, Alexandra; Loewski, Johanna; Schäfer, Miriam (2009): Medienkompetenzförderung für Kinder und Jugendliche in benachteiligten Lebenslagen. http://www.lfm-nrw.de/downloads/Doku36_Medienkompetenzfoerderung.pdf. Düsseldorf: Landesmedienanstalt.

Lazarsfeld, Paul Felix; Berelson, Bernard; Gaudet, Hazel (1944): The people's choice. How the voter makes up his mind in a presidential campaign. New York: Duell Sloan and Pearce.

Marr, Mirko; Zillien, Nicole (2010): Digitale Spaltung. S. 257–282, in: Wolfgang Schweiger und Klaus Beck (Hg.), Handbuch Onlinekommunikation. Wiesbaden: VS Verlag für Sozialwissenschaften.

Nora, Simon; Minc, Alain (1980): The computerization of society. A report to the President of France. Cambridge Mass.: MIT Press.

Paul, Gerd; Stegbauer, Christian (2005): Is the digital divide between young and elderly people increasing? First Monday 10, 10, 3.10.2005.

Rammert, Werner (1993), Telefon und Kommunikationskultur. Akzeptanz und Diffusion einer Technik im Vier-Länder-Vergleich. S. 239–266, in: Werner Rammert, Technik aus soziologischer Perspektive, Opladen: Westdeutscher Verlag.

Rogers, Everett M. (1962): The diffusion of innovations. New York: Free Press.

Spinner, Helmut F. (1994): Die Wissensordnung. Ein Leitkonzept für die dritte Grundordnung des Informationszeitalters. Opladen: Leske + Budrich (Studien zur Wissensordnung, Bd. 1).

Schwab, Jürgen; Stegmann, Michael (1999): Die Windows-Generation. Profile, Chancen und Grenzen jugendlicher Computeraneignung. München: KoPäd-Verl. (KoPäd-Hochschulschriften).

Schweiger, Wolfgang; Beck, Klaus (Hg.) (2010): Handbuch Online-Kommunikation: VS Verlag für Sozialwissenschaften.

Stegbauer, Christian (1996): Euphorie und Ernüchterung auf der Datenautobahn. Frankfurt: Dipa.

Stegbauer, Christian (2001): Grenzen virtueller Gemeinschaft. Strukturen internetbasierter Kommunikationsforen. Wiesbaden: Westdeutscher Verlag.

Stehr, Nico (1994): Knowledge Societies. London u. a.: Sage.

Tapscott, Don (1998): Net Kids. Die digitale Generation erobert Wirtschaft und Gesellschaft. Wiesbaden: Gabler.

Tichenor, P. J., Donohue, G. A. & Olien, C. N. (1970): Mass Media Flow and Differential Growth in Knowledge. The Public Opinion Quarterly, 34(2), 159–170.

Turkle, Sherry (1998): Leben im Netz, Reinbek; Rowohlt.

Witte, James C.; Mannon, Susan E. (2010): The internet and social inequalities. New York, NY: Routledge (Contemporary sociological perspectives).

Zillien, Nicole (2006): Digitale Ungleichheit. VS Verlag für Sozialwissenschaften.

II Öffentlichkeit und Massenmedien

Ungleichheit und Öffentlichkeit

Kurt Imhof

1 Problemaufriss

In den 1990er Jahren vollzog sich sowohl im Feuilleton, in der politischen und in der Wirtschaftsberichterstattung als auch in den Sozial- und Geisteswissenschaften etwas Ungewöhnliches: ein markanter Verlust an Differenzierungsvermögen bei der Thematisierung des Sozialen. Bei der Beschreibung von Gesellschaft traten die Kategorien der Stratifikation und der Segmentierung weit hinter die funktionale Differenzierung zurück. Die Gesellschaft, so schien es, war kaum mehr durch oben und unten sowie drinnen und draußen gekennzeichnet, sondern durch die gleichzeitige Komplexitätssteigerung und Komplexitätsreduktion einer entfesselten funktionalen Differenzierung, die das Soziale von den hergebrachten politischen und sozialmoralischen Einbettungen emanzipiere. Gesellschaft, so die Perspektive, bestehe primär aus eigenlogischen Teilsystemen, sie sich wechselseitig als prinzipiell undurchschaubare Umwelt wahrnehmen. Die Entkoppelung der Wirtschaft von der Politik, des Bildungs- und des Wissenschaftssystems voneinander und von beidem, der Gesundheit, der Justiz, des Sports, der Medien, der Religion und der Kunst etc. voneinander und von allen anderen seien die markanten Zeichen einer Zeit, die sich vom Tradierten resolut in eine individualisierte Postmoderne hinein ablöse und einem Zentrum entbehre, von wo aus sich die Gesellschaft als Gesellschaft noch selbst beobachten oder gar steuern könne. Entsprechend wurde Regulierung als im besten Fall unnützer, in der Regel aber fataler Eingriff in den natürlichen Prozess der Evolution interpretiert.

In der Perspektive der skizzierten Heuristik reduziert die evolutionäre Energie der funktionalen Differenzierung die nationalen, ethnischen und religiösen Segmentierungen auf das Multikulturelle, und die Begriffe Inklusion und Exklusion beziehen sich nicht mehr auf Segmente, sondern auf funktionale Teilsysteme, was zur Folge hat, dass allenfalls noch unentdeckte Stämme in den Urwäldern des Amazonas als exkludiert zu betrachten sind. Die Schichtung alles Sozialen erhielt derweil die Konnotation des Selbstverständlichen, weil in der offenen Gesellschaft prinzipiell jeder sein Glück finden könne. Kurz: Die klassisch dreifaltige Metatheorie der Differenzierung des Sozialen in funktionaler, stratifikatorischer und segmentärer Dimension wurde zu Gunsten der funktionalen Differenzierung vereinseitigt.

Der für diese Vereinseitigung wichtigste Diskurs der 1990er Jahre war die evolutionstheoretische Schwester der Systemtheorie, die neoklassisch grundierte Globalisierungstheorie mit ihren zentralen Begriffen des Steuer- und Standortwettbewerbs, der Deregulierung, der individuellen Selbstverantwortung und des Shareholder-Value. Sie enthält Stratifikation nur noch als Anreizmoment für Wettbewerb, während die real existierende Unterschichtung mit falschen, sozialstaatlichen Anreizstrukturen erklärt wird. Ungleichheit ist in dieser Perspektive eine simple conditio humana mit an sich positiven Effekten, weil sie an sich Anreize schaffe, mit faktisch zementierenden Effekten, weil die Sozialstaatsbürokratie Ungleichheit auf Dauer stelle. Gleichzeitig wurde die ökonomische Segmentierung der Weltgesellschaft insbesondere in Gestalt nationaler Volkswirtschaften als Relikt vergangener Zeiten thematisiert, und die nationale wie die transnationale Politik wurde aufgefordert, alle Hindernisse, die den freien Fluss von Waren, Dienstleistungen, Kapital und Arbeitskräften behindern, zu beseitigen. Auf globaler Ebene wurde die Stratifikation der Weltgesellschaft durch diese überholte Segmentierung erklärt.

Diese Interpretation von Ungleichheit als conditio humana, als Produkt falscher Anreize des Sozialstaats und der Segmentierung bzw. einer verfehlten nationalstaatlichen Regulation der Märkte wurde nicht auf die westlichen Zentrumsgesellschaften beschränkt. Im Entwicklungsdiskurs ließ sich das Gleiche beobachten: Durch falsche Anreizstrukturen zementiere die Entwicklungspolitik das, was sie zu bekämpfen vorgebe und good governance bestehe darin, den Rechtsstaat durchzusetzen, vor allem aber den freien Fluss von Kapital, Gütern und Dienstleistungen sicher zu stellen (Imhof/ Eberle 2005).

Diese Deutung von Stratifikation und Segmentierung erfuhr von Seiten der Sozialwissenschaft wenig Widerspruch, dafür aber viel Unterstützung. Am wirkmächtigsten wiederum in Gestalt des neoklassischen Paradigmas in den Wirtschaftswissenschaften, das auf der Basis des „toxischen" Ideenpaares des zweckrationalen homo oeconomicus und der prinzipiellen Effizienz der Märkte die Lösung für alle Allokations-, Entwicklungs- und Glücksfragen zu besitzen meinte (Bishop/Green 2010; Neckel 2005, 198–211). Diese Perspektive blieb jedoch keineswegs auf die Wirtschaftswissenschaften beschränkt. Auch in den anderen Sozial- und ebenso in den Geisteswissenschaften wurde die dreifaltige Metatheorie der funktionalen, stratifikatorischen und segmentären Differenzierung verkürzt. In den Sozialwissenschaften ebenfalls zugunsten der funktionalen Differenzierung, während sich die geisteswissenschaftlich orientierten Kulturwissenschaften in den Theorien der Postmoderne vor allem auf die segmentären Differenzkonstruktionen zwischen Alterität und Identität im Symbolischen kaprizierten. Vor dem Hintergrund der (alten) Einsicht der sozialen Konstruktion von Identität wurde diese elementare soziale Kategorie unbesehen von sozialstrukturellen Faktizitäten und tradierten symbolischen Strukturen als Produkt von Aushandlungsprozessen und lebensbiographischen Phasen interpretiert.

Erst seit der Weltwirtschaftskrise erobern sich die Wissenschaften ihr Differenzierungsvermögen wieder zurück. Um diese Debatte weiter zu entwickeln, beginnt der Beitrag mit der Skizzierung der sozial- und kulturwissenschaftlichen Differenzierungstheorie und zwar in Gestalt ihrer Gehalte wie ihrer Mängel (2.). Anschließend werden die Vorteile einer Verschränkung der kultur- und sozialwissenschaftlichen Differenzierungstheorien erläutert (3.). Schließlich geht dieser Beitrag auf elementare Fragen stratifikatorischer Differenz in der Öffentlichkeitssoziologie ein (4.).

2 Nutzen und Mängel der Differenzierungstheorie

Die Trias der sozialwissenschaftlichen Metatheorie der Differenzierung rekurriert auf die Einsicht, dass die soziale Ordnung funktional, stratifikatorisch und segmentär gegliedert ist und dass sich diese Differenzierungen wechselseitig beeinflussen. Die Klassiker der Sozialwissenschaften berücksichtigten in ihren Begriffsarchitekturen alle Differenzierungsdimensionen und betrachteten ihre Interdependenzen als Basis des sozialen Wandels. Durch die Beschäftigung mit der dreidimensionalen Differenzierung erkannten oder bestätigten sie ihre wichtigsten Entwicklungshypothesen und gewannen dadurch ihre Heuristiken für die Analyse gesellschaftlicher Entwicklung auf der Makro-, der Meso- oder der Mikroebene.[1] Ihr Interesse galt mal eher der einen oder anderen Differenzierung, aber nicht nur einer allein und nie nur in einer Richtung. Im Gegenteil: Differenzierungsdynamiken in der einen Dimension beobachteten sie mit Blick auf Differenzierungsdynamiken in der anderen Dimension und sie berücksichtigten selbstverständlich auch Entdifferenzierungsprozesse.[2]

Die Verengung der Differenzierungstrias auf funktionale Differenzierung wurde vorbereitet durch die systemfunktionalistisch argumentierende Modernisierungstheorie der 1950er und 1960er Jahre und die radikalkonstruktivistische Systemtheorie der

---

1   So zum Beispiel organizistische Entwicklungskonzepte (Spencer: vorab funktionale und stratifikatorische Differenzierung); Widerspruch zwischen Produktivkräften und Produktionsverhältnissen (Marx: stratifikatorische und funktionale Differenzierung sowie segmentäre Entdifferenzierung); Rationalisierung, Professionalisierung, Bürokratisierung (Weber; Horkheimer und Adorno: vereinseitigte funktionale Differenzierung bzw. Rationalisierung, stratifikatorische Differenzierung und segmentäre Entdifferenzierung); Individualisierung (Simmel: vorab segmentäre Entdifferenzierung und funktionale Differenzierung); Symbolität des Sozialen und Reflexivität durch Kommunikation (Pragmatismus: Dewey, Mead: alle Differenzierungsformen); von der mechanischen zur organischen Solidarität in einer arbeitsteiligen Gesellschaft (Durkheim: vorab von der segmentären zur funktionalen Differenzierung); von der Gemeinschaft zur arbeitsteiligen Gesellschaft (Tönnies: vorab von der segmentären zur funktionalen Differenzierung); Modernisierung als Rationalisierung, funktionale Differenzierung, Universalisierung und Demokratisierung (Parsons: Vereinseitigung der funktionalen Differenzierung, segmentäre und stratifikatorische Entdifferenzierung).

2   Diese Differenzierungsdimensionen affizieren sich wechselseitig: Abschichtungen müssen im Rahmen der Ethnisierung oder einer religiösen Aufladung sozialer Ungleichheit auch als segmentäre Differenzierungen beschrieben werden. Funktionale Differenzierungen können segmentäre, nationalstaatliche Differenzierungen schwächen, beispielsweise im Kontext der Globalisierung von Wirtschaft und Politik, und segmentäre Differenzierungen können in die gegebenen Strukturen funktionaler und stratifikatorischer Differenzierung ,einziehen‘, wenn die Gesellschaft durch Immigration ethnisch oder religiös unterschichtet und desintegriert wird (Imhof 1993, 327–357; Albert 2007, 165–182).

1980er und 1990er Jahre. Der Aufstieg des Systemfunktionalismus im Kontext der Modernisierungseuphorie in der Ära des Kalten Krieges und des sozialmarktwirtschaftlichen Gesellschaftsmodells basierte maßgeblich auf dem Werk von Talcott Parsons, der
mit Rückgriff auf Weber, Marx, Durkheim und Pareto die Rationalisierung des Handelns, die Universalisierung der Normen und Werte, die Individualisierung und die
funktionale Differenzierung der Gesellschaft in spezialisierte Teilsysteme zu einer evolutionstheoretisch argumentierenden Modernisierungsaxiomatik verband (vgl. Parsons
1976 [1951]). Klassen und Schichten und das damit verbundene Konfliktpotenzial sowie
ethnische Aus- und Abschließungsprozesse erhielten die Konnotation des Vergangenen
in der Gegenwart bzw. sie wurden zu „Modernisierungslücken" und verloren über die
nordamerikanische Mainstreamsoziologie hinaus an Bedeutung in der Gesellschaftsanalyse (Wehler 1975; Giddens 1976, 325–345).[3]

Danach engte die radikalkonstruktivistische Systemtheorie in den 1980er und vor
allem in den 1990er Jahren die Differenzierungstrias auf die funktionale Differenzierung in Gestalt der Autopoiesis ein (Luhmann 1984). Diese Evolutionstheorie führte
zu einer weiteren Abwertung der stratifikatorischen und segmentären Differenzierung
(als „sekundäre Differenzierungen") in der wissenschaftlichen Verfügbarmachung des
Sozialen und zu einer Gesellschaftsdiagnose, die politische Regulation angesichts autopoietischer Evolution als kontraproduktiv und für unkalkulierbar erklärte (Willke 1992).

Neben diesem Differenzierungsverlust gilt es jedoch auch zu beachten, dass die klassische Differenzierungstrias der Verfügbarmachung des Sozialen Mängel hat:

- *Erstens* handelt sich um ihre *asymmetrische Positionierung* zwischen Bezügen auf die
  Sozialstruktur und solchen auf symbolische Strukturen: In der sozialwissenschaftlichen Literatur finden wir diese Differenzierungsdimensionen eher in sozialstrukturellen Beschreibungen, also hinsichtlich der institutionellen, systemischen und
  materiellen Faktizität des Sozialen. Das gilt jedoch nicht für alle Begriffe im gleichen
  Maß, am meisten jedoch für die funktionale Differenzierung. Die funktionale Differenzierung der Gesellschaft in Teilsysteme geht in der Sozialtheorie über die Beschreibung der in Handlungssphären gegliederten Gesellschaft hinaus und versteht
  diese Differenzierungsdimension als evolutionären Mechanismus. Dadurch kommt
  der funktionalen Differenzierung die Rolle des Demiurgen alles Sozialen zu: Sie ist
  das Nicht-Intendierte schlechthin. Diese sozialstrukturelle Bedeutungsverankerung
  der funktionalen Differenzierung erklärt die mangelhafte Berücksichtigung funk-

---

3   Die Modernisierungstheorie überlistete sich mit der doppelten Interpretation ethnischer Vergemeinschaftung als Restbestand der Vormoderne in der Moderne und als irrationale Reaktion auf die Modernisierung selbst: Ethnizität diente genauso als Beweis der Modernisierungstheorie wie die Nicht-Existenz
    von ethnischen Spannungen. Dieser Reduktionismus muss zu ‚Anomalien' oder ‚Irritationen' führen, weil
    die Effekte der stratifikatorischen und der segmentären Entwicklungsdynamiken in Termini der funktionalen Differenzierung weder adäquat beobachtet noch erklärt werden können (Esser 1988, 235–248;
    Nassehi 1990, 261–282; Imhof 1994, 407–423; Joas 1996, 13–27; Wimmer 1996, 173–198, 2002).

tionaler Differenz*semantiken* in Analysen symbolischer Strukturen, obwohl evident ist, dass wir Identität spätestens seit der protestantischen Ethik ohne ‚Berufung auf den Beruf‘ nicht beschreiben können. Bei den Begriffen der segmentären und der stratifikatorischen Differenzierung ist die Situation ambivalenter: Schichtstrukturen lassen sich vermessen, ‚Stratifikation‘ lässt sich also in ‚rein‘ sozialstrukturellen Beschreibungen verwenden, aber wir können die ‚Feldwirkung‘ sozialer Straten nicht vernachlässigen; in sozialen Feldern und im Habitus durchdringen sich die symbolischen Faktizität und die institutionelle, die systemische sowie die materielle Faktizität wechselseitig: ‚oben‘ versus ‚unten‘, Macht versus Ohnmacht, viel versus wenig symbolisches, soziales und ökonomisches Kapital sind zentrale Differenzsemantiken, die Lebensstile bestimmen (Bourdieu 1987). Noch stärker im Kontext symbolischer Strukturen findet sich die segmentäre Differenzierung insbesondere in der Weberschen Tradition des „Gemeinsamkeitsglaubens" (Weber 1985 [1921], 530). Insgesamt ist somit die klassisch sozialwissenschaftliche Differenzierungstrias weder eindeutig sozialstrukturell noch sozialkulturell verankert. Allerdings ist sie auch nicht konsequent interdependent konstruiert.

- *Zweitens* fehlt der klassischen Differenzierungstrias ein Begriff für temporale Differenzierungen, obwohl evident ist, dass weder wissenschaftliche noch alltägliche Beschreibungen des Sozialen ohne zeitliche Indexierungen auskommen. Temporale Differenzierungen – des Vor- und Nachher, des Früher und Später, der Ursache und Wirkung – manifestieren den Umstand, dass wir in einer historisch gewachsenen Gesellschaft leben, die unsere Handlungsmöglichkeiten ‚von außen‘ und ‚von innen‘ strukturiert. Revolutionen von oben und von unten mitsamt ihren Institutionen, gebaute Infrastrukturen, vergangene politische und ökonomische Entscheidungen, aber auch gewachsene kulturelle Selbstverständnisse mit ihren lieux de mémoire etc. strukturieren unser Handeln. Wir sind nicht die ersten, die Gesellschaft bilden. Diese Zeitlichkeit alles Sozialen äußert sich in Form von temporalen Differenzsemantiken (in Epochenbeschreibungen, in Mythen, in der Erzählung, in lebensbiografischen Narrationen, in Ideologien und in allen Arten von Retentionen und Protentionen; Schütz 1994). Diese Differenzsemantiken werden über ihre handlungsorientierende Kraft wieder sozialstrukturell relevant. So werden Inklusionen und Exklusionen durch historisch begründete Zugehörigkeit bzw. Nicht-Zugehörigkeit hergeleitet. Damit bereichert die temporale Differenzierung die Differenzierungstrias zum *Differenzierungsquartett,* das wir heuristisch in Anschlag bringen müssen, wenn wir das Soziale beobachten und beschreiben wollen.

Gegenüber der sozialstrukturellen Schlagseite der sozialwissenschaftlichen Differenzierungstheorie und ihre Einengung auf funktionale Differenzierung ist die Vereinseitigung der kulturwissenschaftlichen Differenzierungstheorie auf symbolische Strukturen auf die Verselbstständigung von Kultur (‚cultural turn‘) und Kommunikation (‚linguistic turn‘) in der poststrukturalistischen Bewegung seit den 1980er Jahren zurückführen, die ihren Ausdruck in den Theorien der Postmoderne fand. Der Postmodernismus führte zur Unterbelichtung der Sozialstruktur, verkürzte die Differenzierung auf Differenzen im Symbolischen und daselbst, im Rahmen der ausgeprägten Reflexion von Identität, auf die Dialektik von Identität und Alterität (Welsch 1997, 67–90; Breinig/Lösch, 2002, 11–36; Lösch 2005, 26–49; Kalscheuer/Allolio-Näcke 2008). Dabei ist diesen kulturwissenschaftlichen Ansätzen eine Affinität für Differenz in der Mikroperspektive eigen. Allerdings zeichnen sie sich durch ihre Sensibilität für temporale Differenzierungen in Narrativen aus. Jedoch: Gemessen an der differenzierungstheoretischen ‚Dreifaltigkeit‘ der Klassiker sind sowohl die sozialwissenschaftliche Fokussierung auf funktionale Differenzierung und Sozialstruktur als auch die kulturwissenschaftliche Reduktion auf segmentär-ethnische Differenz in symbolischen Strukturen vereinseitigte Perspektiven.

3   Verschränkungsgewinne

Vor dem Hintergrund dieser reduzierten Differenzierung, der Konzentration auf Sozialstrukturen einerseits, symbolische Strukturen andererseits und der vereinseitigenden Betonung von funktionaler bzw. segmentärer Differenzierung in den Sozial- bzw. Kulturwissenschaften drängt sich die Verbindung beider Metatheorien der Differenzierung des Sozialen auf. Dadurch erzielen wir drei Gewinne:

- *Erstens:* Wir erhalten die vollständige Palette der Differenzierungsdimensionen, die wir als vergesellschaftete Subjekte wie als wissenschaftliche Beobachter des Sozialen unterscheiden können. Dies bedeutet mit Bezug auf die sozialwissenschaftliche Differenzierungstheorie die Stärkung der stratifikatorischen und segmentären Differenzierung gegen ihre funktionalistische Verkürzung. Auf Seiten der kulturwissenschaftlichen Differenzierungstheorie bedeutet es die Ergänzung der segmentären durch die stratifikatorische und die funktionale Differenzierung. Dadurch gewinnen wir die klassische Trias der Differenzierung wieder zurück, ergänzt durch die temporale Indexierung des Sozialen im kulturwissenschaftlichen Paradigma. Dies bedeutet die Erweiterung der klassischen Trias von funktionaler, stratifikatorischer und segmentärer Differenzierung durch die temporale Differenzierung. Dann berücksichtigen wir alle basalen Differenzierungsdimensionen für die Beschreibung des Sozialen auf der Mikro-, der Meso- oder der Makroebene.
- *Zweitens:* Wir werden für die Interdependenz von symbolischen Strukturen und Sozialstrukturen sensibilisiert und können etwa die Effekte resonanzreicher Differenzsemantiken in der politischen Kommunikation bis hin zu Rechtssetzungsprozessen und Alltagspraktiken verfolgen. Erfolgreiche Problematisierungen des Bestehenden sind durch Differenzsemantiken strukturiert. Durch die Karriere dieser Problematisierungen erhalten diese mitsamt ihren Differenzsemantiken Definitionsmacht, die sich im politischen System in politische Macht wandelt, und schließlich werden über

administrative Macht und die Sprache des Rechts neue Sozialstrukturen generiert. Von Interesse sind die zeithistorischen Kontexte und Bedingungen, unter denen bestimmte Differenzierungen hervorgehoben, dadurch Gegenstand politischer Regulierung werden und über Rechtsetzungsprozesse zu Sozialstruktur gerinnen (Imhof 1993, 327–357).

- *Drittens:* Wir erhalten eine Heuristik, die über die alltäglichen Differenzierungen in den genannten vier Dimensionen hinaus auch die Essentialisierung von Differenz erfassen kann. Diese Essentialisierung von Differenz im Kontext fremdenfeindlicher sozialer Bewegungen und Protestparteien funktioniert über die kumulative Aggregation der Differenzdimensionen: In seiner radikalsten Form wird das Fremde wie in der nationalsozialistischen Ideologie in allen vier Dimensionen exkludiert: Das Fremde ist erstens als „goldene Internationale" in Gestalt der jüdischen Bankiers funktional fremd, es ist zweitens stratifikatorisch fremd als Geld- oder Schieberelite oder als Untermenschentum; es ist drittens segmentär fremd in Gestalt einer biologisch konnotierten Rasse und es ist viertens temporal fremd, indem der Aufstieg und der Fall von Rassen im Rahmen einer sozialdarwinistischen Evolutionstheorie zeitlich indexiert und die Überlegenheit der eigenen Rasse durch Mythen und Projektionen begründet wird. Solch rigide Differenzkonstrukte kombinieren also Differenzsemantiken und definieren damit auf essentialistische Weise das Ausgegrenzte. Dieser symbolische Essentialismus kann sich sozialstrukturell transformieren und führt dann zu Ausschlüssen aus funktionalen Handlungssystemen (Berufsverbote), zu stratifikatorischen Effekten (Enteignung und Unterdrückung), zu segmentären Exklusionen (Heiratsverbote, Zutrittsverbote) und zu temporalen Effekten (aufgezwungene Geschichte bis hin zur Elimination von Zukunft durch Vertreibung und Ausrottung).

Durch die Verbindung der sozial- und kulturwissenschaftlichen Metatheorien der Differenzierung erhalten wir also eine Heuristik, die alle basalen Differenzierungsdimensionen enthält, die die Menschen machen, wenn sie sich zuordnen oder abgrenzen, und diese Heuristik berücksichtigt gleichzeitig auch alle basalen Differenzierungsdimensionen, die die Sozialstruktur an geronnener Sozialität enthält. Zweitens erhalten wir eine Heuristik, die uns dazu anhält, die Transformationen zwischen symbolischen Strukturen und Sozialstrukturen im Auge zu behalten. Dies gilt drittens insbesondere bezüglich des kulturwissenschaftlichen Interesses an Identität und Alterität: Fremdenfeindlichkeit, die zu entsprechenden sozialstrukturellen Ausgrenzungen führt, lässt sich als Koppelung der möglichen Differenzsemantiken analysieren.

4   Differenzierungseffekte in öffentlichkeitssoziologischer Perspektive

Was bringt uns diese Verkürzungsüberwindung konkreter? Ich beschränke mich hier im Wesentlichen auf die stratifikatorischen Effekte im „neuen Strukturwandel der Öffentlichkeit" auf der Basis der wichtigsten Differenzierungsprozesse im Übergang vom sozialmarktwirtschaftlichen zum neoliberalen Gesellschaftsmodell in den Zentrumsnationen vor allem seit dem Beginn der 1990er Jahre.[4] Ich beurteile diese Veränderungen im Licht der drei Leistungsfunktionen, die die politische Öffentlichkeit in der Demokratie erfüllen muss:

- *Erstens* handelt es sich um die *Forumsfunktion,* d. h. die öffentliche Kommunikation bildet den Entdeckungszusammenhang für Problematisierungen des Bestehenden. Ohne diese Leistungsfunktion ließe sich nicht die Agenda dessen bestimmen, was alle angeht und unter Berücksichtigung aller wesentlichen Argumente und Interessen einem demokratischen Rechtssetzungsprozess zugeführt werden muss.
- *Zweitens* kommt der Öffentlichkeit eine *Kontroll- und Legitimationsfunktion* zu. Sie dient der Wahrnehmung der Exekutive, der Legislative und der Judikative, die deshalb dem Prinzip der Transparenz gehorchen müssen.
- *Drittens* dient die Öffentlichkeit der Koorientierung und der Selbstwahrnehmung der Bürgerinnen und Bürger als Mitglieder einer Gesellschaft. Ohne diese *Integrationsfunktion* ließe sich die Loyalität nicht erzeugen, die zwischen Bürgerinnen und Bürgern nötig ist, die – obwohl sie sich nicht kennen – eine Rechtsgemeinschaft bilden, deren Beschlüsse auch von denjenigen anerkannt werden müssen, die die Meinung der Mehrheit nicht teilen (Imhof 2011).

Viele neuere kommunikationswissenschaftliche Arbeiten haben sich mit Fokus auf die funktionale Ausdifferenzierung *der Medien zu einem Handlungssystem* auf die Konzentrationsprozesse und Produktionsbedingungen, die Orientierung der Medien an Marktlogiken und auf die Wirkungen medienvermittelter Kommunikation beschränkt. Hierbei werden insbesondere die *Medialisierungseffekte*[5] berücksichtigt, die sich durch

---

4   Der Begriff des Neoliberalismus kann aufgrund seiner ursprünglichen Verankerung im Ordoliberalismus, der wiederum Entscheidendes zur ordoliberalen Begründung der sozialen Marktwirtschaft beigetragen hat, historisch mit der Ära der sozialen Marktwirtschaft verbunden werden. Bereits in den 1970er Jahren setzt sich der Begriff Neoliberalismus als Bezeichnung der Chicagoer Schule der Ökonomik durch, mit ihrer Fokussierung auf Freihandel, Deregulation, Steuer- und Standortwettbewerb, Geldmengensteuerung und dem Konzept effizienter Märkte. Hier wird der Terminus Neoliberalismus in diesem Sinne verwendet (Brender 2010; Ptak 2005, 59–73).

5   Diese sind gut in der „Buchreihe Mediensymposium" repräsentiert. Das alle zwei Jahre stattfindende „Mediensymposium" hat sich dieser Frage seit Beginn gewidmet. So interessierte sich bereits der erste Band der Reihe für die Medialisierungseffekte der Kriegskommunikation. Vgl. die Bände 1–10 von 1995, 1996, 1998 (Zürich: Seismo), 1998, 1999, 2000, 2002, 2004, 2006, 2008, 2011. Wiesbaden: Westdeutscher Verlag/VS-Verlag.

die Anpassung der politischen Akteure an die neuen Selektions-, Interpretations- und Inszenierungslogiken der Medien ergeben.[6] Dieser Differenzierungsprozess lasst sich als Bestandteil der Ablösung des sozialmarktwirtschaftlichen durch das neoliberale Gesellschaftsmodell beschreiben, ein Vorgang, der als antietatistisches und antikeynesianisches Lösungsmuster des ökonomischen Kriseneinbruchs 1974/75 im Entspannungsfenster des Kalten Krieges beginnt und sich in den westlichen Zentrumsnationen mit unterschiedlicher Geschwindigkeit – überall aber aufgehalten durch die kurze Renaissance des starken Staates im Kalten Krieg in den frühen 1980er Jahren (Afghanistankrieg der UdSSR, Nato-Doppelbeschluss, Star Wars) – vor allem in den 1990er Jahren durchsetzt.[7]

Bei dieser Ausdifferenzierung der Medien zu einem eigenständigen Handlungssystem handelt es sich jedoch nur um einen Differenzierungsprozess, der die politische Öffentlichkeit verändert. Die Ausdifferenzierung eines Mediensystems wird auf der Makroebene begleitet durch drei weitere zentrale Differenzierungen:

- *Erstens* werden die in der sozialmarktwirtschaftlichen Ära ‚volkswirtschaftlich‘ und politisch verknüpften Handlungssysteme Politik und Ökonomie voneinander getrennt (funktionale Differenzierung bzw. Deregulierung). Indem die Politik dadurch an Regulationspotenz hinsichtlich der Wirtschaft einbüßt, verliert die politische Öffentlichkeit an Einfluss.
- *Zweitens* formieren sich in Gestalt einer transnationalen Mehrebenenpolitik starke politische Machtzentren außerhalb des Nationalstaates (segmentäre und stratifikatorische Differenzierung). Indem der Nationalstaat über seine wirtschaftspolitischen Einflusspotentiale hinaus an Souveränität verliert, entwertet sich zusätzlich die nationalstaatlich begrenzte öffentliche Deliberation.
- *Drittens* werden die modernen Zentrumsgesellschaften verstärkten abschichtungs- und migrationsinduzierten Segregationsprozessen ausgesetzt. Dadurch vergrößert sich die Zahl derer, die an der politischen Auseinandersetzung nicht partizipieren wollen oder können.

---

6 Zu einem Überblick der Resultate dieser Arbeiten im Rahmen einer theoriegeleiteten Begriffsbestimmung von Mediengesellschaft und Medialisierung vgl. Imhof 2006.
7 Historisch konnte der neoklassische Antietatismus im Anschluss an den dezidierten Antietatismus der neuen sozialen Bewegungen Ende der 1960er und in den frühen 1970er Jahren in den Debatten über die Ursachen der Wirtschaftskrise 1974/75 an Resonanz gewinnen. Bis zu diesem Zeitpunkt war die keynesianisch inspirierte Überzeugung, im Stadium des ‚fine tuning‘ wirtschaftlicher und sozialer Entwicklung angekommen zu sein, in allen Volksparteien fest verankert. Außerdem rechtfertigte sich der starke Staat durch den Kalten Krieg.

> Bei der Ausdifferenzierung der Medien handelt es sich also nur um einen Diffe-
> renzierungsprozess, der die politische Öffentlichkeit verändert. Die Entbettung der
> Ökonomie aus der Politik, die transnationale Mehrebenenpolitik und die Ab- und
> Unterschichtung verändern die politische Öffentlichkeit unabhängig von der Aus-
> differenzierung der Medien zu einem eigenständigen Handlungssystem. Dies zeigt,
> dass der neue Strukturwandel der Öffentlichkeit nicht auf die Ausdifferenzierung
> des Handlungssystems Medien begrenzt werden kann.

Es gilt nun diesen neuen Strukturwandel der Öffentlichkeit (Imhof 2003, 401–418) hinsichtlich seiner Wirkungen auf die Leistungsfunktionen der politischen Öffentlichkeit
zu bewerten. Als Referenz dieser Bewertung dient als temporale Differenzierung der
Stand des Strukturwandels der Öffentlichkeit im Höhepunkt des sozialmarktwirtschaftlichen Gesellschaftsmodells in den 1960er und 1970er Jahren, also der status quo ante
vor dem neuen Strukturwandel. Durch diesen diachronen Bezug erhalten die Bewertungen den Status von Entwicklungsaussagen.

4.1   Außermediale Differenzierungseffekte auf die Öffentlichkeit

Vor der Diskussion der Effekte der Ausdifferenzierung des Mediensystems werden
zuerst die Wirkungen der Entkoppelung der Ökonomie von der Politik, der Ausdifferenzierung einer transnationalen Mehrebenenpolitik sowie die Effekte der Ab- und
Unterschichtung auf die Leistungsfunktionen der politischen Öffentlichkeit diskutiert:

- Die *Forumsfunktion* der politischen Öffentlichkeit wird zunächst durch die Deregulierung geschwächt. So werden politisch regulierte Bereiche des public service neu
  marktförmig reguliert. Eine Schwächung der Forumsfunktion vollzieht sich auch
  durch die sprunghafte Bedeutungssteigerung der transnationalen Mehrebenenpolitik. Dadurch, dass die politische Öffentlichkeit den Zentren dieser Mehrebenenpolitik nicht nachgewachsen ist (fehlende transnationale Öffentlichkeit), wird die
  Deliberation über alltagsrelevante Entscheidungen allein schon durch ihre Folgen-
  losigkeit marginalisiert (Tréfás/Lucht 2010; Jachtenfuchs/Kohler-Koch 2003; Risse/
  Van de Steeg 2003; Baerns/Raupp 2000; Gerhards 1993). Dann ist seit dem Beginn
  der 1990er Jahre eine wachsende Spreizung der Ungleichheitsrelationen zu verzeichnen. Daran schließt sich eine ungleiche Fragilisierung der Erwartungssicherheit
  hinsichtlich Beschäftigungs- und Einkommenschancen durch die rechtliche und
  moralische Entformalisierung der Arbeitsbeziehungen an. Besonders gravierend im
  Hinblick auf die politische Öffentlichkeit wirken sich die Abschichtungseffekte der
  Desindustrialisierung aus, die zu einer hohen und widerständigen Sockelarbeitslo-

sigkeit geführt haben. Weil die Motivation zu politischer Partizipation mit der Integration in die Arbeitsgesellschaft verknüpft ist, führt dies zu einem Exit von Teilen des Publikums aus der politischen Öffentlichkeit (Bourdieu 1998; Schroer 2004, 151–173). Diese Abschichtungseffekte werden schließlich durch Immigrantenpopulationen ohne politische Rechte ergänzt. Die Ab- wie die Unterschichtungen führen an Rändern der Zentrumsgesellschaften, insbesondere in den Jugendkulturen der ‚Banlieues‘, zu eigenständigen Lebensstilarenen, die die Reduktion der Chancengleichheit akzentuieren, indem die Ausgeschlossenheit kulturell aufgewertet wird (Zürn 2001, 111–139). Dies hat unterschiedliche Zugangschancen zu Berufspositionen und zur politischen Öffentlichkeit (Wissens- und Partizipationsklüfte) zur Folge.

- Hinsichtlich der *Kontroll- und Legitimationsfunktion* führt die Verschiebung politischer Entscheidungen auf transnationale Machtzentren zu einem wachsenden Legitimitätsdefizit dieser Machtzentren wie der nationalen politischen Institutionen. Die demokratienotwendige Verschränkung von politischem Geltungsbereich und Öffentlichkeit findet nicht statt; die Öffentlichkeit wächst der Globalisierung von Ökonomie und Politik nicht nach, und entsprechend stagnieren die Legitimationsgrundlagen der transnationalen Institutionen. Dann führt die sozioökonomische Deprivation zu einem Vertrauensverlust in die Politik bei niedrigen Einkommens- und Bildungsschichten. Schließlich bedeutet die wachsende Unterschichtungsrate politisch Nicht-Partizipationsberechtigter eine Schwächung der Legitimität des neoliberalen gegenüber dem sozialmarktwirtschaftlichen Gesellschaftsmodell(s).
- Hinsichtlich der *Integrationsfunktion* widerspricht eine Politik ohne Öffentlichkeit bei den transnationalen Machtzentren der notwendigen Bedingung für die Konstitution und Reproduktion eines (immer mehrschichtigen) Gemeinsamkeitsglaubens, der für die Akzeptanz von politischen Entscheidungen Voraussetzung ist. Dann unterliegt die nationalstaatliche Gesellschaft einer Desintegration durch die Abschichtung dauerhaft Erwerbsloser. Schließlich ist die Integrationsfunktion der politischen Öffentlichkeit mit Bezug auf Migrationsminderheiten hinsichtlich sprachlicher und kultureller Cleavages und politischer Rechte deutlich weniger erfüllt als im sozialmarktwirtschaftlichen Gesellschaftsmodell. In politischer Hinsicht weisen daher alle westeuropäischen Zentrumsnationen eine bis zu über 20 % der Wohnbevölkerung umfassende Unterschichtung auf (Schweiz, Luxemburg).

Für die Kommunikationswissenschaft und die Öffentlichkeitssoziologie bedeuten diese Veränderungen der politischen Öffentlichkeit, dass sie in Bezug auf ihren Gegenstand die Differenzierung des Sozialen in allen Dimensionen reflektieren muss. Auf dieser Basis lässt sich unter Berücksichtigung der Effekte der Ausdifferenzierung des Mediensystems ein gegenstandsadäquater Zugang gewinnen.

Dies führt abschließend zur Diskussion der Effekte der Ausdifferenzierung des Mediensystems auf die politische Öffentlichkeit, wiederum auf der Basis der Differenzierungstheorie, mit Fokus auf die Akzentuierung der Stratifikation.

4.2   Ausdifferenzierung des Mediensystems

Die Ablösung der Medien von der Politik, ihre Entbettung aus sozialmoralisch verankerten Verlegerfamilien und ihre Orientierung an Marktlogiken und Medienkonsumenten führte zu massiven Konzentrationsprozessen im Medienwesen (Bonfadelli/Meier/
Trappel 2006; Siegert 2003, 20–30), neuen Vermachtungszusammenhängen zwischen
großen Medienorganisationen und regierenden Administrationen, zur Akzentuierung
der Stratifikation durch die Differenzierung des Medienangebots gemäß unterschiedlichem ökonomischem, sozialem und kulturellem Kapital (Knowledge Gap bzw. Digital
Divide, Kultivierungsanalyse, Media Malaise: Bonfadelli 1994; 2002, 65–84; Norris 2001)
sowie zu neuen Selektions-, Interpretations- und Inszenierungslogiken.

- Hinsichtlich der *Forumsfunktion* bedeutet die Konzentration im Medienwesen aufgrund des Verlustes an unabhängigen Redaktionen und der Etablierung des Multikanaljournalismus eine Reduktion von Pluralität. Darüber hinaus entfalten sich in
  der innenpolitischen wie in der außenpolitischen Berichterstattung Agendasetting-
  Kaskaden ausgehend von den resonanzmächtigen Medienorganisationen bis hinunter zu lokalen Radiostationen. In der außenpolitischen Berichterstattung wird
  dies durch die ökonomische Krise der Qualitätsmedien und den Abbau der Korrespondentennetze verstärkt. Dies bedeutet eine Homogenisierung und eine Verengung des medienvermittelten Diskurshorizontes ausgerechnet im Zeitalter der
  Globalisierung. In die Aufmerksamkeitshorizonte der nationalen Medienarenen
  tritt die Weltinnenpolitik immer mehr mit denselben Krisen-, Katastrophen-, Affären- und Kriegsereignissen der großen Agenturen und der 24/7-News-Channels
  (Robinson 2002; Norris/Kern/Just 2003). Die Online-Newssites der Zeitungen können diesen Qualitätsverlust nicht auffangen. Im Gegenteil: Als Zuschussunternehmen sind sie mit viel zu wenig redaktionellen Ressourcen ausgestattet. Dann führt
  die Stratifizierung und Segmentierung des Medienangebots gemäß Einkommens-,
  Bildungsschichten und Alterskohorten zu unterschiedlichen Aufmerksamkeitshorizonten. Während die Medien mit Qualitätsanspruch in ihrer Berichterstattung der
  kognitiven Sachverhaltsdimension und den Norm- und Wertfragen der sozialen
  Ordnung mehr Bedeutung verleihen, dominieren in den Medien, die von tieferen
  Einkommens- und Bildungsschichten (Gratis- und Boulevardzeitungen) sowie von
  jüngeren Alterskohorten konsumiert werden (Online-Newssites) Softnews und eine
  moralisch-emotional aufgeladene Empörungsbewirtschaftung bei politischen Issues.
  Generell haben sich die ‚Unterschichtenmedien‘ längst aus der routinisierten politischen Öffentlichkeit verabschiedet, d. h. die Beobachtung des politischen Systems,
  vor allem die Parlamentsberichterstattung, erfolgt bei diesen Medien nur noch bei
  affektiv geladenen Themen.
- Bezüglich der *Kontroll- und Legitimationsfunktion* bedeutet dies, dass die Adressierung der bildungsferneren Wechsel- und Nichtwähler und jüngeren Altersgruppen

bei Wahlen nur über affektiv aufgeladene Kommunikationsereignisse erreicht wird. Dies verschafft populistisch argumentierenden Akteuren bessere Opportunitätsspiel-räume. Die ausgeprägte Personalisierung des Politischen (und des Ökonomischen) bedeutet dann, dass sich die Kontroll- und Legitimationsfunktion weitgehend auf Personen und nicht auf Strukturen oder Verhältnisse konzentriert. Die moralisch-emotionale Aufladung insinuiert, dass alle Verhältnisse funktionieren, wenn die richtigen Personen führen. Schließlich haben wir es über den Konzentrationspro-zess mit einem neuen Vermachtungszusammenhang zwischen Medienorganisatio-nen und Fraktionen politischer Eliten bzw. regierenden Administrationen zu tun: In Australien, den USA und in Großbritannien kam es zur Unterstützung von Ad-ministrationen durch denselben Medienkonzern, in Spanien zu einer Allianz zwi-schen einem Medienkonzern und der Administration des Partido Popular, in Italien zur Gründung einer Regierungspartei durch einen Medienkonzern und in praktisch allen Zentrumsländern, insbesondere in Österreich, zu Kampagnenallianzen zwi-schen Parteien und Medienorganisationen.

- Hinsichtlich der *Integrationsfunktion* lässt sich feststellen, dass die gesellschaftliche Koorientierung durch personale Skandalisierungen am erfolgreichsten ist, weil diese in die Agenda aller Medienformate vordringen. Dies gilt auch für die Agendasetting-Kaskaden in der internationalen Kriegs-, Katastrophen- und Krisenkommunikation. Während die Integrationsleistung der medienvermittelten Öffentlichkeit bezüglich innenpolitischen Skandalisierungen sowie spektakulären Kriegs-, Katastrophen- und Krisenereignissen zugenommen hat, führt die Differenzierung des Medienan-gebots nach Kaufkraftklassen zu einer Elitisierung des Politischen in Gestalt einer kognitiv-normativen Berichterstattung in Medien mit Qualitätsanspruch gegen-über einer moralisch-emotionalen Aufladung im Billigjournalismus. Damit wird die gewachsene Ungleichheit durch die Abschichtung des Medienangebots ergänzt, und dieser Medienpopulismus begünstigt den politischen Populismus (Mazzoleni/Stewart/Horsfield 2003). Die Zunahme der Stratifizierung der Medienangebote be-deutet eine Abnahme der Partizipationsfähigkeit an der politischen Öffentlichkeit (fög 2010).

5   Fazit

Die Deregulation der Ökonomie von der Politik, die Funktionseinschränkungen der nach wie vor nationalstaatlich orientierten politischen Öffentlichkeit durch Mehrebe-nenpolitik, der Austritt deprivierter Schichten aus der politischen Öffentlichkeit, die gewachsene Unterschichtung der Zentrumsgesellschaften durch politisch Nicht-Patrizi-pationsberechtigte und die korrelative Abschichtung der Aufmerksamkeitslandschaften und der Berichterstattungsmodi mitsamt der politischen Partizipationsfähigkeit sind zu wenig bearbeitete Stratifikationserscheinungen im Spätkapitalismus.

Literaturverzeichnis

Albert, Mathias, 2007: „Globalization Theory: Yesterday's Fad or More Lively than Ever? International Political Sociology 1/2007, Malden: Blackwell Publishing.

Baerns, Barbara und *Raupp, Juliana* (Hg.), 2000: Information und Kommunikation in Europa, Berlin.

Bishop, Matthew und *Green, Michael*, 2010: The Road from Ruin. How to Reviev Capitalism and Put America Back on Top. New York: Crown Business.

Bonfadelli, Heinz, 1994: Die Wissenskluft-Perspektive. Massenmedien und gesellschaftliche Information, Konstanz.

Bonfadelli, Heinz, 2002: The Internet and Knowledge Gaps. A Theoretical and Empirical Investigation. European Journal of Communication 17: 65–84.

Bonfadelli, Heinz, Meier, Werner A. und *Trappel, Josef* (Hg.), 2006: Medienkonzentration Schweiz. Bern: Haupt.

Bourdieu, Pierre, 1987: Die feinen Unterschiede. Kritik der gesellschaftlichen Urteilskraft. Frankfurt a. M.: Suhrkamp.

Bourdieu, Pierre, 1998: Gegenfeuer. Wortmeldungen im Dienste des Widerstands gegen die neoliberale Invasion. Konstanz: UVK.

Breinig, Helmbrecht und *Lösch, Klaus*, 2002: Introduction: Difference and Transdifference. S. 11–36 in: *Helmbrecht Breinig, Gebhardt, Jürgen* und *Lösch Klaus* (Hg), Multiculturalism in Contemporary Societies: Perspectives on Difference and Transdifference. Erlangen: Universitätsbund (= Erlanger Forschungen: Reihe A, Geisteswissenschaften, Bd. 101).

Brender, Valerie, 2010: Economic Transformations in Chile: The Formation of the Chicago Boys. American Economist, vom 1. April 2010.

Esser, Hartmut, 1988: Ethnische Differenzierung und moderne Gesellschaft. Zeitschrift für Soziologie, Jg. 17, Nr. 4: 235–248.

fög – Forschungsbereich Öffentlichkeit und Gesellschaft/UZH (Hg.), 2010: Qualität der Medien – Schweiz Suisse Svizzera Jahrbuch 2010. Basel: Schwabe.

Gerhards, Jürgen, 1993: Neue Konfliktlinien in der Mobilisierung öffentlicher Meinung: Eine Fallstudie. Opladen : Westdeutscher Verlag.

Giddens, Anthony, 1976 : Functionalism: Après la lutte. Social Research, Nr. 43: 325–345.

Imhof, Kurt, 1993: Nationalismus, Nationalstaat und Minderheiten. Zu einer Soziologie der Minoritäten. Soziale Welt, Nr. 3: 327–357.

Imhof, Kurt, 1994: Minderheitensoziologie. S. 407–423 in: *Kerber, Harald* und *Schmieder, Andreas* (Hg.), Spezielle Soziologien. Frankfurt a. M.: Rowohlt.

Imhof, Kurt, 2003: Politik im „neuen" Strukturwandel der Öffentlichkeit. S. 401–418 in: *Nassehi, Armin* und *Schroer, Markus* (Hg.), Der Begriff des Politischen. Sonderband 14 der Zeitschrift „Soziale Welt", München.

Imhof, Kurt, 2006: Mediengesellschaft und Medialisierung. Medien & Kommunikationswissenschaft, 54/2: 191–215.

Imhof, Kurt, 2011: Die Öffentlichkeit in Krisen und die Krise der Öffentlichkeit. Frankfurt a.M: Campus (i.e).

Imhof, Kurt und *Eberle, Thomas* (Hg.), 2005: Triumph und Elend des Neoliberalismus. Zürich: Seismo.

Jachtenfuchs, Markus und *Kohler-Koch, Beate* (Hg.), 2003: Europäische Integration, Opladen: VS-Verlag.

Joas, Hans, 1996: Die Modernität des Krieges. Leviathan, Nr. 1: 13–27.

Kalscheuer, Britta und *Allolio-Näcke, Lars* (Hg.), 2008: Kulturelle Differenzen begreifen. Das Konzept der Transdifferenz aus interdisziplinärer Sicht. Frankfurt a. M.: Campus.

Lösch, Klaus, 2005: Begriff und Phänomen der Transdifferenz: Zur Infragestellung binärer Denkkonstrukte. S. 26–49 in: *Allolio-Näcke, Lars, Kalscheuer, Britta* und *Manzeschke, Arne* (Hg.), Differenzen anders denken. Bausteine zu einer Kulturtheorie der Transdifferenz. Frankfurt a. M.: Campus.

Luhmann, Niklas, 1984: Soziale Systeme. Grundriss einer allgemeinen Theorie. Frankfurt am Main: Suhrkamp.

Mazzoleni, Gianpietro, Stewart, Julianne und *Horsefield, Bruce* (Hg.), 2003: The media and neopopulism: a comparative analysis. Westport: Praeger.

Nassehi, Armin, 1990: Zum Funktionswandel der Ethnizität im Prozess gesellschaftlicher Modernisierung. Ein Beitrag zur Theorie der funktionalen Differenzierung. Soziale Welt, Jg. 3: 261–282.

Neckel, Sieghard, 2005: Die Marktgesellschaft als kultureller Kapitalismus. Zum neuen Sykretismus von Ökonomie und Lebensform. S. 198–211 in: *Imhof, Kurt* und *Eberle, Thomas* (Hg.), Triumph und Elend des Neoliberalismus. Zürich: Seismo.

Norris, Pippa, 2001: Digital divide. Civic engagement, information poverty, and the Internet worldwide, Cambridge.

Norris, Pippa, Kern, Montague und *Just, Marion*, 2003: Framing Terrorism. The news Media, the Governement and the Public, New York.

Parsons, Talcott, 1976 [1951]: Der Begriff der Gesellschaft: Seine Elemente und ihre Verknüpfungen. S. 318–365 in: *Jensen, Stefan* (Hg.), Zur Theorie sozialer Systeme. Wiesbaden: Westdeutscher Verlag.

Ptak, Ralf, 2005: Etappen des Neoliberalismus. S. 59–73 in: Imhof, Kurt und Eberle, Thomas (Hg.), 2005: Triumph und Elend des Neoliberalismus. Zürich: Seismo.

Risse, Thomas und *Van de Steeg, Marianne*, 2003: An Emerging European Public Sphere? Empirical Evidence and Theoretical Clarifications, Europeanisation of Public Spheres, Political Mobilisation, Public Communication and the European Union. Science Center Berlin.

Robinson, Piers, 2002: The CNN Effect – The Myth of News, Foreign Policy and Intervention, London

Schroer, Markus, 2004: Gewalt ohne Gesicht. Zur Notwendigkeit einer umfassenden Gewaltanalyse. S. 151–173 in: *Heitmeyer, Wilhelm* und *Soeffner, Hans-Georg* (Hg.), Gewalt. Frankfurt a. M.: Suhrkamp.

Schütz, Alfred, 1994: Strukturen der Lebenswelt. Bd. 1. Frankfurt a. M.: Suhrkamp.

Siegert, Gabriele, 2003: Im Zentrum des Taifuns: Die Ökonomisierung als treibende Kraft des medialen Wandels. Medien Journal, 27/1: 20–30.

Tréfás, David und *Lucht, Jens* (Hg.), 2010: Europe on Trial. Shortcomings of the EU with regard to democracy, public sphere, and identity. Innsbruck: Studienverlag.

Weber, Max, 1985 [1921]: Wirtschaft und Gesellschaft. Grundriss der verstehenden Soziologie. Tübingen: Mohr.

Wehler, Hans-Ulrich, 1975: Modernisierungstheorie und Geschichte. Göttingen: Vandenhoeck & Ruprecht.

Welsch, Wolfgang, 1997: Transkulturalität: Zur veränderten Verfassung heutiger Kulturen. S. 67–90 in: *Schneider, Irmela* und *Thompson, Christian W.* (Hg.), Hybridkultur: Medien, Netze, Künste. Köln: Wienand.

Willke, Helmut, 1992: Ironie des Staates. Grundlinien einer Staatstheorie polyzentrischer Gesellschaft, Frankfurt a. M.

Wimmer, Andreas, 1996, Der Appell an die Nation. Kritische Bemerkungen zu vier Analysen von Xenophobie und Rassismus. In: *Hans-Rudolf Wickler, Jean-Luc Alber, Claudio Bolzman, Rosita Fibbi, Kurt Imhof, Andreas Wimmer* (Hg.), Das Fremde in der Gesellschaft. Migration, Ethnizität und Staat. Zürich: Seismo, S. 173–198.

Wimmer, Andreas, 2002, Nationalist Exclusion and Ethnic Conflict. Shadows of Modernity. Cambridge: University Press.

Zürn, Michael, 2001, Politische Fragmentierung als Folge der gesellschaftlichen Denationalisierung? In: *Loch, Dietmar* und *Heitmeyer, Wilhelm* (Hg.), Schattenseiten der Globalisierung. Frankfurt a. M.: Suhrkamp, S. 111–139

Kommunikative Partizipation als Sprecher: zum Standing unterschiedlicher Akteure in mediatisierten öffentlichen Diskursen

Cornelia Wallner, Oliver Gruber & Petra Herczeg

1 Einleitung

Mediale Öffentlichkeit stellt, wie in der kommunikationswissenschaftlichen Debatte immer wieder festgehalten wird, eine zentrale Ressource für gesellschaftliche Selbstverständigungsprozesse dar. Zugleich werden Ungleichheiten bei den Möglichkeiten zur kommunikativen Partizipation in den unterschiedlichen Elementen des Kommunikationsprozesses festgestellt. Diskutiert und untersucht werden mediale Inhalte, Strukturen von Kommunikation, Teilhabemöglichkeiten von Rezipienten oder von Kommunikatoren. Wir beziehen uns in der Folge auf die Partizipationsmöglichkeiten von verschiedenen Personen bzw. Personengruppen und auf deren Rollenverteilungen, mit denen sie im öffentlichen Diskurs präsent sind. Versteht man Öffentlichkeit insbesondere hinsichtlich ihrer Transparenzleistung und folgt man dem Verständnis von „Öffentlichkeit als Kommunikationsmodus" (Pöttker 2010: 110), dann geht es insbesondere um die Frage, in welchem Ausmaß

> „(...) alle Subjekte der Gesellschaft mit ihren Wahrnehmungen, Erfahrungen und Interessen freien Zugang zu den Medien haben, und zwar als Rezipienten wie als Produzenten und Objekte der Medienberichterstattung." (Pöttker 2010: 111)

Der mediatisierte öffentliche Diskurs bezieht sich dabei auf eine konkrete Gesellschaft und somit fließen immer bestimmte Machtstrukturen ein, die sich u. a. in kommunikativen Teilhabechancen äußern. Um diesen Aspekt näher zu betrachten, stellen wir ausgewählte Ergebnisse zweier empirischer Studien vor, in denen wir uns unter anderem mit Fragen der kommunikativen Partizipation sowie der Rollenverteilung der Partizipation in mediatisierten öffentlichen Diskursen befasst haben. Unser Fokus lag dabei auf „Sprechern", die medienvermittelt vorkommen, deren kommunikativen Partizipationschancen und Teilhabemöglichkeiten an medialer Öffentlichkeit und auf den Unterschieden bei der Partizipation je nach gesellschaftlicher Gruppenzugehörigkeit der Sprecher. Die Frage, der wir in diesem Beitrag nachgehen, lautet, wer in welcher Sprecherrolle und welchem Ausmaß am medialen öffentlichen Diskurs partizipiert. Wir werden dies anhand der Ergebnisse aus zwei quantitativen Inhaltsanalysen diskutieren.

Medien können als „Orte für die (Re-)Präsentation von Subjekten" dargestellt werden, die zugleich auch „Terrains bilden, die durch Grenzziehungen abgesteckt werden" (Klaus et al. 2004:9). Diese Grenzziehungen werden durch Inklusions- und Exklusionsprozesse befördert und sind eingebettet in unterschiedliche (auch ethnische) Zugehörigkeitskontexte. Für Maletzke gehören die Massenmedien zu den integrierenden Faktoren, die

> „dafür sorgen, dass der Mensch über seinen eigenen Erfahrungshorizont und über den Horizont seiner noch unvermittelt erkennbaren Bezugsgruppe hinaus die Gesellschaft als Ganzes sieht und sich ihr zugehörig fühlt, sich mit ihr identifiziert. Diese Klammer, die verschiedenen sozialen Differenzierungen übergreifend, ist für den Bestand der Gesamtgesellschaft unerlässlich." (Maletzke 1980: 72)

Kommunikative Integration bedeutet, dass die einzelnen Mitglieder der Gesellschaft als Kommunikationspartner öffentlich präsent sind. Einzelne Gruppen können durch ihre Repräsentanz in den Medien Zugehörigkeitsbeziehungen entwickeln und dadurch werden auch mediale Identitätsräume geschaffen.

Der Stellenwert der Integrationsfunktion der Massenmedien wird somit generell als hoch angesehen, wobei relativierend festgehalten werden muss, dass Medien dieses Integrationspotential nur im Zusammenspiel mit anderen gesellschaftlichen Organisationen entfalten können.

> „Medien erbringen Integrationsleistungen im Wesentlichen in der Interaktion mit Akteuren aus anderen Teilsystemen im Prozess." (Jarren 2000: 37)

Diese Interaktionen mit Verbänden, Kirchen, Gewerkschaften und NGOs sind daher für die Untersuchung der Integrationsleistung der Massenmedien zu berücksichtigen.

Das Integrationspotential der Massenmedien resultiert aus ihrer Rolle als intersystemische Organisationen, aus ihrer Beobachtungsleistung unterschiedlicher gesellschaftlicher Teilsysteme und der Veröffentlichung dieser Beobachtungen. Integration kann nun auf zweifache Weise ermöglicht werden. Einerseits, implizit, durch die Bereitstellung von Informationen über andere gesellschaftliche Teilsysteme, über andere Realitätsperspektiven, um die Integration unterschiedlicher Lebensformen in der Gesellschaft zu ermöglichen. Dies entspricht der Beobachtung der Gesellschaft und ihrer Individuen, d. h. über die Sichtbarmachung unterschiedlicher Lebensformen, Subkulturen etc. wird Integration möglich. Andererseits kann Integration explizit über Integrationskommunikation ermöglicht werden, indem Massenmedien das Forum für den Selbstverständigungsprozess und die Integrationsprozesse innerhalb der Gesellschaft darstellen. Durch die „Konstruktion sozialer Realität durch Kommunikation" wird Integration zudem durch Medien erzeugt und vermittelt, was sich empirisch beispielsweise in Wir-Semantiken äußert. Damit wird aber stets auch Exklusion (Wir und die

Anderen) vermittelt, was folglich einer Dysfunktionalität entsprechen kann. (vgl. Jarren 2000: 22 ff; vgl. Vlasic 2004)

2 Ungleichheiten in kommunikativer Partizipation

Damit ist einer der grundlegenden Aspekte in der Analyse von Ungleichheit aus kommunikationswissenschaftlicher Sicht angesprochen. Soziale Ungleichheit als soziologischer Grundbegriff bezeichnet im Kern die Unterschiede der Teilhabemöglichkeiten an gesellschaftlichen Ressourcen. (vgl. Kreckel 2004; Zilien 2006: 29; Lenz/Zilien 2005: 239) In modernen Mediengesellschaften, in denen soziale Interaktion und gesellschaftliche Austauschprozesse zunehmend medial vermittelt ablaufen, stellen Massenmedien eine zentrale gesellschaftliche Ressource dar, die in der Folge hinsichtlich (Un-) Gleichheitsaspekten untersucht werden muss.

Gesellschaftliche Strukturmerkmale, die für soziale Ungleichheiten ausschlaggebend sein können (Barlösius 2004: 46), finden ihre Entsprechung in den Medieninhalten und fließen dann etwa in Selektionsprinzipien der Journalisten und deren Gatekeeper-Rolle ein oder prägen die Möglichkeit des Agenda Setting durch bestimmte Akteure.

> „Medien beeinflussen dann nicht nur die Wahrnehmung sozialer Ungleichheit, sondern formen auch die Vorstellung davon, was überhaupt als Ungleichheit anzusehen und was von dieser Ungleichheit als gerechtfertigte Ungleichheit zu interpretieren ist. Massenmedien produzieren und reproduzieren somit gesellschaftliche (Un-)Gleichheitsnormen." (Lenz/Zilien 2005: 239)

Der vorliegende Beitrag begreift kommunikative Partizipation am Diskurs daher als eine Voraussetzung dafür, in der mediatisierten Gesellschaft wahrgenommen zu werden und damit in der Gesellschaft präsent zu sein. Massenmedien können dabei jenes Forum sein, innerhalb dessen unterschiedliche Diskurse aus unterschiedlichen gesellschaftlichen und kulturellen Kontexten, mit Beteiligung unterschiedlicher Sprecher, aufeinander treffen. Die Frage ist aber dann, wer sind die Akteure dieser Öffentlichkeit, welche Teilhabemöglichkeiten haben Personen unterschiedlicher sozialer Gruppen- und Institutionenzugehörigkeit, wie selektiv ist die Beobachtungsleistung und die Forumsleistung der Medien? Unsere empirischen Daten liefern für ein besseres Verständnis der derzeitigen Ausformung von Ungleichheit in den Medien einen genuinen Beitrag in zweierlei Hinsicht. Zum einen untersuchen wir in Beispiel 1 den medialen Diskurs über Integration, der an sich bereits Fragen der Inklusion und Ungleichheit impliziert. Zum anderen geht es um die Frage der Produktion von Ungleichheit durch die unterschiedliche Repräsentation von Sprechern (Beispiel 1 und 2).

3   Sprecherrollen im medialen Diskurs

Ungleichheit hinsichtlich der kommunikativen Partizipation von Sprechern bezieht sich auf die Frage, in welchem Ausmaß Sprecher unterschiedlicher gesellschaftlicher Zugehörigkeit im medialen Diskurs als aktive Sprecher zu Wort kommen, als Adressaten direkt angesprochen werden, oder als Objektakteure Teil des Diskurses sind. Durch das Verhältnis der Sprecherrollen zueinander lassen sich dann etwaige Ungleichheiten herausarbeiten. Ist jemand häufig als Objektakteur im medialen Diskurs repräsentiert, aber im Verhältnis nur selten aktiver Sprechakteur, so lässt sich schlussfolgern, dass diese Person oder gesellschaftliche Gruppe mit ihrem eigenen Standpunkt weniger Gehör im mediatisierten Diskurs findet – dass also häufig über sie gesprochen wird, sie sich selbst aber nur wenig im Diskurs artikulieren kann, womit der zuvor erläuterte Aspekt von Ungleichheit angesprochen ist. Damit sind auch Aspekte wie Definitionsmacht und Diskursmacht impliziert und in weiterer Folge die Frage, welche Personen oder gesellschaftlichen Gruppen sich und ihre Anliegen eher auf der medialen Agenda aktiv einbringen können. Da die mediale Agenda auch eine Inputfunktion für die politische Agenda bildet und sich mediale Definitionsmacht somit in politische Macht umwandeln kann (Imhof/Blum/Bonfadelli/Jarren 2006: 13), folgen aus dem medialen Standing weiterreichende Konsequenzen für die gesellschaftliche Positionierung von Akteuren.

> „Medien spiegeln nicht nur gesellschaftliche Normvorstellungen, sondern konstruieren diese täglich neu. Massenmedien (re)produzieren hegemoniale Vorstellungen von Gesellschaft. Hegemonie ist hierbei nicht einfach als Übertrag der Ideologie einer Gruppe auf eine unterlegene andere zu verstehen, sondern als ein Prozess, in welchem die allgemeinen Annahmen darüber, was als „normal" oder „natürlich" gilt, verändert und beeinflusst werden." (Lenz/Zilien: 239)

Medieninhalte wie auch Repräsentationsformen von Akteuren sind somit Teil dessen, was in die Vorstellung der Gesellschaft über sich selbst und in einem reflexiven Prozess wieder in Medieninhalte einfließt. Ungleichheit in der Partizipation einzelner Sprechergruppen kann somit im Zeitverlauf verstärkt werden, was empirisch zu prüfen wäre. Medien können aber auch soziale Ungleichheiten abschwächen (Lenz/Zilien 2005: 250), etwa indem diese Ungleichheiten an sich thematisiert werden.[1] Insofern könnte es also auch zu einem Ausgleich bei den Partizipationschancen der Akteure kommen, was einer weiterführenden empirischen Untersuchung bedarf.

---

1   Wobei hier nicht weiter darauf eingegangen werden soll, dass sich die unterschiedlichen Akteure und Akteursgruppen in einer „Konkurrenzsituation" befinden, um öffentliche Aufmerksamkeit, die ein knappes Gut („a scarce resource") ist.

3.1 Operationalisierungen

Die Analyse von unterschiedlichen Sprecherrollen verstehen wir dabei nicht lediglich als eine Analyse hinsichtlich der Durchsetzungsfähigkeit *elitärer* Akteure, die, wie Schweiger und Weihermüller (2008: 539 f) festhalten, häufig die zentralen Sprecher und durchsetzungsfähigen Sprecher in diskursiver Öffentlichkeit sind. Wir verstehen das erste Beispiel auch als Analyse der Beteiligungsmöglichkeit der tatsächlich durch Teilaspekte des Diskurses *Betroffenen*. Es sind zwar auch in anderen Diskursen immer Betroffene auszumachen, allerdings verliert sich dies zumeist zu einer „kollektiven Masse", die nicht anhand von Einzelpersonen bestimmt werden kann, sondern die eventuell selbst wieder Sprecher als Vertreter hat (bzw. sind ja im engeren Sinne Politiker selbst diese „Vertreter" von Bürgern). Unser Ziel ist es also, anhand des ersten Beispiels zu untersuchen, in welcher Weise die wenigen Personen, die von einem sehr breiten mediatisierten Diskurs betroffen sind, in diesem Diskurs selbst die Möglichkeit zur kommunikativen Teilhabe wahrnehmen können.

Anhand des zweiten Beispiels, das einen explorativen Charakter hat, sehen wir uns die Frage nach Beteiligungsmöglichkeiten anhand von E-Papers und Blogs an und vertiefen die Frage, welche Partizipationsmöglichkeiten für Rezipienten bestehen. Dazu haben wir mehrere Kriterien definiert: Die Möglichkeit, Postings oder Kommentare bei einem Artikel oder Blogeintrag zu hinterlassen; die Möglichkeit der inhaltlichen (Weiter)Bearbeitung eines Artikels oder Blogeintrags; die Möglichkeit, Verweise auf andere Medieninhalte zu setzen sowie die Möglichkeit zur Bewertung des Blogeintrags oder Artikels.

Die Partizipation als „Sprecher" kann auf unterschiedliche Art erfolgen.

1. Partizipation im medialen Diskurs bedeutet das Vorkommen in Medieninhalten in unterschiedlichen Sprecherrollen: (a) Als aktive Sprecher, die sich selbst aktiv in den Diskurs einbringen können, indem ihre Aussagen durch direkte oder indirekte Zitation oder in Interviews wiedergegeben werden, sowie Journalisten in ihrer Rolle als Kommentatoren. (b) Als passive Sprecher, die entweder in der Rolle der Objektakteure vorkommen können und somit Objekte des Diskurses sind: Akteure also, deren Interessen durch die Aussagen aktiver Sprecher betroffen sind. Oder aber passive Sprecher in Form von Adressaten im Diskurs, die von anderen Sprechern direkt angesprochen (und ggf. zu Handlungen aufgefordert) werden. Das methodische Vorgehen orientieren wir dabei an einer Vielzahl von empirischen Studien (vgl. u. a. Koopmans 2002; Pfetsch 2004; Gerhards/Schäfer 2007; Brüggemann/Kleinen-v. Königslöw 2009).
2. Partizipation bedeutet weiters die aktive Teilhabe als Kommunikator, d. h. selbst an der Erstellung von Medieninhalten beteiligt zu sein. In den klassischen Massenmedien ist dies für außermediale Akteure über Gastkommentare sowie Leserbriefe möglich. In Internetmedien sind die Möglichkeiten vielfältiger, etwa als Autor von

Blogs, in Foren oder durch die Kommentierung von Medienartikeln, um nur einige Möglichkeiten zu nennen.

Für die Analyse des „Standing" der unterschiedlichen Akteure wurde die Häufigkeit des Vorkommens der Akteure in unterschiedlichen Sprecherrollen (zusammen mit deren Aussagen) erfasst. (vgl. dazu u. a. Gerhards/Schäfer 2007, 2010)

Als theoretischen Rahmen für die Operationalisierung verwenden wir das Modell einer diskursiven Öffentlichkeit (Habermas 1981, 1996), das als anspruchsvolles Öffentlichkeitsmodell auch eine heuristische Funktion erfüllt. Damit wird eine Vielzahl von Indikatoren zur Deskription des mediatisierten Diskurses herangezogen, allerdings ist damit nicht automatisch eine normative Bewertung verknüpft. Dieses Vorgehen ermöglicht aber eine Deskription, welchem „Modell" von Öffentlichkeit eine konkrete, empirisch vorfindbare Öffentlichkeit am ehesten entspricht. (vgl. Ferree et al. 2002)

4   Beispiel 1: Partizipationsmöglichkeiten im mediatisierten Diskurs zur Integration

Uns interessiert nun, welche gesellschaftlichen Akteure wir in welchen Sprecherrollen wiederfinden, welche kommunikativen Partizipationschancen für unterschiedliche Sprecher gegeben sind und wie gleich bzw. ungleich diese Verteilung ausfällt.

Bei Studie 1 handelt sich um eine quantitative Inhaltsanalyse, in der ausgehend von einem konkreten Fallbeispiel[2] Integrationsdiskurse in Österreich analysiert wurden. Untersuchungsmaterial waren Print- und TV-Medien aus Österreich (N = 1 900).[3] Die Fragestellungen bezogen sich vor allem auf die massenmediale Darstellung von MigrantInnen und Integration sowie deren kulturelle, politische, wirtschaftliche und soziale Dimensionen. Das Projekt orientierte sich dabei an drei zentralen Problemperspektiven, die am Beispiel der Berichterstattung über einen konkreten Fall untersucht wurden: Integration in und durch Medien, politische Kommunikation sowie die Kommunikationsweisen der Betroffenen.

---

2   Im Fokus der Analyse stand die Berichterstattung zum Fall der kosovarischen Familie Zogaj, die versuchte, sich trotz negativer Asylbescheide und abgelehnter Aufenthaltsbewilligungen ein Leben in Österreich aufzubauen. Infolge des Untertauchens der Tochter Arigona Zogaj im September 2007 angesichts der angedrohten Abschiebung der Familie, erlangte der Fall der Familie Zogaj rasch immense öffentliche Aufmerksamkeit und die Tochter Arigona Zogaj wurde zur Verkörperung der Probleme im österreichischen Asylwesen. Aufgrund seiner umfangreichen und langfristigen öffentlichen Thematisierung stellte dieser Anlassfall dementsprechend ein paradigmatisches Anschauungsbeispiel dar, in welcher Form Diskurse über Migration und Integration in der österreichischen Medienöffentlichkeit geführt werden und nicht zuletzt, welche Akteure darin Definitions- und Deutungsmacht innehaben.

3   Studie 1: Das Projekt „Integration und Inszenierung" wurde mit Drittmitteln durch die Stadt Wien, MA7, gefördert, Laufzeit 09. 2007–11. 2008.

Der Auswahl des Mediensamples wurden die zentralen Mediengattungen des österreichischen Medienmarktes zugrunde gelegt. In Hinsicht auf auf die Anteile einzelner Medien am Gesamtberichterstattungsaufkommen weisen mit „Österreich" (18,2 %) und der „Kronen Zeitung" (17,8 %) zwei Boulevardmedien die meisten Beiträge zu den untersuchten Themenfeldern auf. Lediglich das Qualitätsmedium „Standard" erreicht mit 14,2 % ein noch annähernd ähnliches Berichterstattungsvolumen, wohingegen der Kurier (11,8 %), die beiden Regionalzeitungen OÖN (10,3 %) bzw. SN (8,8 %) aber auch das Qualitätsmedium „Die Presse" (8,1 %) in deutlich geringerem Ausmaß berichtet haben.

Am häufigsten wird das Thema im Genre „Bericht" aufbereitet (48,1 %). Interessant ist dennoch, dass 24,8 % der Artikel in Form von Leserbriefen vorliegen. Dies korrespondiert mit der hohen Relevanz, die Leserbriefschreibern als Sprechern (Anteil am Gesamtsprecherumfang) zugewiesen wird. Auch die Medien selbst werden als Sprecher aktiv, in 8,8 % der Artikel handelt es sich um Kommentare von Mediensprechern. Interviews finden sich in 6,9 % der Artikel. Die restlichen Artikel verteilen sich auf Reportage, Gastkommentare, Glossen, Infografiken. Leitartikel zum Thema gibt es nur in 15 Fällen (0,8 %).

Codiert wurden auf Aussagenebene jeweils die ersten vier Sprecher in einem Artikel oder Beitrag und die von den Sprechern getätigten Aussagen, wobei maximal sechs Aussagen pro Sprecher erfasst wurden. Bei mehreren Aussagen eines Sprechers zu einem Inhalt wurden diese Aussagen zu einer Aussage zusammengefasst und wie eine einzige Aussage codiert. In Bezug auf jede Aussage wurden zudem die „Bewertung des Themas", „Diskursive Interaktionen (wer ist Angesprochener bzw. Adressat in den Aussagen)", „Rationalitätsniveau der Aussage" sowie „Sach-/Personenbezogenheit der Aussage" erhoben.

4.1 Partizipation verschiedener Sprechergruppen

Wenn wir nun zuerst nach der Partizipation der aktiven Sprecher fragen, so zeigen sich insgesamt zwei Diskurse: Ein elitendominierter Diskurs, der geprägt ist von der Präsenz der Sprecher der inländischen Politik. Diese repräsentieren mit mehr als einem Drittel (36,4 %) am gesamten Diskurs die am stärksten vertretene Sprechergruppe. Dem steht ein zweiter, publikumszentrierter Diskursstrang gegenüber, der durch die Leserbriefautoren als zweitgrößter Sprechergruppe (17,7 %) im Gesamtdiskurs getragen wird. Vor allem in der Kronen Zeitung tragen sie den Diskurs entscheidend mit. Die aktive Partizipation ist ein starker Hinweis auf die Mobilisierung des spezifischen Publikums der Kronen Zeitung und die Leserbriefautoren weisen damit einen hohen Wert als außerpolitische Akteure auf. Deutlich dahinter bewegen sich auf ähnlich niedrigem Niveau die Sprechergruppen der Experten (11 %), der betroffenen Personen (10,9 %), der Medienakteure (9,3 %) sowie der sonstigen Sprecher der Zivilgesellschaft (8,5 %). NGOs (3,9 %), Kirchenvertreter (1,9 %) sowie ausländische Politiker (0,5 %) haben schließlich nur einen geringen Anteil am Diskurs. Erst an vierter Stelle kamen die Betroffenen selbst zu Wort und auch zivilgesellschaftliche Akteure kamen – trotz vorhandener Involvierung in den Anlassfall – nur in geringem Ausmaß im Diskurs vor. Der nationale gesellschaftliche Selbstverständigungsdiskurs ist somit stark elitendominiert.

Tabelle 1   Standing der Sprechergruppen im Diskurs (%)

Politik Inland gesamt	36,4 %
Leserbriefschreiberinnen	17,7 %
ExpertInnen	11 %
Betroffene Personen	10,9 %
Medien als Sprechakteure (Kommentare)	9,3 %
Andere Sprecher der Zivilgesellschaft	8,5 %
NGOs	3,9 %
Kirche/Religionsgemeinschaft	1,9 %
Politik Ausland	0,5 %
Summe	100 %

N = 2 675 in 1 900 Artikeln/Beiträgen

4.2   Mediale Unterschiede

Fragt man nach den Unterschieden hinsichtlich dieser Bereiche zwischen verschiedenen Medien sowie Mediengattungen (Qualitäts-, Midmarket-, Boulevardmedien), so weisen die Befunde deutliche Unterschiede zwischen den Mediengattungen aus. In den Qualitätsmedien ist der Diskurs elitengeprägt (mit über 70 % Elitensprechern am gesamten Sprecheraufkommen innerhalb der Qualitätsmedien). Hier wird der Diskurs offenbar stellvertretend geführt, während in der Boulevardpresse der Elitenanteil (Inlandspolitiker, Experten und Mediensprecher) bei knapp 50 Prozent liegt und die größte Sprechergruppe durch die Leserbriefautoren (35,2 %) repräsentiert wird. Dies verweist auf den Aspekt, dass Medien Ungleichheiten herstellen oder ausgleichen können, was im Kontext der charakteristischen Merkmale der entsprechenden Mediengattungen zu interpretieren ist: Während der Anspruch höherer Komplexität im Qualitätsjournalismus eine stärkere Berücksichtigung von Elitensprechern nahe legt, kommt der hohe Anteil der „Leserstimmen" schließlich dem Anspruch der „Volksnähe" im Boulevardjournalismus nach. Zudem haben Leserbriefe in dem österreichischen Bouldevardmedium „Kronen Zeitung" einen vergleichsweise hohen Stellenwert, was ebenso den großen Anteil an Leserbriefen in dieser Mediengattung erklärt.

Tabelle 2 Mediale Unterschiede der Repräsentanz „aktiver Sprecher" (Teil 1)

	Politik Inland – gesamt	Leserbrief- autoren	Experten	Betroffene	Medien als Akteur	Gesamt
Qualitätspresse	341	25	118	32	70	716
% am Gesamtaufkommen der Qualitätspresse	*47,6*	*3,5*	*16,5*	*4,5*	*9,8*	*100,0*
Midmarket	121	33	32	43	23	337
% am Gesamtaufkommen des Midmarket	*35,9*	*9,8*	*9,5*	*12,8*	*6,8*	*100,0*
Bundesländerpresse	169	98	46	54	30	461
% am Gesamtaufkommen der Bundesländerpresse	*36,7*	*21,3*	*10,0*	*11,7*	*6,5*	*100,0*
Boulevardpresse	223	288	55	91	94	819
% am Gesamtaufkommen der Boulevardpresse	*27,2*	*35,2*	*6,7*	*11,1*	*11,5*	*100,0*
Nachrichtenmagazine	44	17	25	23	20	151
% am Gesamtaufkommen der Nachrichtenmagazine	*29,1*	*11,3*	*16,6*	*15,2*	*13,2*	*100,0*
Special Interest Magazine	8	4	0	2	2	26
% am Gesamtaufkommen der SI-Magazine	*30,8*	*15,4*	*0,0*	*7,7*	*7,7*	*100,0*
ORF Nachrichten	49	0	10	40	5	158
% am Gesamtaufkommen der ORF Nachrichten	*31,0*	*0,0*	*6,3*	*25,3*	*3,2*	*100,0*
ORF Magazine	1	0	2	2	0	7
% am Gesamtaufkommen der ORF Magazine	*14,3*	*0,0*	*28,6*	*28,6*	*0,0*	*100,0*
N	956	465	288	287	244	2675

Tabelle 2   Mediale Unterschiede der Repräsentanz „aktiver Sprecher" (Teil 2)

	Andere Sprecher Zivilgesell- schaft	NGOs	Kirchen- und Religions- vertreter	Politik Ausland	Modera- tionen	Gesamt
Qualitätspresse	73	37	15	5	0	716
% am Gesamtaufkommen der Qualitätspresse	*10,2*	*5,2*	*2,1*	*0,7*	*0,0*	*100,0*
Midmarket	51	23	7	4	0	337
% am Gesamtaufkommen des Midmarket	*15,1*	*6,8*	*2,1*	*1,2*	*0,0*	*100,0*
Bundesländerpresse	32	17	13	2	0	461
% am Gesamtaufkommen der Bundesländerpresse	*6,9*	*3,7*	*2,8*	*0,4*	*0,0*	*100,0*
Boulevardpresse	45	14	8	1	0	819
% am Gesamtaufkommen der Boulevardpresse	*5,5*	*1,7*	*1,0*	*0,1*	*0,0*	*100,0*
Nachrichtenmagazine	8	9	5	0	0	151
% am Gesamtaufkommen der Nachrichtenmagazine	*5,3*	*6,0*	*3,3*	*0,0*	*0,0*	*100,0*
Special Interest Magazine	10	0	0	0	0	26
% am Gesamtaufkommen der SI-Magazine	*38,5*	*0,0*	*0,0*	*0,0*	*0,0*	*100,0*
ORF Nachrichten	5	1	1	0	47	158
% am Gesamtaufkommen der ORF Nachrichten	*3,2*	*0,6*	*0,6*	*0,0*	*29,7*	*100,0*
ORF Magazine	0	1	0	0	1	7
% am Gesamtaufkommen der ORF Magazine	*0,0*	*14,3*	*0,0*	*0,0*	*14,3*	*100,0*
N	224	102	49	12	48	2675

4.3 Das „Standing" der Akteure

Das Gesamtbild dieser Dimension zeigt markante Unterschiede in der Qualität der medialen Vermittlung im Sinne kommunikativer Teilhabe. So wird deutlich, dass zwar oft *über* die betroffenen Personen gesprochen wird, sie oft Thema bzw. Gegenstand im Diskurs sind, sie jedoch selten selbst im massenmedial vermittelten Diskurs zu Wort kommen.

Hinsichtlich der Konstruktion von Eigen- und Fremdgruppen fragen wir weiters nach der Verwendung von „Wir-Semantiken" der aktiven Sprecher, was in 11 Prozent der Aussagen der Fall ist.

Tabelle 3   Verwendung von Wir-Semantiken nach Sprechergruppen

Sprechakteur	Häufigkeit	%
Politiker	74	31
Leserbriefschreiber	61	25
Andere Sprecher der Zivilgesellschaft	27	11
Medien als Akteure	24	10
Experten	23	10
Betroffene Personen	19	8
NGOs	6	3
Kirche/Religionsgemeinschaften	5	2
Politik Ausland	1	0

N = 240 Aussagen, die Wir-Semantiken enthalten

In unseren Ergebnissen zeigt sich, dass Politiker jene Sprecher sind, die im Vergleich zu den anderen Sprechern am häufigsten Wir-Semantiken verwenden. Bezogen auf den Anteil der Sprecher an den Aussagen verwenden Leserbriefschreiber und andere Akteure der Zivilgesellschaft jedoch etwas häufiger Wir-Semantiken als die Repräsentanten der anderen Sprechergruppen. Offenbar ist also für die Bürger der Aspekt der Inklusion bzw. Exklusion über Vergemeinschaftungssemantiken von großem Stellenwert. Nach Jarren (2000) sind Wir-Semantiken eine Äußerung dafür, dass

„über Kommunikation Einheit oder Integration in bestimmten Räumen, für ausgewählte Gruppen und in bestimmten zeitlichen Phasen erzeugt werden." (Jarren 2000: 31)

Wir-Semantiken setzen auf ein

> „latent vorhandenes Gemeinschaftsbedürfnis (…). Gerade diese „Wir-Semantiken" verdeutlichen aber auch, wer integrieren möchte und wer integriert werden soll. Auch hier werden Ungleichheiten sichtbar." (Jäckel 2005: 234)

5   Beispiel 2: Partizipation und Sprecherrollen in E-Papers und Blogs

Im zweiten Fallbeispiel geht es uns in einem explorativen Sinne um die Frage, wer eigentlich die Möglichkeiten der Partizipation nutzt, wer die wesentlichen aktiven Sprecher nicht nur in traditionellen Massenmedien, sondern eben auch in anderen, neuen medialen Foren sind.

Kommunikationsinnovationen und „neue Medien" eröffnen neue Möglichkeiten zur Partizipation. So waren etwa mit dem Aufkommen neuer Kommunikationstechnologien und dem Internet hohe Erwartungen in die Partizipationschancen an öffentlicher Kommunikation verbunden. Barber (1998: 255) beispielsweise war der Ansicht, Kommunikationstechnologien „(…) can facilitate participation in the deliberative processes". In vielerlei Hinsicht sind die euphorischen Erwartungen nicht erfüllt worden. Es bleibt aber ein größeres Spektrum an (zumindest technischen) *Möglichkeiten* zur Partizipation.

Diesbezüglich wurde eine zweite quantitative Inhaltsanalyse zur medialen Diskussion rund um den europäischen Integrationsprozess sowie rund um den Bau der Pipeline „Nabucco" durchgeführt (vgl. Wallner et al. 2009). Untersuchungsmaterial waren E-Papers englischsprachiger Printmedien, Online-Medien sowie Blogs aus dem Erhebungszeitraum 07.2009 bis 10.2009 (Artikel N = 567, Aussagen N = 862).[4] Die untersuchten Medien waren der EU-Observer, BBC, Economist, Wall Street Journal Europe, The Parliament sowie Blogeinträge[5] auf wordpress.

Die Studie hatte explorativen Charakter und es ging um die Testung des Codebuches für Online-Inhaltsanalysen, insbesondere auch hinsichtlich der Indikatoren für die Bestimmung der Partizipationsmöglichkeiten durch Rezipientenbeteiligung. Eine Verallgemeinerung der Ergebnisse ist aufgrund der Stichprobenziehung nur eingeschränkt möglich, die untersuchten Inhalte decken lediglich einen kleinen Ausschnitt des Diskurses ab und können somit nicht stellvertretend für „den Diskurs im Internet" inter-

---

4   Studie 2: Die Studie „Mediated Discourse about EU Integration" war Teil des EU-Projekts LivingKnowledge, gefördert durch Mittel des 7. EU-Rahmenprogramms, Laufzeit 02.2009–01.2012. Stichprobe Use Case 1, EU-Integration: N = 478 Artikel, N = 735 Aussagen. Stichprobe Use Case 2, Nabucco: N = 89 Artikel, N = 127 Aussagen.

5   In der Folge wird allgemein von „Artikeln" gesprochen, womit Blogeinträge und Artikel in E-Papers gemeint sind. In jenen Fällen, wo Blogeinträge extra ausgewertet wurden, wird das in der Ergebnisdarstellung entsprechend erläutert.

pretiert werden.[6] Die Ergebnisse ermöglichen aber, die Partizipationsmöglichkeiten *innerhalb der untersuchen Medien* näher zu diskutieren und daraus gegebenenfalls Hypothesen für zukünftige Untersuchungen abzuleiten.

Die Sprecherrollen wurden hier ähnlich der ersten Studie erfasst. Das methodische Vorgehen ist dabei hinsichtlich der Analyse, ob es sich um eine „rational-critical debate" (Graham/Witschge 2003: 184) handelt, an der von Graham und Witschge (2003) vorgeschlagenen Erhebungsweise für Online-Foren angelehnt, wobei die Indikatoren in der hier vorgestellten Analyse etwas davon abweichen. Codiert wurde u. a. auf Aussagenebene, pro Statement wurden bis zu drei Sprecher erfasst. Die erhobenen Variablen umfassten u. a. den Sprecher, dessen organisatorische Zugehörigkeit, die geographische Zuordnung, Inhalt und Art der Aussage. Erfasst wurden weiters die Adressaten der Aussage, organisatorische Zugehörigkeit und geographische Zuordnung und ob diese durch die Aussage unterstützt werden sowie die Objektakteure, organisatorische Zugehörigkeit und geographische Zuordnung und wie diese von der Aussage betroffen sind. Erhoben wurde weiters das Argumentationsniveau der Aussagen durch eine argumentative Untermauerung sowie Verweise auf Fakten.

Zusätzlich wurden auch die Partizipationsmöglichkeiten der Rezipienten untersucht, indem das Vorhandensein von Kommentarfunktionen bis hin zu Editorenfunktionen als mögliches Zusatzangebot bei den Inhalten traditioneller Massenmedien im Internet und bei Blogs codiert wurde.

5.1   Partizipation verschiedener Sprechergruppen

Den größten Anteil an aktiven Sprechern nehmen die Regierungen ein, den zweitgrößten Anteil Akteure aus der Zivilgesellschaft, den drittgrößten Anteil politische Parteien (Tab.4). Bei den Adressaten nehmen wiederum die Regierungen den größten Teil ein, an zweiter Stelle steht auch hier „die Zivilgesellschaft", an dritter Stelle kommen Medien und Journalisten, die angesprochen werden (Tab.5). Bei den Objektakteuren stehen an erster und zweiter Stelle wiederum die Regierungen sowie die Zivilgesellschaft – hier fällt allerdings auf, dass der Anteil der zivilgesellschaftlichen Akteure doppelt so groß ist wie ihr Anteil als aktive Sprecher (Tab. 6).

Unsere Schlussfolgerung aus der ersten Untersuchung können wir hier also fortsetzen: jene Akteure, die von den Aussagen/bzw. Handlungen betroffen sind, können sich auch in einem geringeren Maße selbst artikulieren als jene, welche die Handlungen treffen/kommunizieren.

Eine Auffälligkeit auf Sprecherebene zeigt sich, wenn die Sprecherrollen im mediatisierten Diskurs um Nabucco betrachtet werden. Hier sieht man eindeutig, dass die ak-

---

6   Die relevanten Artikel und Blogeinträge wurden anhand von Suchwörtern, die sich auf die beiden Fallbeispiele bezogen, selektiert.

Tabelle 4–6   Ergebnisse zum Diskurs um Europa & Integration (%)

Aktive Sprecher		Adressaten		Objektakteure	
Governments	41,0	Governments	59,8	Governments	53,1
Civil Society	18,1	Civil Society	17,1	Civil Society	37,3
Political Parties	13,1	Media and Journalists	9,1	Political parties	2,6
Parliament(s)	12,0	Parliament	7,3	Parliament	2,2
Media and Journalists	6,1	Political Parties	2,4	Judiciary	1,3
NGOs, NPOs	3,4	Companies, Tradesmen	1,7	Companies, Tradesmen	0,9
Other state executive agencies	2,1	Central Banks	0,7	NGOs, NPOs	0,7
Companies, Tradesmen	1,9	NGOs, NPOs	0,7	Media and Journalists	0,6
Judiciary	0,7	Judiciary	0,3	Police, Security	0,4
Police, Security	0,7	Police, Security	0,3	Other state executive agencies	0,4
Central Banks	0,5	Other state executive agencies	0,3	Central Banks	0,3
Social Security Organizations	0,3			Social Security Organizations	0,1
N = 947 Sprecher		N = 286 Adressaten		N = 691 Objektakteure	

tiven Sprecher mehrheitlich aus den Reihen der Regierungen sowie der Unternehmen kommen. Die Unternehmen spielen hier mit über 10 % Anteil an den aktiven Sprechern eine deutlich größere Rolle als beim Diskurs zur EU-Integration. Der Anteil der „Zivilgesellschaft" reduziert sich hier deutlich auf 6,4 %. (Siehe Tabelle 7)

5.2   Sprecher und Gruppenzugehörigkeit

Hier zeigt sich, dass jene Sprecher, die einer Organisation oder Institution angehören bzw. in deren Namen auftreten, deutlich häufiger die aktive Sprecherrolle innehaben. Die Sprecher, die dem unorganisierten Kollektiv zugeordnet werden und damit zumeist der Zivilgesellschaft entstammen, sind demgegenüber häufiger Objektakteure als aktive Sprecher. (Siehe Tabelle 8)

Insgesamt sehen wir also auch bei den Sprechern eine Elitendominanz und eine ungleiche Verteilung der kommunikativen Partizipation zwischen verschiedenen gesellschaftlichen Akteuren. Diese ist beim Diskurs um Umweltthemen und Nabucco noch stärker ausgeprägt als beim Diskurs um Integrationsthemen.

Tabelle 7   Aktive Sprecher im Diskurs zu „Nabucco" (%)

Governments	68,4
Companies, Tradesmen	10,7
Civil Society	6,4
Parliaments	4,3
Media and Journalists	3,8
Judiciary	1,3
Central Bank	1,3
other state executive agencies	0,9
NGOs, NPOs	1,3
n. a.	1,6

N = 127 Sprechergruppen, die hier nicht aufgelistet sind, kamen im Diskurs zu „Nabucco" nicht vor.

Tabelle 8   Ergebnisse zum Diskurs um Europa & Integration (%)

	Sprecher	Adressaten	Objektakteure
Organisation, Institution	27	61,9	51,7
Representative of unorganized collective	2,3	0	0,3
Anonymous representative	0,7	0	0,3
Anonymous spokesperson for an organization	5	1	0,6
Unorganized collective, not specified	16,7	27,3	43,4
Named spokesperson for an organization	48,2	8	3,3
n. a.	0,1	1,7	0,4
Total	100	100	100
	N = 947	N = 286	N = 691

5.3   Partizipationsmöglichkeiten als aktiver Kommunikator

Weiters wurde untersucht, ob kommunikative Teilhabe unter Ausschlusskriterien – nur als Rezipient – oder ohne Ausschlusskriterien möglich ist und somit, ob kommunikative Partizipation als aktiver Kommunikator möglich ist, oder ob hier Ungleichheit über die Zugänglichkeit erzeugt wird. Für die Untersuchung der Partizipationsmöglichkeiten wurden die folgenden Indikatoren herangezogen: Die Möglichkeit, Postings oder Kom-

mentare bei einem Artikel oder Blogeintrag zu hinterlassen, die Möglichkeit der inhaltlichen (Weiter)Bearbeitung eines Artikels oder Blogeintrags, die Möglichkeit, Verweise
auf andere Medieninhalte zu setzen sowie die Möglichkeit zur Bewertung des Blogeintrags oder Artikels.

40,2 Prozent der untersuchten Artikel ermöglichen Partizipation auf zumindest eine
Weise. Wir sehen etwas mehr Möglichkeiten bei Artikeln zur ökonomischen Integration
(51,7 %) als bei Artikeln zu sozialen Aspekten von Integration (41,9 %) oder Artikeln zur
Immigration (35,2 %) (die Auswertung erfolgte hier jeweils nach dem Hauptthema).

Wir sehen weiters, dass bei Artikeln zu „Nabucco" der Zugang etwas restriktiver
ist, hier sind 95,5 % der codierten Artikel frei zugänglich. 34.1 % der Artikel ermöglichen Partizipation. Es gibt eine leicht höhere Möglichkeit zur Partizipation bei Artikeln zu „Nabucco" als Hauptthema (38.5 %) als bei Artikeln zu anderen ökonomischen
Inhalten (32.2 %).

Für weitere Analysen zu Partizipationsmöglichkeiten haben wir einen Summenwert
berechnet, der sich aus den Indikatoren zu Partizipationsmöglichkeiten und der Zugänglichkeit generell (kostenlos – kostenpflichtig[7]) sowie einer etwaigen Registrierungs-
notwendigkeit zusammensetzt. Der Wert ging von 5 (alle Partizipationskriterien erfüllt)
bis 13 (keine Partizipationskriterien zutreffend). Für EU-Integration ergab sich ein Mit-
telwert von 9,03 mit einer Standardabweichung von 0,92. Die Artikel weisen also durchschnittlich einen mittleren Partizipationsgrad auf.

Unterschiede ergaben sich dann nach Art der Artikel: Für Blogs sind die meisten
Partizipationskriterien erfüllt: 77,3 % der Blogs weisen einen Wert von 8 auf. Bei Infor-
mationswebseiten ergab sich für 66,7 Prozent ein Wert von 9. Am wenigsten Partizipationschancen finden sich bei Artikeln klassischer Massenmedien bzw. E-Paper-Versio-
nen (95,7 % erreichen einen Wert von 10).

Sieht man sich die Aufgliederung nach Artikelgenres an, dann erhält man den höchsten Wert für „Interviews" (50 % erreichen einen Wert von 8), gefolgt von Hintergrund-
berichten (47,4 % erreichen einen Wert von 8), News (46 % erreichen einen Wert von 8),
sowie Blogs (44,7 % erreichen den Wert 8). Die wenigsten Partizipationsmöglichkeiten
finden sich bei Meinungsartikeln (26,8 % erreichen den Wert 8, aber 68,3 % den Wert 10).

5.4 Anonymität und Meinungen

Ein Ergebnis finden wir hinsichtlich der Interpretation der *Art* der Partizipation interessant, nämlich ob sich auf der inhaltlichen Ebene unterschiedliche Bewertungen des
Themas Integration möglicherweise aus der Anonymität der Autoren heraus erklären
lassen.

---

7   Anteil kostenlos zugänglicher Artikel EU-Integration: 98,7 %; Nabucco: 95,5 %.

Tabelle 9   Anonymität der Aussagen in Sprechergruppen (N = 947)

Namentliche Nennung	70,2 % der Sprecher des Parlaments
	57,2 % der Sprecher von Regierungen
	58,9 % der Sprecher politischer Parteien
Anonym	50 % der Medienakteure (Blogger, Forums-Kommentatoren)
	56,7 % der Zivilgesellschaft

Interessant im ersten Schritt ist, wer anonyme Autoren sind (siehe Tabelle 9), wo erkennbar wird, dass es vor allem politische Akteure sind, die namentlich im Diskurs als Sprecher partizipieren. Die anonymen, nicht mit Namen genannten Akteure sind vor allem Akteure der Zivilgesellschaft und Medienakteure.

Tabelle 10   Anonymität der Sprecher und Bewertung nach Subthemen in % (N = 947)

Sprecher		Subthema			
		Immigration	Wirtschaft	Integration	Gesamt
Anonym	(Sehr) positiv	42,2	43,4	45,7	43,8
	Neutral	28,9	21,7	34,6	30,5
	(Sehr) negativ	29,0	34,8	19,8	25,6
Nicht-Anonym	(Sehr) positiv	22,9	29,7	39,8	31,7
	Neutral	34,2	21,6	35,3	33,1
	(Sehr) negativ	43,0	48,6	24,8	35,3

Insgesamt gesehen und unabhängig davon, welches Hauptthema ein Artikel hat, lässt sich feststellen, dass anonyme Autoren eine positivere Meinung als nicht-anonyme Autoren haben (43,8 % sehr positiv oder positiv im Vergleich zu 31,7 % bei den nichtanonymen Autoren).

Die größten Unterschiede finden sich beim Thema „Immigration", wo 42,2 % der anonymen, aber nur 22,9 % der nicht-anonymen Autoren sehr positive oder positive Meinungen artikulieren. Bei Wirtschaftsaspekten vertreten 43,4 % der anonymen Autoren eine sehr positive oder positive Meinung im Vergleich zu 22,9 % der nicht-anonymen Autoren. Für Integrationsthemen liegen die Werte bei 45,7 % für anonyme Autoren und bei 39,8 % für nicht-anonyme Autoren.

6   Resümee

Mediatisierte öffentliche Diskurse dienen als zentrale Einheiten sozialer Integration. Teilhabe an sowie Ausschluss von diesen diskursiven Öffentlichkeiten werden damit zu zentralen Indikatoren gesellschaftlichen Selbstverständnisses und spiegeln zugleich die vorherrschenden Diskurshegemonien einer Gesellschaft wider. Empirische Entsprechung findet dies nicht zuletzt in einer Gleich- bzw. Ungleichverteilung kommunikativer Partizipationschancen als Sprecher innerhalb dieser Diskurse.

Entlang der eingangs differenzierten Sprecherrollen kommt die vorliegende Analyse dreier unterschiedlicher mediatisierter Diskursanlässe zu dem Ergebnis, dass als aktive Sprecher vor allem etablierte Akteure der Politik mit institutioneller Anbindung in Erscheinung treten. Zivilgesellschaftliche Akteure partizipieren in geringerem Ausmaß als aktive Sprecher und kommen vor allem als passive Sprecher in der Rolle als Objektakteure im medialen Diskurs vor. Die Betroffenen von Entscheidungen haben, wie Beispiel 1 gezeigt hat, geringere Möglichkeiten, sich medial zu artikulieren als die Träger der Entscheidungen. Dies deutet auf einen elitendominierten Diskurs hin, der mehr dem Charakter eines liberalen Modells – als jenem eines deliberativen Modells von Öffentlichkeit entspricht (vgl. zur Charakterisierung u. a. Ferree et al. 2002). Definitions- und Diskursmacht sind somit nicht ausgewogen zwischen den Akteuren verteilt, nicht alle Sprecher bzw. Sprechergruppen haben gleichermaßen die Möglichkeit, ihre Position aktiv zu kommunizieren.

Auf der Ebene der aktiven Kommunikatorrolle sehen wir weiters, dass sich die Partizipationsmöglichkeiten und Verteilungen der Sprecherrollen, wie wir sie aus traditionellen Medien kennen, auch dann fortsetzen, wenn diese klassischen Medien über neue Vermittlungswege – in unserer Analyse das Internet – kommunizieren. Dies deckt sich auch mit den Ergebnissen bei Gerhards und Schäfer, deren Ergebnisse zeigen

> „(…) that internet communication is not more equal than communication in print media: we do not see a more extensive popular inclusion of societal actors, especially civil societal actors, on the web pages." (Gerhards/Schäfer 2010: 148)

Zugleich wird in unserer Untersuchung deutlich, dass die Partizipationsmöglichkeiten für Rezipienten und damit die Möglichkeit, selbst aktiver Kommunikator zu werden, selbst bei neuen Medienformen geringer sind, als vermutet. Auch hier verdeutlichen sich weiterhin Ungleichheiten hinsichtlich der Verwirklichung kommunikativer Partizipation an Medieninhalten und dem Rollentausch zwischen Rezipienten und Kommunikatoren. Insbesondere im Bereich der Internetmedien gibt es aber noch großen Bedarf an weiterer empirischer Forschung, nicht zuletzt zur Erfassung der Verteilung von Kommunikatorrollen.

Zusammenfassend lässt sich auf Basis der vorliegenden Untersuchungen resümieren, dass die unterschiedlichen Sprechakteure nicht alle paritätisch am medialen öffentlichen Diskurs teilhaben können. Diese Ungleichverhältnisse bei den kommunikativen Partizipationschancen haben darüber hinausreichende Konsequenzen für die Verwirklichung und die Gestaltung „gesellschaftlicher Selbstverständigungsdiskurse" (Jarren 2000: 22). Nicht alle Akteure können sich gleichermaßen in den Diskurs einbringen, nicht alle Anliegen erfahren damit gleichermaßen Gehör. Diese Ungleichverteilung des kommunikativen Standings der unterschiedlichen Akteure im medialen öffentlichen Diskurs ist somit von zentralem Stellenwert. Denn sie ist wiederum Grundlage dessen, was in die Vorstellung der Gesellschaft „über sich selbst" einfließt und somit gegebenenfalls wieder Ungleichheiten (re)produziert.

Literatur

Barber, Benjamin (1998): A passion for democracy. Princeton: Princeton University Press.

Barlösius, Eva (2004): Kämpfe um soziale Ungleichheit. Grundfragen und Perspektiven. Opladen: Verlag für Sozialwissenschaften.

Brüggemann, Michael/Kleinen-v. Königslöw, Katharina (2009): Let's talk about Europe. Why Europeanization shows a different face in different newspapers. In: European Journal of Communication, 24 (1), S. 27–48.

Ferree, Myra Marx/Gamson, Willlian A./Gerhards, Jürgen/Rucht, Dieter (2002): Four models of the public sphere in modern democracies. In: Theory and Society 31/2002, S. 289–324.

Gerhards, Jürgen/Schäfer, Mike (2007): Demokratische Internet-Öffentlichkeit? Ein Vergleich der öffentlichen Kommunikation im Internet und in den Printmedien am Beispiel der Humangenomforschung. In: Publizistik, 52. Jg., S. 210–228.

Gerhards, Jürgen/Schäfer, Mike (2010): Is the internet a better public sphere? Comparing old and new media in the USA and Germany. In: New Media and Society, 12(1), S. 143–160.

Graham, Todd/Witschge, Tamara (2003): In search of online deliberation: Towards a new method for examining the quality of online discussions. In: Communications: The European Journal of Communication Research, 28/2003, S. 173–204.

Habermas, Jürgen (1981): Theorie des kommunikativen Handelns. 2 Bd. Frankfurt am Main: Suhrkamp

Habermas, Jürgen (1996): Drei normative Modelle der Demokratie. In: Habermas, Jürgen: Die Einbeziehung des Anderen. Studien zur politischen Theorie. Frankfurt am Main: Suhrkamp, S. 277–292.

Imhof, Kurt/Blum, Roger/ Bonfadelli, Heinz/Jarren, Otfried (2006): Einleitung: Demokratie in der Mediengesellschaft. In: Diess. (Hg.): Demokratie in der Mediengesellschaft. Wiesbaden: VS Verlag für Sozialwissenschaften, S. 9–21.

Jäckel, Michael (2005): Medien und Integration. In: Jäckel, Michael (Hg.): Mediensoziologie. Grundfragen und Forschungsfelder. Wiesbaden: VS Verlag für Sozialwissenschaften, S. 219–237.

Jarren, Otfried (2000): Gesellschaftliche Integration durch Medien? Zur Begründung normativer Anforderungen an Medien. In: M&K, 48. Jg., Heft 1/2000, S. 22–41.

Klaus, Elisabeth/Hipfl, Brigitte/Scheer, Uta (2004): Einleitung: Mediale Identitätsräume. In: Hipfl, Brigitte/Klaus, Elisabeth/Scheer, Uta (Hg.): Identitätsräume. Nation, Körper und Geschlecht in den Medien. Eine Topographie. Bielefeld: transcript, S. 9–15.

Koopmans, Ruud (2002): Codebook for the analysis of political mobilization and communication in European public spheres. Codebook from the Project: The Transformation of Political Mobilization and Communication in European Public Spheres. 5th Framework Program of the European Commission. Europub.com

Kreckel, Reinhard (2004): Politische Soziologie der sozialen Ungleichheit. 3. erweiterte Auflage. Frankfurt am Main, New York: Campus.

Lenz, Thomas/Zillien, Nicole (2005): Medien und soziale Ungleichheit. In: Jäckel, Michael (Hg.): Mediensoziologie. Grundfragen und Forschungsfelder. Wiesbaden: VS Verlag für Sozialwissenschaften, S. 237–252.

Maletzke, Gerhard (2002): Integration – eine gesellschaftliche Funktion der Massenkommunikation. In: Haas, Hannes/Jarren, Otfried (Hg.): Mediensysteme im Wandel. Struktur, Organisation und Funktion der Massenmedien. Studienbücher zur Publizistik- und Kommunikationswissenschaft. Band 3, 3. völlig überarb. Neuaufl. Wien: Braumüller, S. 69–76.

Pfetsch, Barbara (2004): The Voice of the Media in European Public Sphere: Comparative Analysis of Newspaper Editorials. Research report, Europub.com WP 3. http://europub.wz-berlin.de/

Pöttker, Horst (2010): Der Beruf zur Öffentlichkeit. Über Aufgabe, Grundsätze und Persektiven des Journalismus in der Mediengesellschaft aus der Sicht praktischer Vernunft. In: Publizistik, 55. Jg., S. 107–128.

Schweiger, Wolfgang/Weihermüller, Miriam (2008): Öffentliche Meinung als Online-Diskurs – ein neuer empirischer Zugang. In: Publizistik, 53. Jg., S. 535–559.

Vlasic, Andreas (2004): Die Integrationsfunktion der Massenmedien. Begriffsgeschichte, Modelle, Operationalisierung, Opladen: VS Verlag für Sozialwissenschaften.

Wallner, Cornelia/Baldry, Anthony/Zandonella, Martina/Waldhauser, Christoph/Tatzl, Gabriele/Svec, Juraj/De Rosa, Alessia/Skoutas, Dimitris/Medjkoune, Leila/Rosenblattl, Christina/Ennser, Laurenz/Madalli, Devika (2009): Web Media Content Analyser Mock up and Report. Deliverable D8.1., Workpackage 8, Media Content Analysis. EU-FP7 Project LivingKnowledge – Facts, Opinions and Bias in Time, GA 231126. December 2009. www.livingknowledge-project.eu/

Zilien, Nicole (2006): Digitale Ungleichheit. Neue Technologien und alte Ungleichheiten in der Informations- und Wissensgesellschaft. Wiesbaden: VS Verlag für Sozialwissenschaften.

Über die Mediatisierung der Freizeit: Wie und in welchen sozialen Gruppen die Medienpräferenz der Deutschen seit der Einführung des dualen Rundfunksystems gestiegen ist

Jörg Hagenah & David Gilles

Abstract

In dem Beitrag wird untersucht, inwieweit die Freizeit der Deutschen von medialen Tätigkeiten beeinflusst wird. Als Datenquelle für die Analysen dienen die repräsentativen Daten der Media-Analyse von 1987 bis 2007, in denen viertelstundenweise der mediale und nichtmediale Tagesablauf der Bevölkerung ermittelt wird. Insgesamt zeigt sich, dass insbesondere das Fernsehen als nach wie vor dominierendes Mediatisierungsmedium fungiert. Mediatisierung – gemessen als Anteil der Mediennutzung an der Freizeit – scheint demnach vor allem eine TV-Mediatisierung zu sein. Dagegen hat das Radio eine kleinere, aber konstant bleibende Bedeutung. Noch kleiner, dafür aber seit Ende der 1990er Jahre wachsend, ist die Bedeutung der PC-Nutzung beispielsweise für Internetaktivitäten. Weiterhin zeigt sich, dass mediale Nutzungsdifferenzen zwischen sozialen Gruppen weitgehend manifestiert zu sein scheinen und eine habitualisierte Kluft zwischen Viel- und Wenignutzern zu konstatieren ist.

1   Einleitung und Hypothesen

Unstrittig ist, dass die alltägliche Bedeutung der Medien in den letzten Jahrzehnten gewachsen ist (vgl. Krotz 2003). Vor allem die Einführung des dualen Rundfunksystems und die soziale Verbreitung des Internets haben zu einer drastischen Ausweitung des Angebots und der Nachfrage insbesondere von den hier genauer untersuchten elektronischen Medien geführt[1]. Immer mehr Rundfunkangebote sind – auch durch

---

[1]   Im Mittelpunkt des Beitrages stehen Analysen zu den Medien Radio, Fernsehen und PC, die den größten zeitlichen Anteil am Tagesablauf der Menschen haben. Nach van Eimeren und Ridder (2011: 8) beträgt die Nutzungsdauer des Fernsehens im Jahr 2010 insgesamt 220 Minuten am Tag; beim Radio sind es 187 und beim Internet 83 Minuten. Im Vergleich dazu werden Tageszeitungen (23 Minuten), Bücher (22 Minuten) und Zeitschriften (6 Minuten) erheblich kürzer genutzt.

technische Innovationen – über Kabel, Satellit oder Antenne erreichbar. Mit Hilfe des Internets entstehen ständig neue Radiostationen und bestehende Radios werden weltweit empfangbar. Und nicht zuletzt verfügt heutzutage ein großer Teil der Privatpersonen über eine eigene Webpräsenz, sei es der persönliche Blog oder die Facebook-Seite. Zusätzlich zum quasi-obligatorischen Fernsehgerät besitzen heute viele Haushalte einen internetfähigen Computer oder andere „empfangsbereite" Geräte. In Anbetracht dieser Entwicklungen stellt sich die Frage, ob der mediale Bedeutungszuwachs für alle Menschen in gleichem Maße gilt. Ist Mediatisierung ein Phänomen, das bestimmte soziale Gruppen erfasst und an anderen spurlos vorübergeht? Oder wirken die Prozesse gesamtgesellschaftlich in ähnlicher Weise, so dass Medien eher sozial integrativ als sozial differenzierend wirken? Dazu muss erstens beschrieben werden, ob Mediatisierung empirisch vorliegt und zweitens, ob es Differenzierungen anhand soziodemographischer Merkmale gibt.

Hier setzt der Beitrag an, so dass erstens eine nachvollziehbare Formulierung für eine Mediatisierungsthese vorgeschlagen wird und zweitens eine daran anknüpfende empirische Untersuchung Ergebnisse dieser Analysestrategie zeigt.

Die Mediatisierungsthese besagt, dass Medien immer mehr in den Alltag der Menschen eingedrungen sind (vgl. Krotz 2003a). Während Krotz damit vor allem auf den damit verbundenen dynamischen Prozess einer Verschmelzung von Massen- und Individualkommunikation abzielt (Krotz 2007), stehen hier die noch unzureichend untersuchten basalen medialen Kontakt- oder Wirkwahrscheinlichkeiten der Massenmedien im Fokus. Voraussetzung für denkbare Mediatisierungsprozesse sind demnach folgende quantitativ messbare Unterhypothesen der Mediatisierungsthese, die sich auf die Entwicklung der Mediennutzung beziehen und eine rezeptionale Mediatisierung genauer empirisch fassen:

1. Die tägliche Medienzeit ist im Laufe der Zeit gestiegen (temporale Mediatisierungshypothese).
2. Die tägliche Medienzeit nimmt einen größer werdenden Anteil an der Freizeit ein (Freizeit absorbierende Mediatisierungshypothese).

Bestätigungen der Hypothesen könnten als Belege dafür angesehen werden, dass die Medien in der Präferenzstruktur der Menschen gestiegen sind und somit die Wirkwahrscheinlichkeit der Medien als Sozialisationsfaktor größer geworden ist.

Übergeordnetes Ziel dieses Beitrags ist es zudem, zu analysieren, ob es rezeptionale Unterschiede zwischen ausgewählten sozialen Gruppen gibt. Bestimmt werden soll deshalb, ob bezüglich relevanter soziodemographischer Merkmale (vgl. Meyen 2001) ein quantifizierbares Ausmaß an sozialer Ungleichheit zu bestimmen ist. Nach der Diffusionstheorie (Rogers 1995, 1995a) nehmen statushöhere und gebildetere Menschen technische Innovationen früher an. Im Lauf der Etablierung der Innovationen werden diese

Gruppenunterschiede in der Regel jedoch geringer. Daran anknüpfend wird eine dritte Hypothese formuliert, die auf das soziale Ausmaß der Mediatisierung zielt.

3. Zwischen relevanten sozialen Gruppen werden die Mediennutzungsunterschiede kleiner bzw. sind (kaum) vorhanden (integrative Mediatisierungshypothese). Kann diese Hypothese nicht bestätigt werden, müsste von einer Bestätigung der alternativen differenzierenden Mediatisierungshypothese gesprochen werden.

Mediennutzung ist jedoch kein zufälliger Prozess, über den täglich neu entschieden wird. Die Nutzung von Fernsehen ist zu einem großen Teil durch Gewohnheiten geprägt (vgl. Meulemann et al. 2009, Meulemann & Gilles 2010). Auch bei der Nutzung von Medien insgesamt ist daher davon auszugehen, dass Gewohnheiten und Habitualisierungen eine Rolle spielen. Auch Rogers spricht bei der Formulierung der Diffusionstheorie davon, dass Innovationen von Menschen, die einen häufigen Zugang zu Massenmedien haben, stärker angenommen werden. Dies ist somit im Fall der Innovation „Mediatisierung" ein sich selbst verstärkender Prozess. Daher lässt sich als vierte Hypothese formulieren:

4. Die Mediennutzung kann als habitualisiert geprägt bezeichnet werden, so dass regelmäßige Gewohnheiten als bedeutsame Faktoren identifiziert werden können (frequentative Mediatisierungshypothese).

Um die Hypothesen zu untersuchen wird ein geeigneter längsschnittlicher Datensatz ausgewählt (Abschnitt 1) und erste Ergebnisse (anhand von ausgewählten soziodemographischen Variablen) auf bivariater Ebene diskutiert (Abschnitt 2). Anschließend werden detailliertere multivariate Analysen vorgenommen (Abschnitt 3), zusammengefasst und weitere Untersuchungsmöglichkeiten vorgestellt (Abschnitt 4).

2 Datenbasis: Zeitreihen der Mediennutzung auf Basis der Media-Analysen (MA)

Datenbasis für unsere Untersuchung bilden die Daten der Media-Analyse (MA) von 1987 bis 2007[2], die durch ihren Zeitreihencharakter Untersuchungen zur Mediatisierung ermöglichen. Die MA werden im Auftrag der Arbeitsgemeinschaft Media Analyse

---

2 Die Erhebungen werden seit 1954 durchgeführt, also noch vor dem ersten Mikrozensus im Jahr 1958. Das Medienwissenschaftliche Lehr- und Forschungszentrum (MLFZ) in Köln sorgt für die längsschnittliche Aufbereitung der Daten und stellt sie danach kostenlos für wissenschaftliche Sekundäranalysen zur Verfügung.

(AG.MA) erhoben. Mitglieder der AG.MA sind alle größeren öffentlich-rechtlichen und privaten Rundfunksender, die Presseverlage, die Werbungtreibenden und die Werbeagenturen. Die MA gilt als verlässliche Kalkulationsbasis für die Media- und Werbeplanung, so dass ihre Medienkennziffern als die deutsche Medienwährung bezeichnet werden können.

Der Analysedatensatz enthält Informationen von 945 604 Befragten für den Zeitraum von 1987 bis 2007. Im Mittelpunkt des Untersuchungsinteresses stehen die Zeitbudgetdaten, bei denen in Interviews nach dem Tagesablauf des zurückliegenden Tages gefragt wird. Für jede Viertelstunde von 05.00 bis 24.00 Uhr wird ermittelt, welche Leittätigkeiten wie Körperpflege, Essen oder Arbeiten durchgeführt und welche Medien dabei genutzt wurden. Gefragt wird vor allem nach dem Radio hören, das auch senderspezifisch erhoben wird, aber auch nach dem Fernsehen und der PC-Nutzung. Außerdem werden in den MA übliche Daten zur Soziodemographie erhoben, die als weitere unabhängige Variable in die Untersuchung einbezogen werden.

In Abbildung 1 sind die Variablen der Tagesablaufabfrage von 1987 bis 2007 dargestellt. In der dritten Spalte befinden sich die Leittätigkeiten. Wir haben sie in Spalte 1 zu den vier Kategorien Schlafen, Reproduktion, Arbeit und Freizeit zusammengefasst. In der zweiten Spalte findet man den Ort der ausgeübten Tätigkeit, also ob sie zu Hause oder außer Haus ausgeübt wird. Zur Kategorie „Reproduktion" gehören die Tätigkeiten „Körperpflege/Anziehen", „Essen zu Hause" und die außerhäuslichen Tätigkeiten „Unterwegs im Auto" oder „mit Bus/Bahn" und „Einkaufen". Zur Kategorie „Arbeit" gehören „Haus und Berufsarbeit zu Hause" oder „außer Haus" und „Schule/Studium". Zur Kategorie „Freizeit" gehören „freie Zeit/Sonstiges zu Hause" sowie „Essen außer Haus", „Besuch von Kneipen und Freunden/Bekannten" sowie „andere Tätigkeit/freie Zeit außer Haus".

Abbildung 1   Tätigkeiten und Mediennutzung aus der Tagesablaufabfrage

Kategorie	Ort	Tätigkeit	'87 '88 '89 '90 '91 '92 '93 '94 '95 '96 '97 '98 '99 '00 '01 '02 '03 '04 '05 '06 '07
Schlafen	zu Hause	Schlafen	
Reproduktion	zu Hause	Körperpflege/Anziehen	
		Essen/Mahlzeiten zu Hause	
	außer Haus	Unterwegs im Auto	
		Unterwegs mit Bus/Bahn	
		Einkaufen	
Arbeit	zu Hause	Haus-/ Berufsarbeit	
		Berufsarbeit im Haus	Beinhaltet bis 1999 auch Hausarbeit
		Hausarbeit	
	außer Haus	Berufsarbeit außer Haus	
		Schule/Studium	
Freizeit	zu Hause	freie Zeit/Sonstiges zu Hause	
	außer Haus	Essen/Mahlzeiten außer Haus	
		Besuch von Kneipen, Gaststätten, ...	
		Besuch bei Freunden, Bekannten, ...	
		andere Tätigkeit/freie Zeit außer Haus	Beinhaltet bis 1996 auch Besuch bei Freunden

Mediennutzung		Fernsehen	
		Radio hören	
		mit PC beschäftigen	

Abbildung 2   Entwicklung der Nutzung elektronischer Medien

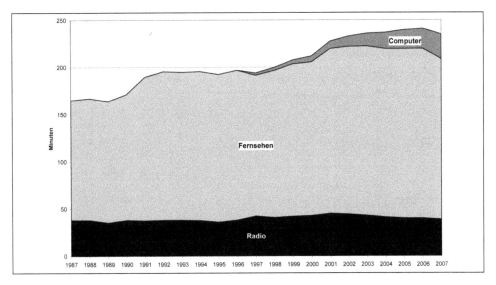

Die abhängige Variable zur Untersuchung der Mediatisierung ist die Nutzung der Medien Fernsehen, Radio und PC[3] in der Freizeit. Für unsere Untersuchung haben wir die Nutzung dieser Medien zusammengefasst.

In Abbildung 2 sind die Nutzungsentwicklungen der Einzelmedien dargestellt. Die Radionutzung in der Freizeit liegt im Erhebungszeitraum von 1987 bis 2007 in allen Jahren relativ konstant bei ca. 40 Minuten am Tag. Dagegen hat der Fernsehkonsum deutlich zugenommen und ist von 127 Minuten im Jahr 1987 auf 170 Minuten im Jahr 2007 gestiegen. Die PC-Nutzung hat im ersten Erhebungsjahr 1997 noch so gut wie keine gesellschaftliche Relevanz und ist bis 2007 auf ca. 26 Minuten gestiegen.

Insgesamt zeigt sich, dass insbesondere das Fernsehen als Mediatisierungsmedium fungiert. Mediatisierung scheint demnach vor allem eine TV-Mediatisierung oder thematisch noch treffender, eine „TVisierung" zu sein. Dagegen hat das Radio eine kleinere, aber konstant bleibende Bedeutung. Noch kleiner, dafür aber seit Ende der 1990er Jahre wachsend, ist die Bedeutung der PC-Nutzung.

In Abbildung 3 sind die Trends der Zeitbudgets von 1987 bis 2007 dargestellt. Wie schon in Abbildung 2 zeigt sich auch hier, dass die Mediennutzung in der Freizeit gestiegen ist. Sie ist von 164 Minuten im Jahr 1987 auf 227 Minuten im Jahr 2007 gestiegen. Das könnte daran liegen, dass das gesamte Zeitbudget für die Freizeit von 417 Minuten

---

3   Da der PC auch als Arbeitsgerät verwendet wird, kann seine Nutzung auch einige für den Untersuchungs-zweck uninteressante Tätigkeiten umfassen. Durch die Begrenzung der Operationalisierung auf die in der Freizeit stattfindenden PC-Tätigkeiten wird dieses Problem jedoch umgangen, so dass (überwiegend) mediale PC-Tätigkeiten übrig bleiben sollten.

Abbildung 3   Tätigkeiten und Mediennutzung 1987–2007

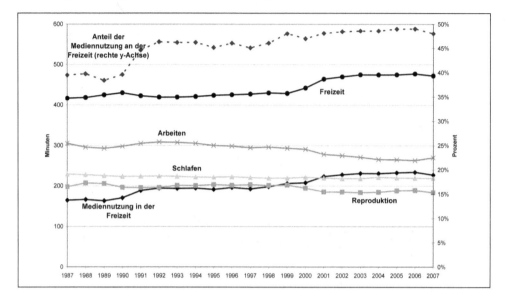

auf 473 Minuten gestiegen ist. Als nächstes wurde der Anteil der Mediennutzung an der Freizeit berechnet. Die Prozentwerte dazu sind auf der oberen gestrichelten Linie zu sehen, deren Größen auf der rechten y-Achse abgetragen sind. Der Anteil ist von 39 % im Jahr 1987 auf 48 % im Jahr 2007 gestiegen.

3   Über die soziale Ausdifferenzierung der Mediennutzung

Im Folgenden soll anhand von Berufstätigkeits- und Bildungsgruppen in deskriptiver Form untersucht werden, ob sich diese Gruppen in Ausmaß und Entwicklung der Mediatisierung unterscheiden. Dabei wird jeweils für den Zeitraum zwischen 1987 und 2007 die absolute Mediennutzung und der Anteil der Mediennutzung an der Freizeit beobachtet.

Als schwarze Linien finden sich in Abbildung 4 die Daten zur Mediennutzung in der Freizeit im Vergleich zwischen Personen in Ausbildung, Erwerbstätigen, Rentnern und nicht Erwerbstätigen. Als erstes zeigt sich, dass die Mediennutzung über die Zeit in allen Gruppen angestiegen ist. Am wenigsten werden jedoch die Medien von Personen in Ausbildung und von Erwerbstätigen genutzt. Die Linien liegen fast übereinander und steigen von ca. 140 Minuten im Jahr 1987 auf ca. 200 Minuten im Jahr 2007. Stärker werden die Medien von den nicht Erwerbstätigen genutzt, die konstant etwa 50 Minuten darüber liegen. Die intensivsten Mediennutzer sind die Rentner, die konstant noch mal ca. 40 Minuten über den nicht Erwerbstätigen liegen.

Abbildung 4   Mediennutzung in der Freizeit nach Berufsstatus 1987–2007

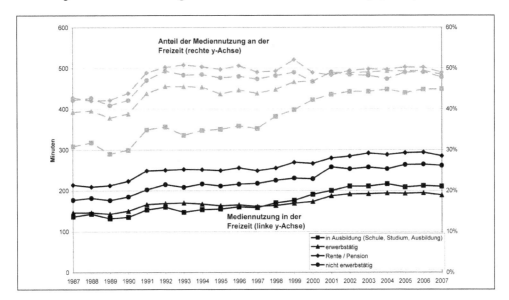

Grau abgebildet sind die Anteile der Mediennutzung an der Freizeit, für die die rechte y-Achse gilt. Es zeigt sich, dass Personen in Ausbildung den geringsten Medienanteil in ihrer Freizeit haben. Dennoch ist auch in dieser Gruppe der Anteil von ca. 30 % auf ca. 45 % gewachsen. Alle anderen Gruppen – also auch die Erwerbstätigen – liegen in etwa gleich. Der Medienanteil ist von ca. 40 % auf ca. 50 % gewachsen. Die Mediennutzung ist also in der Präferenzstruktur der Personen in allen sozialen Gruppen in den letzten zwei Jahrzehnten deutlich gestiegen.

Unabhängig vom Erwerbsstatus steigt also die Mediennutzung insgesamt. Der Anteil der Mediennutzung an der Freizeit, der gerade in den 1990er Jahren zwischen den Erwerbsgruppen noch sehr stark differierte, gleicht sich bis zum Jahr 2007 bei Erwerbstätigen, Rentnern und Nichterwerbstätigen fast vollständig an. Trotz der offensichtlichen Unterschiede in der Länge der Freizeit zwischen diesen drei Gruppen verbringen sie alle einen nahezu gleich großen Anteil ihrer Freizeit mit dem Konsum von Medien. Lediglich Personen in Ausbildung verwenden weiterhin einen deutlich geringeren Teil ihrer Freizeit für die Mediennutzung. Doch auch diese Gruppe nähert sich dem Niveau der anderen Erwerbsgruppen an.

Eine ähnliche Kurzanalyse wurde aufgeschlüsselt nach Bildungsgruppen vorgenommen (siehe Abb. 5). Auch hier zeigt sich, dass die Mediennutzung in allen sozialen Gruppen gestiegen ist. Dabei gibt es einen linearen Bildungseffekt. Bei Personen mit Abitur ist die Mediennutzung von 130 auf 184 Minuten gestiegen. Personen mit mittlerer Reife liegen konstant ca. 33 Minuten darüber und Hauptschüler weitere 34 Minuten. Wenn man sich die Anteile der Mediennutzung an der Freizeit mit Hilfe der rechten

Abbildung 5   Mediennutzung in der Freizeit nach Bildung 1987–2007

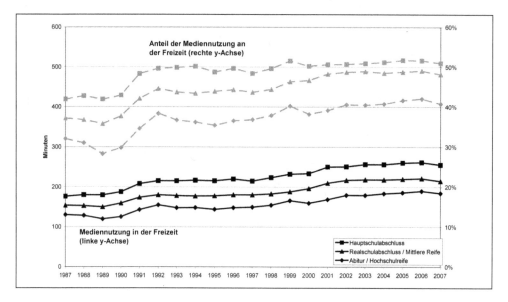

y-Achse betrachtet zeigt sich dieselbe Reihenfolge. Auch hier kann man von einem linearen Bildungseffekt reden.

Die Unterschiede zwischen den einzelnen Bildungsgruppen bleiben zwischen 1987 und 2007 weitgehend konstant. Niedriggebildete nutzen die elektronischen Medien sowohl relativ als auch absolut mehr als Hochgebildete. Die Mediatisierung ändert also hier nichts an der bestehenden Ungleichheit in der Nutzung von Medien insgesamt.

Damit lassen sich die ersten drei Hypothesen im Folgenden falsifizieren. Wie in der temporalen Mediatisierungshypothese 1 angenommen, ist die tägliche Medienzeit gestiegen. Sie ist jedoch nicht nur absolut gestiegen, auch der Anteil der Mediennutzung an der Freizeit hat zugenommen. Damit ist auch Hypothese 2 vorläufig bestätigt: Die Mediennutzung verdrängt demnach andere Freizeitaktivitäten in der Präferenzstruktur. Hypothese 3 kann dagegen nicht oder nur teilweise bestätigt werden. Lediglich zwischen den verschiedenen Erwerbsgruppen gleicht sich der Anteil der Mediennutzung an der Freizeit an. Die sonstigen Untersuchungen zeigen keinerlei Tendenzen in diese Richtung, so dass eher von einer differenzierenden als von einer integrativen Funktion der elektronischen Medien ausgegangen werden kann. Es könnte aber auch sein, dass der gesellschaftliche Diffusionsprozess noch nicht bei allen Medien weit genug fortgeschritten ist. Dies können aber nur zukünftige Untersuchungen zeigen.

4 Multivariate Untersuchung der Mediatisierung in der Freizeit

Mit einer Regressionsanalyse soll nun untersucht werden, ob die in den bivariaten Analysen beobachteten Effekte auch in einer multivariaten Untersuchung bestehen bleiben. Dabei liegt der Fokus auf vier weiterführenden Forschungsfragen:

1. Bleiben die in den bivariaten Analysen betrachteten Effekte (Bildungseffekt, Erwerbsstatuseffekt, Effekt der Freizeit) auch in einer multivariaten Untersuchung bestehen?
2. Welche soziodemographischen Faktoren bestimmen das Ausmaß der Mediatisierung?
3. Gibt es einen von soziodemographischen Faktoren unabhängigen Periodeneffekt?
4. Werden die elektronischen Medien von verschiedenen sozialen Gruppen in unterschiedlichem Maße genutzt?

Zudem soll Hypothese 4 geprüft werden. Hat die Habitualisierung der Mediennutzung Einfluss auf die Dauer der Mediennutzung? Auch bei den übrigen drei Hypothesen wäre eine multivariate Überprüfung sicher erkenntnisreich, dies ist jedoch nur in einer komplexen Regressionsanalyse mit vielen Interaktionseffekten überprüfbar. Daher wurde hierauf verzichtet.

Nachdem alle Fälle ausgeschlossen wurden, die auf einer der verwendeten Variablen fehlende Werte aufwiesen, verblieben im Datensatz noch 927 786 Personen.

Die abhängige Variable in der Regression ist die Nutzung der elektronischen Medien (Fernsehen, Radio, PC) in der Freizeit. Als unabhängige Variablen wurden die bereits oben verwendeten Erwerbsgruppen- und Bildungsvariablen sowie die Länge der Freizeit in Minuten aufgenommen. Weitere soziodemographische Variablen sind das Einkommen[4], die Anzahl der Kinder im Haushalt, die Region (Ostdeutschland/Westdeutschland), das Geschlecht sowie die Kohorte. Die Jahre wurden als Dummy-Variablen aufgenommen, um den zeitlichen Verlauf der Mediatisierung genau zu modellieren. Zusätzlich wurde je eine Variable zur Habitualisierung von Fernsehen, Radio und Internet in das Modell integriert. Die metrischen Variablen wurden zentriert, um in der Regression eine sinnvoll interpretierbare Konstante zu erhalten. Alle kategorialen Variablen wurden in Dummy-Variablen umgewandelt.

Bei der Betrachtung der Regressionskoeffizienten fällt auf, dass die Freizeitdauer mit Abstand den größten Einfluss auf die Mediennutzung in der Freizeit hat. Mit jeder zusätzlichen Minute Freizeit steigt der Medienkonsum um knapp 20 Sekunden. Der standardisierte Regressionskoeffizient liegt bei 0,4.

Ein weiterer wichtiger Faktor zur Bestimmung der Mediennutzung ist die Habitualisierung der Mediennutzung, die in der Untersuchung durch drei Variablen abgefragt

---

4   Das Einkommen wurde als Haushalts-Äquivalenzeinkommen in DM mit der Basis 1995 aufgenommen.

Tabelle 1   Regressionsanalyse der Mediennutzung in der Freizeit

	B	Beta	Sig.
Konstante	175,191		,000
Freizeit in Minuten 5–24 Uhr (zentriert)	,307	,396	,000
Sehhäufigkeit in einer normalen Woche (zentriert)	21,743	,208	,000
Hörhäufigkeit in einer normalen Woche (zentriert)	5,966	,068	,000
Nutzungshäufigkeit von Internet in einer normalen Woche (zentriert)	4,362	,061	,000
Hauptschulabschluss (R)			
Realschulabschluss	−15,673	−,046	,000
Abitur/Fachhochschulreife	−37,833	−,103	,000
erwerbstätig (R)			
in Ausbildung (Schule, Studium, Ausbildung)	−5,717	−,011	,000
Rente/Pension	21,903	,058	,000
nicht erwerbstätig	14,295	,031	,000
HH-Äquivalenzeinkommen (zentriert)	−,004	−,036	,000
keine Kinder (R)			
ein Kind	−5,386	−,011	,000
zwei Kinder	−14,120	−,024	,000
drei Kinder	−19,695	−,017	,000
Region: alte Bundesländer (R)			
Region: neue Bundesländer inkl. Berlin Ost	19,343	,046	,000
Geschlecht: weiblich (R)			
Geschlecht: männlich	13,115	,041	,000
geb. 1915 und früher (R)			
geb. 1916–1920	10,066	,008	,000
geb. 1921–1925	8,467	,011	,000
geb. 1926–1930	5,975	,008	,000
geb. 1931–1935	5,389	,008	,000
geb. 1936–1940	5,103	,009	,000
geb. 1941–1945	8,444	,014	,000
geb. 1946–1950	11,826	,018	,000
geb. 1951–1955	9,399	,016	,000

	B	Beta	Sig.
geb. 1956–1960	5,958	,011	,000
geb. 1961–1965	1,168	,002	,336
geb. 1966–1970	−2,009	−,004	,100
geb. 1971–1975	−3,601	−,006	,005
geb. 1976–1980	1,888	,003	,161
geb. 1981–1985	5,480	,007	,000
geb. 1986–1990	3,265	,003	,048
geb. 1991–1995	−2,827	−,001	,310
Jahr: 1987 (R)			
Jahr: 1988	−3,311	−,003	,021
Jahr: 1989	−8,370	−,008	,000
Jahr: 1990	−4,052	−,004	,004
Jahr: 1991	12,328	,013	,000
Jahr: 1992	14,918	,017	,000
Jahr: 1993	14,411	,017	,000
Jahr: 1994	13,743	,019	,000
Jahr: 1995	13,200	,017	,000
Jahr: 1996	14,371	,020	,000
Jahr: 1997	12,162	,016	,000
Jahr: 1998	16,874	,024	,000
Jahr: 1999	25,002	,035	,000
Jahr: 2000	23,036	,034	,000
Jahr: 2001	22,179	,032	,000
Jahr: 2002	26,488	,040	,000
Jahr: 2003	27,620	,043	,000
Jahr: 2004	26,282	,039	,000
Jahr: 2005	28,351	,042	,000
Jahr: 2006	29,236	,044	,000
Jahr: 2007	25,947	,041	,000

R^2: 28,8 %

N: 927 786

wird. Dies sind die Habitualisierung der Fernsehnutzung („Sehhäufigkeit in einer normalen Woche"), der Radionutzung („Hörhäufigkeit in einer normalen Woche") und der
Internetnutzung („Nutzungshäufigkeit von Internet in einer normalen Woche").

Erwartungsgemäß hat unter diesen drei Variablen die Habitualisierung der Fernsehnutzung den größten Einfluss auf die Mediennutzung. Dies lässt sich durch den gro
ßen Anteil des Fernsehens an der Mediennutzung und dem Zusammenhang zwischen
regelmäßiger Nutzung und Nutzung am Vortag der Erhebung erklären (siehe Meulemann & Gilles 2010). Pro Tag in der Woche, den die Menschen häufiger fernsehen,
nutzen sie (täglich) 20 Minuten länger Medien. Es gibt also einen deutlichen Zusammenhang zwischen der Häufigkeit und der Dauer der Mediennutzung. Die Habitualisierung von Radio- und Internetnutzung hat demgegenüber einen geringeren Einfluss,
wobei das Radio noch leicht vor dem Internet liegt. Ein zusätzlicher Tag Radionutzung
in einer normalen Woche führt zu 6 Minuten mehr Mediennutzung am Tag, beim Internet sind es 4 Minuten.

Auch bei der Schulbildung zeigen sich die erwarteten Effekte. Personen mit hoher
Bildung nutzen Medien 40 Minuten weniger als Personen mit niedriger Bildung. Personen mit einem mittleren Bildungsabschluss liegen zwischen beiden Gruppen. Dieser
Effekt ist wohl hauptsächlich auf den Fernseh- und Radiokonsum zurückzuführen, da
Internet und PC stärker von Hochgebildeten genutzt werden. Der Erwerbsstatus wirkt
sich wie folgt aus: Schüler, Studenten und Auszubildende nutzen die Medien am wenigsten, danach folgen Erwerbstätige, Nicht-Erwerbstätige und Rentner. Auch hier ist
davon auszugehen, dass ein Großteil des Effekts durch den Fernseh- und Radiokonsum zu erklären ist. Das Einkommen hat einen geringen, aber signifikanten Effekt. Wer

Abbildung 6   unstandardisierte Regressionskoeffizienten der Kohortenvariablen

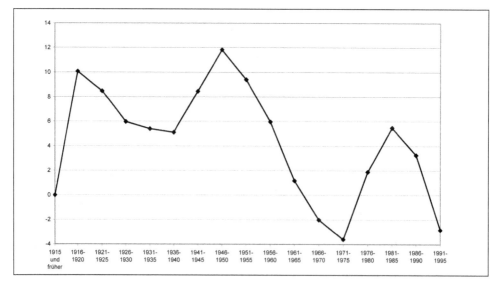

1000 Euro mehr verdient als eine Vergleichsperson, nutzt die elektronischen Medien täglich 4 Minuten weniger. Kinderlose sind stärkere Medienkonsumenten als Personen mit Kindern, wobei der Medienkonsum mit wachsender Anzahl von Kindern fast linear fällt. In den neuen Bundesländern liegt der Konsum von elektronischen Medien fast 20 Minuten über dem in den alten Bundesländern. Männer nutzen Medien 13 Minuten länger als Frauen.

Der Kohorteneffekt ist nicht linear, sondern wellenförmig (siehe Abbildung 6). Eine Erklärung dafür findet sich erst auf den zweiten Blick: Hier vermischen sich viele unterschiedliche Einflüsse. Das Fernsehen wird von den älteren Kohorten stärker genutzt, während die PC-Nutzung bei den jüngeren Kohorten überdurchschnittlich stark ist. Zudem wird das Radio vor allem von Personen in den mittleren Altersgruppen genutzt. Die Vermischung dieser Einflüsse führt zu einem insgesamt undeutlichen Bild. Hier scheint eine spezifische Analyse nach Medienart größere Erkenntnisse zu versprechen[5].

Bei der Betrachtung des Periodeneffektes zeigt sich eine von zwei deutlichen Sprüngen zwischen 1989 und 1991 sowie zwischen 1997 und 1999 eine ausgeprägte Aufwärtsbewegung (siehe Abbildung 7). Der Medienkonsum steigt zwischen 1987 und 2007 um fast 30 Minuten an. Diese Entwicklung ist jedoch nicht linear. Zwischen 1989 und 1991

Abbildung 7   unstandardisierte Regressionskoeffizienten der Periodenvariablen

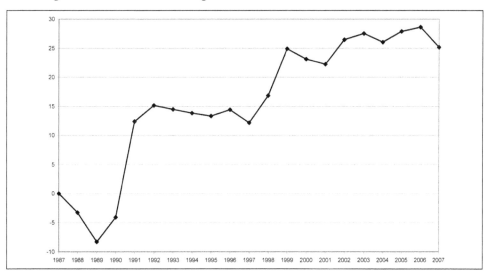

5   Dies wurde in einer Kontrolluntersuchung getestet. Dazu wurde die gleiche Regression verwendet wie in Tabelle 1, jedoch nur mit einer Medienart und der jeweiligen Habitualisierungsvariable. Die Regressionskoeffizienten der Kohorten fielen wie erwartet aus: Beim Fernsehen liegen die Regressionskoeffizienten der älteren Kohorten am höchsten, beim Radio sind es die mittleren und beim Internet die jüngsten. Der Verlauf der Regressionskoeffizienten bei der Gesamtuntersuchung scheint jedoch vor allem durch das Fernsehen als größten Einflussfaktor bestimmt zu sein.

steigt die Mediennutzung stark an, danach stagniert sie bis 1998, um dann wieder deutlich anzusteigen. Ab dem Jahr 2002 beginnt eine leichte, wellenförmige Aufwärtsbewegung. Die starken Anstiege scheinen mit technischen Innovationen verbunden zu sein, nämlich der Etablierung des privaten Fernsehens beim ersten Anstieg und der gesamtgesellschaftlichen Verbreitung von PC und Internet beim zweiten Anstieg.

Damit lassen sich die vier oben genannten Fragen beantworten. Die in den bivariaten Analysen beobachteten Effekte bleiben bestehen, so dass sich die Hypotheseneinschätzungen durch die multivariaten Berechnungen nicht verändern. Dabei ist aber der Effekt der Freizeit deutlich größer als der Effekt der Bildung oder des Erwerbsstatus.

Alle in die Regression aufgenommenen soziodemographischen Variablen haben eine Erklärungskraft für die Dauer der Mediennutzung. Den stärksten Einfluss haben dabei Schulbildung und Erwerbsstatus. Es ist ein deutlicher, nicht-linearer Periodeneffekt festzustellen. Auch lassen sich deutliche Unterschiede in der Mediennutzung zwischen verschiedenen sozialen Gruppen feststellen. Besonders stark werden elektronische Medien von niedrig gebildeten Menschen, die in Rente sind, keine Kinder im Haushalt haben, wenig verdienen, in den neuen Bundesländern wohnen und männlich sind, genutzt. Als Beispiel: Person A (Hauptschulabschluss, in Rente, Äquivalenzeinkommen von 1000 [DM], keine Kinder im Haushalt, lebt in Ostdeutschland, männlich) nutzt die elektronischen Medien täglich fast zwei Stunden länger als Person B (Abitur, in Ausbildung/Schule/Studium, Äquivalenzeinkommen von 2000 [DM], zwei Kinder, lebt in Westdeutschland, weiblich).

Das Regressionsmodell kann 28,8 % der Varianz der Mediennutzung erklären und liefert damit einen für die Sozialwissenschaften durchaus befriedigenden Erklärungsgehalt. Deutlich festzustellen ist der große Zusammenhang zwischen Habitualisierung der Mediennutzung und der Dauer der Mediennutzung sowie der Zusammenhang zwischen der Freizeitdauer und der Mediennutzung. Alle weiteren Variablen können deutlich weniger zur Erklärung der Nutzung elektronischer Medien beitragen. Die Zugehörigkeit zu sozialen Gruppen ist nicht der wichtigste Erklärungsfaktor der Nutzung elektronischer Medien und die Gruppenunterschiede sind eher klein.

Damit lässt sich nun auch die vierte Hypothese beantworten. Die Habitualisierung der Mediennutzung hat entscheidenden Einfluss auf die Dauer der Mediennutzung. Wer die Medien häufiger nutzt, nutzt sie auch länger. Dies deutet darauf hin, dass es zwei Typen von Mediennutzern gibt: den Vielnutzer und den Wenignutzer. Der Vielnutzer nutzt die Medien häufiger und für längere Zeitspannen, der Wenignutzer nutzt sie nur an wenigen Tagen und dann auch nicht so lange. Ob und in welcher Weise sich diese Typen voneinander (auch in Bezug auf soziodemographische Merkmale) unterscheiden, könnte der Inhalt einer weiteren Studie sein.

5 Fazit

Es lassen sich deutliche TV-Mediatisierungseffekte und kleinere Radio- und PC-Mediatisierungseffekte konstatieren. Konkurrenz belebt das Geschäft – aber vor allem unter den Fernsehanbietern. Denn im Rahmen der Freizeit haben die anderen Aktivitäten relativ verloren. Der Gewinn des Fernsehens geht auf Kosten häuslicher, nicht als „Arbeit" verstandener Produktivitäten vom Hobby bis zur Gartenpflege, kultureller Aktivitäten wie Lesen, Musizieren oder Diskutieren, oder außerhäuslicher Sozialaktivitäten wie Kneipen-, Kino- oder Theaterbesuch (Gilles et al. 2008: 14). Aber nicht nur das Angebot des Fernsehens, sondern auch seiner Konkurrenten ist gewachsen. Jede größere Stadt hat heute ein Kneipenmilieu, jede ambitionierte Gemeinde ein Museum für moderne Kunst. Parallel dazu ist die Mitgliederzahl der Vereine gewachsen (Statistisches Bundesamt 2006: 640). Nicht zuletzt hat sich Ende der 1990er Jahre eine ganz neue Freizeitaktivität durchgesetzt: Das Surfen im Internet. Warum die erweiterte Palette des Angebots an anderen Freizeitaktivitäten nicht wie beim Fernsehen auf die Präferenzstruktur durchschlägt, bleibt prinzipiell eine offene Frage, die sich hier aber vorläufig mit der Mediatisierungsdominanz des Fernsehens beantworten lässt.

Zentrale Ergebnisse der Untersuchung sind zudem, dass mediale Nutzungsdifferenzen zwischen sozialen Gruppen weitgehend manifestiert zu sein scheinen und eine habitualisierte Kluft zwischen Viel- und Wenignutzern zu konstatieren ist. Fraglich bleibt jedoch, welche nachhaltigen Konsequenzen dies für gesellschaftsrelevante Formen der kulturellen und politischen Teilhabe hat. Die vorliegenden Ergebnisse lassen eine nach wie vor existierende Kluft zwischen sozialen Gruppen beschreiben, die vermutlich nur langsam mit einer voranschreitenden Bildungsexpansion geschlossen werden kann.

Zukünftig kann auch die – an dieser Stelle nicht weiter spezifizierte – Periode durch wesentliche Aggregatdaten wie die Anzahl öffentlich-rechtlicher und privater Sender bzw. durch die Anzahl an DE-Einträgen (www.denic.de 2010) pro Erhebungsjahr ersetzt werden. Methodisch könnte deren Einfluss mit einer Mehrebenenanalyse gemessen werden (vgl. zum Verfahren Bryk & Raudenbush 1992; Hox 2002; Snijders & Bosker 1999). Auf diese Weise kann der mediale Wandel erfasst und in seinen sozialen Auswirkungen genauer untersucht werden.

Literatur

Bryk, Anthony S. und *Raudenbush, Stephen W.*, 1992: Hierarchical Linear Models: Applications and Data Analysis Methods. London: Newbury Park und New Delhi: Sage.

Gilles, David, Hagenah, Jörg und *Meulemann, Heiner*, 2008. Freizeit zunehmend durch Fernsehen bestimmt. Freizeit und Fernsehnutzung in Deutschland 1987–2005. Informationsdienst Soziale Indikatoren (ISI), 40: 11–14.

Hox, Joop J., 2002: Multilevel Analysis. Techniques and Applications. New Jersey und London: Lawrence Erlbaum Associates.

Krotz, Friedrich, 2003: Zivilisationsprozess und Mediatisierung. Zum Zusammenhang von Medien- und Gesellschaftswandel. S. 15–37 in: *M. Behmer, F. Krotz, R. Stöber und C. Winter* (Hg.), Medienentwicklung und gesellschaftlicher Wandel. Beiträge zu einer theoretischen und empirischen Herausforderung. Wiesbaden: Westdeutscher Verlag.

Krotz, Friedrich, 2003a: Metaprozesse sozialen und kulturellen Wandels und die Medien. Medien Journal 27/1: 7–19.

Krotz, Friedrich, 2007: Mediatisierung: Fallstudien zum Wandel von Kommunikation. Wiesbaden: VS Verlag für Sozialwissenschaften.

Meulemann, Heiner, Hagenah, Jörg und *Gilles, David*, 2009: Neue Angebote und alte Gewohnheiten.Warum das deutsche Publikum zwischen 1987 und 1996 vom öffentlich-rechtlichen auf das private Fernsehen gewechselt hat. Publizistik 54/2: 240–264.

Meulemann, Heiner und *Gilles, David* (2011). Beliebt und immer beliebter. Fernsehen und Freizeit in Deutschland 1987–2007. Kölner Zeitschrift für Soziologie und Sozialpsychologie 63/2, 255–278.

Meyen, Michael, 2001: Mediennutzung – Mediaforschung, Medienfunktionen, Nutzungsmuster. Konstanz.

Rogers, Everett M., 1995: Diffusion of Innovations. Fifth edition. New York: Free Press.

Rogers, Everett M., 1995a: Diffusion of Innovations: Modifications of a model for Telecommunications. S. 25–38 in: *Stoetzer, Matthias-W.* und *Mahler, Alwin* (Hg.), Die Diffusion von Innovationen in der Telekommunikation. Berlin: Springer.

Snijders, Tom und *Bosker, Roel*, 1999: Multilevel Analysis. An introduction to basic and advanced multilevel modeling. London: Thousand Oaks und New Dehli: Sage.

Statistisches Bundesamt (Hg.), 2006: Datenreport 2006. Zahlen und Fakten über die Bundesrepublik Deutschland. Bonn: Bundeszentrale für politische Bildung.

Van Eimeren, Birgit und *Ridder, Christa-Maria*, 2011: Trends in der Nutzung und Bewertung der Medien 1970 bis 2010. Media Perspektiven 1/2011, 2–15.

www.denic.de., 2010: Entwicklung der DE-Domains. www.denic.de/fileadmin/Hintergrund/ Statistiken/Excelliste-Daten.xls (letzter Abruf: 26.10. 2010).

Strukturelle Ungleichheit zwischen West- und Ostdeutschland – Eine Erklärung für Mediennutzungsunterschiede?

Thomas Döbler

Abstract

20 Jahre nach der staatlichen Herstellung eines geeinten Deutschlands ist die gesellschaftliche und soziale Einheit erst partiell erreicht: Hartnäckig halten sich manch Einstellungs- und Verhaltensunterschiede zwischen Ost- und Westdeutschen und scheinen sich mitunter sogar weiter zu verfestigen. Die graduelle Angleichung von objektiven Lebensbedingungen kann nicht darüber hinwegtäuschen, dass weiterhin sozialstrukturell bedingte Ungleichheiten zwischen Ost und West in Deutschland bestehen und diese durch Wanderungsbewegungen, die u. a. Geschlechterrelation, Alters- und Bildungsstrukturen ungünstig beeinflussen, verstetigt werden. Erhöhtes Armutsrisiko, geringeres Lohnniveau, schlechtere Erwerbschancen oder spezifische Familienstrukturen in Ostdeutschland schlagen sich im Vergleich zum Westen in einschränkenden Lebenschancen mit bestimmten Verhaltensweisen nieder. Dass auch die anhaltenden Unterschiede in der Mediennutzung mit sozialstrukturellen Ungleichheiten in Beziehung gesetzt werden können, wird nach einem Überblick über Erkenntnisse zu empirischen Nutzungsunterschieden von Medien, gefolgt von der Erörterung zentraler sozialstruktureller Unterschiede und Ungleichheiten vor dem Hintergrund des Transformationsprozesses Ostdeutschlands theoretisch diskutiert.

1 Ausgangsüberlegung

Pünktlich zum 20jährigen Jubiläum der deutschen Einheit kumulierten die politischen Statements mit überwiegend positiven Bewertungen des Zusammenwachsens von Ost und West in Deutschland; es war auffällig, dass zu diesem Anlass weniger die weiterhin bestehenden sozialen Unterschiede, sondern vielmehr die bisher erreichten Angleichungen und Annäherungen im Einigungsprozess betont wurden: Hervorgehoben wurde, dass gerade in den letzten Jahren und insb. im Zuge der Finanz- und Wirtschaftskrise, der Osten gegenüber dem Westen aufholen konnte und die sozialen Unterschiede sich zwischen den beiden Teilen Deutschlands spürbar vermindert habe. Dies schlage sich u. a. in einer gewissen Annäherung bei den Arbeitslöhnen, einer erfreulich starken

Reduzierung der Arbeitslosigkeit oder in der Ansiedlung von High Tech- oder Auto-mobilfirmen und vor allem deren Forschungs- und Entwicklungsbereiche nieder. Der damalige Bundesinnenminister Thomas de Maizière bezeichnete bei der Vorstellung des Jahresberichtes zur Deutschen Einheit im Jahre 2010 den Einigungsprozess als eine „große Erfolgsgeschichte" (BMI 2010).

Gesellschaftliche Einheit erfordert soziale Einheit, zudem ist die „Herstellung gleich-wertiger Lebensverhältnisse" in Deutschland grundgesetzlich als Norm verankert (GG § 72 Abs. 2), insofern scheint es verständlich, wenn auch letztlich politisch motiviert, wenn die politischen Entscheidungsträger zum Einheitsjubiläum 2010 vor allem das Erreichte im Einigungsprozess und weniger das weiterhin oder sogar wieder verstärkt Trennende zwischen alten und neuen Bundesländern herausheben: Trennendes, wie es etwa die nüchternen Daten der Sozialstatistik regelmäßig aufzeigen, die z. B. auch für das Jahr 2010 für die ostdeutsche Bevölkerung ein stark überproportionales Ar-mutsrisiko belegen: Im Vergleich zum früheren Bundesgebiet (ohne Berlin), wo die-ses „nur" bei 13 Prozent liegt, beträgt das für Ostdeutschland 20 Prozent (Statistisches Bundesamt 2010).

Studien, die sich der politischen Kultur oder spezifischen Mentalitäten widmen, diag-nostizieren ebenfalls oft hartnäckige Ost-West-Unterschiede und stellen Aussagen zu einer schon weitgehend realisierten gesellschaftlichen Einheit in Frage. Zugespitzt for-muliert, scheinen die westdeutschen Institutionen vielen Ostdeutschen weiterhin fremd und so lassen sich auch 20 Jahren nach der Wiedervereinigung nicht unerhebliche Dif-ferenzen etwa in der Beurteilung des politischen Ordnung und des Wirtschaftssystems zwischen Ost- und Westdeutschen aufzeigen (Schröder 2010a, 18). Doch bemerkens-werter Weise scheinen soziale Ungleichheiten und Differenzen zwischen Ost und West im Jahr 2010 Politik, Wissenschaft und Öffentlichkeit nur noch mäßig zu bewe-gen: jenseits von politischer Rhetorik zu bestimmten Jahrestagen verliert nämlich das Thema Ostdeutschland an Aufmerksamkeit und öffentlichem Interesse. Analysen Koll-morgens (2010: 6 ff.) zufolge, ist beispielsweise die Berichterstattung in den Massen-medien zu Ostdeutschland und zum ostdeutschen Umbruch in den letzten Jahren zum Teil dramatisch zurückgegangen; gleichzeitig ist ein Trend zur „Verschiebung" des The-mas Ostdeutschland in die Bereiche Feuilleton und „Unterhaltung", einhergehend mit einer „Exotisierung" der Ostdeutschen und Ostdeutschlands oder Skandalisierung spe-zifischer Transformationsprobleme und „distanzierender Belehrung" festzustellen (vgl. auch Ahbe et al. 2009). Neben dem rückläufigen medialen Interesse verzeichnet Koll-morgen zudem, in verstärktem Maße in den letzten fünf Jahren, einen deutlichen Rück-gang entsprechender Forschungsaktivitäten.

Nun könnte argumentiert werden, dass die zurückgehende Thematisierung lediglich eine gewisse, positiv zu wertende „Normalisierung" zwischen Ost- und Westdeutsch-land widerspiegele, dass die Ost-West-Ungleichheiten sich allmählich doch denen zwi-schen anderen innerdeutschen Regionen, also beispielsweise zwischen Nord und Süd, annähere bzw. die insgesamt wachsende soziale Ungleichheit in Deutschland (vgl. OECD 2008: 24 ff.) die zwischen Ost und West überlagere.

Möglicherweise hat der Aufmerksamkeitsverlust auch damit zu tun, dass in den vergangenen Jahren, nicht nur in den amtlichen Statistiken vermehrt darauf verzichtet wurde, Ost- und Westdeutschland getrennt auszuweisen. Bereits Anfang der 2000er Jahre wurden kritische Stimmen, nicht zuletzt auch aus der Politik, laut, dass die bis dahin regelmäßig nach Ost und West getrennten Darstellungen von Daten zu ökonomischen, sozialen oder politischen Sachverhalten den Menschen permanent die Unterschiede vor Augen führe und die „Mauer in den Köpfen" (vgl. Treiß: http://www.uni-leipzig.de/journalistik/scheinheit/umfra gen.html) damit nur weiter verfestigen würde.

Auch das Statistische Bundesamt überprüfte um die Mitte des ersten Jahrzehnts des neuen Jahrhunderts sämtliche Statistiken darauf, ob und wo im Einzelnen eine Trennung zwischen Ost und West noch sinnvoll und möglich war (ebenda). Anlass für diese Überprüfung bildeten seinerzeit – zumindest nach eigenen Aussagen – aber weder mögliche psychologische Wirkungen, noch politische Vorgaben, sondern primär der Hintergrund, dass es in der Bundeshauptstadt Berlin Stadtbezirksveränderungen, insb. durch -verschmelzungen gab, die erhebliche Nachweisprobleme und eine Aufteilung zwischen Ost und West in Berlin ohne erheblichen zusätzlichen Aufwand nicht mehr möglich machten. Schon vom Juni 2001 an wies das Statistische Bundesamt Daten zu Ostdeutschland deshalb nur noch für die „fünf neuen Bundesländer ohne Berlin" aus (vgl. Forschungsdatenzentrum der Statistischen Ämter der Länder 2006) – das bedeutet allerdings nicht nur eine statistische „Reduzierung" der Bevölkerung Ostdeutschland von sechs bis sieben Prozent, sondern vor allem fiel damit auch die größte städtische Agglomeration und Hauptstadt der DDR, die womöglich aufgrund anderer Lebensstile und Milieus sozialstrukturell für Ostdeutschland relativierend, zumindest variierend wirken könnte, aus der Analyse heraus.

Schließlich haben auch allein die beträchtlichen innerdeutschen Wanderungsbewegungen – so zogen von 1991 bis 2008 rund 2,7 Millionen Menschen (= 16 Prozent der Bevölkerung der ehemaligen DDR) von den neuen in die alten Bundesländer, immerhin 1,6 Millionen Menschen zogen aber auch in die umgekehrte Richtung (vgl. BMI Jahresbericht 2010) – die Sozialstruktur in den alten, vor allem aber in den neuen Bundesländern verändert und partiell „vermischt", sodass eine sozialstatistische Gegenüberstellung von Ost- und Westdeutschen weitreichende Unschärfen enthalten muss.

Gleichwohl belegen nicht nur das signifikant unterschiedliche hohe Armutsrisiko, sondern auch die Unterschiede in Lohnniveau und Erwerbschancen, in Familien-, Haushalts- Wohn- oder Vermögensstrukturen sozialstrukturelle Ost-West-Spezifika, die sich in differierenden Lebenschancen niederschlagen. Die objektiven, mitunter vielleicht auch nur – kollektiv – subjektiv empfunden sozialen Ungleichheiten, beeinflussen Verhalten und Einstellungen zumindest mit: Offensichtlich sind „ostspezifische(s)" Wahlverhalten und Parteienpräferenzen, stellenweise auch Freizeitverhalten und eben auch Mediennutzungen. So belegen Daten zur Mediennutzung, dass sich auch 20 Jahre nach dem Mauerfall und dem damit einhergehenden ungehinderten Zugang zu einem gleichen Medienangebot in Ost- und Westdeutschland, sich etwa die Fernsehnutzung in Ostdeutschland von der in den alten Bundesländern trotz mancher Annäherung in den vergangenen zwei Dekaden, nicht nur quantitativ, sondern auch qualitativ (z. B. stärkere Nutzung privater Sender) unterscheidet. Auch für andere Mediengattungen lassen sich neben mancher Angleichung, teils stabile oder sogar weiter auseinander laufende Nutzungen von Medien nachzeichnen: So gehen nach einem kurzen Boom in den ersten beiden Jahre nach dem Mauerfall in der Nutzung der Tagespresse seitdem in Ostdeutschland das Lesen einer Tageszeitung sehr viel schneller und stärker zurück als in Westdeutschland. Gerne und oft wird als Beleg für die abweichende Mediennutzung auch der bemerkenswerte Erfolg der um Westen bedeutungslosen Zeitschrift Super illu im Osten zitiert und kolportiert.

Einem Überblick über Erkenntnisse zu empirischen Nutzungsunterschieden von Medien folgen vor dem Hintergrund des Transformationsprozesses Ostdeutschlands die Erörterung einiger zentraler sozialstruktureller Unterschiede und Ungleichheiten zwischen neuen und alten Bundesländern, die dann schließlich mit Mediennutzung in Beziehung gesetzt werden. Die Konzentration wird dabei auf die „harten" Daten der Sozialstatistik gelegt, Lebensstil- und Milieuaspekte werden dagegen nicht systematisch einbezogen – nicht zuletzt, da der sekundäranalytische Zugang hier nur begrenzte und zudem wenig konsistente Ergebnisse liefert. Sozialstruktur und Mediennutzung werden dabei weniger in einer statistisch kausalen Argumentation aufeinander bezogen, wie diese etwa das Medienwissenschaftlichen Lehr- und Forschungszentrum an der Universität zu Köln (MLFZ) auf Basis der Daten der Media-Analyse in höchst ausgefeilter Weise vornimmt, sondern werden eher hermeneutisch interpretiert.

2   Mediennutzung Ost

Über Reichweite und Nutzung von Medien zu Zeiten der DDR gibt es wenig gesichertes Quellenmaterial; erst nach dem Mauerfall wurden Daten zur Mediennutzung bekannt (vgl. hierzu Stiehler 2001: 18 und 31 ff.; Meiritz 2003: 4): Diesen Daten zufolge waren nahezu alle der knapp 17 Millionen Einwohner der DDR mit Fernseh- und Radiogeräten ausgestattet: 99 Prozent der Haushalte besaßen mindestens ein Radio, knapp 96 Prozent einen Fernsehapparat. In einer durchschnittlichen Woche wurden ca. dreizehn Stunden ferngesehen, rund 11 Stunden Radio und Musik gehört und 90 Minuten auf das Lesen von Printmedien und eine knappe Stunde für die Lektüre von Büchern verwendet. Der Anteil von speziell an Jugendliche adressierten Sendungen war gering, zu Beginn der achtziger Jahre betrug er nur knapp 1 Prozent der Sendezeit (vgl. Hoff 1995: 211 ff.). Erst kurz vor Ende der DDR ging mit ‚Elf 99' ein Jugendmagazin auf Sendung, was sowohl von der Studiogestaltung als auch von der Art der Moderation an private westdeutsche

Sender erinnerte (vgl. Hoff 1995: 217) und von den ostdeutschen Jugendlichen schnell und positiv angenommen wurde (vgl. Büchel 1995: 268 ff.). In einem durchschnittlichen DDR-Haushalt gab es ein bis zwei, mitunter auch noch weitere Tageszeitungen sowie drei Zeitschriften (vgl. Stiehler, 1990: 92). Die Gesamtauflage aller Tageszeitungen betrug in der DDR der 1980er Jahre knapp zehn Millionen (vgl. Wilke 2002: 220 ff.), wovon über 90 Prozent von der SED direkt oder indirekt kontrolliert wurden. Die höchsten Auflagen hatten die ,Junge Welt' (1,4 Mio.) und das ,Neue Deutschland' (1,1 Mio.). Zeitschriften gab es Ende der 80er Jahre knapp 550[1] (vgl. Meyen und Schweiger 2008: 83). Vom Radio wurden täglich rund drei Viertel der erwachsenen Bevölkerung erreicht (vgl. hierzu Mühl-Benninghaus 1995: 177 ff.), wobei allerdings hiervon, Schätzungen zufolge, bis zur Hälfte vor allem Westsender hörten. Überhaupt wurde die westliche Medienkultur mehr und mehr integrativer Bestandteil des DDR-Alltags (vgl. Hoff 1995: 210); zum Teil durch die in einigen Sparten versuchte Anpassung der heimischen Medien, aber vor allem durch den intensiven Konsum von Programmen aus der BRD (vgl. Stiehler 2001: 36 ff.; 1990: 98).[2] Nicht zuletzt auch vor diesem Hintergrund sind die seit der Wiedervereinigung bis heute feststellbaren Mediennutzungsunterschiede bemerkenswert.

Drei Jahre nach dem Mauerfall, im Jahre 1992, belegten die ersten Messungen der Gesellschaft für Konsumforschung (GfK) in den neuen Bundesländern, dass die Ostdeutschen mit 185 Minuten mehr als eine halbe Stunde länger fernsehen als die Westdeutschen (vgl. Frey-Vor et al. 2002(a): 54 ff.). Dieser damals erstmals gemessene Abstand weist in den 20 Jahren des vereinigten Deutschland eine erstaunliche Konstanz auf: So beträgt er im Jahr 2001 mit 187 Minuten im Westen und 213 Minuten im Osten (ebenda) zwar etwas weniger als eine halbe Stunde, im Jahre 2009 liegt die Differenz dann aber sogar bei einer dreiviertel Stunde: die tägliche Sehdauer liegt im Westen nunmehr bei 204 Minuten, im Osten bei 249 Minuten (vgl. Zubayr und Gerhard 2010: 108). Zwar leicht variierende Nutzungszeiten, jedoch ganz ähnliche konstante Abstände liefern die statistischen Auswertungen der Daten der Media-Analyse (vgl. Abb. 1), die vom MLFZ vorgenommen wurden.

Bei einem Vergleich der einzelnen Bundesländer – nimmt man die drei Stadtstaaten heraus – kommen alle fünf ostdeutschen Bundesländer vor den westdeutschen in der täglichen Fernsehnutzung zu liegen (vgl. Tab. 1). Die Meistseher (Brandenburger) übertreffen dabei mit ihrer Sehdauer um mehr als 40 Prozent die Geringstseher (Bayern).

Besonders bemerkenswert an den unterschiedlichen Daten zur Fernsehnutzung ist vor allem aber, dass sich diese quantitativen Unterschiede zwischen Ost und West mehr oder minder über alle Altersgruppen zeigen (vgl. Tab. 2) und vor allem auch in den

---

1 Hierbei handelte es sich vor allem um Zeitschriften mit technisch-naturwissenschaftlichen Inhalten und solchen aus den Bereichen Politik und Gesellschaft, Sport, Freizeitgestaltung und Mode.

2 In einer keinesfalls verallgemeinerungsfähigen Umfrage zur Mediennutzung von rund 200 Übersiedlern im Notaufnahmelager Gießen gaben 80 Prozent an, fast täglich das Westfernsehen eingeschaltet zu haben. Über zwei Drittel schauten regelmäßig die ,Tagesschau', 37 Prozent den ,Tatort', 29 Prozent ,Dallas' (vgl. Hesse, 1988: 11 ff.).

Abbildung 1   Sehdauer aller Zuschauer in Minuten von 5–24 Uhr
                  (West- und Ostdeutschland)

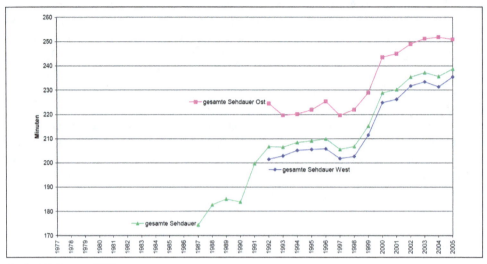

Quelle: MA-Gesamt-MLFZ 1977–2005

Tabelle 1   Durchschnittliche Sehdauer pro Tag in den Bundesländern im Jahr 2009,
                  geordnet nach der Sehdauer in Min., Zuschauer ab 3 Jahren

Brandenburg	262
Sachsen-Anhalt	254
Thüringen	252
Bremen	250
Berlin	245
Sachsen	243
Mecklenburg-Vorpommern	231
Hamburg	225
Saarland	222
Nordrhein-Westfalen	218
Schleswig-Holstein	210
Niedersachsen	202
Hessen	200
Rheinland-Pfalz	196
Baden-Württemberg	191
Bayern	186

Quelle: AGF/GfK, TV Scope, Fernsehpanel (D+EU); nach Zubayr und Gerhard 2010: 108 (eigene Darstellung)

Tabelle 2   Durchschnittliche Sehdauer pro Tag in Deutschland West und Ost 2009, nach Altersgruppen, Mo–So, in Min.

Alter in Jahren	West	Ost	Differenz	
	(in Min.)		(in %)	
Zusch. gesamt	204	249	+45	+22
3–13	86	103	+17	+20
14–19	95	127	+32	+34
20–29	146	206	+60	+41
30–39	194	241	+47	+24
40–49	208	253	+45	+22
50–59	250	279	+29	+12
60–69	280	311	+31	+11
ab 70	287	325	+38	+13

Quelle: AGF/GfK, TV Scope, Fernsehpanel (D+EU); nach Zubayr und Gerhard 2010: 108 (eigene Darstellung)

Altersgruppierungen bestehen – und dort teilweise sogar überproportional – die nach dem Mauerfall geboren wurden.

Der Fernsehkonsum bei den über 50-jährigen liegt in Ostdeutschland zwar auch über dem in Westdeutschland, im Vergleich zu den jüngeren Alterskohorten ist hier der Mehrkonsum allerdings eher unterproportional. Unmittelbare Effekte z. B. durch zentrale Sozialisationsinstanzen des DDR-Systems wie etwa der Schule oder auch ein „nachholender" Medienkonsum der in der DDR aufgewachsenen und lebenden Menschen scheinen damit die unterschiedliche Mediennutzung nur unzureichend begründen zu können. Möglicherweise spielen jedoch die unterschiedlichen Fernsehnutzungszeiten über den Tag, wie sie schon Frey-Vor, Gerhard und Mende 2002(a) belegten, eine wichtige Rolle für die Mehrnutzung im Osten: Es wird dort nämlich insgesamt früher ferngesehen als im Westen, die Nutzungsspitze liegt dort ca. eine Stunde eher als im Westen und auch tagsüber vor 17 Uhr wird mehr fern gesehen.

Neben den quantitativen Nutzungsunterschieden sind auch Präferenzunterschiede etwa bezogen auf Sender, Inhalte und Medienformate empirisch belegt: den Daten der Media-Analyse zufolge, präferieren z. B. die ostdeutschen Fernsehzuschauer im Vergleich zu den westdeutschen über alle Altersgruppen stärker die Angebote der privaten Sender und weniger die der öffentlich-rechtlichen Sender (vgl. MLFZ 22/2008); die Präferenz für Unterhaltungsformate der kommerziellen Sender schlägt sich in überdurchschnittlicher Nutzung von Gerichtsshows, Daily Talks und Reality Shows nieder, während politische Magazine und Reportagen, Wirtschaftssendungen und Kulturberichte nur unterdurchschnittlich häufig gesehen werden (vgl. Frey-Vor et al. 2002(b): 72). Zugespitzt formuliert, wird die im Vergleich zu den Westdeutschen zusätzliche Zeit, die

Tabelle 3   Nutzung verschiedener Programme bei Kindern – Ost-West-Vergleich
2008 (Mo–So, Marktanteile in %, 3:00–3:00 Uhr)

	Kinder 3-13 Jahre	
	Ost	West
Das Erste	4,1	5,3
ZDF	3,3	4,9
Dritte (7 Sender)	3,3	2,4
KI.KA	15,4	15,1
RTL	9,7	8,6
RTL II	5,3	4,3
Super RTL	20,8	20,3
Sat.1	5,7	5,9
ProSieben	8,0	8,8
VOX	2,6	3,2
Kabel eins	2,9	2,6
NICK	10,0	8,7
Gesamt	91,2	90,2

Quelle: AGF/GfK Fernsehforschung, PC#TV Aktuell, Fernsehpanel (D+EU); nach Feierabend und Klingler
2009: 120 (eigene Darstellung)

die Ostdeutschen vor dem Fernseher verbringen (vgl. Medientrend 20/2008), also vorrangig dem privaten Fernsehen gewidmet (vgl. Früh und Stiehler 2002: 14).

Auch in der TV-Nutzung von Kindern zeigen sich weiterhin Unterschiede in der Senderwahl. Während sich bei der Nutzung von Kinderkanal und Super RTL, die in Ost und West die klar dominierenden Sendernutzungen in dieser Altersgruppe darstellen, nur marginale und statistisch eher zu vernachlässigende Unterschiede zeigen, ist doch erstaunlich, dass auch die ostdeutschen Kinder die in dieser Altersstufe ohnehin gering genutzten Sender ARD und ZDF nochmals unterdurchschnittlich, dagegen die dritten ARD-Programme ebenso wie RTL und RTL II überdurchschnittlich nutzen (s. Tab. 3).

Sicherlich spiegelt sich in den Sendernutzungen von Kindern ein stückweit der elterliche Einfluss wider, gleichwohl bleibt festzuhalten, dass neben quantitativen auch qualitative Nutzungsunterschiede zwischen ost- und westdeutschen Kindern nachweisbar sind, was vermuten lässt, dass Ost-West-TV-Nutzungsunterschiede generell noch eine Weile erhalten bleiben.

Eine weitere immer wieder betonte Konstante scheint zu sein, dass die Zuschauer in Ostdeutschland eine engere Bindung an ihre Region aufweisen; dass Sendungen über das eigene Bundesland, über die eigene Region mehr als in Westdeutschland die Programmnutzung lenken, was Darschin und Zubayr im Jahr 2000 (S. 249) herausheben, wird insb. mit dem bis heute im Vergleich zu den anderen dritten Programmen der ARD hohen Marktanteil des MDR, die ARD-Anstalt, die gleichzeitig im Westen von allen dritten Programmen am wenigsten gesehen wird, begründet und belegt. Ob Ostdeutsche dabei tatsächlich vornehmlich nach im Alltag verwertbaren Informationen suchen, da für sie anders als für die Westdeutschen der ‚Gebrauchswert von Medieninhalten‘ besonders wichtig ist oder ob Information mit Regionalbezug deshalb stärker genutzt werden, da deren Wahrheitsgehalt im eigenen Lebensumfeld leichter überprüft und ihnen deshalb stärker vertraut werden kann (vgl. Frey-Vor et al. 2002(b): 70 ff.), soll und kann hier nicht vertieft werden, allerdings fügt sich in diese Begründungen die gleichzeitig diagnostizierte höhere Nutzung der privaten Sender nicht ganz bruchlos ein, ebenso wenig wie übrigens auch die Feststellung, dass Ostdeutsche „unbekümmerter zwischen privaten und öffentlich-rechtlichen Programmen hin und her" wechseln (Frey-Vor et al. 2002(b): 72).

Den Ergebnissen der ersten gesamtdeutschen Print-MA im Jahre 1993 zufolge, lesen Ost- und Westdeutsche damals gleich häufig Tageszeitungen (82 %); 10 Jahre später, im Jahr 2003, erreichten die Zeitungen laut MA im Westen noch 76 %, im Osten hingegen nur mehr 68 %, eine Differenz, die sich seither noch weiter vergrößert hat (vgl. Abb. 2).

Abbildung 2   Lesewahrscheinlichkeit von Tageszeitungen insgesamt und überregionalen Abo-Zeitungen in Ost- und Westdeutschland

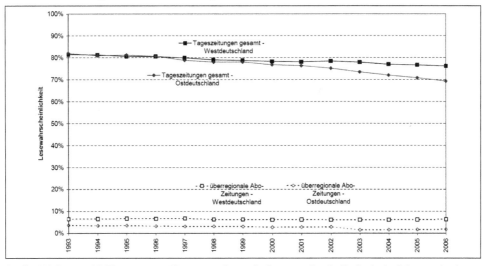

Quelle: MA-Gesamt-MLFZ 1993–2006. Ab 1993 wurden auch die neuen Bundesländer in der Printtranche der MA erfasst. Lesewahrscheinlichkeiten liegen im Bereich von 0 bis 100.

Bei den Ostdeutschen geht die Nutzung von Tageszeitungen also deutlich stärker zurück als bei den Westdeutschen. Hinzu kommt, dass Ostdeutsche im Durchschnitt auch weniger überregionale Tageszeitungen, Wirtschaftsmagazine und politisch orientierte Wochenzeitschriften lesen. So liegt die Nutzung überregionaler Tageszeitungen in Westdeutschland seit Jahren stabil bei 6 Prozent; in Ostdeutschland konnten die – allesamt westdeutschen – überregionalen Zeitungen wenige Jahre nach dem Fall der Mauer eine Verbreitung von rund 4 Prozent (1993) erreichen, diese halbierte sich jedoch bis zum Jahre 2006 auf 2 Prozent (vgl. MLFZ 20 und 21/2009).[3]

Bei einer vergleichenden Analyse zwischen Ost- und Westdeutschland für Nachrichtenmagazine einerseits und Special-Interest-Titel zum Themenfeld „Wissenschaft, Kultur, Natur" andererseits zeigte sich, dass die Westdeutschen intensiver Nachrichtenmagazine, die Ostdeutschen dagegen intensiver die abgefragten Special-Interest-Titel lesen (vgl. MLFZ 26/2008). Auch die Reichweitendaten der Informationsgemeinschaft zur Feststellung der Verbreitung von Werbeträgern (IVW) sowie der Allensbacher Markt- und Werbeträger-Analyse (AWA) bestätigen, dass im Osten Frauenmagazine, Ratgeberblätter und Fernsehzeitschriften überdurchschnittlich, Nachrichtenmagazine und Zeitschriften zum Zeitgeschehen in Ostdeutschland dagegen unterdurchschnittlich genutzt werden. Neben den regelmäßig belegten inhaltlichen Präferenzunterschieden bei Zeitschriften, findet sich in Ostdeutschland auch insgesamt eine unterdurchschnittliche Zeitschriftennutzung: Hatte die ostdeutsche Bevölkerung zu DDR-Zeiten zwar nur ein eingeschränktes Zeitschriftenangebot zur Verfügung, war die Pro-Kopf-Auflage aller Zeitschriften zusammengenommen jedoch kaum niedriger als in Westdeutschland, das heißt, die ostdeutsche Bevölkerung konsumierte nicht weniger Zeitschriftenausgaben als die westdeutsche (vgl. Vogelgesang 2003: 17 f. oder Kapitza 1998: 241 ff.). Heute macht der Bevölkerungsanteil von rund 20 Prozent in den neuen Ländern, jedoch nurmehr zehn Prozent des gesamtdeutschen Zeitschriftenmarktes aus, das heißt in Ostdeutschland werden deutlich unterproportional Zeitschriften gekauft und gelesen (vgl. Fuchs 2010).

Bei der Bewertung des unterschiedlichen Zeitungs- und Zeitschriftenlesens in Ost und West, ist zu berücksichtigen, dass die beiden Märkte personell wie strukturell stark westdeutsch geprägt sind: Bis auf wenige Ausnahmen, im Zeitungsbereich z. B. „Neues Deutschland", befinden sich die Zeitungen und Zeitschriften mehrheitlich im Besitz westdeutscher oder internationaler Eigentümer und selbst die Chefredaktionen ostdeutscher Medien werden, wie u. a. Kollmorgen (2010) feststellt, von westdeutschen Journalisten dominiert. Ursache hierfür ist die Neuordnung des Zeitungsmarkts in Ostdeutschland nach der Wiedervereinigung; die damit beauftragte Treuhandanstalt

---

3   Beispielsweise liegt die Lesewahrscheinlichkeit der FAZ in den Bundesländern Brandenburg, Mecklenburg-Vorpommern und Sachsen-Anhalt nur knapp über 0 %, in Thüringen und Sachsen liegt sie deutlich unter 1 % (vgl. MLFZ 20/2009); ähnliche Ergebnisse zeigen sich für die Süddeutsche Zeitung (vgl. MLFZ 21/2009).

verkaufte die großen Verlage mit ihren für westdeutsche Verhältnisse ungewöhnlich hohen Auflagen an westdeutsche Verlagsgruppen (vgl. Kapitza 1998: 244 ff.). Die Größe und Marktstellung der ehemaligen SED-Titel hat letztlich dafür gesorgt, dass heute im Osten – mehr noch als im Westen – ganze Regionen von einzelnen Titeln beherrscht werden, gleichzeitig diese Monopolgebiete meist größer sind als im Westen. Ähnlich wie Zeitungen und Zeitschriften systematisch „verwestdeutscht"[4] wurden, war auch ein vom Westen eigenständiges Fernsehen, möglicherweise noch als autonome Konkurrenz zu den Öffentlich-Rechtlichen, politisch nicht gewünscht: Das im März 1990 in Deutscher Fernsehfunk (DFF) umbenannte DDR-Fernsehen, welches sich innerhalb kurzer Zeit eine hohe Akzeptanz bei den DDR-Bürgern erarbeiten konnte, stellte zwei Monate nach dem Beitritt der DDR zum Bundesgebiet im Dezember 1990 den Sendebetrieb ein – die ARD übernahm (vgl. Hepperle 1998: 205 ff.; Stein 2000: 160 ff.). Ahbe, Gries und Schmale (2009) sehen in den westdeutsch geführten und vor allem inhaltlich geprägten Medien eine wesentliche Ursache, dass diese von Ostdeutschen nur unterproportional genutzt werden; anders als eben in der „Super illu" oder im MDR nähmen sich die Ostdeutschen vor allem in den überregionalen Tageszeitungen oder auch im Hauptprogramm der Öffentlich-Rechtlichen nicht auf „Augenhöhe mit den Westdeutschen" wahr oder empfänden ihre Lebenswirklichkeit nur unangemessen widergespiegelt. Für die überregionalen Tageszeitungen, deren Leser weit überwiegend im Westen sitzen, scheint dies eine sehr plausible Begründung, für die überproportionale Nutzung der privaten TV-Sender hieße das aber umgekehrt, dass entweder Ostdeutsche sich hier angemessen widergespiegelt fühlen oder möglicherweise dort Ost-West-Gegensätze so wenig oder gar nicht thematisiert werden, dass sie keine Entscheidungsrelevanz für oder gegen das Programm haben. Jenseits von Inhalten und Darbietungsformen in den jeweiligen Medien liefert eine Analyse der Eigentümer- und Entscheidungsstrukturen selbst aber vielleicht weiterführende Erkenntnisse: Macht ist sowohl entscheidendes Merkmal als auch Determinante von sozialer Ungleichheit. Führungs- und Entscheidungspositionen sind in den Medien, aber eben nicht nur dort, sondern auch in den Verwaltungen, den Hochschulen, der Industrie weit überproportional mit westdeutschen „Personal" besetzt – Westdeutsche dominieren nicht nur gesellschaftliche Diskurse und Entscheidungen für Gesamtdeutschland, sondern eben auch für Ostdeutschland. Möglicherweise sind es vor allem diese ungleichen Machtverteilungen, die objektiv fehlende Machtpartizipation und die damit einhergehende subjektiv empfundene Machtlosigkeit der Ostdeutschen, die den von westdeutschen Eliten gesteuerten gesellschaftlichen Prozess als von außen gesetzt, als fremd begreifen lasen. Weniger die Inhalte in Politik, Wissenschaft oder Medien, sondern vielmehr die „Fremdsteuerung" wären damit eine wesentliche Ursache für das Bewahren und Pflegen oder auch stellenweise

---

4   Diese „Verwestdeutschung" gilt dabei keineswegs nur für den Medienbereich, sondern ist auch in Wissenschaft, Wirtschaft und Kultur nachweisbar.

Tabelle 4   Jugendliche Internetnutzer (12–19 Jahre) täglich/mehrmals pro Woche
                  (JIM 2009); Angaben in Prozent

	Gesamt	West	Ost
Gesamt	1200	1051	149
e-mails empfangen und versenden	55	54	65
sich mit anderen Internet-Nutzern in Multi-User-Spielen unterhalten	14	14	15
Instant-Messenger wie z. B. ICQ oder MSN nutzen	71	73	59
„chatten", also Chatrooms besuchen	28	28	31
Online-Communities wie z. B. schülerVZ, studiVZ, mySpace nutzen	70	70	71
über das Internet telefonieren, skypen	12	12	12
zu Hause für die Schule lernen/arbeiten	49	47	57
In der Schule mit Computern/Internet arbeiten	16	15	23
Präsentationen oder Referate erstellen	8	8	9
Bearbeiten von Tönen, Musik, also Soundbearbeitung	6	5	11
Selbst Musik machen, also komponieren	5	4	8
Musik-CDs/MP3s zusammenstellen	15	14	21
Bilder/Filme bearbeiten	14	13	17
Nach Informationen für die Schule bzw. Ausbildung suchen	33	32	44
Informationen über Veranstaltungen am Ort bzw. aus der Gegend, wo Du wohnst, suchen	13	12	15
Beiträge in newsgroups/Foren lesen	19	18	24
nach Informationen zu einem bestimmten Thema für Dich selbst, also nicht für die Schule oder Ausbildung, suchen	40	40	44
Weblogs lesen	8	8	11
Podcasting	3	3	4
Sport-Live-Ticker nutzen	9	9	11
Wikipedia oder vergleichbare Angebote nutzen	38	38	39
Nachrichtenportale von Zeitungen oder Zeitschriften online nutzen	12	12	10
Nachrichtenportale von TV Sendern wie z. B. heute.de nutzen	6	5	9
Suchmaschinen nutzen	77	77	81
Twittern/Twitterbotschaften lesen	7	6	13

	Gesamt	West	Ost
Beiträge in newsgroups/Foren schreiben	12	11	12
Musik/Sound-Dateien einstellen	5	5	9
etwas in Weblogs verfassen bzw. einstellen	4	3	7
Podcasts erstellen	1	1	1
Fotos/Videos einstellen	8	8	13
etwas in Wikipedia oder in vergleichbare Angebote schreiben	1	1	3
Twittern/Twitterbotschaften verfassen	4	3	9
DVDs am Computer anschauen	9	9	15
Videos im Internet ansehen/herunterladen	38	39	36
Fernsehsendungen live im Internet verfolgen, egal ob ganz oder teilweise	4	4	8
Fernsehsendungen oder Ausschnitte von Fernsehsendungen zu einem anderen Zeitpunkt, also zeitversetzt, im Internet anschauen	8	8	7
Videoportale im Internet, wie z. B. Youtube, my Video, Clipfish nutzen	64	65	57
Mediatheken im Internet, wie z. B. RTL now, ARD-Mediathek, ZDFmediathek nutzen	3	3	4
Musik/Sounddateien am Computer anhören	61	61	63
Musik/Sounddateien im Internet anhören	52	52	50
Einfach so drauf los surfen	45	45	48
Über Internet Radio hören	12	11	15
in Profilen von Online-Communities, wie z. B. schülerVZ, studiVZ, mySpace stöbern	58	58	60
Alleine Online-Spiele spielen	18	17	24
Mit anderen Internet-Nutzern spielen, Multi-user-Spiele machen	19	18	20
Alleine Computerspiele am PC offline spielen	20	19	27
Mit anderen Computerspiele am PC offline spielen	5	5	9
Alleine Konsolenspiele spielen	20	20	20
Mit anderen Konsolenspiele spielen	16	16	17

Quelle: MPFS – Studie JIM 2009 (unveröffentlichte Daten, Landesmedienanstalt für Kommunikation Baden-Württemberg)

für das (Neu-)Ausbilden einer zumindest partiell eigenen Kultur in Ostdeutschland, wie sie sich dann eben auch in Mediennutzungen niederschlagen kann.

Nach diesem kleinen Vorgriff auf sozialstrukturelle Unterschiede und hierdurch bedingte Ungleichheiten, soll zunächst jedoch noch einmal der Blick auf Mediennutzungen, und hier insb. die Nutzung des Internets erfolgen; das Internet und seine Nutzung scheint insofern von besonderem Interesse als es als Medium erst einige Jahre nach der deutschen Wiedervereinigung populär wurde, damit auf Sozialisationserfahrungen beruhende unterschiedliche Nutzungen, wie sie oftmals für die traditionellen Medien angeführt werden, bestenfalls noch indirekt als Begründung plausibel ausformuliert werden können. Dem (N)Onliner Atlas 2010 zufolge weisen alle westlichen Bundesländer, mit Ausnahme des Saarlands, mehr Internetnutzer als alle ostdeutschen Länder (ohne Berlin) auf. Die Onliner-Differenz vom Spitzenreiter Bremen zum Schlusslicht Mecklenburg-Vorpommern ist dabei mit 17,5 Prozent durchaus beträchtlich; und auch im Mittel liegt der Onliner-Anteil im Osten immerhin um knapp neun Prozent unter dem des Westens (vgl. Initiative D21 2010). Ältere Studien belegen zudem auch graduelle Unterschiede in der täglichen Nutzungsdauer des Internets (vgl. Reitze und Ridder 2006). Daten, die für die JIM-Studie 2009 zur Internetnutzung erhoben wurden[5], zeigen für die Jugendlichen zwischen Ost und West allerdings keinerlei Unterschied mehr bzw. für die ostdeutschen Jugendlichen stellenweise sogar, was allerdings angesichts der kleinen Fallzahl für Ostdeutschland zu relativieren ist, eine intensivere Nutzung des Internets.

Selbst bei vorsichtiger Interpretation belegen diese Daten, dass die ostdeutschen Jugendlichen das Internet keinesfalls weniger, partiell sogar aktiver (z. B. bei den musikbezogenen Aktivitäten), informations- und bildungsorientierter als die westdeutschen nutzen. Dass sich dennoch in Ostdeutschland eine nennenswerte unterproportionale Internetnutzung findet, ist insofern bemerkenswert, lässt sich aber möglicherweise aus sozialstrukturell bedingten Ungleichheiten ableiten.

3   Soziale Ungleichheit zwischen Ost- und Westdeutschland

Aus gesamtdeutscher Sicht ist durch die Vereinigung im Jahre 1990 eine neue Dimension im Ungleichheitsgefüge aufgetaucht, die im Vergleich zu den regionalen Ungleichheiten bis dahin (etwa Nord-Süd-Gefälle) durch eine deutlich höhere Relevanz und Brisanz gekennzeichnet ist: Die sozialen Ungleichheiten zwischen zwei konkurrierenden Gesellschaftssystemen haben sich mit Mauerfall und Vereinigung zu Ungleichheiten innerhalb einer Gesellschaft verwandelt (vgl. Geißler 2008) – Ungleichheiten, die

---

5   Der Verf. dankt der Landesanstalt für Kommunikation Baden-Württemberg für die freundliche Zur-Verfügung-Stellung dieser Daten, die für den publizierten JIM-Bericht nicht nach Ost-West-Unterschieden ausdifferenziert wurden.

sich bis heute u. a. an vielfältigen Unterschieden der Lebensbedingungen und Verhaltensweisen festmachen lassen.

Grundsätzlich stellen soziale Ungleichheiten zentrale Aspekte menschlichen Zusammenlebens dar: Als Erscheinungen sozialer Ungleichheit können dabei gefasst werden, wenn mit der Zugehörigkeit zu spezifischen Sozialkategorien (gegliedert z. B. nach Beruf, Geschlecht, Alter, Wohnortgröße oder Familienstand) nicht nur unterschiedliche Lebensumstände verbunden sind, sondern Menschen und soziale Gruppen damit gleichzeitig als besser- oder schlechter-, höher- oder tiefergestellt erscheinen (vgl. Hradil 2001: 27). In Anlehnung an Hradil (2001: 28 f.) bezieht der Begriff der sozialen Ungleichheit sich auf die ungleiche Verteilung von gesellschaftlich als wertvoll erachteten „Gütern", also z. B. Status, Ansehen, Erwerbschancen,[6] auf die entlang von Sozialkategorien gegliederte Gesellschaft. Dabei sind nicht alle Vor- und Nachteile, nicht alle Besser- bzw. Schlechterstellungen Erscheinungsformen sozialer Ungleichheit, sondern nur jene, die in gesellschaftlich strukturierter, vergleichsweise beständiger und verallgemeinernder Form zur Verteilung kommen und damit die Lebensbedingungen regelmäßig günstiger bzw. ungünstiger, stets verknüpft mit dem Eröffnen oder Verschließen sozialer Chancen, gestalten.[7] Neben der ungleichen gesellschaftlichen „Güter"- und Chancenverteilung entlang biologischer Merkmale wie Geschlecht und Alter oder sozial geschaffener wie Bildung wird seit der deutschen Wiedervereinigung insbesondere auch der Wohnsitz in Ost- oder Westdeutschland als mögliche Determinante für soziale Ungleichheit diskutiert: Unterschiedliche Armuts- und Arbeitslosigkeitsrisiken, die Arbeits-, Wohn- und Gesundheitsbedingungen, aber auch Macht(beteiligung) und Bildung sind dabei die Dimensionen, die ungleiche Lebensbedingungen zwischen Ostdeutschen und Westdeutschen schaffen. Überlagert und partiell verstärkt werden diese Ungleichheitsdimensionen durch demografische Entwicklungsspezifika in den neuen Bundesländern nach der Wiedervereinigung sowie durch die Wanderungsbewegungen, die beide zu beträchtlichen sozialstrukturellen Verschiebungen führten.

Ein Blick auf einige den Transformationsprozess kennzeichnende Merkmale ist für das Verständnis charakteristischer Phänomene in Ostdeutschland heute sinnvoll und notwendig.

---

6 Die Wertigkeit von „Gütern" unterliegt dabei historischen Wandlungen: So ist beispielsweise heute ein hoher Bildungsabschluss wertvoll und zählt zu den wichtigsten Ausprägungen sozialer Ungleichheit, während Bildung z. B. im Mittelalter für die große Mehrheit der Bevölkerung keinen „Wert" beinhaltete.

7 Unter Lebensbedingungen versteht Hradil dabei die äußeren, vom Denken und Verhalten des Einzelnen zumindest kurzfristig nicht beeinflussbaren Rahmenbedingungen des Lebens.

3.1 Transformationsprozesse Ostdeutschlands

Durch den Beitritt der ostdeutschen Länder wollte die „neue" gesamtdeutsche Bundesrepublik im Grunde die vergrößerte und erfolgreiche „alte" sein. Die Westdeutschen
glaubten, dass alles so bleibt wie es war; die Mehrheit der Ostdeutschen gingen hoff-
nungsfroh davon aus, dass alles so wird, wie es in Westdeutschland ist (vgl. Reißig 2010a
und 2010b). Zwar gab es auch 1990 kritische und warnende Stimmen vor den vielfältigen ökonomischen und sozialen Barrieren einer deutschen Einigung, doch überwog
damals die optimistische Auffassung, dass nach einer kurzen, wenn auch schmerzhaf-
ten Übergangsphase ein selbsttragender Wirtschaftsaufschwung in Ostdeutschland folgen würden, was schnell auch gleichwertige Lebensverhältnisse in ganz Deutschland
herstellen würde. Dieser Prozess, so die Annahme weiter, würde von wachsendem Zu-
friedenheits- und Zukunftspotenzial sowie von rasch zunehmendem Systemvertrauen
der ostdeutschen Bevölkerung begleitet werden. Schließlich würde der Anpassung die
Angleichung der Einstellungen und Werteorientierungen der Ost- an die der Westdeutschen folgen und damit die „innere Einheit" vollenden (vgl. hierzu Reißig 2010a: 20 ff.).
Welch fundamentaler Systemwechsel für Ostdeutschland und die Ostdeutschen der
Beitritt der DDR zur Bundesrepublik Deutschland bedeutete, wurde unterschätzt: Der
Wandel betraf nicht nur staatliche Institutionen und parastaatliche Einrichtungen wie
etwa die Bereiche der sozialen Sicherung, und den gesamten ökonomischen Sektor,
sondern reichte weit hinein in kulturelle Deutungsmuster und persönliche Überzeu-
gungen; er wirkte einschneidend in die Lebenslagen der Ostdeutschen und entwerte-
te in der Breite bis dahin sicher geglaubte Entwürfe individueller Lebensplanung (vgl.
Holtmann 2009: 3 ff.) oder „… um mit Bourdieu zu sprechen, alle drei Ressourcen, die
Menschen zur Sicherung ihres sozialen Status benötigen: ihr ökonomisches, ihr kulturelles und ihr soziales Kapital" (Vester 1993: 15). Transformation Ost bedeutete vor allem
Institutionen-, Eliten- und Ressourcentransfer von West- nach Ostdeutschland und
ein Einschwenken des Ostens auf den Entwicklungspfad West (vgl. Butterwegge et al.
2008: 25 f.). Kontinuität und Stabilität der „alten" Bundesrepublik hatten Vorrang vor
möglichen Übergangsregeln, Experimentierklauseln, Neuerungen in Ost sowie Wandlungen und Reformen in West und der sich formierenden gesamtdeutschen Bundesrepublik (vgl. Reißig 1998, S. 147 ff.). So kann es letztlich nur bedingt überraschen, dass
diese von „außen" eingeführten Institutionen, Regeln und Normen bis heute zum Teil
noch immer nur schwach in den Lebenswelten der Bürger Ostdeutschlands verankert
sind (vgl. Reißig 2010a: 21).

   Begleitet wurde dieser Transformationsprozess von sozialstrukturellen Verschiebungen und Verwerfungen, die bis heute und weiterhin ökonomisch und sozial wirksam
sind: Es sind insbesondere die dramatischen Umwälzungen im Bereich des Wirtschaf-
tens und Arbeitens, in deren Folge es zu Änderungen im generativen Verhalten und zu
starken (Ab-)Wanderungsbewegungen kam; in der Konsequenz haben sich nicht nur
die Strukturen von Wirtschaft und Arbeitswelt, sondern damit eben auch die Arbeits-

kraft- und Qualifikationsstrukturen, die Altersstrukturen und Geschlechterrelationen oder die Bildungs- und räumlichen Strukturen teils grundlegend gewandelt – gewandelt im Vergleich zu den Strukturen zu Zeiten der DDR, ohne aber, anders als gehofft, sich in der Breite den Strukturen Westdeutschlands angeglichen zu haben.

Die ursprüngliche Annahme, durch ordnungspolitische Weichenstellungen und massive Transfers innerhalb weniger Jahre einen sich selbst tragenden Wirtschaftsaufschwung entfalten zu können, erwies sich als Fehlschluss. Der ökonomische Angleichungsprozess stockte rasch und auch zwanzig Jahre nach der Wiedervereinigung liegt das Bruttoinlandsprodukt je Einwohner im Osten bei etwa 73 Prozent des westdeutschen Niveaus, die Produktivität bei 81 Prozent. Beim Haushaltsnettoeinkommen sind Ostdeutsche, wie auch Tab. 5 verdeutlicht, überproportional in den unteren Gruppen vertreten; unter Berücksichtigung fortbestehender regionaler Kaufkraftunterschiede haben die durchschnittlichen realen ostdeutschen Haushaltseinkommen mittlerweile etwa 80 bis 85 Prozent des Westniveaus erreicht[8] (vgl. Schröder 2010a und 2010b).

Trotz der verbliebenen Abstände hat sich das materielle Lebensniveau weiter Bevölkerungskreise in Ost- und Westdeutschland vor allem infolge der kontinuierlich fließenden Transfers in etwa angeglichen (vgl. hierzu Schröder 2010a: 15). Ein Blick auf die Ausstattung mit Gebrauchsgütern zeigt mittlerweile bei den meisten eine deutliche Angleichung zwischen West- und Ostdeutschland (s. Tab. 6).

Neben der Nivellierung bei der Ausstattung mit Gebrauchsgütern haben sich auch zahlreiche weitere Lebensbedingungen wie z. B. das Wohnungsangebot oder die Umweltbedingungen objektiv verbessert; besonders bemerkenswert ist, dass die Lebenserwartung – einer der gemeinhin anerkanntesten Wohlstandsindikatoren – in Ost-

Tabelle 5   Bevölkerungsanteile in Ost- und Westdeutschland
nach Haushaltsnettoeinkommen

	Total	West	Ost
		(inkl. Berlin-West)	(inkl. Berlin-Ost)
bis unter 1 000 Euro	10,6	9,4	15,1
1 000 bis unter 1 500 Euro	16,1	15,1	20,2
1 500 bis unter 2 000 Euro	18,0	17,5	20,0
2 000 bis unter 2 500 Euro	14,8	14,7	15,0
2 500 Euro und mehr	40,5	43,2	29,7

Quelle: Media Analyse 2006 (eigene Darstellung)

---

8   Dieser Abstand unterscheidet sich allerdings auch nicht mehr sehr stark von demjenigen zwischen den ärmeren nördlichen und den reicheren südlichen Bundesländern im Westen (vgl. Burda 2010).

deutschland angestiegen ist und sich der westdeutschen weitestgehend angeglichen hat (vgl. Burda 2010: 27). Größere und nur langfristig abschmelzende Unterschiede existieren jedoch insbesondere in der Verteilung des Vermögens und hieraus resultierender Einkommen, auch wenn das durchschnittlichen Geldvermögen in den vergangenen zwanzig Jahren von etwa einem Fünftel auf über die Hälfte des westdeutschen Niveaus angestiegen ist (vgl. Schröder 2010a: 15). Darüber hinaus ist die nach wie vor rund doppelt so hohe Arbeitslosigkeit eine wesentliche Ursache dafür, dass trotz materieller Angleichungsprozesse soziale und, wie häufig betont wird, auch mentale Unterschiede zwischen Ost und West fortbestehen (vgl. Reißig 2010a: 22; Schröder 2010a: 17). Die unverändert schlechteren Arbeitsmarktbedingungen tragen zu der zwar verminderten, aber weiterhin erfolgenden Abwanderung aus vielen Regionen Ostdeutschlands bei: Verließen in den ersten Jahren nach der Wende bis zu 400 000 Personen jährlich Ostdeutschland in Richtung Westen sank diese Ost-West-Migration um die Mitte der 1990er Jahre auf wenige Tausend (vgl. Mai 2004). Die anhaltenden Arbeitsmarktprobleme trieben die Abwanderungszahlen jedoch in den Folgejahren teils wieder deutlich nach oben (vgl. Kröhnert 2010). Per Saldo hat Ostdeutschland zwischen 1990 und 2010 zwischen 1,2 Mio. (Martens 2010) und 1,5 Mio. (Reißig 2010a) verloren.

Tabelle 6   Haushaltsausstattung mit Gebrauchsgütern (in Prozent)

	1993	1998	2007
	Ost/West	Ost/West	Ost/West
Personenkraftwagen	66/74	71/76	72/78
Festnetzanschluss	49/97	94/97	95/96
Mobiltelefon	–	11/11	82/82
PC	16/22	36/43	70/73
Internetzugang	–	5/9	56/61
Fernsehgerät	96/95	98/95	97/96
Videorecorder	36/48	61/63	71/69
Kühlschrank	95/95	99/99	99/99
Mikrowellengerät	15/41	41/53	68/69
Geschirrspülmaschine	3/38	26/49	54/64
Waschmaschine	91/88	94/91	99/95*
Wäschetrockner	2/24	14/33	22/44

* 2006

Quelle: Institut der deutschen Wirtschaft, Köln 2009; alle Haushalte (nach Burda 2010: 27)

Sozialstrukturell besonders verschärfend hieran ist, dass vor allem junge Menschen mit höheren Bildungsabschlüssen, und darunter überproportional Frauen, abwandern: so sind 40 Prozent aller Abwanderer zwischen 18 und 30 Jahren alt und 55 Prozent aller seit 1989 abgewanderter Personen sind weiblich (vgl. Kröhnert 2010: 1 ff.). Neben dem starken Rückgang der Gesamtbevölkerungszahl beinhaltet dies auch eine Veränderung in der Alters-, Geschlechter- und Qualifikationsstruktur: Die Bevölkerung Ostdeutschlands war 1989 deutlich jünger als die in Westdeutschland, der Anteil der Personen unter 20 Jahren betrug damals mehr als ein Viertel der Gesamtbevölkerung, 15 Jahre später jedoch nur noch 17 Prozent (in Westdeutschland: 21 Prozent). Die Anzahl von Personen im erwerbsfähigen Alter (20 bis 60 Jahre) ging schon bis zum Jahre 2005 um mehr als 640 000 zurück, gleichzeitig erhöhte sich die Anzahl der über 60-Jährigen um fast eine Million (vgl. Kröhnert 2010: 5). Im Schnitt ist der Ostdeutsche heute mit 45 Jahren zwei Jahre älter als der Westdeutsche (vgl. Siems 2009). Neben der raschen „Alterung" Ostdeutschlands hat sich zusätzlich ein Frauendefizit bei jungen Erwachsenen herausgebildet, das „so großflächig in der Europäischen Union sonst nicht vorkommt" (Kröhnert 2009: 92); dies bedeutet u. a., dass, auch bei mittlerweile gleicher Fertilitätsrate ost- und westdeutscher Frauen, nachdem diese nach der Wende zunächst auf einen historisch nie gekannten Niedrigstand abgestürzt war (vgl. Kröhnert 2010), die Zahl der Neugeborenen bezogen auf die Gesamtbevölkerung deutlich niedriger ist als in Westdeutschland. Ohne Netto-Zuwanderung wird der Osten Deutschlands damit weiter und schneller als der Western altern und absolut und relativ an Bevölkerung verlieren.

Weitere soziale Strukturunterschiede und -spezifika sollen hier nur genannt werden, so etwa die Haushaltsstruktur, das Heiratsalter oder der hohe Anteil nichtehelich geborener Kinder – im Jahre 2008 lag dieser Anteil im Osten bei fast 61 Prozent, im Westen bei 26 Prozent (vgl. Kröhnert 2010) – und alleinerziehender Mütter; festzuhalten ist jedoch, dass sich der „sehr dynamische demographische Schrumpfungsprozess" (Herfert 2008) jenseits der wenigen urbanen Wachstumsinseln[9] im Osten fortsetzen wird und „teilweise infolge einer Abwärtsspirale aus Wachstumsschwäche, Jobabbau, Nachfragerückgang und Abwanderung" (ebenda) sogar forciert. Dreh- und Angelpunkt für dieses keineswegs nur kurzzeitiges zyklisches Phänomen ist und bleibt der Arbeitsmarkt. Doch mit der Abwanderung vor allem von qualifizierten Personen geht zusätzlich eine Verschlechterung der Qualifikationsstruktur der ostdeutschen Erwerbspersonen einher, womit sich die Prognose für die zukünftige wirtschaftliche Entwicklung der neuen Bundesländer im Vergleich zu den alten noch weiter verschlechtert. Vor diesem Hin-

---

9   Dies sind neben dem Großraum Berlin vor allem die Städte Dresden, Leipzig oder Jena, die sich ökonomisch stabilisiert haben und mittlerweile sogar wieder leichte demografische Zugewinne verzeichnen können; mittelfristig wird aus dieser Entwicklung eine wachsende Polarisierung innerhalb Ostdeutschlands selbst vorhergesagt, eine Bipolarität von Schrumpfung und Wachstum, die nur in geringem Maße aus der natürlichen Bevölkerungsentwicklung resultiert (vgl. Herfert 2008).

tergrund scheint eine sozialstrukturelle Angleichung von Ost und West eher in weiter Ferne zu liegen und die Herstellung gleichwertiger Lebensverhältnisse ungewiss.

4   Zusammenfassende Überlegungen – aber kein Schluss

Dass Mediennutzungen eng mit politischen, ökonomischen und gesellschaftlichen Erfahrungen und Entwicklungen zusammen hängen, wird immer wieder gerne betont: doch wie lassen sich sozialstrukturell bedingte Ungleichheiten mit differierenden Mediennutzungen theoretisch in Beziehung setzen? Grundsätzlich wird die Nutzung von Medien bestimmt vom (technisch möglichen) Zugang zu Medien, von den Kosten der bzw. auf Nutzerseite von den finanziellen Ressourcen zu Mediennutzungen, vom zeitlichen Budget der potenziellen Nutzer sowie von Alternativen zur Mediennutzung. Alle vier Größen werden von den vorherrschenden sozioökonomischen Rahmenbedingungen, die sich nicht nur in Ostdeutschland in einem spezifischen sozialstrukturellen Niederschlag auskristallisieren, nachhaltig beeinflusst.

Frey-Vor, Gerhard und Mende haben Anfang der 2000er Jahre den Zusammenhang von Mediennutzung und spezifischen Lebensbedingungen für Ostdeutschland, wenn auch eher kursorisch, so doch durchaus plausibel folgendermaßen ausformuliert (vgl. 2002(a): 67 ff.): Das zeitliche Budget ist in manchen Haushalten Ostdeutschlands größer als in den alten Bundesländern, der finanzielle Etat hingegen geringer. Diese Faktoren beeinflussen vor allem die Freizeitgestaltung: So werden kostspielige Erholungsaktivitäten außerhalb der eigenen vier Wände in Ostdeutschland weniger als in Westdeutschland unternommen. Außerdem weist die ehemalige DDR eine andere Wohnstruktur auf und es überwiegen kleinere Orte und Städte, was beides eine häusliche Lebensweise befördert und sich auf die die tägliche Fernsehdauer auswirkt. Dass Fernsehen auch als Tagesbegleiter eine größere Rolle spielt, sehen die Autoren insbesondere in der dortigen hohen Arbeitslosenquote begründet. Da „grundsätzlich" ein hoher Konsum von kommerziellen Kanälen besonders bei Arbeitslosen zu beobachten ist, hängt die überdurchschnittliche Nutzung der Privatprogramme im Osten „offenkundig" mit den ungünstigeren sozialen Verhältnissen dort zusammen.

Die damals erkannten oder vermuteten Zusammenhänge können sehr ähnlich auch fast eine Dekade später noch als wirksam angenommen werden: Infolge ungleicher Vermögensstrukturen, geringerer Einkommen, höherer Arbeitslosigkeit treffen auch im Jahr 2010 – im Vergleich zum Westen – geringere individuelle und Haushaltsbudgets auf höhere Zeitbudgets; alternative Aktivitäten zur Mediennutzung werden durch die finanziellen Restriktionen, zusätzlich auch durch die kleinräumige Siedlungsstrukturen – durch Abwanderung tendenziell noch bedeutsamer geworden – erschwert, dagegen eine intensivere Nutzung von Medien, insb. auch von elektronischen Medien, begünstigt. Voraussetzung hierfür ist allerdings der selbst wiederum finanziell restringierte Zugang zu elektronischen Medien, also die Ausstattung im Haushalt damit.

Tabelle 7   Haushalts-Ausstattung mit Medien (JIM 2009); Angaben in Prozent

	Gesamt	West	Ost
Gesamt	1200	1051	149
Fernsehgerät	97	97	96
Fernsehgerät mit Flachbildschirm	58	58	53
Videorecorder	72	72	69
Computer bzw. PC/Laptop	100	100	99
feste Spielekonsole z. B. Wii, Playstation, XBox	68	69	60
tragbare Spielkonsolen, wie z. B. Nintendo DS, PSP oder Gameboy	62	62	62
ein Handy	100	100	100
Internetzugang, also Modem, ISDN- oder DSL-Anschluss	98	98	99
externen DVD-Player, der nicht in den PC integriert ist	89	88	90
Digitalkamera	93	93	91
MP3-Player oder iPod	91	92	84
Besitz eines DVD-Recorders zum Aufnehmen und Abspielen im Haushalt	54	53	57
Besitz eines DVD-Recorders mit Festplatte im Haushalt	30	30	29
im Haushalt Fernsehen abonniert	14	15	11
im Haushalt eine Tageszeitung abonniert	59	60	52
im Haushalt eine/mehrere Zeitschriften abonniert	45	45	41

Quelle: MPFS – Studie JIM 2009 (unveröffentlichte Daten, Landesmedienanstalt für Kommunikation Baden-Württemberg)

Voranstehende Tabelle, bei der neben den wiederum kleinen Fallzahlen für Ostdeutschland vor allem zu berücksichtigen ist, dass hier nur Haushalte mit im Haushalt lebenden Kindern und Jugendlichen im Alter von 12 bis 19 Jahren erfasst sind, zeigt, dass insgesamt nur graduelle, überwiegend vernachlässigbare Unterschiede bei der Ausstattung mit Medien zwischen ost- und westdeutschen Haushalten bestehen. Wie schon zu DDR-Zeiten sind TV-Geräte in fast jedem Haushalt vorhanden und auch bei der Ausstattung mit Flachbildschirmen und TV-„Peripheriegeräten", also Videogeräten, DVD-Playern und -Recordern, finden sich keine Unterschiede zu westdeutschen Haushalten. Da sich die TV-Zahlen dieser speziellen Haushaltsstichprobe weitestgehend mit denen in Tabelle 5 (alle Haushalte) decken, kann durchaus verallgemeinert werden, dass ähnlich wie bei Gebrauchsgütern sich die ungleiche finanzielle Budgetausstattung also nicht in unterschiedlicher Medienausstattung niederschlägt. Die Voraussetzung für intensiven TV-Konsum ist damit ebenfalls gegeben. Erkennbar, wenn auch nur schwach ist allerdings, dass ostdeutsche Haushalte etwas weniger als im Westen Medien „abonniert" haben; dass sowohl Pay-TV als auch abonnierte Printmedien jeweils leicht seltener in ostdeutschen Haushalten vorkommen, kann auf die vergleichsweise größeren finanziellen Beschränkungen und Unsicherheiten (Arbeitsplatz- und Armutsrisiko), zurückgeführt werden. Da die Ostdeutschen wie oben dargestellt gerne viel und „privat" Fernsehen schauen, ist die verminderte Nutzung von Pay-TV, bei aller Vorsicht wegen der begrenzten Fallzahl im Osten, durchaus bemerkenswert, aber plausibel, da gerade Abonnements Fixkosten für das Haushaltsbudget bedeuten, die nicht kurzfristig abgebaut werden können. Wendet man diese Argumentation auch auf die geringere Neigung zum Abonnement von Printmedien an, könnte deren insgesamt geringere Nutzung ebenfalls auch oder sogar sehr stark Kostengründe haben. Zumindest scheint das Kostenargument die ansonsten stets so betonten inhaltlichen Begründungen zu überlagern; denn auch die im Osten so beliebte „Super illu" bietet sicherlich spezifischen Inhalt, aber sie ist vor allem billig: so kostet sie nur 1,50 Euro, während andere Zeitschriften oft mehr als das Doppelte kosten.[10] Die Chefredakteurin der ostdeutschen Zeitschrift „Das Magazin" Manuela Thieme zitiert die Süddeutschen Zeitung mit folgender Aussage: „Für Ostdeutsche sind drei Euro im Monat für unser Heft schon viel Geld, unsere westdeutschen Leser sind dagegen überrascht, wie viel ihnen dafür geboten wird." (Süddeutsche Zeitung vom 7.11.2010: http://www.sueddeutsche.de/medien/was-liest-man-im-osten-report-zwickau-1.1020137-2) und Heftpreise um sechs Euro werden so gut wie gar nicht akzeptiert (vgl. Vogel, nach ebenda). Die Preissensibilität für Mediennutzungen, die u.a. auch für Frauenzeitschriften (vgl. ebenda) oder Kinobesuche nachweisbar ist, ist infolge der geringeren finanziellen Ressourcen im Osten höher als im Westen. Vor diesem Hintergrund braucht die zeitintensivere Nutzung des Fernsehens als kostenfreie Alternative zu kostenbehafteten Mediennutzungen (und anderen Freizeitaktivitäten) zunächst nicht mittels, mitunter auch noch recht unscharf gefasster (sozial)psychologischer Erklärungen begründet zu werden, zumindest partiell sollten die objektiv ungleich verfügbaren finanziellen Ressourcen mitberücksichtigt werden.

Auch andere sozialstrukturelle Unterschiede können als Erklärung für unterschiedliche Mediennutzungen zwischen Ost und West herangezogen werden: Die beschriebenen soziodemografischen Verschiebungen mit Alterung, Männerüberschuss oder der abwanderungsbedingten Verschlechterung des Bildungsniveaus passen zu Erkenntnissen der Medienforschung, wonach ältere und alte Menschen (vgl. Media Analyse 2010), ähnlich wie übrigens bei Arbeitslosen aus einem Zusammentreffen von ‚Zeit haben' und

---

10 Zu prüfen wäre noch, ob die Super illu nicht primär preisbedingt so gute Erfolge im Osten zeitigt und erst in zweiter Linie aufgrund der Inhalte und Inhaltsgestaltung, die möglicherweise erst aufgrund der Erfolge im Osten weiter ostspezifisch (zielgruppenspezifisch) ausgerichtet wurden; ähnlich wie die überregionalen Tageszeitungen, weil ihre Leserschaft fast ausschließlich im Westen liegt, (wieder) eine klare Orientierung auf das Zielpublikum West eingenommen haben – mit der von Ahbe et al. (2009) diagnostizierten Darstellung Ostdeutschlands und des Ostdeutschen.

der finanziell oder gesundheitsbedingten Einschränkung außerhäuslicher Aktivitäten, mehr fernsehen (vgl. Beck et al. 2007). Männer, zumal wenn sie keine hohe Bildung aufweisen, präferieren überproportional private TV-Sender (ebenda). Das MLFZ (siehe hierzu auch den Beitrag in diesem Band von Hagenah und Gilles) ermittelt auf Basis der Media Analyse-Daten hierfür auch kausale Zusammenhänge. Nicht erklärt werden kann mittels dieser Variablen aber, warum Ost- und Westkinder (s. Tabelle 3) unterschiedliche Fernsehzeiten und partiell auch Senderpräferenzen aufweisen. Hier wäre möglicherweise ein detaillierter und systematischer Einbezug der sich ebenfalls zwischen Ost und West unterscheidenden Familien- und Haushaltsstrukturen hilfreich. Sehr eindeutig mit der Altersstruktur im Osten können jedoch wieder die niedrigeren Onlinerquoten begründet werden. Tabelle 6 zeigt, dass in Haushalten mit Kindern und Jugendlichen keine quantitativen Unterschiede beim Zugang zum Internet bestehen, Tabelle 3 belegt darüber hinaus, dass auch keine qualitativen Nutzungsunterschiede bestehen. Dagegen belegt nicht nur der (N)Onliner Atlas 2010 – zwar zum Vorjahr abnehmend, aber immer noch sehr eindeutig – dass ältere und alte Menschen deutlich unterproportional online sind. Ein Großteil der neunprozentigen Mindernutzung im Osten wird sich durch die Altersstruktur erklären lassen, ergänzt und verstärkt durch das abgesunkene Bildungsniveau, welches immer noch einen gewissen Einfluss auf die Internutzung aufweist (vgl. Initiative D21 2010). Schließlich zeigen die Daten zur Internetnutzung ein weiterhin bestehendes Stadt-Land-Gefälle – hier wirkt sich u. a. der technisch begrenzte Breitbandzugang aus – was angesichts der vielen stark ländlich strukturierten Regionen im Osten ebenfalls die dortige unterproportionale Nutzung miterklären kann. Somit lässt sich die quantitativ unterschiedliche Nutzung des Internets in Ost und West gut aus Unterschieden in der sozialen und räumlichen, die selbst wiederum die soziale beeinflusst, Struktur heraus begründen. Eine Scheu der Ostdeutschen vor neuen Technologien kann aufgrund der Haushaltsausstattungen mit anderen kommunikationstechnologischen Geräten, nicht zuletzt auch mit Handys, eher verworfen werden; auch dass die Haushalte mit Kindern und Jugendlichen nahezu komplett einen Internetzugang (s. Tab. 6) aufweisen, deutet darauf hin, dass vor allem die sozialstrukturelle Kumulierung von mehr älteren und mehr bildungsfernen Menschen zu dieser Ost-West-Differenz führt.

In ihrer jüngst publizierten Studie zur unterschiedlichen Fernsehnutzung in Ost und West kritisieren Jandura und Meyen (2010: 209 ff.) Erklärungsansätze, die Mediennutzung als durch Lebenslage, als soziodemographisch determiniert untersuchen, als „schlicht". Sie stellen der Analyse von regional unterschiedlich auftretenden (soziodemographische) Merkmalen, die dann die Mediennutzung beeinflussen – Jandura und Meyen sprechen von determinieren – das Modell der „sozialen Position" gegenüber, die ihren Ergebnissen zufolge (223 f.) „einen weit stärkeren Einfluss" hat als die „West-Ost-Sozialisation", also die Herkunft (= Sozialisation in der DDR oder in Westdeutschland) der Befragten" (2010: 223). Zuzustimmen ist der Einschätzung, dass ein Rückgriff auf die unterschiedliche Mediensozialisation in der DDR und Westdeutschland (vgl. hierzu

z. B. Dolff et al. 2000) nur noch bedingt als Einflussgröße für unterschiedliche Mediennutzungen heute erklärungsstark ist. Dies bedeutet aber keinesfalls, dass sozialstrukturelle Differenzen, die sich auch an soziodemografischen Merkmalen festmachen lassen, zu vernachlässigen seien. Jandura und Meyen verkennen hier die Wirksamkeit und Relevanz der Demografie und von sozialstrukturell bedingter und verfestigter gesellschaftlicher Ungleichheit auf Lebensbedingungen und Handlungsoptionen – und letztlich auch auf das von ihnen propagierte Modell der „sozialen Position". Die OECD identifiziert in ihrer 2008er Studie zur Ungleichheit neben den ungleichen Verdienst- und Einkommenschancen, z. B. zwischen den Geschlechtern oder zwischen Regionen, als wichtigste „Hauptdeterminante" von Ungleichheit (OECD 2008: 59 ff.) die Demografie. Beide Determinanten sind bei einem Vergleich von Ost- und Westdeutschland höchst bedeutsam, deren Negierung oder Ignorierung wird nicht selten zu fragwürdigen Ergebnissen führen – was nicht heißt, bei diesen Determinanten der Ungleichheit stehen zu bleiben.

Für einen spezifischen Aspekt der ostdeutschen Mediennutzung soll abschließend noch einmal auf die bereits erwähnte Ungleichheitsdimension der Macht zurückgekommen werden: Mehrere Studien belegen, dass sich die Ostdeutschen im 20sten Jahr der Einheit als „Bürger zweiter Klasse" empfinden und dass nach einem kurzen Zwischenhoch zur Zeit des „Sommermärchens" im Jahr 2006 Ost- wie Westdeutsche wieder deutlich mehr Unterschiede als Gemeinsamkeiten zum jeweilig anderem Deutschen wahrnehmen (vgl. Institut für Demoskopie in Allensbach 2010; Schröder 2010a und 2010b). Die Besetzung der Entscheidungs- und Machtfunktionen in Wirtschaft und Gesellschaft mit westdeutschen Eliten, mit der Zerschlagung und Abwicklung der DDR-Strukturen und -Institutionen durch diese westdeutschen Eliten, mit der Übertragung des westdeutschen Modells mit westdeutschen Institutionen, mit der Rückgabe von Alteigentum in Ostdeutschland an Westdeutsche, etc. haben die eigene Machtlosigkeit täglich sehr klar demonstriert und selbst die historische Leistung, die SED-Diktatur friedlich gestürzt zu haben, in den Hintergrund gedrängt. Überspitzt formuliert waren die Ostdeutschen nach der erfolgreichen und friedlichen Revolution weniger Subjekte als Objekte eines von außen gesteuerten Transformationsprozesses. Die Bewahrung kultureller Eigenarten, was auch die Mediennutzung beinhaltet, liegt in sozialen Strukturen, die von derartig ungleicher Machtverteilung gekennzeichnet sind, sehr nahe.

Schon in den 1990er Jahren wurden erste Studienergebnisse publiziert, die den Ostdeutschen ein gewisses Desinteresse an Politik und politischen Themen bescheinigten. Die Begründungen hierfür waren und sind bis heute recht unterschiedlich. Zur Erklärung für die ostspezifische Präferenz der privaten TV-Sender wurde aus diesen Ergebnisse u. a. abgeleitet, dass der ostdeutsche Zuschauer, weil er eben an Politik nicht interessiert ist oder von gesellschaftspolitischen Kontroversen und Debatten sogar irritiert wird, vornehmlich politikfreie Sender und unpolitische Sendungen, was eben die privaten Sender stärker bieten, bevorzugt und umgekehrt deshalb politische Magazine und überregionale Tageszeitungen nicht liest. Diese plausibel scheinende Argumentation ist vielfach diskutiert und kann hier nicht vertieft werden, genauer zu hinterfragen wäre jedoch noch, ob nicht die objektiv vorhandene und subjektiv möglicherweise noch gesteigert empfundene fehlende Machtpartizipation bei der Gestaltung eines, neuen gemeinsamen Deutschlands erst zu dieser unpolitischen Haltung mit resignativen Zügen der Gegenwart und nostalgisch verklärenden der (DDR)Vergangenheit gegenüber, geführt hat – der kurze, unmittelbar nach der Wende ca. zweijährige Boom in der Nutzung von Tageszeitungen in Ostdeutschland könnte als Indiz dafür gewertet werden. Wenn dies so wäre, wenn auch nur partiell, wäre die stärker unpolitisch ausgerichtete, dafür eher konsumorientierte Mediennutzung in Ostdeutschland auch Ergebnis der ungleichen Machtverteilung zwischen West- und Ostdeutschen.

Literatur

Ahbe, Thomas, Gries, Rainer und *Schmale, Wolfgang* (Hg.), 2009: Die Ostdeutschen in den Medien. Das Bild von den Anderen nach 1990. Leipzig: Leipziger Universitätsverlag GmbH.

Beck, Klaus, Rosenstock, Roland und *Schubert, Christiane*, 2007: Medien im Lebenslauf. Demografischer Wandel als Herausforderung. S. 7–16 in *Rosenstock, Roland, Schubert, Christiane, Beck, Klaus* (Hg.): Medien im Lebenslauf. München: Kopaed.

BMI, 2010: Jahresbericht der Bundesregierung zum Stand der Deutschen Einheit 2010, Bundesministerium des Inneren, Berlin.

Büchel, Bernhard, 1995: Elf99 – Die Geister, die man rief … S. 266–270 in: *Riedel, Bernhard* (Hg.): Mit uns zieht die neue Zeit … 40 Jahre DDR – Medien. Eine Ausstellung des Deutschen Rundfunk – Museums 25. August 1993 bis 31. Januar 1994. Berlin: Vistas Verlag.

Burda, Michael C., 2010: Wirtschaft in Ostdeutschland im 21. Jahrhundert. S. 26–33 in: Deutsche Einheit. Aus Politik und Zeitgeschichte, APuZ 30–31/2010. Beilage zur Wochenzeitung „Das Parlament". bpb – Bundeszentrale für politische Bildung (Hg.), Bonn.

Butterwegge, Christoph; Klundt Michael und *Belke-Zeng Matthias*, 2008: Kinderarmut in Ost- und Westdeutschland. Wiesbaden: VS Verlag.

Darschin, Wolfgang und *Zubayr, Camille*, 2000: Warum sehen die Ostdeutschen anders fern als die Westdeutschen? S. 249–257 in: Media Perspektiven 6.

Dolff, Alexandra, Schäffner, Robert, Maurer, Dirk und *Breinker, Carsten*, 2000: Deutschland – Einig Fernsehland!? In: IP Deutschland Research & Kommunikation (Hg.), Köln.

Feierabend, Sabine und *Klinger, Walter*: Was Kinder sehen. Eine Analyse der Fernsehnutzung. Drei bis 13-Jähriger 2007. S. 190–204 in: Media Perspektiven, 4/2008.

Feierabend, Sabine und *Klinger, Walter*, 2009: Was Kinder sehen. Eine Analyse der Fernsehnutzung. Drei bis 13-Jähriger 2008. S. 113–128 in: Media Perspektiven, 3.

Forschungsdatenzentrum der Statistischen Ämter der Länder 2006: Statistik der Geburten 2000–2004 (Online: http://www.forschungsdatenzentrum.de/bestand/geburten/2000-2004/fdz _geburten_2000-2004_metadaten.pdf).

Frey-Vor, Gerlinde, Gerhard, Heinz und *Mende, Annette*, 2002(a): Daten der Mediennutzung in Ost- und Westdeutschland. Ergebnisse von 1992 bis 2001 im Vergleich. S. 54–69 in: Media Perspektiven 2.

Frey-Vor, Gerlinde, Gerhard, Heinz und *Mohr, Inge*, 2002(b): Mehr Unterschiede als Annäherung?. S. 70–76 in: Media Perspektiven 2.

Fuchs, Christian, 2010: Was liest man im Osten? In: Süddeutsche Zeitung vom 7.11.2010 (Online: http://www.sueddeutsche.de/medien/was-liest-man-im-osten-reportzwickau-1.1020137 [7.11.2010]).

Geißler, Rainer, 2008: Die Sozialstruktur Deutschlands. Wiesbaden: VS Verlag.

Hagenah, Jörg und *Meulemann, Heiner,* 2006: Sozialer Wandel und Mediennutzung in der Bundesrepublik Deutschland. Berlin: Lit Verlag.

Hepperle, Susanne, 1998: Durchsetzung des westdeutschen Ordnungsmodells: Rundfunk und Fernsehen. S. 191–238 in: *Czada, Roland* und *Lehmbruch, Gerhard* (Hg.): Transformationspfade in Ostdeutschland – Beiträge zur sektoralen Vereinigungspolitik. Frankfurt/M., New York: Campus.

Herfert, Günter, 2008: Wachsende Polarisierung in Ostdeutschland, in NAD aktuell 2, Leibniz-Institut für Länderkunde (Online: http://nadaktuell.ifl-leipzig.de/uploads/media/02_08_Aktueller_Beitrag.pdf [28.09.2010]).

Hesse, Kurt, 1988: Westmedien in der DDR. Nutzung, Image und Auswirkungen bundesrepublikanischen Hörfunks und Fernsehens. Köln: Nottbeck.

Holtmann, Everhard, 2009: Signaturen des Übergangs. S. 3–9 in: Deutschland seit 1990. Aus Politik und Zeitgeschichte, APuZ 28/2009. Beilage zur Wochenzeitung „Das Parlament". bpb – Bundeszentrale für politische Bildung (Hg.), Bonn.

Hoff, Peter, 1995: Jugendprogramm – das vergebliche Werben um eine Zielgruppe. S. 210–217 in: *Riedel, Bernhard* (Hg.): Mit uns zieht die neue Zeit…40 Jahre DDR – Medien. Eine Ausstellung des Deutschen Rundfunk – Museums 25. August 1993 bis 31. Januar 1994. Berlin: Vistas Verlag.

Hradil, Stefan, 2001: Soziale Ungleichheit in Deutschland. Opladen: Leske und Budrich (8. Auflage).

Initiative D21, 2010: (N)Onliner Atlas 2010 – Eine Topografie des digitalen Grabens durch Deutschland (Online: http://www.initiatived21.de/nonliner-atlas/nonliner-atlas-2010-2).

Jandura, Olaf und *Meyen, Michael,* 2010: Warum sieht der Osten anders fern? Eine repräsentative Studie zum Zusammenhang zwischen sozialer Position und Mediennutzung. S. 208–226 in: M&K. Medien & Kommunikationswissenschaft. 58. Jahrgang. Heft 2/2010, Hamburg.

Kapitza, Arne, 1998: Verlegerische Konzentration und redaktionelle „Ostalgie": Die Printmedien. S. 241–265 in: Czada, Roland und Lehmbruch, Gerhard (Hg.): Transformationspfade in Ostdeutschland – Beiträge zur sektoralen Vereinigungspolitik. Frankfurt/M., New York: Campus.

Kollmorgen, Raj, 2010: Diskurse der deutschen Einheit. S. 6–13 in: Deutsche Einheit. Aus Politik und Zeitgeschichte, APuZ 30-31/2010. Beilage zur Wochenzeitung „Das Parlament". bpb – Bundeszentrale für politische Bildung (Hg.), Bonn.

Kröhnert, Steffen, 2009: Analysen zur geschlechtsspezifisch geprägten Abwanderung Jugendlicher, S. 91–110 in: *Schubarth, W.* und *Speck, K.* (Hg.), Regionale Abwanderung Jugendlicher, Weinheim.

Kröhnert, Steffen, 2010: Bevölkerungsentwicklung in Ostdeutschland. S. 1–7 in: Demografische Analysen. Konzepte. Strategien. Berlin-Institut für Bevölkerung und Entwicklung (Hg.) (Online: http://www.berlin-institut.org/fileadmin/user_upload/PDF/pdf_Kroehnert_Ost deutschland_2010.pdf).

Mai, Ralf, 2004: Abwanderung aus Ostdeutschland. Strukturen und Milieus der Altersselektivität und ihre regionalpolitische Bedeutung. Peter Lang, Frankfurt/M.: Europäischer Verlag der Wissenschaften.

Martens, Bernd, 2010: Zug nach Westen – Anhaltende Abwanderung S. 1–7 in: Lange Wege der deutschen Einheit. bpb – Bundeszentrale für politische Bildung (Hg.), Bonn (Online: http://www.bpb.de/themen/OYBYQJ.html).

MLFZ – Medienwissenschaftlichen Lehr- und Forschungszentrum an der Universität zu Köln (Hg.) 2010: Medientrends und sozialer Wandel. MLFZ-Reihe mit aktuellen und historischen Medientrends (Online: http://www.mlfz.uni-koeln.de/index.php?id =106).

Meyen, Michael und *Schweiger, Wolfgang,* 2008: „Sattsam bekannte Uniformität"? S. 82–100 in: M&K. Medien & Kommunikationswissenschaft. 56. Jahrgang. Heft 1/2008, Hamburg.

Meiritz, Annett, 2003: Gestern und Heute: Mediennutzung in der DDR, Fernsehverhalten in Ostdeutschland, Studienarbeit Universität Düsseldorf.

Mühl-Benninghaus, Wolfgang, 1995: Hörfunkprogramme und -strukturen im Osten Deutschlands Mitte 1991, in: *Bucher, Hans-Jürgen, Klinger, Walter* und *Schröter, Christian* (Hg.): Radiotrends. Formate, Konzepte, Analysen, Baden-Baden.

OECD (Hg.), 2008: Mehr Ungleichheit trotz Wachstum? Berlin: OECD

Patzig, Wolfgang und *Schützenmeister Marcel,* 2010: Bericht zur Konjunkturlage in den neuen Bundesländern, in: Konjunkturteam „Altmark" der Hochschule Magdeburg – Stendal (FH) (Online: http://www.stendal.hs-magdeburg.de/project/konjunktur/index.html [30.11.2010]).

Reißig, Rolf, 2010a: Von der privilegierten und blockierten zur zukunftsorientierten Transformation. S. 20–25 in: Deutsche Einheit. Aus Politik und Zeitgeschichte, APuZ 30-31/2010. Beilage zur Wochenzeitung „Das Parlament". bpb – Bundeszentrale für politische Bildung (Hg.), Bonn

Reißig, Rolf, 2010b: Deutsche Einheit: Weiter- und Neu-Denken, S. 195–207 in: *Brähler, Elmar* und *Mohr, Irina* (Hg.): 20 Jahre deutsche Einheit – Facetten einer geteilten Wirklichkeit. Gießen: Psychosozial-Verlag.

Reitze, Helmut und *Ridder, Christa-Maria,* 2006: Massenkommunikation VII – Eine Langzeitstudie zur Mediennutzung und Medienbewertung 1964–2005. Baden-Baden: Nomos.

Schroeder, Klaus, 2010a: Deutschland nach der Wiedervereinigung. S. 13–19 in: Deutsche Einheit. Aus Politik und Zeitgeschichte, APuZ 30-31/2010. Beilage zur Wochenzeitung „Das Parlament". bpb – Bundeszentrale für politische Bildung (Hg.), Bonn.

Schroeder, Klaus, 2010b: Zwanzig Jahre Deutsche Einheit: Ein Staat – zwei Gesellschaften? in: Interesse. Informationen. Daten. Hintergründe. 9/2010. Bundesverband Deutscher Banken (Hg.).

Siems, Dorothea 2009: Ostdeutschland auf dem Weg zur Seniorenregion in: Die Welt vom 18.11.2009 (Online: http://www.welt.de/politik/deutschland/article5258120/Ostdeutschland-auf-dem-Weg-zur-Seniorenregion.html [20.09.2010]).

Statistisches Bundesamt (Hg.), 2010: 20 Jahre Deutsche Einheit. Wunsch oder Wirklichkeit, Wiesbaden.

Stein, Reiner, 2000: Vom Fernsehen und Radio der DDR zur ARD. Marburg: Tectum Verlag.

Stiehler, Hans-Jörg, 1990. Medienwelt im Umbruch. Aufsätze und Ergebnisse empirischer Medienforschung in der DDR. S. 91–103 in: Media Perspektiven 2.

Stiehler, Hans-Jörg, 2001: Leben ohne Westfernsehen. Leipzig: Leipziger Universitätsverlag.

Treiß, Florian: Die Statistische Mauer in: http://www.uni-leipzig.de/journalistik/schein heit/ umfragen.html [12.10.2010].

Vester Michael, 1993: Das Janusgesicht sozialer Modernisierung. Sozialstrukturwandel und soziale Desintegration in Ost- und Westdeutschland in: Aus Politik und Zeitgeschichte 26-27/1993

Vogelgesang, Jens, 2003: Medienentwicklung, Mediennutzung und soziale Integration in den neuen Bundesländern S. 7–26. in: soFid Kommunikationsforschung 2003/2, Bonn.

Wilke, Jürgen, 2002: Medien DDR. S. 214–240 in: *Noelle-Neumann, Elisabeth, Schulz, Winfried* und *Wilke, Jürgen* (Hg.): Publizistik – Massenkommunikation. Frankfurt: Fischer Verlag.

Zubayr, Camille und *Gerhard, Heinz,* 2010: Tendenzen im Zuschauerverhalten. S. 106–118 in: Media Perspektiven 3.

Grenzüberschreitende Ungleichheiten?
Eine qualitative Analyse der Medienberichterstattung in drei deutschen Grenzregionen[1]

Mike S. Schäfer, Andreas Schmidt & Teresa Zeckau

Abstract

Analysen sozialer Ungleichheit bleiben meist auf einzelne Nationalstaaten beschränkt und beziehen nur objektive Ungleichheitsindikatoren ein. Selten wird dagegen gefragt, ob das Aufweichen nationalstaatlicher Grenzen zu einer Transnationalisierung wahrgenommener Ungleichheit führt. Mittels einer Analyse der Medienberichterstattung in deutschen Grenzregionen versuchen wir Antworten auf diese Frage zu finden. Sie zeigt, dass grenzüberschreitende Wahrnehmungen sozialer Ungleichheit existieren und für die Einschätzung der Lebenslage der Bürger relevant scheinen – allerdings in regional unterschiedlicher Weise. An den deutschen Grenzen zu Tschechien und Polen wird die schlechte Einkommenslage im Nachbarland als Gefahr für den eigenen Lebensstandard interpretiert. An der deutschen Westgrenze wird die Besserstellung der Nachbarländer hingegen eher als Maßstab präsentiert, auf dessen Basis die Gleichstellung mit den Bürgern der Nachbarländer gefordert wird.

1   Konzeptioneller Rahmen und Fragestellung

Soziale Ungleichheit ist, so sinngemäß die Definition von Reinhard Kreckel, die ungleiche Verteilung von Positionen und Gütern zwischen Menschen, welche die Lebenschancen dieser Menschen verbessert bzw. verschlechtert (Kreckel 2004: 17). Soziale Ungleichheit enthält damit ein relationales Element: Es geht um die, so Hradil, „Besser- oder Schlechterstellung" von Menschen bezüglich gesellschaftlich relevanter Güter. Entsprechend bedarf es eines Vergleichsrahmens, innerhalb dessen die Verteilung von Positionen und Gütern bewertet wird (Hradil 2001: 34). Der Vergleichsrahmen selbst ist in der Ungleichheitsforschung aber selten Untersuchungsgegenstand, vielmehr zeichnet sich die sozialwissenschaftliche Forschung zu sozialer Ungleichheit durch zwei Charakteristika aus:

---

1   Wir danken Sylvia Kämpfer, Ulrich Kohler und Jochen Roose für Kommentare zu diesem Artikel sowie Johanna Zeckau für das Erstellen von Abb. 1.

Erstens werden Ungleichverteilungen von Einkommen, Vermögen, Bildung usw. vornehmlich aus der Perspektive der Wissenschaft, also auf der Basis objektiver Kriterien, beschrieben. Es wird deutlich seltener gefragt, ob etwaige Ungleichverteilungen von den Bürgern auch wahrgenommen, ob Besser- oder Schlechterstellungen also auch subjektiv gesehen werden und wie sich Menschen hinsichtlich ihrer sozialen Stellung selbst verorten. Als Ergänzung der aktuellen Literatur wäre dies aber durchaus wünschenswert (vgl. Heidenreich 2006a).

Zweitens wurden in der Ungleichheitsforschung lange – und sicherlich auch mit einigem Recht – die Nationalstaaten als Rahmen für Relationierungen und Vergleiche gesetzt (Heidenreich 2006b: 8; 2006a). Nicht nur verortete man dort die zentralen Bearbeitungs- und Verteilungsmechanismen, implizit oder explizit wurde auch angenommen, dass die Gruppen, mit denen sich Menschen hinsichtlich ihrer Lebenssituation vergleichen, innerhalb ihres Nationalstaates zu finden sind. Dementsprechend wurde soziale Ungleichheit lange als nationales Phänomen betrachtet.

Dieser „methodologische Nationalismus der Ungleichheitsforschung" (Beck 2002: 56) ist aber unter Beschuss geraten. Denn gerade in Europa würden nationalstaatliche Grenzen durchlässiger, Verteilungsfragen zunehmend von den Entscheidungen europäischer Institutionen abhängig und auch Güter-, Dienstleistungs- und Arbeitsmärkte immer mehr transnational vernetzt. Zudem entstehen neue, europäisierte Strukturmuster, indem „objektive" Ungleichheitsindikatoren sich etwa stärker nach – auch länderübergreifenden – Regionen umordnen. Denkbar wäre nun, dass diese Veränderungen Auswirkungen auf den Vergleichsrahmen für soziale Ungleichheit und die Selbstverortung von Menschen hinsichtlich ihrer sozialen Stellung haben.

Ob die in den letzten Jahren verstärkt konstatierten Unterschiede zwischen verschiedenen EU-Ländern von den Bürgern dieser Länder auch in dieser Weise wahrgenommen und für relevant gehalten werden, wurde bislang jedoch kaum untersucht. Vielmehr wurden nach der Logik der vergleichenden Sozialstrukturanalyse beispielsweise ganze (EU-)Länder hinsichtlich Einkommen, Vermögen, Bildung, Aufstiegschancen usw. verglichen (vgl. überblicksweise Hradil/Immerfall 1997). Auch in neueren europasoziologischen Arbeiten stehen Vergleiche „objektiver" Unterschiede zwischen europäischen Ländern oder Regionen (aktuell z. B. Mau/Verwiebe 2009) oder Schilderungen von Unterschieden innerhalb einzelner Länder (z. B. Alber/Lenarz 2008; Härpfer/Schwarze 2006) im Vordergrund.

Eine verdienstvolle Ausnahme stellt eine Studie von Jan Delhey und Ulrich Kohler (2005; vgl. 2006) dar. Datengrundlage war das „Euromodul", eine repräsentative Bevölkerungsumfrage, die zwischen 1999 und 2002 durchgeführt wurde. Darin wurde für einige Länder erhoben, wie die Befragten die Lebenssituation in anderen Ländern einschätzen und ob dies Folgen für sie hat, konkreter: ob es die Bewertung ihrer eigenen Lebenssituation beeinflusst. Für Deutschland, Ungarn und die Türkei konnten Delhey und Kohler analysieren, ob die Befragten die Lebensqualität in anderen Ländern wahrnehmen und einschätzen können. Durch den anschließenden Vergleich von Befragten gleicher sozialer Lage, aber mit unterschiedlichen Einschätzungen anderer Länder konnten die Autoren demonstrieren, dass derartige Einschätzungen durchaus Auswirkungen auf die Bewertung der Lebenslage der Befragten haben. Vor allem der Vergleich mit (der subjektiven Einschätzung nach) besser gestellten Ländern wie der Schweiz („upward comparisons", Delhey/Kohler 2005: 135 ff) führte zu einer schlechteren Bewertung der eigenen Lebenssituation.

Das Verdienst dieser Arbeit kann, so Martin Heidenreich (2006b: 13), „nicht deutlich genug hervorgehoben" werden. Delhey und Kohler haben die Frage (wieder) auf die soziologische Tagesordnung gesetzt, ob Unterschiede zwischen einzelnen Mitgliedsstaaten in der Wahrnehmung der Bürger auch wirklich relevante soziale Ungleichheiten sind. Sie haben zudem einen empirischen Beleg für die Existenz und Relevanz derartiger grenzüberschreitender Wahrnehmungen geliefert – und damit die Analyse grenzüberschreitender Wahrnehmungen von sozialer Ungleichheit zu einem bedeutsamen Forschungsgegenstand gemacht.

Wir wollen im Folgenden an diese Arbeit anschließen und uns mit der transnationalen, länderübergreifenden Wahrnehmung von sozialen Ungleichheiten beschäftigen. Wir versuchen komplementär zu den von Delhey und Kohler vorgelegten statistischen Indikatoren die konkrete Ausgestaltung und Einbettung länderübergreifender Wahrnehmungen von Ungleichheit en detail zu beschreiben. Wir werden uns dabei auf Konstellationen innerhalb der EU konzentrieren,[2] denn gerade innerhalb der EU erscheint eine Transnationalisierung von Ungleichheitswahrnehmungen am wahrscheinlichsten und auch am relevantesten. So könnte der transnationale Vergleich der sozialen Lage politische Forderungen nach einer EU-weiten Homogenisierung von Sozialpolitik nach sich ziehen (vgl. Heidenreich 2006b: 13). Wir werden innerhalb der EU Länderkonstellationen vergleichen, von denen wir annehmen, dass sich dort unterschiedliche Formen der grenzüberschreitenden Wahrnehmung sozialer Ungleichheit finden. Für diese Konstellation wollen wir auf Basis einer qualitativen Analyse beschreiben, wie länderübergreifende Wahrnehmungen sozialer Ungleichheit im Detail aussehen: Wir werden untersuchen, ob die Einkommenssituation auf der anderen Seite der Grenze überhaupt thematisiert wird und inwieweit der Vergleich mit der eigenen Situation zur Diagnose einer Besser- oder Schlechterstellung resp. positiver oder negativer Folgen für die eigene Seite der Grenze führt.

Eine solch ambitionierte Untersuchung macht es umgekehrt notwendig, den analytischen Fokus zu verengen. Bei der Umsetzung unserer Analyse werden wir uns daher in mehrerlei Weise beschränken:

---

2   Der EU-Beitritt der Länder Polen und Tschechien, die in unserer Analyse berücksichtigt werden, wurde zwar erst im Untersuchungszeitraum vollzogen, er hatte jedoch einen längeren Vorlauf, während dessen bereits eine Annäherung stattfand und Vorbereitungen beiderseits der ehemaligen EU-Außengrenze getroffen wurden.

Erstens werden wir uns soziale Ungleichheit nicht in all ihren Dimensionen ansehen, sondern uns auf Einkommen konzentrieren, d. h. auf aus Arbeitsverhältnissen erzieltes Erwerbseinkommen, auf Besitzeinkommen wie Zinsen oder Dividenden und auf Transfereinkommen wie Kindergeld oder Sozialhilfe.[3] Einkommen gilt in der Literatur als relevanteste Ungleichheitsdimension, als wichtigste materielle Voraussetzung gesellschaftlicher Teilhabe und als guter Indikator für andere Dimensionen sozialer Ungleichheit. Durch die Berücksichtigung von Erwerbs- *und* Transfereinkommen werden zudem die beiden wichtigsten Wohlfahrtsproduzenten moderner Gesellschaften – Arbeitsmarkt und Sozialstaat – einbezogen (vgl. Ullrich 2005:161; Volkmann 2006: 20).

Zweitens rekonstruieren wir die Wahrnehmung transnationaler sozialer Ungleichheit nicht auf der Basis repräsentativer Umfragen (wie Delhey und Kohler) oder amtlicher Statistiken (wie Whelan und Bertrand Maitre 2009), sondern stützen uns auf die Berichterstattung von Massenmedien (vgl. Lahusen 2006). Auch wenn es sich dabei letztlich um Wahrnehmungsangebote handelt, deren tatsächliche Nutzung wir nicht nachvollziehen können, so darf man doch davon ausgehen, dass sie relevantes „gesellschaftliches Orientierungswissen" (vgl. Volkmann 2006: 23 ff) bereit stellen und zugleich Indikatoren öffentlicher Meinung sind. Ein weiterer Vorteil ist, dass sie für unterschiedliche Länderkonstellationen vorliegen und vertieften Analysen zugänglich sind.

Drittens beschränken wir unsere Untersuchung auf drei deutsche Grenzregionen mit unterschiedlichen Nachbarländern. Wir blicken also nur von Deutschland nach außen und fragen, ob und wie die Lebenssituation resp. das Einkommen bestimmter Nachbarländer in Deutschland wahrgenommen und relevant gemacht wird. Bei dieser Frage und für eine qualitative Beschreibung bietet sich der Vergleich von Grenzkonstellationen an, weil diese als Vorreiter der Transnationalisierung gelten können und dort aufgrund der Nähe zu einem anderen Staat am ehesten eine Wahrnehmungen dessen bestehen dürfte (vgl. Roose, 2009; überblicksweise Eigmüller/Vobruba 2006).

Wir werden in der Folge also die Medienberichterstattung in deutschen Grenzregionen über Einkommen untersuchen und dabei den folgenden Leitfragen nachgehen:

1. Wird die Einkommenssituation im Nachbarland wahrgenommen und mit der Situation im eigenen Land verglichen?
2. Inwieweit werden Unterschiede dargestellt, die für die eigene Situation relevant und damit als Ungleichheiten zu verstehen sind – inwieweit wird also eine Besser- oder Schlechterstellung der deutschen Seite der Grenze konstatiert und positive oder negative Folgen für das eigene Land beschrieben?

---

3   Zudem werden sowohl Aussagen über Individual- als auch über Haushaltseinkommen berücksichtigt, sofern diese im Material auftreten.

2 Forschungsdesign, Daten und Methoden

Für die Analyse wurden drei deutsche Grenzregionen ausgewählt (vgl. Abb. 1). Um möglichst unterschiedliche Wahrnehmungen rekonstruieren zu können, wurden diese Regionen hinsichtlich zweier Merkmale variiert:

Erstens haben wir berücksichtigt, inwieweit die in allen Grenzregionen gegebene räumliche Nähe zum Nachbarland auch tatsächlich realisiert werden kann, ob die Grenzen also tatsächlich offen waren. Denn je öfter Kontakte realisiert werden, umso eher werden Menschen anderer Länder zu relevanten Bezugsgruppen (vgl. Ganter 2003: 66). Da Wahrnehmungen sozialer Unterschiede bzw. Ungleichheiten nicht kurzfristig entstehen, wurde nicht nur die aktuelle Situation in den Blick genommen, sondern zudem die Dauer variiert, in der diese Zugänglichkeit vorliegt. Dabei spielen Faktoren wie der Fall des „Eisernen Vorhangs" an der deutschen Ostgrenze eine Rolle, aber auch der relativ späte Zeitpunkt des tschechischen und polnischen EU-Beitritts (2004) bzw. des Wegfalls der Grenzkontrollen zu Deutschland im Rahmen des Schengener Abkommens (2007).

Zweitens haben wir das Ausmaß und die Richtung der faktischen („objektiven") sozialen Unterschiede zwischen den einzelnen Grenzkonstellationen variiert, weil vermutlich auch diese die Wahrnehmung sozialer Ungleichheit beeinflussen. Wir haben also Grenzkonstellationen mit unterschiedlich großen Divergenzen ausgewählt, und zwar sowohl Konstellationen, in denen die deutsche Seite bessergestellt ist als auch solche, in denen dies nicht der Fall ist.

Abbildung 1   Übersicht über die analysierten Grenzregionen

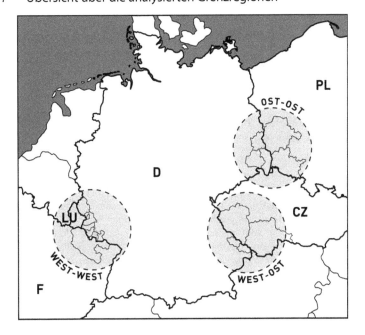

Auf dieser Basis haben wir drei Grenzkonstellationen ausgewählt und für jede Konstellation die Berichterstattung einer deutschen Regionalzeitung analysiert, deren geographischer Fokus mit der ausgewählten Grenzregion weitgehend identisch ist. Printmedien wurden ausgewählt, weil nur sie – im Gegensatz etwa zu Fernsehen – in größerem Umfang Regionalberichterstattung anbieten, intensiver und hintergründiger als andere Medien berichten, aufgrund ihrer gedruckten Erscheinungsform mehrfach lesbar sind und man entsprechend leichter an dort dargestellte Themen und Inhalte anknüpfen kann (vgl. Volkmann 2006: 31). Zudem liegt ihre Berichterstattung oft schon digital archiviert vor und ist damit unkompliziert zugänglich. Im Folgenden werden die konkret ausgewählten Grenzregionen und die ihnen zugeordneten Medien vorgestellt:

West-Ost: Die erste Grenzkonstellation repräsentiert die Grenze zwischen den bayerischen Landkreisen Freyung-Grafenau und Regen auf der deutschen Seite und den tschechischen Verwaltungsbezirken Plzeňský kraj (Region Pilsen) und Jihočeský kraj (Südböhmen).[4] Hier wird also die Ostgrenze Westdeutschlands analysiert.

Diese Grenze ist erst seit recht kurzer Zeit offen. „Zu den Zeiten des Ost-West-Konfliktes beherrschte der so genannte Eiserne Vorhang zwischen Deutschland und der Tschechoslowakei die Wahrnehmung der grenzregionalen bayerischen und tschechischen Bevölkerung und markierte das Ende der eigenen Lebenswelt", schreibt Michael Weigl (2005: 4). „Mehrfach gestaffelte Sicherheitszonen mit umfassender militärischer Kontrolle riegelten die Außengrenzen der Systeme hermetisch ab" und Grenzverkehr wurde erst ab den 1970er Jahren überhaupt und dann nur „in limitiertem Umfang sowie unter strengen Auflagen wieder zugelassen" (Könönen 2004: 10). Erst mit der „Samtenen Revolution" in der Tschechoslowakei, der Auflösung der Blockkonfrontation Ende der 1980er bzw. Anfang der 1990er Jahre, dem EU-Beitritt Tschechiens 2004 und der Inkraftsetzung des Schengener Abkommens auch für Tschechien im Dezember 2007 wurde der Grenzverkehr formal deutlich vereinfacht – allerdings ohne dass sich dies bislang in einem intensiven Grenzverkehr niederschlägt (vgl. Roose 2009: v. a. 124 f, 154, 166; Weigl 2006).

An dieser Grenze finden sich vergleichsweise große „objektive" Unterschiede zwischen beiden Seiten: Das Bruttoinlandsprodukt (BIP) pro Kopf auf der deutschen Seite der Grenze lag 2002[5] bei 25 921 €, während es auf der tschechischen Seite bei einem knappen Drittel dessen lag (7 147 €). Für diese Grenzkonstellation analysieren wir die

---

4 Die hier ebenfalls vorliegende Grenze zu Österreich und entsprechende Artikel wurden, da sie nicht unserer Auswahl- und Analyselogik entsprechen, nicht berücksichtigt.

5 Es ist sinnvoll, sich das BIP pro Kopf anzusehen und nicht das Einkommen der entsprechenden Personen oder Haushalte selbst, weil Einkommensmessungen immer auch das jenseits der Grenze (also z.B. von polnischen Arbeitspendlern in Deutschland) erzielte Einkommen einbeziehen und die uns interessierenden Unterschiede also verzerren, während das BIP eher die Verdienstmöglichkeiten im jeweiligen Land darstellt (vgl. zu diesem Argument Heidenreich 2006a). Erhoben wurde das BIP auf NUTS-3-Ebene (vgl. Eurostat 2009). Dargestellt wird hier das BIP für das Jahr 2002, die Unterschiede in den anderen Jahren des Untersuchungszeitraums sind aber ähnlich. Dies gilt auch für die anderen Regionen.

Berichterstattung der „Passauer Neuen Presse" (im folgenden PNP), einer Regionalzeitung mit einer Auflage von 170 000 verkauften Exemplaren (vgl., auch für die folgenden
Zeitungen, IVW 2006). Sie hat in den hier untersuchten Landkreisen eine Monopolstellung im regionalen Zeitungsmarkt inne.

Ost-Ost: In der zweiten Region grenzen die sächsischen Landkreise Spree-Neiße,
Bautzen und der Niederschlesische Oberlausitzkreis an die polnischen Verwaltungsbe-
zirke Zielonogórski und Jeleniogórski. Hier steht also die Ostgrenze Ostdeutschlands
im Zentrum.

Hinsichtlich der Offenheit des Grenzverkehrs nimmt diese Region eine Mittelstel-
lung zwischen den beiden anderen ein. Einerseits war diese Grenze vor dem Fall des
Eisernen Vorhangs weniger geschlossen als zwischen der untersuchten bayerischen Region und Tschechien. Dies lag wesentlich daran, dass die sächsische Seite der Grenze
vor 1990 Teil der DDR und damit – wie Polen auch – Mitglied des Ostblocks war. Der
Eiserne Vorhang verlief also nicht durch die hier untersuchte Region. Entsprechend gab
es Möglichkeiten des Grenzverkehrs von beiden Seiten (vgl. Beer 2003), wenngleich
hinsichtlich Ausweispflicht, Grenzkontrollen und Möglichkeiten längerfristiger Aus-
landsaufenthalte begrenzter als etwa in der – noch nicht präsentierten – dritten Region. Nachdem polnische Arbeitnehmer schon ab Mitte der 1960er in die DDR pendeln
durften, wurde 1972 der visafreie Grenzverkehr eingeführt, der alltägliche Kontakte
wie Einkaufsbesuche ermöglichte und der intensiv genutzt wurde. Bis 1979 erfolgten
100 Millionen Grenzübertritte (Rutowska 1996: 44 f). Allerdings wurde die Grenze im
Herbst 1980 angesichts der Erfolge der polnischen Solidarność-Bewegung wieder einseitig durch die DDR geschlossen (Rutowska 1996: 46 f) – bis zur „Wende" in der DDR
und v. a. bis zum EU- und Schengen-Beitritt Polens 2004 bzw. 2007.

Auch an dieser Grenze finden sich recht große „objektive" Unterschiede zwischen
beiden Seiten, die in ihrer Relation den Unterschieden zwischen Bayern und Tschechi-
en ähneln, jedoch auf einem niedrigeren absoluten Niveau liegen: Das BIP pro Kopf betrug 2002 für die deutsche Seite 18 273 €, für die polnische Seite etwa ein Viertel dessen
(4 700 €).

Für diese Region untersuchen wir die „Lausitzer Rundschau" (im folgenden LR),
eine in Sachsen und Brandenburg in 13 Lokalausgaben erscheinende Regionalzeitung.
Ihre Auflage liegt bei 120 000 verkauften Exemplaren und auch diese Zeitung verfügt
überwiegend über eine Monopolstellung in ihrem Erscheinungsgebiet.

Fünftens – *West-West:* Schließlich untersuchen wir eine Region an der Grenze
Deutschlands zu Frankreich und Luxemburg, die im Wesentlichen der Großregion
„Saar-Lor-Lux-Rheinland-Pfalz-Wallonie-Französische und Deutschsprachige Gemein-
schaft Belgiens" (im Folgenden kurz Saar-Lor-Lux-Region) entspricht. Die saarländi-
schen Landkreise Merzig-Wadern, Saarlouis, Saarbrücken und der Saarpfalz-Kreis
grenzen dort an den luxemburgischen Distrikt Grevenmacher und das französische
Département Moselle. Weiter nördlich grenzen die rheinland-pfälzischen Landkreise
Trier-Saarburg, die kreisfreie Stadt Trier und der Eifelkreis Bitburg-Prüm an die luxem-

burgischen Distrikte Grevenmacher und Diekirch. Diese Region ist ein Spezifikum: Es handelt sich um eine seit langem gut integrierte Region, die drei Länder umfasst, so dass wir es nicht nur mit einem, sondern mit zwei Nachbarländern zu tun haben.

Zur Saar-Lor-Lux-Region gibt es schon seit den 1970ern eine intensive Forschungslandschaft, die immer wieder auf die hohe Durchlässigkeit dieser Grenze für Verkehr, Grenzpendler, wechselseitige Einkaufsbesuche und Freizeitbeziehungen hingewiesen hat (vgl. überblicksweise Moll 1992; Scherhag 2008). Der ohnehin schon intensive Grenzverkehr habe sich zudem mit dem Inkrafttreten des Schengener Abkommens im März 1995 sowie durch die Öffnung des EU-Binnenmarktes noch einmal deutlich verstärkt (Friedlein/Grimm 2004 91 f). Hier lässt sich entsprechend von einem sehr offenen Grenzregime ausgehen.

In dieser Region sind auch die „objektiven" Unterschiede anders gelagert als in den anderen beiden Konstellationen. Das BIP pro Kopf unterschied sich 2002 zwischen der deutschen und der französischen Seite kaum (22 985 € zu 20 400 €), während es auf der luxemburgischen Seite der Grenze mit 53 800 € deutlich höher lag. Hier hat man es also nicht mit einer Besserstellung der deutschen Seite zu tun, wie in den anderen Regionen, sondern mit einer Gleich- (im Vergleich zu Frankreich) bzw. deutlichen Schlechterstellung (im Vergleich zu Luxemburg).[6]

Für diese Region untersuchen wir nicht nur eine, sondern – angesichts ihrer besonderen Struktur – zwei Zeitungen. Es handelt sich um die „Saarbrücker Zeitung" (im folgenden SZ, Auflage 165 000), die an der saarländischen Grenze zu Frankreich erscheint und um den „Trierischen Volksfreund" (im folgenden TVF), der mit einer Auflage von 205 000 Exemplaren an der Grenze zu Luxemburg erscheint.

Die Datengrundlage der Analyse bildeten Artikel der ausgewählten Zeitungen, die sich im Zeitraum von 1998 bis 2007 mit Erwerbseinkommen, Besitzeinkommen bzw. Transfereinkommen beschäftigten. Die Berichterstattung wurde elektronisch über eine Internet-Datenbank erhoben. Für alle Konstellationen resp. Zeitungen konnte die gleiche Suchmaske sowie (natürlich mit Ausnahme der entsprechenden Ländernamen) die gleichen Suchstrings verwendet werden. Auf Basis von Vorrecherchen zur Validität und Effektivität potenzieller Suchbegriffe wurden dann komplexe Schlagwortketten erstellt, mit deren Hilfe insgesamt 1 231 relevante Artikel selektiert werden konnten.[7]

---

6   Trotz der großen Unterschiede im BIP der beiden Nachbarländer Frankreich und Luxemburg und damit auch hinsichtlich des Ausmaßes und der Richtung der faktischen Einkommensunterschiede zwischen den Konstellationen Deutschland-Frankreich und Deutschland-Luxemburg betrachten wir die Grenzregionen nicht bilateral sondern gemeinsam. Aufgrund der institutionalisierten Zusammenarbeit im Rahmen der Großregion, die das gesamte Dreiländereck umfasst, sowie starker Bezüge zwischen allen drei Ländern, erscheint dieses Vorgehen sinnvoll. Auf etwaige Abweichungen in der Wahrnehmung der französischen bzw. der luxemburgischen Situation weisen wir im Ergebnisteil hin.

7   Für Erwerbseinkommen wurde z. B. dieser Suchstring verwendet: „(tschech*) UND (erwerbseinkommen* ODER (lohn* UND arbeit* NICHT lohnen* NICHT lohnt) ODER löhne ODER mindestlohn* ODER niedriglohn* ODER billiglohn* ODER hochlohn* ODER stundenlohn* ODER stücklohn* ODER nettolohn* ODER bruttolohn* ODER nebenverdienst* ODER hauptverdienst* ODER gehalt ODER gehälter

Tabelle 1   Übersicht über die analysierten Grenzregionen

	West-Ost	Ost-Ost	West-West
Landkreise	Landkreise Freyung-Grafe-nau und Regen (D), Verwal-tungsbezirke Plzeňský kraj und Jihočeský kraj (CZ)	Landkreise Spree-Neiße, Bautzen und Niederschlesi-scher Oberlausitzkreis (D), Verwaltungsbezirke Zielo-nogórski und Jeleniogór-ski (PL)	Landkreise Merzig-Wadern, Saar-louis, Saarbrücken, Saarpfalz-Kreis, Trier-Saarburg, kreisfreie Stadt Trier und Eifelkreis Bitburg-Prüm (D), Département Moselle (FR), Distrikte Grevenmacher und Diekirch (LU)
Grenzregime	durchgängige, lange Ge-schichte strenger Schlie-ßung	weniger starke Schlie-ßung, Phase der Öffnung in 1970ern	seit langem offene Grenze
soziale Unter-schiede	sehr groß (deutsche Seite bessergestellt)	sehr groß (deutsche Seite bessergestellt)	kaum ausgeprägt zu FRA; sehr groß zu LUX (deutsche Seite schlechter-gestellt)
untersuchte Zeitung	Passauer Neue Presse (PNP)	Lausitzer Rundschau (LR)	Saarbrücker Zeitung (SZ), Trierischer Volksfreund (TVF)
analysierte Artikel	98	112	163

Ein Teil dieser Artikel wurde dann – im Rahmen des durch die Fragestellung, die aus-gewählten Grenzregionen und Zeitungen vorgegebenen Korsetts – qualitativ analy-siert. Dafür wurde ein dreischrittiges exploratives Verfahren verwendet, das der Logik einer Textanalyse mit der Grounded Theory folgte (vgl. Corbin/Strauss 1990): Der erste Schritt bestand im offenen Codieren, bei dem wir uns mit dem Datenmaterial vertraut machten und auf der Basis von Memos, Paraphrasen etc. erste Ordnungskonzepte er-stellten. Beim zweiten Schritt, dem axialen Codieren, wurden diese noch provisorischen Konzepte weiter differenziert und erhielten den Status von Kategorien; zudem wurde damit begonnen, sie zueinander in Relation zu setzen. Es wurden bspw. typische Phä-nomene und Achsenkategorien benannt oder zentrale Ursache-Wirkungs-Beziehungen beschrieben. Das selektive Codieren bezeichnet den letzten Schritt der Datenanalyse. Dabei wurde ein Kernphänomen, hier die Charakteristik einer Grenzkonstellation, her-ausgearbeitet. Nachdem in den anderen beiden Phasen des Codierens vor allem eine Vielzahl von Konzepten und Kategorien gesammelt wurde, ging es nun darum, bei einer Interpretation und Ordnung der Kategorien das Gefühl zu bekommen, „die Analy-se sei irgendwie saturiert, d. h. dass keine neuen Ideen mehr aus den Daten entstehen" (Corbin 2003: 74).[8]

ODER gehaltsverhandlung* ODER gehaltssteigerung* ODER gehaltsbestandteil* ODER tarifverhand-lung* ODER tarifauseinandersetzung* ODER bonuszahlung* ODER abfindung* ODER spitzengehalt* ODER managergehalt*)".

8   Die Datenanalyse erfolgte mit dem Textanalyseprogramm MAXQDA. Dies ist sinnvoll, da mit Hilfe von MAXQDA die enorme Datenmenge geordnet und verwaltet werden kann und vor allem auch, weil die Entwickler des Programms dem Leitbild der Grounded Theory nahe stehen und Programme wie

Zentral war dabei durchgängig der Vergleich als methodologisches Mittel, um nach Ähnlichkeiten und Unterschieden im Material zu suchen (Böhm 2000: 476 ff). In allen Phasen der Codierung, v. a. aber beim axialen und selektiven Codieren, wurden immer wieder gezielt neue Texte aus dem Gesamtkorpus der 1 231 Artikel herausgegriffen und in die Analyse eingespeist – es fand also ein „theoretical sampling" (Merkens 2000) statt, bis die Analyse den Punkt der Sättigung erreicht hatte, neu eingespeiste Artikel also keine wesentlichen neuen Aspekte mehr beitragen konnten. Auf diese Weise wurden schließlich 373 Artikel intensiv codiert.

3 Ergebnisse

Die Ergebnisse unserer Analyse werden wir entlang unserer zwei Forschungsfragen präsentieren: Erstens werden wir beschreiben, inwieweit die Einkommenssituationen jenseits der Grenze in Deutschland überhaupt wahrgenommen wird. Zweitens werden wir schildern, ob etwaige Unterschiede mit der Diagnose folgenreicher eigener Besser- oder Schlechterstellungen verbunden und damit in relevante Ungleichheiten überführt werden.

3.1 Wird die Situation jenseits der Grenze wahrgenommen und auf Deutschland bezogen?

Zunächst ist von Interesse, in welchem Maße die Einkommenssituation des jeweils anderen Landes in Deutschland überhaupt wahrgenommen wird und ob diese Beschreibungen zur deutschen Situation in Bezug gesetzt werden. Hierfür lassen sich zwei einfache quantitative Indikatoren nutzen: die Zahl der Artikel, die in den untersuchten Printmedien über die Einkommenssituation im Nachbarland berichten bzw. das Ausmaß, in dem diese Beschreibungen mit Deutschland in Verbindung gebracht werden.

Dabei wird erstens deutlich, dass die Einkommenssituation jenseits der Grenze in der Berichterstattung aller Grenzregionen eine bedeutsame Rolle spielt (s. Abb. 2). In unserem zehnjährigen Untersuchungszeitraum finden sich in der Konstellation West-Ost, also an der Grenze von Bayern zu Tschechien, 365 einschlägige Artikel, an der ostdeutschen Ostgrenze zu Polen 335 und an der westdeutschen Westgrenze 530 Artikel (dort, wie beschrieben, verteilt auf zwei Zeitungen). Durchschnittlich erschien damit in den untersuchten Medien aller Regionen etwa jede zweite Woche (jede achte bis 15. Ausgabe) ein Artikel, in dem die Einkommenssituation im Nachbarland beschrieben

---

MAXQDA für diese Art der Analyse konzipiert wurden (Kuckartz 2007: 81). Sie haben im Vergleich zum manuellen Codieren von Texten bspw. den Vorteil, Überschneidungen von unterschiedlichen Codes darstellen zu können.

Abbildung 2   Anzahl der relevanten Artikel nach Grenzkonstellationen

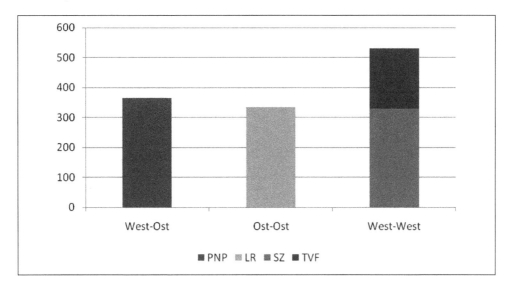

wird. Auffällig ist, dass es in keiner Region eine lineare Zunahme der Artikelzahlen im Zeitverlauf gibt, sich also kein Europäisierungstrend der Berichterstattung zeigt: In der Grenzkonstellation West-West bleiben die Trefferzahlen über den gesamten Zeitraum relativ stabil, während sie in den beiden anderen Regionen an der deutschen Ostgrenzen von Polen und Tschechien rund um den EU-Beitritt in den Jahren 2003 bis 2005 deutlich steigen, um danach aber wieder ebenso deutlich abzufallen.

Ein zweiter interessanter Befund wird deutlich, wenn man vergleicht, wie viele Artikel nur die Situation im Nachbarland beschreiben und wie viele in Abgrenzung dazu die Situation im Nachbarland zusätzlich mit Deutschland vergleichen (s. Abb. 3): Der rein informative Blick in das Land jenseits der Grenze ohne einen Vergleich mit Deutschland kommt an allen untersuchten Grenzen nur selten vor. In allen drei Regionen überwiegen klar diejenigen Artikel, in denen der Blick ins andere Land durch einen Vergleich mit der deutschen Situation kontextualisiert wird. Lediglich das Ausmaß der Dominanz dieses Artikeltypus unterscheidet sich zwischen den Grenzregionen, wobei die zentralen Unterschiede zwischen der West-West- und den anderen beiden Konstellation verlaufen: In der West-Ost-Konstellation finden sich kaum Artikel, die die Einkommenssituation in Tschechien darstellen, ohne einen Rückbezug zur deutschen Situation herzustellen. Die bloße Information der bayerischen Leser über die Höhe und Verteilung von Einkommen in Tschechien findet also so gut wie nicht statt; in 96 % der Artikel werden diese Informationen stattdessen mit Deutschland verglichen. In der Ost-Ost-Konstellation ist dies ähnlich. Hier stellen 87 % der Artikel einen Bezug zu Deutschland her. Wenn der Blick nur auf die andere Seite der Grenze nach Polen geht, dann wird überwiegend die schwierige soziale Lage im Land thematisiert, bspw. auf gerin-

Abbildung 3   Anteil der codierten Artikel über das Nachbarland mit und ohne Bezug
auf die deutsche Situation

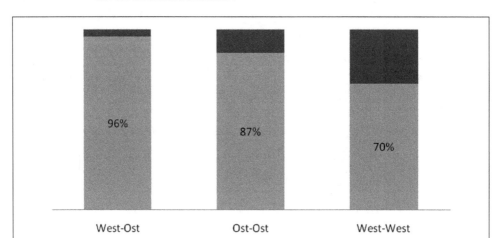

ge Einkommen, die problematische Arbeitsmarktsituation und geringe Renten („[z]u wenig zum Leben, zu viel zum Sterben", LR, 7.12.2006) verwiesen. In der West-West-Konstellation schließlich ist die „bloße Wahrnehmung" der anderen Seite am stärksten ausgeprägt. Die Berichterstattung über Erwerbseinkommen, Arbeitsmarktsituation und Sozialleistungen sowie über Armut, Obdachlosigkeit, Jugendarbeitslosigkeit und soziale Spannungen in Frankreich und Luxemburg sind hier häufiger vorzufinden als in den anderen Regionen. Aber auch hier überwiegen die Artikel deutlich (70 %), in denen diese Schilderungen mit der Lage in Deutschland verglichen werden.

3.2   Wie werden Unterschiede dargestellt und in Ungleichheiten überführt?

In allen von uns untersuchten Regionen wird also die Einkommenssituation jenseits der Grenze geschildert und diese Schilderungen werden fast immer auf die deutsche Situation bezogen. Nun wollen wir auf Basis unserer qualitativen Analyse betrachten, wie Einkommensunterschiede zwischen den Ländern resp. Regionen beschrieben werden und ob diese als Ungleichheiten konstruiert – und damit als sozial bedeutungsvoll markiert – werden.[9] Wir fragen, ob etwaige Unterschiede zwischen den Regionen explizit bewertet und als eigene Besser- oder Schlechterstellungen dargestellt werden sowie, ob

---

9   Entsprechend werden hier nur noch Artikel berücksichtigt, die die Situation im Nachbarland mit Deutschland in Verbindung bringen.

sie mit der Schilderung positiver oder negativer Folgen für die deutsche Region verbunden sind.

In der *West-Ost-Konstellation* an der *Grenze von Bayern zu Tschechien* wird in praktisch allen Artikel die tschechische mit der deutschen Situation verglichen. In aller Regel wird dabei die Höhe tschechischer und deutscher Erwerbseinkommen gegenübergestellt (über Transfereinkommen aus sozialstaatlichen Leistungen wird so gut wie nicht berichtet). Es wird wieder und wieder auf das deutlich niedrigere Einkommensniveau in Tschechien und die Besserstellung deutscher Arbeitnehmer hingewiesen. Typisch sind Zitate, in denen berichtet wird, dass „das Lohnniveau in Tschechien ein Zehntel des bayerischen Durchschnitts" (PNP, 27.04.2001, vgl. 08.05.2001) betrage. Die damit konstatierte Ungleichheit wird in der Regel mit Schilderungen negativer Konsequenzen für die deutsche Region verbunden, der Einkommenssituation jenseits der Grenze wird dabei Relevanz für den Wohlstand in Ostbayern beigemessen. Denn die bestehenden Einkommensungleichheiten führten, so die fast einhellige Argumentation, zu einem unfairen, verzerrten Wettbewerb zwischen deutschen Arbeitnehmern bzw. Unternehmen und tschechischen Arbeitnehmern – die bspw. pauschal als „Dumpinglöhner" (PNP, 8.4.2005) bezeichnet werden. Als negative Auswirkung werden insbesondere drohende Arbeitsplatzverluste für deutsche Beschäftigte aufgrund von Betriebsverlagerungen ins Ausland und wegen der Zuwanderung tschechischer Arbeitnehmern genannt: Ostbayern drohe „ein massenhafter und langfristiger Zustrom tschechischer Billigarbeitskräfte" (PNP, 21.02.2004), deutsche Arbeitnehmer könnten „durch Arbeiter aus Polen oder Tschechien zu Dumpinglöhnen ersetzt" (PNP, 8.4.2005) und „[d]ie niederbayerischen Betriebe [...] durch osteuropäische Billigkonkurrenz an die Wand gedrückt" (PNP, 9.8.2005) werden. Vertreter der regionalen Wirtschaft werden mit Befürchtungen zitiert, die „Aufträge einer ganzen Branche drohen ins Ausland abzuwandern" (PNP, 9.8.2005) und „das Ende der gewerblichen Beschäftigung in der Baubranche [sei] in Sicht" (PNP, 11.11.1998). Optimistischere Stimmen, die etwa argumentieren, „[m]it einer Teil-Produktion in Osteuropa hätten [...] viele [deutsche] Firmen ihre Wettbewerbsfähigkeit erhöht und zudem einen Zugang zu neuen Märkten erreicht" (PNP, 11.6.2005), bleiben dagegen Einzelfälle.

Das tschechische Einkommensniveau wird also erstens unisono als schlechter als in Deutschland beschrieben. Zweitens wird, ebenfalls nahezu ohne Widerspruch, dargestellt, dass die „Niedriglohnkonkurrenz" aus Tschechien Arbeitsplatzverluste und Druck auf das Lohnniveau in Deutschland bewirke, also negative Folgen für das lokale Einkommensgefüge habe – die Relevanz dieser Ungleichheit für die deutsche Region wird also betont.

Die Berichterstattung der *Ost-Ost-Konstellation*, d.h. an der *Grenze von Sachsen zu Polen* ist in vielerlei Hinsicht ähnlich, weist aber auch instruktive Abweichungen auf. In dieser Region wird zwar seltener, aber noch immer in fast jedem Artikel ein Bezug zu Deutschland hergestellt. Wie in der West-Ost-Konstellation ist dabei das starke Einkommensgefälle zwischen beiden Ländern mit seinen Folgen das zentrale Thema und auch hier spielt fast ausschließlich Erwerbseinkommen eine Rolle, während Transfereinkommen kaum erwähnt werden. Typischerweise wird eine „abgrundtiefe Gehaltskluft" (LR, 24.12.2003) zwischen beiden Ländern ausgemacht und bspw. berichtet, dass polnische Ärzte in Görlitzer Kliniken „rund 3500 Euro im Monat und damit mehr als das zehnfache ihrer bisherigen polnischen Gehälter" verdienten (LR, 9.12.2003). Allerdings wird in dieser Region stärker als in Bayern auf Angleichungstendenzen verwiesen, d.h. darauf, dass sich die „Lohnkosten [...] schrittweise angleichen werden" (LR, 9.12.2003) und schon jetzt „längst nicht mehr so gravierende Lohnkostenvorteile in Polen" (LR, 5.8.2003) wie noch vor einigen Jahren vorlägen. Dennoch überwiegt die Diagnose einer deutlichen Einkommensdivergenz auch in der Ost-Ost-Konstellation klar – und es werden auch hier vornehmlich negative Konsequenzen dieser Einkommensungleichheit für die deutsche Grenzregion herausgearbeitet. Auch hier ist es v.a. der Verlust von Unternehmen und Arbeitsplätzen auf der deutschen Seite, der im Mittelpunkt steht, z.B. habe „[d]ie deutsche Fleischwirtschaft [...] seit der EU-Osterweiterung im Mai vergangenen Jahres rund 26 000 Beschäftigte an die preiswertere Konkurrenz aus Osteuropa verloren" (LR, 08.04.2005). Stärker als in Bayern werden daneben aber auch immer wieder die Chancen der Nachbarschaft beschrieben – teils werden sogar Vorteile artikuliert, die sich aus den unterschiedlichen Lohnniveaus ergeben und positive Effekte für Wirtschaft und Beschäftigung in der Lausitz haben:

> „In Guben erklärt die Geschäftsführerin der Neuen Gubener Hüte GmbH & CO. KG, [...] dass die vor zwei Jahren in Konkurs gegangene Gubener Hüte GmbH mit der neu gegründeten Auffanggesellschaft weiter am Markt ist. Der Umsatz beträgt bereits wieder eine halbe Million Mark, rund 80 Prozent der Produkte, die in Kooperation im polnischen Gubin zugeschnitten und genäht werden, geht in die neuen Bundesländer. [...] Das Gubener Beispiel zeigt, dass Billiglohnkonkurrenz nicht notwendigerweise zur Bedrohung von ostdeutschen Unternehmen und damit zusammenhängenden Entlassungen führen muss, sondern bei sinnvollen Kooperationen sogar helfen kann, auch Arbeitsplätze diesseits der Neiße zu erhalten oder gar zu schaffen" (LR, 23.3.2000)

Auch an anderer Stelle wird beschrieben, dass „die Betriebsstätten in Osteuropa nicht nur keine deutschen Arbeitsplätze kosten, sondern im Gegenteil dabei helfen, Arbeit in der Lausitz zu erhalten" (LR, 3.3.2006). Gegen Ende des Untersuchungszeitraums wird sogar gelegentlich darauf hingewiesen, dass das Pendeln Deutscher nach Polen nicht unbedingt zu Einkommenseinbußen führen müsse, wenn z.B. eine Tankstellenangestellte beschreibt, sie „verdiene [in Polen] mehr Geld als [...] früher an der Tankstelle in Deutschland" (LR, 20.6.2006).

In der Ost-Ost-Konstellation wird die Einkommenssituation in Polen also ebenfalls zur deutschen Situation ins Verhältnis gesetzt, verbunden mit der Diagnose einer Besserstellung der deutschen Seite. Dabei wird das polnische Einkommensniveau, analog zur Situation der West-Ost-Konstellation, wiederum vorwiegend als Konkurrenzsituation mit negativen Folgen interpretiert und damit für das deutsche Ungleichheitsgefüge relevant gemacht. Daneben werden aber auch starker mögliche positive Folgen betont und die Interdependenzen zwischen den Arbeitsmärkten hervorgehoben.

Im Falle der *West-West-Konstellation* – der *Grenze von Saarland und Rheinland-Pfalz zu Frankreich und Luxemburg* – sieht das medial gezeichnete Bild deutlich anders aus. Zunächst einmal ist hier, wie beschrieben, die „bloße Wahrnehmung" der anderen Seite ohne Bezug zu Deutschland am stärksten ausgeprägt. Darüber hinaus finden im Vergleich zu den beiden angrenzenden Ländern nicht nur Erwerbs-, sondern auch – wenngleich auf niedrigerem Niveau – Transfereinkommen Aufmerksamkeit. Für Frankreich wird in erster Linie ein im Vergleich zu Deutschland niedrigeres Niveau des Erwerbseinkommens beschrieben, v. a. in der Region Lothringen. Auch auf das dort niedrigere Arbeitslosengeld wird hingewiesen, zugleich werden aber die höheren Transferzahlungen in anderen Bereichen betont und u. a. beschrieben, dass „Franzosen bei der Altersversorgung besser abgesichert [sind] als Bundesbürger" (SZ, 4. 4. 2002). An der Grenze zu Luxemburg steht das hohe luxemburgische Einkommensniveau im Mittelpunkt, daneben wird immer wieder darauf verweisen, dass dort auch die Transferzahlungen „hoch und besser als in allen Nachbarländern" (SZ, 6. 8. 2004) seien. In der West-West-Grenzkonstellation wird also eine Einkommensdivergenz beschrieben, bei der die deutsche Seite der Grenze nicht besser, sondern gleich oder schlechter gestellt ist. Diese Divergenzen werden zudem nicht – wie in den anderen beiden Regionen – dadurch für die deutsche Seite der Grenze bedeutsam gemacht, dass ihre negativen Konsequenzen beschrieben werden. Sondern sie werden dadurch relevant, dass die Situation jenseits der Grenze als Meßlatte für Deutschland dient. Oft wird das Nachbarland bezüglich Erwerbseinkommen, sozialpolitischer Transferleistungen sowie (für das Nettoeinkommen relevanter) Steuer- und Sozialversicherungsabzüge als vorbildhaft dargestellt.[10] Dieser Vorbildcharakter zeigt sich auch darin, dass der Verweis auf die Situation im Nachbarland oft dazu dient, Einkommensforderungen in Deutschland zu untermauern. Beispielsweise wird das Einkommen von Berufsgruppen wie Ärzten und Klinikpersonal in Deutschland nicht allein im deutschen Einkommensgefüge verortet, sondern mit ihren französischen und luxemburgischen Kolleginnen und Kollegen verglichen: „Die Klinikärzte fordern daher bundesweit als Ausgleich eine satte Lohnerhöhung von 30 Prozent. Sie begründen dies unter anderem auch damit, dass ärztliches Personal in Deutschland wesentlich schlechter bezahlt werde als in vergleichbaren Ländern wie Frankreich, Italien oder Großbritannien" (SZ, 9. 11. 2005). Diese vergleichsweise enge Vernetzung von Ungleichheitswahrnehmungen, Relevanz für die eigene Region und abgeleiteten Forderungen spiegeln auch den intensiven grenzüberschreitenden Austausch der Region wider: Viele Deutsche arbeiten angesichts hoher Bezahlung, niedriger Besteuerung und guten familienpolitischen Leistungen (z. B. Kindergeld) in Luxemburg

---

10 Dies gilt insbesondere für Luxemburg, in abgeschwächter Form aber auch für Frankreich, für das vor allem die Rente und familienpolitische Leistungen als nachahmenswert angeführt werden.

oder besitzen wiederum im französischen Lothringen Immobilien, so dass sie an den wohlfahrtsstaatlichen Transferzahlungen Frankreichs partizipieren.

In der West-West-Konstellation finden wir also eine ausgeprägte transnationale Wahrnehmung von Einkommensungleichheiten, wobei die Situation im jeweiligen Nachbarland überwiegend als Maßstab setzend für Deutschland bewertet wird. Der Eindruck einer Schlechterstellung gegenüber den Nachbarländern führt dabei offensichtlich auch zu Unzufriedenheit, insbesondere mit der deutschen Sozialpolitik. Umgekehrt werden kaum negative Rückwirkungen der Einkommensungleichheiten auf die deutsche Seite – die in den anderen Regionen das Gros der Berichterstattung ausmachen – geschildert.

4   Zusammenfassung und Diskussion

Resümieren wir: Zunächst ist in allen Regionen ein ähnliches Maß der Wahrnehmung der anderen Seite der Grenze zu konstatieren. Diese Wahrnehmung ist aber inhaltlich unterschiedlich ausgestaltet.

Einerseits finden wir – v. a. an der West-Ost-Grenze von Bayern zu Tschechien, teils aber auch in der Ost-Ost-Konstellation – eine konflikthafte Wahrnehmung sozialer Ungleichheit. Hier werden deutliche Divergenzen zwischen dem Erwerbseinkommen auf der deutschen und der tschechischen resp. polnischen Seite der Grenze und eine klare Besserstellung der deutschen Seite ausgemacht. Diese Besserstellung wird, v. a. in der West-Ost-Region, als bedroht angesehen. Angesichts der Öffnung der Grenzen im Rahmen des EU-Beitritts wird befürchtet, dass tschechische Arbeitnehmer und Unternehmen Arbeitsplätze und Aufträge in Deutschland gefährden könnten. Entsprechend wird von der deutschen Seite befürchtet, dass sich die eigene Lebenssituation verschlechtert und eine Regulierung oder Schließung der Grenze gefordert, um die bestehenden Unterschiede – oder zumindest die Lebenssituation auf der deutschen Seite – zu zementieren.

Andererseits findet sich – v. a. in der West-West-Konstellation – eine integrative Wahrnehmung von Ungleichheit. Hier werden Unterschiede in Erwerbs- und auch Transfereinkommen auf beiden Seiten der Grenze identifiziert, wobei die deutsche Seite tendenziell als schlechter gestellt wahrgenommen wird. Die negativen oder auch positiven Folgen dieser Ungleichheit stehen dabei aber nicht im Vordergrund; das Verhältnis zum Nachbarn wird nicht als Konkurrenzverhältnis interpretiert. Entsprechend steht eine (auch nur partielle) Schließung der Grenze nicht zur Debatte, sondern es wird, angesichts der positiven Situation bei den Nachbarn in Frankreich und Luxemburg, die eigene Gleichstellung mit diesen gefordert: Einkommensungleichheiten werden zur Argumentationsfolie für sozialpolitische Forderungen.

Auf Basis dieser Schilderungen lässt sich erstens festhalten, dass es durchaus eine transnationale Wahrnehmung von sozialer Ungleichheit gibt. Unterschiede zwischen beiden Seiten der Grenze werden wahrgenommen, hinsichtlich der Besser- oder Schlechterstellung der eigenen Seite befragt und ihre Folgen für die eigene Region oder das eigene Land werden herausgearbeitet. Zumindest in den untersuchten deutschen Grenzregionen ist es also nicht so, dass die sozial relevanten „Situations- und Problemdefinitionen" (Lahusen 2006: 332) nach wie vor nationalstaatlich eingehegt sind. Im Gegenteil: Die Schließung nationalstaatlicher Grenzen, die historisch notwendig war, um innerhalb dieser Grenzen Solidarität zu schaffen und Umverteilungen realisieren zu können (vgl., in Anlehnung an Stein Rokkan, Bach 2006: 147 ff; Mau 2006), weicht sich in den Grenzregionen offensichtlich nicht nur im faktischen Grenzverkehr, sondern auch in der Ungleichheitswahrnehmung der Bürger auf.

Zweitens ist festzuhalten, dass dies nicht überall in gleicher Weise geschieht. Mit der West-West-Konstellation findet sich eine Region, in der sich eine intensive Wahrnehmung der Einkommensverhältnisse beiderseits der Grenze zeigt, die aber mit einer gemeinsamen Identifikation mit der Region verbunden ist. Hier findet sich also eine Form der Integration, die nationalstaatlicher Integration ähnelt und bei der man nahezu von mechanischer Solidarität im Sinne Durkheims sprechen kann (vgl. Münch 2006). Demgegenüber finden sich aber auch, v. a. in der West-Ost-Konstellation, ungleichheitsbedingte Abgrenzungstendenzen.

Mit diesen Befunden können wir das zentrale Ergebnis von Delhey und Kohler – dass grenzüberschreitende Wahrnehmungen sozialer Ungleichheit existieren und für die Bewertung der eigenen Lebenslage relevant sind – bestätigen. Wir sind zudem in der Lage, diesen Befund einzubetten und einige diesbezügliche Argumentationsmuster zu beschreiben. Künftig sind aber weitere Studien notwendig, da die vorliegende Analyse eine Reihe von Begrenzungen aufweist. Notwendig wäre es erstens, unsere deskriptiven Befunde weiter zu erhärten und dabei methodisch und in den Analysegegenständen über unsere Arbeit hinausgehen.

Methodisch wären Arbeiten wünschenswert, die nicht nur Mediendaten verwenden, denn dabei handelt es sich nur um Wahrnehmungs*angebote* an die Bürger, die auf journalistischen Hypothesen über das Interesse der Bürger an bestimmten Gegenständen beruhen. Die Ausgestaltung dieser Wahrnehmungsangebote kann von mehreren Faktoren abhängen: von der politischen Linie der spezifischen Medien (die in diesem Fall weniger ins Gewicht fallen, weil drei der vier untersuchten Zeitungen zum gleichen Verlag gehören), vom Berufsverständnis der Journalisten, von Korrespondentennetzen jenseits der Grenze u. ä. Man kann sicherlich argumentieren, dass journalistische Hypothesen bei Regionalberichterstattung mehr Bodenhaftung haben als bei anderen Medien, weil sich Journalisten und Bürger im Regionalen näher sind. Nichtsdestotrotz wären zusätzliche Befragungen im regionalen Rahmen wünschenswert, die die Einstellungen der Bürger vor Ort untersuchen. Auch experimentelle oder quasi-experimentelle Forschungsdesigns wären anzuraten, mit denen nicht nur *Auskünfte* über das Handeln der entsprechenden Bürger, sondern deren tatsächliches Handeln erhoben werden können.

Was die Datengrundlage angeht, so läge es nahe, nicht nur Grenz-, sondern auch inländische Regionen und das Ausmaß von transnationaler Wahrnehmung dort zu untersuchen. Zudem wäre eine Analyse nicht nur der deutschen Seite, sondern auch anderer Länder und deren wechselseitiger Wahrnehmungen instruktiv. Zusätzlich sollte man versuchen, auch Längsschnittdaten einzubeziehen, mithin die Europäisierung als zeitlichen Prozess abzubilden – etwas, was uns hier nicht möglich war.

Schließlich liegt es nahe, nach einer Erklärung einer solchen Wahrnehmung zu fragen. Dazu können wir nur spekulieren: Wir haben unsere Grenzregionen nach der Offenheit der Grenzregime und den faktischen Unterschiede vor Ort variiert. Allerdings korrelieren diese Faktoren teilweise miteinander, so dass wir die Unterschiede in unseren Ergebnissen nicht klar auf einen der beiden Faktoren zurückführen können. Auch, ob weitere Hintergrundfaktoren existieren, die wir nicht berücksichtigt haben, wissen wir nicht. Antworten auf diese Fragen zu finden, wäre aber höchst bedeutsam, nicht zuletzt aufgrund ihrer politischen Brisanz: Sollte bspw. die Dauer der Öffnung einer Grenze bzw. des intensiven Austauschs der zentrale Faktor für die Erklärung der Wahrnehmung grenzüberschreitender Ungleichheit sein, dann dürfte sich im Zeitverlauf an allen Grenzen, an denen sich ein ausgeprägter Grenzverkehr findet, auch eine „De-Nationalisierung" (Lahusen 2006: 314) der Ungleichheitswahrnehmung finden. Die EU könnte dann zunehmend unter sozialpolitischen Handlungs- und Regulierungsdruck geraten, der sich außerdem von den nationalstaatlichen Grenzen landeinwärts vorarbeiten könnte.

Literaturverzeichnis

Alber, Jens und *Philipp Lenarz*, 2008: Wachsende soziale Ungleichheit in Europa. Informationsdienst Soziale Indikatoren 39: 1–5.

Bach, Maurizio, 2006: Unbounded Cleavages. Grenzabbau und die Europäisierung sozialer Ungleichheit. S. 145–156 in: *Monika Eigmüller* und *Georg Vobruba* (Hg.), Grenzsoziologie. Wiesbaden: Verlag für Sozialwissenschaften.

Beck, Ulrich, 2002: Macht und Gegenmacht im globalen Zeitalter. Berlin: Suhrkamp Verlag.

Beer, Manuela, 2003: Identifikation im deutsch-polnischen Grenzgebiet. Magisterarbeit. Leipzig: Universität Leipzig, Institut für Kulturwissenschaften.

Böhm, Andreas, 2000: Theoretisches Codieren: Textanalyse in der Grounded Theory. S. 475–485 in *Uwe Flick, Ernst von Kardoff* und *Ines Steink,* (Hg.): Qualitative Forschung. Reinbek: Rowohlt.

Brusis, Martin, 2003: Zwischen europäischer und nationaler Identität. Zum Diskurs über die Osterweiterung der EU. S. 257–274 in: *Ansgar Klein, Ruud Koopmans, Hans-Jörg Trenz, Ludger Klein, Christian Lahusen* und *Dieter Rucht* (Hg.), Bürgerschaft, Öffentlichkeit und Demokratie in Europa. Opladen: Leske+Budrich.

Corbin, Juliet, 2003: Grounded Theory. S. 70–75 in *Ralf Bohnsack, Winfried Marotzki* und *Michael Meuser* (Hg.): Hauptbegriffe Qualitative Sozialforschung. Opladen: Leske + Budrich.

Corbin, Juliet und *Anselm L. Strauss*, 1990: Grounded theory research: Procedures, canons, and evaluative criteria. Qualitative Sociology 13: 3–21.

Delhey, Jan und *Ulrich Kohler*, 2005: From Nationally Bounded to Pan-European Inequalities? On the Importance of Foreign Countries as Reference Groups. European Sociological Review 22: 125–140.

Delhey, Jan und *Ulrich Kohler*, 2006: Europäisierung sozialer Ungleichheit: Die Perspektive der Referenzgruppen-Forschung. S. 339–358 in: *Martin Heidenreich* (Hg.), Die Europäisierung sozialer Ungleichheit. Frankfurt a. M. & New York: Campus.

Dicke, Hugo 2004: Der Europäische Binnenmarkt. S. 223–241 in: *Werner Weidenfeld* (Hg.), Die Europäische Union. Bonn: Bundeszentrale für politische Bildung.

Eigmüller, Monika und *Georg Vobruba* (Hrsg.), 2006: Grenzsoziologie. Wiesbaden: Verlag für Sozialwissenschaften.

Eurostat, 2009: Strukturindikatoren. http://epp.eurostat.ec.europa.eu/portal/page/portal/structural_indicators/indicators/economical_context.

Friedlein, Günter und *Frank-Dieter Grimm*, 2004: Deutschland und seine Nachbarn. Leipzig: Institut für Länderkunde.

Ganter, Stephan, 2003: Soziale Netzwerke und interethnische Distanz. Opladen: Westdeutscher Verlag.

Gerhards, Jürgen und *Hölscher, Michael*, 2005: Kulturelle Unterschiede in der Europäischen Union. Wiesbaden: Verlag für Sozialwissenschaften.

Gerhards, Jürgen, Holger Lengfeld und *Jürgen Schupp*, 2007: Die Akzeptanz der Chancengleichheit aller europäischen Bürger in Deutschland. DIW-Wochenbericht 2007/4: 37–42.

Härpfer, Marco und *Johannes Schwarze*, 2006: Wie gleich ist Europa? Empirische Befunde zur Entwicklung der Einkommensungleichheiten in den bisherigen EU-Mitgliedsstaaten. S. 137–153 in: *Martin Heidenreich* (Hg.), Die Europäisierung sozialer Ungleichheit. Frankfurt a. M. & New York: Campus.

Heidenreich, Martin, 2006a: Die Europäisierung sozialer Ungleichheiten zwischen nationaler Solidarität, europäischer Koordinierung und globalem Wettbewerb. S. 17–64 in: *Martin Heidenreich* (Hg.), Die Europäisierung sozialer Ungleichheit. Frankfurt a. M. & New York: Campus.

Heidenreich, Martin, 2006b: Einleitung. S. 7–15 in: *Martin Heidenreich* (Hg.), Die Europäisierung sozialer Ungleichheit. Frankfurt a. M. & New York: Campus.

Hradil, Stefan, 1999: Soziale Ungleichheit in Deutschland. Opladen: Leske+Budrich/UTB.

Hradil, Stefan, 2001: Soziale Ungleichheit in Deutschland. Wiesbaden: Verlag für Sozialwissenschaften.

Hradil, Stefan, 2006: Die Sozialstruktur Deutschlands im internationalen Vergleich. Wiesbaden: Verlag für Sozialwissenschaften.

Hradil, Stefan und *Stefan Immerfall* (Hg.), 1997: Die westeuropäischen Gesellschaften im Vergleich. Opladen: Leske + Budrich.

IVW, 2006: Quartalsauflagen von Presseerzeugnissen. http://daten.ivw.eu/.

Knill, Christoph, 2001: The Europeanisation of National Administrations. Cambridge: Cambridge University Press.

Könönen, Astrid, 2004: Das Zusammenwirken von Landesentwicklung und Euroregionen im deutsch-tschechischen Grenzraum. Augsburg & Kaiserslautern: Universität Augsburg & Technische Universität Kaiserslautern.

Kreckel, Reinhard, 2004: Politische Soziologie der sozialen Ungleichheit. Frankfurt am Main: Campus Verlag.

Kuckartz, Udo, 2007: Einführung in die computergestützte Analyse qualitativer Daten. Wiesbaden: Verlag für Sozialwissenschaften.

Lahusen, Christian, 2006: Die öffentlichen Debatten zur Arbeitslosigkeit zwischen nationaler Disparität und europäischer Uniformität. S. 313–337 in *Martin Heidenreich* (Hg.): Die Europäisierung sozialer Ungleichheit. Frankfurt a. M. & New York: Campus.

Mau, Steffen, 2006: Grenzbildung, Homogenisierung, Strukturierung. Die politische Erzeugung einer europäischen Ungleichheitsstruktur. S. 109–136 in: *Martin Heidenreich* (Hg.), Die Europäisierung sozialer Ungleichheit. Frankfurt a. M. & New York: Campus.

Mau, Steffen, 2007: Transnationale Vergesellschaftung. Frankfurt a. M. & New York: Campus.

Mau, Steffen und *Roland Verwiebe*, 2009: Die Sozialstruktur Europas. Konstanz: UVK & UTB.

Merkens, Hans, 2000: Auswahlverfahren, Sampling, Fallkonstruktion. S. 286–299 in *Uwe Flick, Ernst von Kardoff* und *Ines Steinke* (Hg.), Qualitative Forschung. Reinbek: Rowohlt.

Moll, Peter, 1992: Stand und Probleme der grenzüberschreitenden Zusammenarbeit im Raum Saarland/Lothringen/Luxemburg/westliches Rheinland-Pfalz. S. 101–121 in *Akademie für Raumforschung und Landesplanung* (Hg.), Grenzübergreifende Raumplanung. Hannover: Akademie für Raumforschung und Landesplanung.

Münch, Richard, 2006: Solidarity and Justice in the Extended European Union. S. 79–95 in *Maurizio Bach, Christian Lahusen* und *Georg Vobruba* (Hg.), Europe in Motion. Berlin: edition sigma.

Römhild, Regina, 2007: Turbulente Ränder. Ethnographische Einsichten in die bewegten Grenzen Europas. S. 129–141 in: *Reinhard Johler, Ansgar Thiel, Josef Schmid* und *Rainer Treptow* (Hg.), Europa und seine Fremden. Bielefeld: transcript.

Roose, Jochen 2007: Die Identifikation der Bürger mit der EU und ihre Wirkung für die Akzeptanz von Entscheidungen. S. 123–149 in: *Werner Weidenfeld* und *Julian Nida-Rümelin* (Hg.), Europäische Identität. Baden-Baden: Nomos.

Roose, Jochen, 2009: Vergesellschaftung an Europas Binnengrenzen. Habilitationsschrift. Berlin: Freie Universität, Fachbereich für Politik- und Sozialwissenschaften.

Rutowska, Maria, 1996: Die regionale Zusammenarbeit in der deutsch-polnischen Grenzregion in den Jahren 1945–1989. S. 42–48 in: *Helga Schultz* und *Alan Nothnagle* (Hg.), Grenze der Hoffnung. Potsdam: Verlag für Berlin-Brandenburg.

Scherhag, Daniela, 2008: Europäische Grenzraumforschung. Akademie für Raumplanung und Landesplanung Hannover. http://www.arl-net.de/pdf/publik/e-paper_der_arl_ nr2.pdf.

Ullrich, Carsten G., 2005: Soziologie des Wohlfahrtsstaates. Frankfurt a. M.: Campus.

Verwiebe, Roland, 2004: Mobilität innerhalb Europas. Berlin: edition sigma.

Volkmann, Ute, 2006: Legitime Ungleichheiten. Wiesbaden: Verlag für Sozialwissenschaften.

Weigl, Michael, 2006: Folgenlose Nachbarschaft? Spuren der DDR-Außenpolitik in den deutsch-tschechischen Beziehungen. Münster: Lit.

Weigl, Michael und *Zöhrer, Michaela*, 2005: Regionale Selbstverständnisse und gegenseitige Wahrnehmung von Deutschen und Tschechen. München: Centrum für angewandte Politikforschung.

Wessels, Wolfgang, 1997: An Ever Closer Fusion? A Dynamic Macropolitical View on Integration Processes. Journal of Common Market Studies 35: 267–299.

Whelan, Christopher T. und *Bertrand Maitre* (2009): Europeanization of inequality and European reference groups. Journal of European Social Policy 19: 117–130.

Reality TV und Arbeitswelten: Inhalte und Rezeptionsweisen von Docu Soaps zum Thema Jobvermittlung

Karin Knop

Abstract

Erwerbsarbeit wird als eine der relevantesten Ungleichheitsdimensionen skizziert und in ihrer Bedeutung für Identitätsarbeit insbesondere heutiger Jugendlicher beleuchtet. Über Arbeit vermittelte Prestige- und Identitätsaspekte wie gesellschaftliches Ansehen, Anerkennung und Teilhabe stehen Adoleszenten aktuell nicht mehr ohne Weiteres zur Verfügung. Da Medien maßgeblich Anteil an der gesellschaftlichen Bedeutungskonstruktion, auch an der Produktion von Inklusion und Exklusion, beteiligt sind, werden jugendaffine Jobvermittlungsformate im Bereich des Reality TV daraufhin analysiert, wie darin Differenzen und Ungleichheiten konstruiert werden und wie diese zu bewerten sind. Zwischen 2004 und 2010 sind vierzehn dieser Sendekonzepte in der Reality TV-Landschaft auszumachen. Wie sich die telemedialen Repräsentationsformen vor dem Hintergrund des gesellschaftlichen Kontextes und hegemonialer Subjektivierungsformen interpretieren lassen, wird auf Basis exemplarischer Sendeanalysen des Formats *Deine Chance! Drei Bewerber – ein Job* gezeigt und dieses als *telemediales Assessment-Center* erkannt. Konstitutiv für diesen Programmbereich sind spezifische Abwertungsstrategien, die gleichzeitig auf soziale Distinktionsprozesse verweisen und damit das Bild von Menschen in spezifischen sozialen Lagen entscheidend beeinflussen können. Die Ergebnisse neun leitfadenbasierter Gruppendiskussionen lassen deutlich werden, wie anhand solcher Formate arbeitsbezogene Wissensbestände und -ordnungen rezipiert werden, und sie veranschaulichen die potenziell handlungsleitende Relevanz der Deutungsangebote von Jobvermittlungsformaten.

Einführung

„Er geht dahin, wo es weh tut: in die Realität. „Der Arbeitsbeschaffer" versucht Unterschichtlern einen Job zu verschaffen. Schön anzusehen ist die neue RTL-Doku-Soap nicht, aber sie *entlarvt die deutsche Vollkasko-Mentalität: Ihr könnt mich mal, ich muss gar nix! [...]* Aber eigentlich wollen die Eltern das auch gar nicht. So, wie Rainer im Schlabber-T-Shirt samt Mottenloch zu den Bewerbungsgesprächen erscheint, die er ohne den „Arbeitsbeschaffer"

niemals bekommen hätte, signalisiert er nur eines: Ihr könnt mich mal, ich muss gar nix! Empört steht er auf und reißt sich das Mikro vom Schmuddelhemd, als Naundorf ihn auf sein äußeres Auftreten aufmerksam macht. Das muss er, Rainer, sich doch nicht bieten lassen! *Die Frage, warum wir Steuer- und Sozialbeitragszahler uns das von ihm bieten lassen, kommt ihm gewiss nie in den Sinn. Er sieht sich als Opfer,* und das gibt ihm alles Recht der bösen Welt. Schuld haben immer nur die anderen, und *im Zweifel verharrt er lieber im bekannten Luxuselend* als wirklich etwas Neues anzugehen. Ein völlig fremder Gedanke in dieser abgespacten Sphäre: dass das Leben eine ständige Herausforderung sein könnte, dass *Individualität und Leistung das Selbstwertgefühl* heben, ja, Genuss und Glückserfahrung sein können. Und: dass man dabei durchaus klein anfangen kann."[1] (Mohr 2008)

Das Zitat aus dem *Spiegel* belegt meines Erachtens eindrucksvoll verschiedene Aspekte, denen im Rahmen dieses Beitrags detailliert nachgegangen werden soll. Erstens hat sich das Reality TV vermehrt dem Bereich der Arbeitsvermittlung zugewendet. Zweitens werden diese Formate dem Bereich des so genannten Unterschichtsfernsehens zugeordnet und drittens werden die Arbeitssuchenden in diesen Formaten beinahe ausnahmslos abgewertet und ein Postulat der Selbstverantwortung etabliert, statt eine Auseinandersetzung mit strukturellen Problemen des Arbeitsmarktes zu verfolgen. Der Diskurs um das Unterschichtsfernsehen, dem wiederum der Programmbereich Reality TV zu subsumieren ist – so arbeiten Klaus und Röser (2008: 269) überzeugend heraus – nimmt eine Klassifikation von Kulturgütern und ihren NutzerInnen vor, indem er deren ,schlechten Geschmack', nicht aber die fehlenden sozialen Ressourcen an den Pranger stellt und den eigenen ,guten Geschmack' nach unten abgrenzt. Die Inszenierung der Lebenswelt der Unterschicht – so ein Fazit der Autorinnen – in den verschiedenen Formaten formiert und typisiert überhaupt erst die ,Unterschicht'. „Erstaunlich ist, wie viele Kommentatoren die gesendeten und vom Fernsehen in Szene gesetzten Lebensäußerungen und Darstellungen der Unterschicht mit dem tatsächlichen Verhalten von Arbeitslosen oder Menschen mit niedrigem Einkommen gleichsetzen." (ebd.: 274 f.).

Die Forderung von Tanja Thomas (2008b: 220) aufgreifend, nämlich Fernsehanalysen an die Analyse zeitgenössischer, gesellschaftlich dominanter Diskurse rückzubinden – und hierbei aktuell insbesondere an die hegemoniale Subjektivierungsweise des unternehmerischen Selbst (u. a. Bröckling 2007) –, soll daher zunächst der Kontext (1), also die aktuelle Situation jugendlicher Arbeitssuchender skizziert (1.1) und das Konzept des unternehmerischen Selbst und seine Relevanz für den Arbeitsbereich geklärt werden (1.2). Die nicht zu unterschätzende Bedeutung der Erwerbsarbeit für die Identitätsentwicklung (1.3) wird dann vor dem Hintergrund der verschiedenen Identitätsofferten des Reality TV im Allgemeinen (2.1) und von Jobvermittlungsformaten in Form verschiedener Docu-Soaps im Besonderen (2.2) herausgearbeitet. Das Erfolgsformat *Deine Chance! 3 Bewerber – 1 Job* wird dann einer detaillierten Analyse unterzogen (2.3).

---

1   Hervorhebungen durch die Autorin

Schließlich werden unter Rekurs auf Ergebnisse von Gruppendiskussionen die komplexen Aneignungsprozesse im Kapitel Lesarten (3) nachgezeichnet.

1   Kontext: Erwerbsarbeit, Identitätsarbeit und die Dominanz des Unternehmerischen Selbst

1.1   Zur Bedeutung von Erwerbsarbeit im Kontext der Ungleichheitsdiskussion

Soziale Ungleichheit liegt insbesondere dann vor, wenn Menschen aufgrund ihrer Stellung in sozialen Beziehungsgefügen von den ‚wertvollen Gütern‘ einer Gesellschaft regelmäßig mehr als andere erhalten (u. a. Hradil 2001). Die Bedeutung der Erwerbsarbeit kann im Zusammenhang mit Fragen der sozialen Ungleichheit nicht hoch genug angesiedelt werden, handelt es sich doch – neben anderen und zum Teil korrespondierenden Ungleichheitsdimensionen wie bspw. Bildung, Alter und Geschlecht – um eine der relevantesten Dimensionen, die den Zugang zu den wertvollen Gütern determinieren. Denn „[w]er einem hohen Lebensstandard, großem Ansehen, weitreichendem Einfluss, Existenzsicherheit und anderen Zielsetzungen eines „guten Lebens" näher kommen möchte, wird dies in modernen Gesellschaften meist über den Weg der Erwerbstätigkeit erreichen." (Hradil 2001: 180) Nur über Erwerbstätigkeit sind häufig erst Einkommen, Berufsprestige, Machtstellungen, aber auch Identität, Selbstwertgefühl und Kontakte bzw. soziale Integration zu erlangen. Das Risiko vom Erwerbsarbeitsprozess ausgeschlossen und damit arbeitslos zu sein, hängt in der Bundesrepublik Deutschland in nicht unerheblichem Maße mit Bildungsgrad und Alter zusammen: Im Jahr 2005 betrug die gesamtdeutsche Arbeitslosenquote 11,8 Prozent. Hinter diesem Durchschnittswert verbergen sich enorme Unterschiede in den einzelnen Qualifikationsgruppen: Nach Berechnungen des Instituts für Arbeitsmarkt- und Berufsforschung (IAB) für 2005 war die Arbeitslosenquote von Ungelernten mit 26,0 Prozent fast dreimal so hoch wie bei Personen mit abgeschlossener Berufsausbildung – hier lag der Werte bei 9,7 Prozent – und über sechs mal so hoch wie bei den AkademikerInnen mit lediglich 4,1 Prozent (Reinberg und Hummel 2007: 4). Fokussiert man die Ungleichheitsdimension Alter, war die Zunahme der Arbeitslosigkeit in der Gruppe der 15- bis unter 25-Jährigen relativ am stärksten. Ihre Arbeitslosenzahl ist im Jahresdurchschnitt 2009 um 11 Prozent auf 377 000 gestiegen (Bundesagentur für Arbeit 2009: 18). Heutige Jugendliche machen daher beim Eintritt in die Lebensphase der Erwerbsarbeit im Unterschied zu vorangegangenen Generationen angesichts der Engpässe auf dem Arbeitsmarkt die Erfahrung, dass gute Leistungen und ein hochwertiges Schulabschlusszertifikat zwar eine notwendige, aber keineswegs mehr hinreichende Bedingung für den beruflichen Erfolg sind oder die angestrebte Statuserlangung garantieren (Mansel und Kahlert 2007). Der Nutzeffekt eigener Leistungen und Anstrengungen kann daher in Frage gestellt werden. Die Sorge um den Verlust des eigenen Arbeitsplatzes stieg gemäß der Shell Jugendstudie

2006 (Hurrelmann und Albert 2006) von 2002 bis 2006 drastisch an, nämlich von 55 auf 69 Prozent.[2] Immer seltener glauben demgemäß SchülerInnen der unterschiedlichen Schulformen an die Erfüllung ihrer beruflichen Wünsche. Arbeit kann daher zur Recht mit Keupp (2006: 116) als „Existenzproblem" begriffen werden, für das es aufgrund des zwischenzeitlich stattgefundenen Wertewandels keine traditionelle Lösung gibt. Über Arbeit vermittelte Prestige- und Identitätsaspekte wie gesellschaftliches Ansehen, Anerkennung, Teilhabe an Konsum und Kultur, Entwicklung von Zukunftsperspektiven und Lebensplan stehen Jugendlichen heute nicht mehr ohne weiteres zur Verfügung. Arbeit als die materielle Säule postmoderner Identitätsbildung wird im Zeichen der ‚neuen Armut' (Honneth 1993) wieder zur Schnittstelle zwischen einer Freiheit als Chance zur Emanzipation, aber auch als Erfahrung von Bodenlosigkeit, sozialer Stigmatisierung und Ausgrenzung.

Identität auf Individualebene muss an gesellschaftliche Individualisierungsprozesse rückgebunden werden, um verstehbar zu sein. Die Institutionalisierung der Lebensläufe durch Sozialstaat, Beruflichkeit und Bildungssystem tritt im Zuge der Individualisierung zunehmend zurück. „Der neoliberale Abbau kollektiver Sicherungssysteme treibt Prozesse der Individualisierung voran, in denen Konkurrenz, Wettbewerb und Unsicherheit eine zunehmend wichtige Rolle spielen" (Thomas 2008b: 222). Die Risiken werden außerdem verstärkt den einzelnen Individuen zugeschrieben. Selbst wenn man weiß, dass es strukturelle Ursachen der wirtschaftlichen Entwicklung gibt, führen sie nicht mehr zur Solidarisierung einer Klasse von Arbeitslosen, „es sind individualisierte Arbeitslose" konstatiert Burzan (2005: 166). Individualisierung steht hier – wie auch in vielen anderen Lebensbereichen – für eine Verpflichtung zur Selbstverantwortung. Diese Selbstverpflichtung- und Selbstverantwortung ist eng verbunden mit dem vielfach diskutierten Systemwechsel vom „Wohlfahrtsstaat" hin zum „aktivierenden Wettbewerbsstaat" (Heinze et al. 1999: 183 ff.) und ist dabei mit tiefgreifenden Sozial- und Arbeitsmarktreformen – beispielsweise der „Agenda 2010" der rot-grünen Regierungsjahre – für viele Menschen in Deutschland erfahrbar geworden. Ein Konzept, „das ‚Eigenverantwortung', ‚Selbstvorsorge' und ‚Privatinitiative' eine Schlüsselrolle zuweist", wie Butterwegge (2008: 183) hervorhebt, und dem es dezidiert um eine Neujustierung des Verhältnisses von Individuum und Staat zu Lasten des Ersteren ginge.

---

2   Gemäß der Jugendstudie 2010 scheint es hierbei aktuell bzw. temporär mehr Optimismus vorzuherrschen. Jugendliche sind sehr viel hoffnungsvoller als in den letzten Jahren, nach der Ausbildung übernommen zu werden. Auch in puncto Zuversicht beim Berufswunsch gibt es eine positive Trendwende: 71 Prozent der Jugendlichen sind überzeugt, sich ihre beruflichen Wünsche erfüllen zu können. Jedoch verläuft die Entwicklung bei Jugendlichen aus sozial schwierigen Verhältnissen auch hier wieder gegenläufig: Nur 41 Prozent sind sich diesbezüglich sicher (Shell 2010). Hier zeigen sich auch deutlich wieder soziale Ungleichheiten. 59 Prozent blicken ihrer Zukunft zuversichtlich entgegen, 35 Prozent äußern sich unentschieden und nur 6 Prozent sehen ihre Zukunft eher düster. Einzig bei Jugendlichen aus sozial benachteiligten Familien zeigt sich ein anderes Bild: Hier ist wiederum nur noch ein Drittel (33 Prozent) optimistisch (Shell 2010).

1.2   Das unternehmerische Selbst: Eine hegemoniale Subjektivierungsform innerhalb und außerhalb von Arbeitswelten

Im Rahmen der Gouvernmentality Studies werden seit geraumer Zeit die radikalen Umstrukturierungsprozesse des Sozialstaats unter dem Label „Ökonomisierung des Sozialen" diskutiert (Bührmann 2004; Lemke 2008). Dabei wird mit der Ökonomisierung des Sozialen die Ausrichtung an ökonomischen Effizienzkriterien in allen gesellschaftlichen Bereichen bezeichnet, in denen der moderne Sozialstaat aktiv ist und versucht, auf die eine oder andere Art und Weise soziale Probleme – u. a. auch Arbeitslosigkeit, prekäre Arbeitsverhältnisse etc. – zu lösen. Die Verantwortung für gesellschaftliche Risiken – Lemke (2008: 55) benennt hier u. a. Krankheit, Arbeitslosigkeit, Armut – werde aus dem Zuständigkeitsbereich von Kollektiven zu einem „Problem der Selbstsorge transformiert". Nicht gesellschaftlich-strukturelle, sondern individuell motivationale Faktoren sind dann – gefährlicher- und logischerweise – für die Lösung von Arbeitslosigkeit maßgeblich (Lemke 2008: 57). Nach Auffassung kritischer (Medien-)Soziologen ist das „unternehmerische Selbst" mit Beginn des 21. Jahrhunderts als hegemoniale Subjektivierungsform zu charakterisieren, das in verschiedensten Lebensbereichen vorzufinden ist und dort dominant wirkt (u.a Bührmann 2004). Dieses Selbst zeichnet sich dadurch aus, dass es sein Handeln, Fühlen, Denken und Wollen an ökonomischen Effizienzkriterien und unternehmerischen Kalkülen ausrichtet (vgl. u. a. Sennett 1998). Es muss sich anpreisen und in der Lage sein, sich entsprechend zu präsentieren (u. a. Neckel 2008). Das unternehmerische Selbst ist keine empirisch beobachtbare Entität – wie Bröckling (2007: 46) explizit betont –, sondern vielmehr eine Weise, in der Individuen als Personen adressiert werden, und zugleich die Richtung in der sie verändert werden und sich verändern sollen. Im unternehmerischen Selbst formiert sich ein „normatives Menschenbild wie eine Vielzahl gegenwärtiger Selbst- und Sozialtechnologien", deren gemeinsamer Fluchtpunkt die Ausrichtung der gesamten Lebensführung am Entrepreneurship ist (ebd.: 47). Erfolg wird – und dies ist ein bedeutsamer Zuschreibungsprozess im Zusammenhang mit sozialen Ungleichheiten – zur Einstellungssache und Selbst- und Fremdsteuerung laufen parallel und verstärken einander (Bröckling 2002: 158). Mögliche und wahrscheinliche Konsequenzen sind die konstitutionelle Überforderung sowie die Manifestierung von Logiken der Exklusion und Schuldzuschreibung, denen der oder die Einzelne ausgesetzt ist (Bröckling 2007: 9). Auch Neckel (2008) und Honneth (2002) weisen darauf hin, dass das Konzept der Individualisierung unter den Bedingungen des radikalen Marktes vor allem eine Funktion übernimmt: Es legt nämlich nahe, die Verteilung sozialer Chancen dem Individuum und seiner Biografie zuzurechnen, in der Konkurrenz, Wettbewerb und Unsicherheit eine zunehmend wichtige Rolle spielen. Gebremst wird die Kraft der unternehmerischen Anrufung zunächst durch die von ihm ausgehende konstitutive Überforderung: Das unternehmerische Selbst ist ein „erschöpftes Selbst" (Bröckling 2007: 289). Weil die Anforderungen unabschließbar sind, bleibt der oder die Einzelne zwingend hinter ihnen zurück. Der

„kategorische Komparativ des Marktes" setzt einen permanenten Ausscheidungskampf in Gang und so läuft jeder fortwährend Gefahr, ausgesondert zu werden. „Anerkennung ist gebunden an Erfolg, und jedes Scheitern weckt die Angst vor dem sozialen Tod" (ebd. 289.). Die Märkte werden – so Neckel (2008: 10) – zu „Kampfrichtern bei der Vergabe von Lebenschancen" und meines Erachtens insbesondere bei der Vergabe von Chancen im Bereich des Arbeitslebens.

Eine besondere Dynamik entfaltet das Leitbild des unternehmerischen Selbst natürlich in dem Bereich, dem es entstammt: der Welt der Unternehmen. Einen aktuellen Idealtypus verkörpert etwa die Figur des *Arbeitskraftunternehmers*, in dem Voß und Pongratz (2002) eine neue Grundform der Ware Arbeitskraft ausmachen. Dieser Typus zeichnet sich vorrangig aus durch erstens *Selbstkontrolle* – also die verstärkte selbstständige Planung, Steuerung und Überwachung der eigenen Tätigkeit, zweitens *Selbstökonomisierung* – also die zunehmende aktiv zweckgerichtete „Produktion" und „Vermarktung" der eigenen Fähigkeiten und Leistungen – auf dem Arbeitsmarkt wie innerhalb von Betrieben und schließlich drittens durch *Selbstrationalisierung* – im Sinne einer wachsenden und bewussten Durchorganisation von Alltag und Lebensverlauf und einer Tendenz zur Verbetrieblichung der gesamten Lebensführung aus (Voß und Pongratz 2003: 24). Die Autoren belegen auch empirisch die These, dass diese neuen Strategien der betrieblichen Nutzung von Arbeitsfähigkeiten zu nachhaltigen Konsequenzen für das Arbeits- und Berufsverhalten sowie die gesamte Lebensweise der Erwerbstätigen führen. Die beiden Soziologen sehen allerdings keinen Zwang zu einer totalen Vereinnahmung der Person durch den Typus des Arbeitskraftunternehmers, sondern weisen auf die Vielfalt der subjektiven Auseinandersetzungen mit den Anforderungen des Arbeitskrafttypus hin. Sie lassen aber auch nicht unerwähnt, dass es in entgrenzten Arbeitsformen um den Zugriff auf den ganzen Menschen geht, womit gemeint ist, dass alle Aspekte von Subjektivität zum Gegenstand betrieblicher Verwertung werden können, aber nicht, dass sie es de facto immer in Gänze werden.

1.3   Zum Zusammenhang von Erwerbsarbeit und Identitätsarbeit

Gerade weil die Teilhabe an der Erwerbsarbeit und das damit verbundene Einkommen die soziale Position von Menschen in der Gesellschaft bestimmen, bleibt sie zentral in der Identitätsarbeit. Erwerbslose schichten ihre Identität nicht einfach um, sondern gruppieren sie zentral um die Abwesenheit von Arbeit und die damit verbundenen Verluste an persönlichem Sinn und sozialer Einbindung. „Gerade mit und wegen der Verknappung von Arbeit, wächst ihre Bedeutung für die Identitätsentwicklung." (Keupp 2006: 129) Erwerbsarbeit spielt eine dominierende Rolle sowohl für die Vergesellschaftung der Individuen, für ihre Platzierung in der Sozialstruktur und für die Herausbildung sozialer Normen und Orientierungen. Individuen beziehen ihre Identität auf die dominanten Handlungs- und Erlebnisfelder, wobei der Beruf eines der zentralsten

Handlungsfelder ist. Arbeit und Identität haben große Gemeinsamkeiten – jeweils ist die Innen- und Außensicht höchst relevant. Nach Hoff (1990) ist Identität als Oberbegriff anzusehen, der sich auch und vor allem auf Bewusstseinsanteile von Heteronomie, Austauschbarkeit und Entfremdung bezieht. Arbeitsbiografie, Persönlichkeitsentwicklung und Identitätsarbeit sind dabei aufs Engste verzahnt. Gerade in Zeiten sozialer und insbesondere wirtschaftlicher Unsicherheit ist das ‚Offenhalten‘ der eigenen Identität – also Flexibilisierung – nach Keupp (2006: 118) möglicherweise funktionaler und kann häufiger diagnostiziert werden.[3] Denn die Erfahrung von Ungleichheit hat Einfluss auf die Identitätsentwicklung und auch biografische Brüche wie bspw. Arbeitslosigkeit können eine große Bedeutung für Identitätsentwicklungsprozesse haben oder gar zu radikalen Identitätstransformationen führen (Baitsch und Schilling 1990; Blien 2008). Daher sind Kontrollüberzeugungen – also Wahrnehmungen von Handlungsspielräumen und Restriktionen – im Zusammenhang mit dem Identitäts- aber auch dem Arbeitsbegriff relevant (Hoff 1990). Berufslaufsmuster konnten vormals je nach Beruf, Arbeitsmarktsituation mehr oder minder gut subjektiv antizipiert und rekonstruiert werden. Kontinuität oder eine zumindest teilweise berechenbare Diskontinuität – in Form von Stufen, Phasen, Aufstieg, Abstieg – waren erwart- bzw. vorhersehbarer. Nunmehr herrscht der kategorische Imperativ des „flexiblen Menschen" (Sennett 1998), denn diese Erwartbarkeit hat sich seit geraumer Zeit massiv und kontinuierlich reduziert. Dieser komplexe Prozess von Unsicherheitsfaktoren im Bereich der beruflichen Positionierung geht – so kann berechtigt angenommen werden – mit einem erhöhten Orientierungsbedarf auf Seiten des Individuums einher (u. a. Gangloff 2008). Relevante Einflüsse auf die Identitätsprozesse der Individuen sind zu erwarten. Eine verstärkte Auseinandersetzung der einzelnen Individuen mit diskursiv – und damit auch medial – erzeugten und in alltäglichen Praxen erfahrbaren Zielvorgaben bzw. Entwicklungszielen erscheint ebenfalls mehr als nahe liegend.

2   Text: Mediale Identitätsofferten durch Reality TV

2.1   *Mediale Identitätsarbeit in Alltags- und Arbeitswelt*

Indem Medien maßgeblich an der gesellschaftlichen Bedeutungskonstruktion, auch an der Produktion von Inklusion und Exklusion beteiligt sind, stellt sich die drängende Frage nach ihrer Rolle und Funktion in diesen Prozessen. Es ist daher ein besonders dringliches Anliegen, jeweils nachzuzeichnen, wie Differenzen und Ungleichheiten in spezifischen medialen Präsentationen – in diesem Falle im Reality TV-Subgenre der Jobvermittlungsformate – konstruiert werden und wie Widersprüche, Verzerrungen

---

3   Identität wird hier jedoch gemäß moderner Identitätstheorien als lebenslanges unabgeschlossenes Projekt verstanden, welches gerade in krisenhaften Prozessen besonders stark vorangetrieben wird.

und Unterschlagungen zu bewerten sind (Wischermann und Thomas 2008: 10). In diesem Zusammenhang sind Prozesse der *identity work* besonders bedeutsam. Medien helfen Identitäten zu konstruieren und stellen eine Vielzahl von Lebensmodellen bereit, sie versorgen uns mit symbolischen Ressourcen, Identifikationsoptionen, die die Basis für unser reflexives Projekt der Ich-Identität sind (Krotz 2003). Sie tragen also auch ganz wesentlich zur Verständigung über die in der Gesellschaft geltenden Normen und Werte bei, wobei medial vermittelte Werte, Rollenbilder und Identifikationspotentiale im Hinblick auf ihre Sozialisationsrelevanz und ihre Bedeutung für die Identitätsbildung überprüft werden. Verschiedenste Bilder des Erfolgs und Scheiterns werden durch medientypische Mechanismen wie Stereotypisierung, Polarisierung und Skandalisierung konturiert. Die darüber hinausgehenden komplexen Prozesse der Auseinandersetzung mit medialen Repräsentationen von Arbeitswelten zu beleuchten, erscheint daher vielversprechend.

Die These von der zunehmenden Orientierungsfunktion der Medien (u. a. Krotz 2007: 115) uneingeschränkt teilend, kann mit Krotz (2007: 115) davon ausgegangen werden, dass sich Medien- respektive Fernsehinhalte auf immer mehr Handlungsbereiche der Menschen beziehen und damit auch zur Normierung des emotionalen Erlebens und der ideologischen Orientierung beitragen. Sie haben somit Konsequenzen für Alltag und Identität, Kultur und Gesellschaft. Krotz' (u. a. 2007: 115) These von der Verwobenheit der Medien mit dem Alltag der Menschen ist mittlerweile als Common Sense anzusehen. Die Auflösung kirchlicher, generationaler und klassenspezifischer Milieus und auch die Migrationsbewegungen trugen dazu bei, dass die verschiedenen Bevölkerungsgruppen und ihre Lebensweisen als einander fremd erlebt wurden. „Genau deshalb ist der Alltag fernsehreif geworden" (Klaus 2008: 156). Weil die Art und Weise, wie die Mitmenschen leben, nicht mehr selbstverständlich ist, vermitteln Sendungen, wie sie das Reality TV produziert, alltägliche Erfahrungen und zeigen Muster des menschlichen Miteinanders, die früher direkter beobachtet werden konnten. Deshalb ist es eben gerade der expandierende Programmbereich Reality TV, der Modelle zur Lebensführung im Allgemeinen und Modelle des Arbeitslebens im Besonderen anbietet.

Konstitutiv für den Programmbereich Reality TV sind spezifische Abwertungsstrategien, die gleichzeitig auf Exklusionstendenzen und soziale Distinktionsprozesse verweisen. Sie haben vermutlich keinen oder nur geringen Einfluss auf die Zuschauerattraktivität, können aber sehr wohl das Bild von Menschen in spezifischen sozialen Lagen maßgeblich beeinflussen. Neben dem beinahe ausnahmslos negativen Image des Programmbereichs ist den Angeboten, die dem Reality TV zuzuordnen sind, gemein, dass darin immer ein Wählen und das Entscheiden über Andere präsent ist. Konkurrenzsituationen scheinen konstitutiv für das Genre (Klaus/Lücke 2003). Ferner greift ein Grossteil der Formate nachhaltig in das Leben der beteiligten Menschen ein (Keppler 1994). Die Zuschauer rezipieren in den Formaten Modelle zur Lebensführung und setzten sich mit Prinzipien, Regeln und Verfahren sowie habitualisierten und institutionalisierten Praktiken auseinander. Diese Auseinandersetzung erfolgt sowohl mit Rückbezug auf Lebenspläne, Erwartungen, Kompetenzen und Ressourcen, Deutungen und Erfahrungen, aber natürlich auch auf Optionen und Verpflichtungen, Risiken und Zwängen, Norm und kulturellen Standards (Thomas 2008a).

Die audiovisuellen Medien – und hier ist Krotz (2007: 110) vollkommen beizupflichten – versuchen in möglichst vielen Alltagssituationen möglichst vieler Menschen präsent zu sein und Themen und Inszenierungen für jede Situation, jeden Geschmack und jedes Interesse zu offerieren. Das breite Themenspektrum bietet dabei eben auch nicht wenige Formate, die sich dem Bereich der Erwerbsarbeit inklusive der Arbeitsvermittlung zuwenden. Insgesamt handelt es sich aber bei dem Komplex „Medien und Arbeitswelten" um ein vergleichsweise wenig erschlossenes Gebiet innerhalb der Kommunikations- und Medienwissenschaft.[4] Der Bereich, der hier als Jobvermittlungsformat bezeichnet wird – eine Ausformung des Reality TV – ist bislang kaum beforscht. Aber gerade die darin stattfindende explizite Thematisierung von arbeitsrelevanten Themen erscheint vor dem Hintergrund von Arbeitsunsicherheit, neuen Arbeitskrafttypen und werterelevanten Veränderungsprozessen in diversen Teilsystemen der Gesellschaft besonders produktiv.

2.2   Mediale Repräsentationen von Arbeitswelten: Jobvermittlungsformate im Fernsehen

Zwischen 2004 und 2010 sind mindestens vierzehn Sendekonzepte in der Fernsehlandschaft respektive Reality TV-Landschaft aufgetaucht, die sich gemessen an der Zuschauerakzeptanz mehr oder weniger erfolgreich dem Thema Arbeit widmeten. Bei den öffentlich-rechtlichen Sendern war es das ZDF, welches sich 2006 mit der preisgekrönten, vierteiligen Docu-Soap *Stell mich ein* dem Themenbereich Arbeitssuche zuwendete. In der mehrfach ausgezeichneten Sendung wurden verschiedene Menschen bei ihrer Suche nach einer Anstellung intensiv begleitet.

Die RTL Group setzte bereits 2004 den Trend zu Jobvermittlungsformaten in Gang und präsentierte Rainer Calmund als *Big Boss* – eine Adaption des US-amerikanischen Erfolgsformats *The Apprentice* –, der unter zwölf BewerberInnen die Top-Führungspersönlichkeit auswählte. 250 000 Euro Startkapital für eine Existenzgründung respektive ein Top-Job in der Industrie lockten den GewinnerInnen. 2006 gab es ein Format, bei

---

4   Insgesamt existiert eine überschaubare Anzahl von Studien, die sich mit dem Themenkomplex Medien und Beruf beschäftigen. Hierunter firmieren dann beispielsweise Inhaltsanalysen zur Repräsentation spezifischer Berufsbilder in den Medien – vorwiegend Fernsehen (u. a. Dostal und Troll 2005, Vande Berg und Trujillo 1989, Foltin 1975), wobei die berufliche Stellung der Frau in Fernsehangeboten besondere Berücksichtigung erfährt. Aber auch Rezeptions- und Wirkungsstudien beispielsweise zum Zusammenhang von Fernsehrezeption und Berufswahl sind vorfindbar (u. a. Beullens und Van den Bulck 2008). Zu klären, welchen Einfluss telemediale Berufsrepräsentationen auf die Einstellungen und Werturteile der Zuschauer zu diesen spezifischen Berufen haben, machen sich weitere Studien zum Ziel (u. a. Signorielli 1993).

dem der Casting-Charakter gänzlich fehlte: *Katjas härteste Jobs*. Hier zeigte die Moderatorin unterschiedliche Berufsbilder, Menschen, die diese Berufe ausüben, sowie durch den Probearbeitstag der Moderatorin auch ganz konkret die jeweiligen Anforderungen, Schwierigkeiten und Vorteile einzelner Arbeitsbereiche. 2008 erschien bei RTL II ein Coachingformat der originelleren Form. *Der Bluff* bietet probierfreudigen BewerberInnen eine Lehre auf Zeit. Innerhalb weniger Wochen soll mithilfe der ExpertInnen aus einem Amateur ein Profi werden, der von einer Fachjury nicht von anderen professionellen Stelleninhabern im jeweiligen Arbeitsbereich zu unterscheiden ist. Ebenfalls 2008 trat *Der Arbeitsbeschaffer* bei RTL seinen Dienst an und die ZuschauerInnen konnten ihn bei seiner Tätigkeit – nämlich der mehr oder weniger erfolgreichen Integration Arbeitsuchender in den Arbeitsmarkt – begleiten. Sehr spezialisiert auf ein einzelnes Berufsfeld, nämlich das der FriseurInnen, war dann die achtteilige Docu-Soap *Top Cut* im Jahr 2008 bei VOX. Ständige ,*Competitions*‘ ließen eine Gruppe von zehn AnwärterInnen kontinuierlich schrumpfen, bis letztlich eine bzw. einer die Saloneinrichtung im Wert von 120 000 Euro für den Start in die Selbstständigkeit nutzen konnte. 2009 war zudem noch *Der Starpraktikant* im Angebot von VOX zu finden. Und 2010 sorgte der Psychologe Jürgen Hesse dafür, dass hilfesuchende Arbeitslose *Endlich wieder Arbeit!* mit Unterstützung von RTL finden konnten.

Die konkurrierende ProSiebenSat.1 Media AG mit ihrer Senderfamilie ProSieben, Sat.1 sowie Kabel 1 hat seit 2004 nicht weniger als sechs verschiedene Sendungen ausgestrahlt, die sowohl den Bereich der Jobvermittlung zum Thema haben als auch explizit dem Hybridgenre Reality TV zuzuordnen sind. So ging 2004 *Hire or Fire – Der beste Job der Welt* bei ProSieben auf Sendung, bei dem zehn KandidatInnen gegeneinander antreten, um zu beweisen, dass sie ihren Traumjob – Creative-Director bei John de Mol – verdient haben. 2007 starteten *Deine Chance! 3 Bewerber – 1 Job* auf ProSieben und das inhaltlich und formal beinahe identische Format *Ein Job – Deine Chance* auf Sat.1. Im darauf folgenden Jahr erschien bei Kabel 1 *Mein neuer Job* – eine Sendung, innerhalb derer Elemente des Auswandererformats mit denen von klassischen Jobvermittlungsformaten mit Castingcharakter verbunden wurden. 2009 wurden dann von ProSieben *Die Jobretter* und von Kabel 1 im gleichen Jahr *Das Jobduell* lanciert. Die Jobretter, selbsternannte ExpertInnen, wollen in diesem Coachingformat Unternehmen vor der großen Pleite bewahren und den bisherigen InhaberInnen dabei mit Rat und Tat zur Seite stehen. Beim Jobduell hingegen stehen viel stärker der Konkurrenzcharakter und der Selektionsprozess zwischen den drei bis vier AspirantInnen im Vordergrund.

2.3   Deine Chance! 3 Bewerber – 1 Job

Im Fokus dieses Beitrags steht das Pro7 Format *Deine Chance! 3 Bewerber – 1 Job*, weil es mit seinen drei Jahren Laufzeit und der viermal wöchentlichen Ausstrahlung schon vergleichsweise lang auf Sendung ist und eine recht hohe Publikumsattraktivität aufweist (siehe Abb. 1). Interessant ist das Format aber auch wegen seiner für diesen Programmbereich symptomatischen Formelemente – Selektion, Konkurrenzkampf, Belohnungsstruktur –, durch die es als Stellvertreter für das Subgenre der Jobvermittlungsformate angesehen werden kann. Seine nähere Beschreibung soll hier nun als Ausgangspunkt für weitere Überlegungen und empirischer Studien dienen (Abb. 1).

In der Zuschauerschaft dieses Formats sind gemäß Sinus-Milieu die Experimentalisten und die modernen Performer überrepräsentiert. Die *Experimentalisten* haben einen Altersschwerpunkt unter 30 Jahre, gehobene Bildungsabschlüsse, überdurchschnittliches Einkommensniveau, experimentieren gern mit Lebensstilen, wollen ihre Gefühle und Talente ausleben. Dabei sind ihnen materieller Erfolg, Status und Karriere nicht so wichtig. Die *moderne Performer* haben ebenfalls einen Altersschwerpunkt unter

Abbildung 1   Marktanteile und Reichweiten von *Deine Chance! 3 Bewerber – 1 Job* differenziert nach Alter, Geschlecht, Bildung und Berufstätigkeit; Quelle: AGF/GfK Fernsehforschung (August 2008)

	Zuschauergruppen differenziert	Reichweite in Mio.	Marktanteil in %
Alter	ab 14 Jahre	0,64	6,5
	14–49 Jahre	0,54	13,7
	14–19 Jahre	0,10	20,0
	20–29 Jahre	0,17	19,3
Geschlecht	Frauen 14–49 Jahre	0,38	17,0
	Männer 14–49 Jahre	0,16	9,5
Bildung	Volksschule o. Lehre	0,15	7,4
	Volksschule m. Lehre	0,15	4,0
	Weiterführende Schule	0,25	8,1
	Abi./Hochschule/Studium	0,09	8,9
Beruf	Vollzeit berufstätig	0,19	9,7
	Teils berufstätig	0,12	13,3
	Azubi/Lehrling/Schüler	0,14	19,9
	Arbeitslos/Umschulung	0,03	6,3
	Noch nie berufstätig	0,02	11,3
	Früher berufstätig/Rentner	0,14	2,5

30 Jahre, verfügen über ein hohes Bildungsniveau, weshalb sich viele SchülerInnen und Studierende sowie Berufstätige mit gehobenem Einkommensniveau hierin befinden. Sie sind gemäß Milieubeschreibung die junge unkonventionelle Leistungselite, die berufliche und sportliche Leistungsgrenzen erfahren möchte, spontan Chancen nutzt und die berufliche Selbständigkeit anstrebt. Es ist also eine Sendung, die keineswegs nur von den weniger formal gebildeten ZuschauerInnen angesehen wird.

Auf Basis exemplarischer Sendeanalysen soll gezeigt werden, auf welche Weise das Format als *telemediales Assessment-Center* aufgebaut ist. Dabei war insbesondere von Interesse, wie Bewerbungsverfahren in Jobvermittlungsformaten wie *Deine Chance! Drei Bewerber – ein Job* dargestellt werden und wie sich die spezifischen Repräsentationsformen vor dem Hintergrund des gesellschaftlichen Kontextes und aktuell hegemonialer Subjektivierungsformen interpretieren lassen.

Verschiedenste dominante Formatelemente machen deutlich, wie die kontinuierliche Selbstverbesserung der KandidatInnen und der niemals abgeschlossene Prozess der Behauptung gegenüber MitbewerberInnen (vgl. Bröckling 2002: 183) unter spezifischer Verwendung der klassischen vier Inszenierungsstrategien des Reality TV – nämlich Dramatisierung, Emotionalisierung, Intimisierung, Stereotypisierung (Klaus und Lücke 2003: 208 ff.) – dargestellt werden. Der Auswertungsfokus liegt auf den Repräsentationsmodi mit Blick auf die BewerberInnen sowie deren Berufsmotivationen und die jeweiligen Bewertungs- und Umdeutungsprozesse ihrer konkreten Fähigkeiten, der Leistung und ihrer Persönlichkeit(sarbeit) durch die Off-Stimme, durch die ArbeitgeberInnen und die vorherrschende Ästhetik und Dramaturgie.

> „In jeder Folge *kämpfen* drei junge Menschen um einen begehrten Lehrvertrag in ihrem *Traumberuf.* Dabei müssen sie sich in der für sie neuen Berufswelt beweisen. Sie erleben *Erfolg* und *Niederlage,* Freundschaft und Feindschaft, Glück und Leid. Drei Bewerber *kämpfen um einen Ausbildungsplatz,* doch nur einer *gewinnt.* Die *Konkurrenz* ist hart – für zwei von ihnen zu hart. Es gilt seinen Job ordentlich zu machen, die Chefs zufrieden zu stellen und sich von *seiner besten Seite zu zeigen.* Nur wer in *allen Disziplinen* punktet, bekommt den Lehrvertrag. Wie schlagen sich die drei angesichts ihrer *Konkurrenten*? Wie verstehen sie sich mit dem Chef? Wann wird der Mitstreiter zum schlimmsten *Feind* im Rennen um die begehrte Stelle? Diese Fragen stellt „Deine Chance!" in jeder Folge der neuen täglichen Doku-Soap auf ProSieben."[5]

Dieser kurze Ausschnitt aus der Sendungsbeschreibung von Pro7 suggeriert bereits ein fest umrissenes inhaltliches Profil, zu dem unter anderem die dramatische Inszenierung teilweise widersprüchlicher Emotionen zählt. Ein weiteres essentielles Charakteristi-

---

5   Hervorhebungen durch die Autorin. Quelle: http://www.prosieben.de/lifestyle_magazine/deine _chance/ sendung/ [abgerufen: 10.10.2009]

kum des Erfolgsformates ist die Akzentuierung eines ausgeprägten Konkurrenzkampfes der Kandidaten um den vermeintlichen Traumberuf. Als erfolgreicher Sieger geht nur hervor – so das Sendekonzept –, wer im Wettkampf „in allen Disziplinen punktet". So sehen sich die Aspiranten einem umfassenden Leistungsanforderungskatalog ausgesetzt, der die individuellen Kompetenzen in den verschiedensten Aufgabenfeldern des anvisierten Jobs abprüft. Eine intensive Betrachtung des Selektionsprozesses führt jedoch unweigerlich zu der Frage, ob sich die angewandten Bewertungskriterien ausschließlich auf die tatsächlich erbrachte Leistung bzw. vorhandene Kompetenzen beziehen oder ob letztendlich individuelle Eigenschaften und zugeschriebene Persönlichkeitsmerkmale oder gar willkürlich erscheinende Kriterien zentraler als erworbene Qualifikationen sind (vgl. Neckel 2008: 98). In dieselbe Richtung weist auch Thomas' Argumentationsgang, die eine zunehmende Destandardisierung und Dynamisierung von Leistungskriterien im Neoliberalismus konstatiert und Erfolg somit mit einer gewissen Willkür behaftet sieht (Thomas 2008a). Diese Willkür manifestiert sich unter anderem darin, dass traditionelle Leistungskategorien (bspw. Fleiß, Pünktlichkeit) zunehmend durch den Verweis auf die Relevanz der individuellen „Persönlichkeitskompetenz" abgelöst werden. Für den Einzelnen wird es damit essentiell, das Prinzip einer kontinuierlichen Selbstvermarktung zu verinnerlichen und sich im Sinne des „Marketing-Charakters" (Neckel 2004: 11) so positiv wie möglich darzustellen und flexibel und transformationsbereit auf die Erfordernisse des Marktes zu reagieren. Die Zuschauer begleiten die konkurrierenden TeilnehmerInnen auf ihrem Bewerbungsparcours, können Sympathien entwickeln, Anteil nehmen oder sich aus emotionaler Distanz einfach nur unterhalten lassen. Im besten Fall gewinnen sie aus der Fernsehrealität etwas für ihre eigene Wirklichkeit (Nolte 2009: 56 f.). Auch in diesem Format – wie in vielen anderen Sendungen dieses Hybridgenres –, lässt sich daher zunächst ein Mechanismus vermuten, der mit Döveling (2010: 15) als „Teledarwinismus" bezeichnet werden kann. Die Phrase „Survival of the Fittest" wird hier symbolisch und mit Fokus auf den Bereich der Erwerbsarbeit durchexerziert. Welche Kriterien innerhalb dieses Formates als ‚Überlebenskriterien' definiert werden, werde ich im Folgenden aufzeigen:

Der Titelsong *Ich werd' die Welt verändern* von Revolverheld aus dem Jahr 2007 unterstreicht die Omnipräsenz einer Transformationsaufforderung, die dem Format immanent ist. Es handelt sich damit auf auditiver Ebene um eine Anrufung eines handlungsmächtigen Subjekts, welches in kontinuierlicher Arbeit an sich selbst dem Ziel eines gelingenden Lebens näher zu kommen sucht bzw. diesen Prozess erfolgreich bewältigen soll.

Ich werd' die Welt verändern
Werd' endlich alles besser machen
Werd' anfangen, wieder klarzukommen
und mal über mich selber lachen

Und ich weiß, dass irgendwann
Aus Böse auch mal Gut werden kann
Und wenn gar nichts mehr geht
fang' ich einfach wieder von vorne an

Aspekte der von Neckel (2004: 4) beschriebenen „Selbstenthusiasmierung" werden treffend durch die Schlussverse „Und wenn gar nichts mehr geht, fang' ich einfach wieder von vorne an" (Revolverheld 2007) illustriert, die somit unschwer dahingehend interpretiert werden können, dass sie „dem Subjekt beibringen sollen, an sich selbst als eine unerschöpfliche Quelle persönlicher Erfolgspotentiale zu glauben".

Der konkrete Sendungsaufbau ist durch zwei Probearbeitstage strukturiert: Am ersten Probearbeitstag erfolgt a) eine Vorstellung des Betriebs bzw. des Berufs und es werden b) ca. fünf konkrete Arbeitsaufgaben gestellt, c) die KandidatInnen werden unter Rekurs auf ihre Lebenssituation ihre bisherigen Misserfolge in Bewerbungsverfahren sowie Details zu ihrer gesamten Lebenssituation inklusive sozialen Beziehungen und spezifischen Problemen charakterisiert. Bereits hierdurch erfolgt eine direkte und/oder indirekte Kategorisierung respektive Stereotypisierung der KandidatInnen. Selbst- und Fremdbeurteilungen werden durch die kontinuierliche Kommentierung aus dem Off in der Funktion als auktorialer Erzähler, durch Statements der ArbeitgeberInnen sowie der MitbewerberInnen vorgenommen. Jede einzelne der Aufgaben führt dann zu einem Ranking der drei BewerberInnen, die jeweils mit einer (Karriere-)Leiter bildhaft illustriert sind. Der zweite Probearbeitstag ist dann wiederum durch die Bewältigung von neuen Arbeitsaufgaben und der finalen Entscheidung für eine Aspirantin bzw. einen Aspiranten gekennzeichnet.

Nach Sichtung von zwanzig Folgen des Formats *Deine Chance! 3 Bewerber – 1 Job* und Feinanalysen von fünf Folgen lassen sich fünf relevante Formatcharakteristika herausstellen:

2.4   *Geringe Berufsvielfalt durch Verengung des repräsentierten Berufsspektrums*

Die Widersprüche, Verzerrungen und Unterschlagungen in der telemedialen Darstellung gesellschaftlicher Diversität werden durch das repräsentierte Berufsspektrum eklatant deutlich. Das Format liefert Einblicke in Bewerbungsverfahren und damit auch Einblicke in spezifische Berufsfelder von Berufen, die beinahe ausnahmslos eine eher geringe Vorqualifikation (qualifizierter Hauptschulabschluss) voraussetzen. Der Website zur Sendung entnehmen wir „Metzger oder Starfriseur, Hotelier oder Gärtner. *Alle*[6] Berufe haben das Zeug für *Deine Chance! 3 Bewerber – 1 Job.*"[7] Das hier benannte

---

6   Hervorhebung durch die Autorin
7   http://www.prosieben.de/tv/deine-chance/episoden/chance-sendung-1.144397/

Berufssortiment deutet jedoch bereits auf eine enorme Begrenzung der dargestellten Berufsvielfalt hin, die ihrerseits wiederum Ungleichheitsdimensionen deutlich macht. Es sind eben weder *alle* Berufe noch eine breite Berufsauswahl, welche im Rahmen des Sendekonzepts Berücksichtigung finden, sondern es handelt sich letztlich um ein sehr begrenztes Berufsspektrum. Dies ist dadurch gekennzeichnet, dass die vorgestellten Arbeitsbereiche beinahe ausnahmslos einen Haupt- oder Realschulabschluss als Mindestzugang voraussetzen und die Tätigkeiten gut visualisierbar und damit telemedial behandelbar sind. Die Sichtung eines beliebigen Ausstrahlungsmonats 2009 hat deutlich gemacht, dass vorrangig die Arbeitsbereiche Gastronomie (Servicekräfte, Köchin/Koch, Restaurantfachfrau/-fachmann), Handel/Service (SchuhverkäuferIn, Einzelhandelskauffrau/-kaufmann, Verwaltungsfachangestellte) Wellness & Beauty (KosmetikerIn, FriseurIn etc.) und das traditionelle Handwerk (SchneiderIn, Polsterer) in diesem Format repräsentiert werden. Ferner ist auffallend, dass negative Aspekte des jeweils vorgestellten Berufs vollständig ausgeklammert werden. Gesundheitliche Risiken oder geringe Bezahlung werden in keiner der analysierten Folgen thematisiert. Vielmehr fällt eine zum Teil irreführende (Über-)Betonung von subjektiv-sinnhaften Berufsaspekten wie Eigenständigkeit oder Eigeninitiative auf, deren Zweck die Erhöhung des vorgestellten Berufs und die Optimierung des Identifikationspotentials nahelegt.

2.5 Repräsentation von Leistungsanforderungsparadoxien

Für den Zugang zum Arbeitsmarkt wie für die Bezahlung erbrachter Arbeitsleistungen werden individuelle Eigenschaften – bspw. berufliche und geographische Mobilität, zeitliche Verfügbarkeit, hohe Belastbarkeit, eine generalisierte Leistungsbereitschaft, die Fügsamkeit gegenüber jedweden Anforderungen sowie kommunikative und reflexive Kompetenzen – neben den erworbenen und durch staatliche Zertifikate garantierten Qualifikationen immer wichtiger (Mahnkopf 2000: 505). Diese Zeitdiagnose Mahnkopfs findet sich im Bewerbungsverfahren des untersuchten Sendeformats wieder. Die KandidatInnen werden einer Art *Leistungsanforderungsparadoxie* ausgesetzt. Den zuerst von den ArbeitgeberInnen genannten Bewertungskriterien wie Schnelligkeit, Zuverlässigkeit, Ordentlichkeit und Präzision bei der Ausführung sowie ganz spezifische Vor- und Fachkenntnisse, stehen die tatsächlich angewandten Bewertungskriterien – artikuliert durch ArbeitgeberInnen, Off-Stimme, MitbewerberInnen – wie Selbstvertrauen, Motivation, Ehrgeiz, Enthusiasmus, Kampfgeist, Ausdauer, Durchhalte- und Anpassungsvermögen sowie Vielseitigkeit entgegen. Die vielzitierte Erfolgslotterie ist in den analysierten Folgen nachweisbar. Anforderungsprofil und Bewertungskriterien differieren systematisch. Den zuerst ausgesprochenen Leistungskriterien im Bereich der Hard Skills steht letztlich mehrheitlich die Beurteilung von Transformation und gelungener Selbstvermarktung – also von so genannten Soft Skills – gegenüber. Die latente Propagierung einer Laufstegökonomie (vgl. Neckel 2004: 10) ist somit nachweislich.

2.6   Dramatisierung eines stilisierten Selektionsdrucks
und omnipräsenten Konkurrenzdenkens

Die Dramaturgie des Formats basiert in nicht unerheblichem Maße auf der konsequen-
ten Stilisierung eines Selektionsdrucks und der Dominanz von Konkurrenzverhalten
unter den KandidatInnen. Im Kontext der Spannungssteigerung sehr wohl nachvollziehbar, werden hiermit aber gleichzeitig agonale Strukturen legitimiert. Die Gewinner-
Verlierer-Unterscheidung, welche die öffentliche und auch die private Wahrnehmung
sozialer Beziehungen prägt (vgl. Neckel 2008: 9), spiegelt sich in diesem Fernsehfor-
mat wider und wird durch Aufstiegs- und Abstiegssymboliken untermauert. Betrachtet man die oft vernichtenden Urteile durch MitbewerberInnen, ArbeitgeberInnen und
den Kommentar aus dem Off, so ist wiederum Neckel (2008: 9) beizupflichten, der auf
den Druck, den die Vermarktlichung der Gesellschaft bis hinein in einzelne Biogra-
phien erzeugt hat, eingeht. Der „Wettbewerbsindividualismus" steht dabei unter der
Ägide allgegenwärtiger Konkurrenz um ökonomische Chancen (ebd.: 12). Hier werden
also Leistungsmaßstäbe definiert und Menschen – so Krotz und Lange (2010: 9) mit
Bezug auf den gesamten Reality TV-Bereich – in Rangreihen sortiert, die oftmals mit
bedeutsamen Konsequenzen behaftet sind. In diesem Fall entscheiden diese Rangreihen
über Vergabe eines Ausbildungsplatzes. Durch redaktionelle Nachbearbeitungen werden beispielsweise negativ konnotierte Eigenschaften wie Langsamkeit durch Zeitlupe
und entsprechende musikalische Untermalung übersteigert und die jeweiligen KandidatInnen abgewertet. Die generalisierte Einschätzung von großen Teilen des Reality TV
von Krotz und Lange (2010: 9) teilend, werden auch im Format *Deine Chance! 3 Be-*
werber – 1 Job Akteure „für erfolgreiche Anpassung materiell und symbolisch belohnt –
oder sie werden umgekehrt für die Nichterfüllung von Leistungskriterien bestraft. Sie
stellen also die ‚VerliererInnen‘ bloß, stigmatisieren sie und machen diejenigen lächer-
lich (oder drohen dies zumindest an), die sich diesen Leistungskriterien verweigern."

2.7   Emotionalisierung von Erfolg und Scheitern

Getreu dem Prinzip „Das Private ist das Authentische" (Bleicher 2009: 111) werden Charaktereigenschaften der KandidatInnen durch Eindringen und Spiegelung im Privatleben legitimiert und als Bezugspunkt für die Untermauerung der berufliche Eignung
oder Nichteignung ge- bzw. -missbraucht. Die ohnehin omnipräsenten Bewertungssys-
teme durchdringen dabei auch die private Sphäre der KandidatInnen. Im Falle der zuge-
schriebenen Nicht-Eignung werden Positionszuweisungen eingeführt und vermeintlich
nachvollziehbar begründet, ohne die Ungerechtigkeitsdimension zu verdeutlichen. Erfolg und Scheitern werden im Sinne eines ‚Erfüllungsnarrativs‘ hochgradig emotiona-
lisiert in Szene gesetzt. „Heute jedoch hat sich mit der allerorts erhobenen Forderung
nach „Eigenverantwortung" geradezu ein neuer Existentialismus verbreitet, der sozia-

le Nachteile als falsche Entscheidungen individualisiert und keine „sozialen Umstände" mehr gelten lasst." (Neckel 2008: 173 f.). Damit ist auch die Neigung verbunden, Benachteiligte moralisch abzustrafen und öffentliche in diesem Falle *telemediale Demütigungsrituale* zu inszenieren. Die schwächeren KandidatInnen werden dabei als kategorial ungleich eingestuft, was auf einer abwertenden Zuschreibung unveränderlicher Zustände und essentialistisch gedeuteter Eigenschaften basiert. Nur transformationsbereite, benachteiligte KandidatInnen haben die Chance auf Erfolg, wenn sie sich selbst überwinden und die als erfolgreich definierten Verhaltensweisen auf allen Ebenen – und vor allem auf der Gefühlsebene – authentisch zu verkörpern wissen.

2.8   Antreten zum Scheitern – Stereotypisierung der KandidatInnen

Entgegen der Logik realer Bewerbungsverfahren, nämlich die bestqualifizierten BewerberInnen (hinsichtlich Kompetenz, Vorerfahrung etc.) antreten zu lassen, wird hier – der Formatlogik folgend – eine von vornherein ungerechte Vorauswahl unter den BewerberInnen getroffen. Gemäß der subgenreübergreifenden Logik von Docu Soaps werden auch in Jobvermittlungsformaten nur ausgewählte Charakterzüge und Handlungen der ProtagonistInnen gezeigt und insbesondere einzelne Eigenarten betont und herausgestellt. Durch das Missverhältnis von gefilmter Lebenszeit und gezeigter Fernsehzeit ist es unmöglich, die Persönlichkeiten umfassend sichtbar werden zu lassen. „Die damit gegebene Tendenz, die DarstellerInnen eher oberflächlich und stereotyp erscheinen zu lassen, wird durch eine spezifische Komprimierung des Materials und eine aus dem Gesamtkontext gerissene Präsentation weiter verstärkt." (Klaus/Lücke 2003: 209). Eindeutige Bewertungszuschreibungen und -rahmen im Verlauf der Sendung durch die Statements der MitbewerberInnen, der Vorgesetzten und durch die Off-Stimme tragen damit zu einer stereotypen Zeichnung der drei KandidatInnen bei. Innerhalb dieser Inszenierungsstrategie der Stereotypisierung finden sich drei Typen: Die unmotivierten und untalentierten „VerliererInnen", das unauffällige Mittelfeld und die transformationsbereiten und hochmotivierten BewerberInnen. Phänotypisch wird dies häufig noch durch Attraktivitätsmerkmale bzw. ‚Makel' wie bspw. Übergewicht etc. unterstrichen. Der bzw. die „Kreative", die „Ehrgeizige", die „Selbstbewusste", die „Coole" , die „Schüchterne" – oft werden diese Attribute bis zu zehnmal pro Sendung von verschiedenen AkteurInnen verbal wiederholt und visuell mehrfach profiliert. Dem Erzählmuster des volkstümlichen Märchens gleich, wird entweder eine KandidatIn mit denkbar schlechten Voraussetzungen und Fähigkeiten auf Basis von Transformationsprozessen zur schillernden Gewinnerin bzw. zum schillernden Gewinner oder ein ohnehin bereits auf allen Ebenen privilegierte KandidatIn erhält recht vorhersehbar den ersehnten Job bzw. Ausbildungsplatz.

Diese Zuschreibungsprozesse werden häufig mit Montagen aus dem Privatleben oder Aussagen von Freunden und Verwandten der KandidatIn gestützt. In den Forma-

ten wird als Kontrastfolie zu den erfolgreichen BewerberInnen eben auch das Gegenkonzept der „Verlierer" etabliert. Die so charakterisierten BewerberInnen ähneln dabei
stark dem von Bröckling eindrucksvoll beschriebenen Gegenstück zum „unternehmerischen Selbst".

> „Das Regime des unternehmerischen Selbst produziert deshalb mit dem Typus des smar-
> ten Selbstoptimierers zugleich sein Gegenüber: das unzulängliche Individuum. Wo Akti-
> vität gefordert ist, ist es antriebslos; wo Kreativität verlangt wird, fällt ihm nichts ein; den
> Flexibilisierungszwängen begegnet es mit mentaler wie emotionaler Erstarrung; statt Pro-
> jekte zu schmieden und sich zu vernetzen, zieht es sich zurück; die Strategien der Bemäch-
> tigung prallen an seinen Ohnmachtsgefühlen ab; sein Selbstbewusstsein besteht vor allem
> aus Selbstzweifeln; an Entscheidungskraft fehlt es ihm ebenso wie an Mut und Risiko [...]."
> (Bröckling 2007: 289 f.)

In einem entscheidenden Punkt unterscheiden sich jedoch die erfolglosen Bewerber-
rInnen von dem hier skizzierten Gegenkonzept des ‚unzulänglichen Individuums'. Zumindest am Ende der Sendung sind auch diese KandidatInnen wieder bereit für einen
neuen Versuch bei der Arbeitssuche und ergehen sich in Selbstenthusiasmierungen statt
gänzlich zu resignieren. Eine exemplarische Sendesequenz, die durch eine Off-Stimme
unterlegt ist, steht hierbei stellvertretend für beinahe jede Folge: „Auch wenn Nazanins
Enttäuschung groß ist, erweist sie sich als gute Verliererin und lässt den Kopf nicht hängen". Kandidatin Nazanin: „Ich werd da eigentlich jetzt nicht aufgeben. Ich werd wei-
termachen, mich weiter intensiv bewerben und ich denke, dass ich das Ganze schon
ganz gut machen kann"). Auch hier werden Techniken der charismatischen Selbstenthusiasmierung propagiert, die dem Subjekt beibringen sollen, an sich selbst als eine
unerschöpfliche Quelle persönlicher Erfolgspotentiale zu glauben. Und „so kandidiert
letztlich das Scheitern selbst wiederum dafür, erfolgreich bewältigt werden zu dürfen."
(Neckel 2008: 109)

3   Lesarten: Aneignungsprozesse zwischen Affirmation und Subversion

Je nach sozialer Position und Kontext können ZuschauerInnen ganz unterschiedliche
Lesarten einer solchen Sendung entwerfen. Um den sozialen Kontext und Analysen des
telemedialen Textes um die Perspektive der Rezipierenden zu erweitern, wurden qualitative Befragungen durchgeführt. Hierbei standen folgende forschungsleitende Fragen
im Zentrum des Interesses: Welche Bedeutung hat Arbeit für die Befragten? Welches
sind die zugrunde liegenden Nutzungsmotive? Welche generellen Bewertungen des
Formats werden von den Rezipierenden vorgenommen? Wie setzen sie die Sendeinhalte zu Selbstkonzepten und zur eigenen Alltags-, Lebens- und Berufswelt in Beziehung?

Welche Rückbezüge zum wahrgenommenen Zeitgeist bzw. wahrgenommenen dominanten Wertesystemen werden von den Rezipierenden generiert?

Reality TV-Angebote stellen laut Klaus (2008) vorrangig traditionelle Identitätsräume bereit und transportieren häufig eine neoliberale Ideologie. Die Autorin schlägt jedoch zu Recht vor, die Medienaneignung nicht als kausalen oder linearen Prozess zu
verstehen, sondern vielmehr dem widersprüchlichen Umgang mancher ZuschauerInnen und den Ambivalenzen nachzugehen (Michelle 2007). Die Ergebnisse von neun im
Jahre 2009 durchgeführten leitfadenbasierten Gruppendiskussionen (insgesamt 34 TeilnehmerInnen: 23 Frauen, 11 Männer, zwischen 14 und 31 Jahren)[8] können dies nur bestätigen. Denn von den DiskussionsteilnehmerInnen werden die in Kap. 2.3 beschriebenen
Sendeinhalte sowohl affirmativ als auch subversiv gelesen. Die Ergebnisse der Befragungen verdeutlichen dabei insbesondere, wie arbeitsbezogene Wissensbestände und
-ordnungen rezipiert werden, und sie veranschaulichen die potenziell handlungsleitende
Relevanz der Deutungsangebote innerhalb von Jobvermittlungsformaten.

3.1   Bedeutung der Arbeit für die Befragten

Es zeigen sich bei den einzelnen DiskussionsteilnehmerInnen ganz unterschiedliche Be-
deutungsebenen von Arbeit für das eigene Leben. Zwischen hoher Relevanz für die persönliche Sinnstiftung und reiner Existenzsicherung ist das gesamte Spektrum vertreten.
Subjektiv-sinnhafte und materiell-reproduktionsbezogene Arbeitsorientierungen – die
laut Keupp (2006: 116) kaum noch in Reinform vorzufinden sind – finden sich daher in
unterschiedlichem Maße. Während für einige – unabhängig von der Höhe der Bezüge – die Arbeit vorrangig der Selbstverwirklichung dient („Für mich ist das schon ein
bisschen ein Selbstverwirklichungsding, ich will einfach wissen, wie weit komm ich?"
Studentin, 22 Jahre) sind bei anderen die materiellen Aspekte der Arbeit dominanter innerhalb der subjektiven Zuschreibung („Also der Job, den ich jetzt mache, hat für mich
keinen großartigen Stellenwert, ich mach ihn, ja wenn ich mit nem anderen Job mit
weniger Stress das Gleiche verdienen würde, würde ich das auch tun." Bankangestellte,
36 Jahre). Bei nicht arbeitsbasierter materieller Grundsicherung fehlt für einige Befragte letztlich jedoch weitgehend der Sinn von Arbeit und Beruf („Ja, wenn ich jetzt genug
Geld hätte, was weiß ich, im Lotto gewinne, 13 Millionen, dann täte ich auch nicht mehr
arbeiten gehen. Dann tät ich mir vielleicht nebenbei so was suchen, wo ich dann der
Chef bin, und ich dann nichts mehr tun muss." Malerlehrling, 18 Jahre).

---

8   Bildungsabschluss: Hochschulabsolventen/Studierende: 19, Abiturienten: 4, Realschulabschluss/Realschü-
     ler: 9, Hauptschulabschluss/Hauptschüler: 2. An den Gruppendiskussionen nahmen Personen teil, die
     nach eigener Aussage die Sendung *Deine Chance! 3 Bewerber – 1 Job* regelmäßig und gerne rezipieren.

Die größten arbeitsbezogenen Wünsche und Hoffungen zielen auf Selbstbestätigung und soziale Integration durch Arbeit sowie Karrierefortschritt, Statuszuwachs und günstige Arbeitsbedingungen (inklusive angenehmes Betriebsklima und freundlicher Umgang mit KollegInnen); und schließlich natürlich auch auf materielle Sicherheit und ein angemessenes Einkommen sowie soziale Integration. Die größten Befürchtungen waren einhellig Arbeitslosigkeit, Bedenken den Wunschberuf nicht ausfüllen zu können sowie Angst vor Mobbing und einer Arbeit ohne Sinngehalt („Angst, dass ich irgendwann mal wo reinkomm, wo es meinetwegen einen tyrannischen Chef gibt und nur halt Hetzerei zwischen den Mitarbeitern und Mobbing." Zahnmedizinische Fachangestellte, 23 Jahre).

3.2   Zwischen Nebenbeirezeption und involvierter Informations- und Orientierungssuche

Die *Realitätsnähe* („Ich schau mir ehrlich gesagt so was immer an wegen dem Reality Gedanken (lacht). Obwohl es vielleicht doch gespielt ist und so (…). Aber ich mein dann immer, n bisschen wahres Leben ist ja doch dabei." Schülerin, 16 Jahre) der dargestellten Bewerberwahl als auch die generelle Nähe zum relevanten Lebensbereich Arbeit stellen ein Attraktivitätsmerkmal dieses Formats dar: „Des is halt ein Thema, des jeden betrifft, glaub ich so. Des is halt irgendwas, womit man was anfangen kann. Jobvermittlung, man weiß ja auch um die Arbeitsmarktsituation. Dass ganz viele einfach keinen, keine Arbeit haben und keinen Ausbildungsplatz finden", äußert die 16 Jahre alte Schülerin deshalb wie selbstverständlich. In den Gruppendiskussionen werden zu Beginn vorrangig Motive genannt, die mit *Distinktionstendenzen* zum Format einhergehen und auf eine eher wenig involvierte Rezeption hindeuten. Die Nutzung wurde häufig als *Nebenbeitätigkeit*, als Möglichkeit zur unangestrengten Rezeption zu Zwecken der Entspannung oder aus *Mangel an Programmalternativen* beschrieben („Ich find es läuft auch wirklich nichts Besseres zu der Zeit, dann ist das noch das kleinste Übel, das man sich ansehen kann." Studentin, 20 Jahre). Da dieses Format als wenig wertvoll und anspruchsvoll konnotiert ist und dem Bereich des vielbesprochenen „Unterschichtsfernsehen"[9] zuzurechnen ist, erscheint die Nennung dieser Motive wenig überraschend. Dass diese Motive jedoch nur einen Ausschnitt des Gesamtspektrums darstellen, wird überdeutlich, wenn man die Gruppendiskussionen weiter analysiert. Hier treten dann partiell massive Widersprüche auf, wenn beispielsweise zunächst von einzelnen TeilnehmerInnen eine völlig distanzierte Rezeption beschrieben wird, dann jedoch intensive *Folgerecherchen* zu einzelnen Folgen angestellt werden. Bei diesen geht es dann vorrangig um die Überprüfung des Realitätsgehalts der Sendung. Offenbar ist es für ZuschauerInnen relevant, ob hier faktisch Arbeitsstellen vermittelt werden oder eben nicht:

---

9   Vgl. hierzu die umfassende und kenntnisreiche Darstellung von Klaus und Röser (2008: 263–279).

„Ich hab aber auch noch mal ne andere Folge gesehen, wo es um einen Metzgermeister in Franken irgendwo ging und der hat da eben auch drei Bewerber gehabt und hat sich für einen entschieden und auf der Homepage von diesem Metzger, wenn man das nachverfolgt, dann ist dieser Auszubildende oder diese Auszubildende jetzt auch immer noch angestellt und da bei den Mitarbeitern mit dabei, also von daher ist da wirklich ein Ausbildungsjob raus gekommen." Studentin, 25 Jahre

Die genrespezifische Fähigkeit des Reality TV, den ZuschauerInnen die Erfahrungen der Akteure als Rezeptionsgeschehen bzw. als „Erfahrung aus erster Hand" (Hill 2005: 82) zu präsentieren, wird geschätzt und führt auch zu hochgradig involvierten Rezeptionsprozessen, über welche die Gruppendiskussionsteilnehmenden berichten. Es lassen sich nicht wenige NutzerInnen ausmachen, die dem Format eine hohe *Informations- und Orientierungsfunktion* zuschreiben. Informationen sind gemäß Hill (2005: 80) das am positivsten bewertete Programmelement aller Reality TV-Formate. Diese Präferenz lässt sich sowohl geschlechter- als auch bildungsgruppenübergreifend in gleicher Weise feststellen. Auf Platz zwei der Attraktivitätsmerkmale des Genres rangiert der Aspekt „in das Leben anderer Menschen schauen" mit 46 Prozent (ebd: 81). Hill (2007: 145) hält verschiedene Lernbereiche – etwa emotionales, soziales und praktisches Lernen – im Rahmen der Nutzung von Reality TV-Angeboten nach Durchführung von Rezeptionsstudien für durchaus gegeben. Wenngleich das Spektrum der dargestellten Berufswelten eher begrenzt ist, nimmt ein Teil der Rezipierenden *konkrete Informationen zu verschiedenen Arbeitsbereichen* als positiv wahr („Ich find, dass man halt auch, ähm, viele Infos über verschiedene Berufe und so bekommt." Schülerin, 17 Jahre). Einige sprechen dem Format insgesamt einen hohen Realitätsgrad zu. Die Mehrzahl der Befragten abstrahiert von den gezeigten Berufen und profitiert von den generellen und offenbar *generalisierbaren Informationen zum Bewerbungsprozedere.*

„Bei mir is es auch so, dass ich mich grad in so ner Phase befind, wo ich mir überleg, mich auch umzuorientieren und des natürlich auch seit zig Jahren nicht mehr gemacht hab. (…) aber vom Grunde her, denke ich schon, dass das was bringt, weil die Anforderungen, wie man sich präsentieren sollte oder eben vielleicht auch einfach nicht präsentieren sollte, vom Grundsatz her schon immer sehr ähnlich sind. Also die Grundfehler, die jemand macht, sind eigentlich, also in meinen Augen zumindest, die gleichen, egal ob ich mich in nem Hotel bewerb oder in nem Malerbetrieb bewerb." Projektleiterin, 36 Jahre

„Ja, also, ich würde mal sagen, um einfach zu wissen, welche Eigenschaften zählen in der Arbeitswelt. Ich denke, wenn man nicht mit diesem Bereich konfrontiert ist, weiß man noch nicht Bescheid, wenn man noch keine Erfahrungen gesammelt hat. Also, ich denke primär, die Eigenschaften, die von mir verlangt werden. Vielleicht kann ich was verbessern, ein Praktikum machen oder so. Schon Tipps, oder einfach Eigenschaften, die in der Arbeitswelt verlangt werden heute." Studentin, 26 Jahre

Dem Format wird außerdem ein hohes *Motivationspotential* zugeschrieben. Die telemediale Darstellung des Bewerbungsprozesses wird als Ansporn für Arbeitssuchende
gedeutet, welches Ängste von Berufsanfängern oder bislang Erfolglosen zu minimieren
vermag.

> „[...] dass es ganz normale Leute sind und dass, das jeder machen kann; die sind so wie
> du und ich und da kannst du genauso gut mitmachen und also ich glaube das soll so rü-
> berkommen, grad für Jugendliche die's angucken „probier's" und „du kannst es auch" [...].
> Und ich finds halt schön, dass irgendwie so drei Leute um was kämpfen. Und dadurch ir-
> gendwie auch Selbstbewusstsein kriegen." Zahnmedizinische Fachangestellte, 23 Jahre

> „Ja, so als Motivation, so nach dem Motto: Wenn der das schafft, dann schaff ich das auch."
> Studentin, 22 Jahre

Durch die Garantie dem erfolgreichen Bewerbungsprozess zumindest einer BewerberIn
folgen zu können, gelingt bei Teilen der Befragten eine optimistische Einschätzung der
generellen Arbeitsmarktchancen und ein Appell an die Handlungsbereitschaft.

3.3   Soziale Lateral- und Abwärtsvergleiche mit den TV-BewerberInnen

Den dargestellten BewerberInnen gegenüber zeigen sich sehr polare Auffassungen. Die
Hälfte der Grupppendiskussionsteilnehmenden nimmt eine *enorme Abwertung* der BewerberInnen vor:

> „Ich würde die Kandidaten als Loser bezeichnen, als Verlierer der normalen Ausbildungs-
> welt, die auch selbst gar nicht wissen für welchen Job sie sich bewerben sollen [...] also die-
> se Sendung macht den Eindruck als ob es wirklich die letzte Chance ist, also nicht nur eine
> Chance." Schülerin, 17 Jahre

Auch werden offen *voyeuristische Motive* und *Schadenfreude* als Rezeptionsvergnügen
benannt („Weil ich glaub, das ist so ein kleiner Voyeurismus drin, dass man halt, ja,
einfach zuschaut, wie sich die Leute zum Affen machen, damit's eigentlich einen ganz
normalen Job eigentlich bekommen." Reisebüromitarbeiterin, 27). Betrachtet man ausschließlich die Dominanz solcher Aussagen, so wäre Krotz und Lange (2010: 9) zuzustimmen, die bei vielen Casting- und Coachingformaten von einer spezifischen emotionalen Parteinahme ausgehen, bei der sozialer Vergleich und Identifikation mit den
GewinnerInnen nahegelegt werden und ein Modus der Abgrenzung und Schadenfreude den ‚Ausgegrenzten' und ‚Versagern' gegenüber vorherrscht. Aber ein nicht un-
erheblicher Teil der Diskussionteilnehmerinnen positioniert sich konträr. Sie bewerten
die KandidatInnen sehr positiv und zielen häufig auch auf den hohen zugeschriebe-

nen Realitätsgehalt ab („die ganze Geschichte dieser Sendung, ist meiner Meinung nach, sehr realistisch dargestellt. So was könnte auch im echten Leben passieren." Rettungs-assistent, 26 Jahre). Sie stellen *Bezüge zu ihrer eigenen Berufstätigkeit* oder ihren Hob-bys her („Letztes Mal, als wir die Sendung angeschaut haben, ging es um Autoreparatur. Und ich war dafür sehr interessiert. Ich schraube selbst sehr gerne […] Und natür-lich schaue ich die Sendung weiter, weil die das Alltagsleben widerspiegelt." Student, 23 Jahre). Es lassen sich somit sowohl *Abwärts- als auch Lateralvergleiche* zwischen den KandidatInnen der Sendung und den RezipientInnen konstatieren. Die Selbstwertdien-lichkeit (Schemer 2006: 91 ff.) der Abwärtsvergleiche kann als relevante Nutzungsmoti-vation konstatiert werden. Besonders interessant ist in diesem Zusammenhang, dass so-wohl intra- als auch interpersoneller Wechsel der Rezeptionsmodi zwischen involvierter und distanzierter Rezeption stattfinden. Ferner wechseln die Rezipierenden ebenfalls innerhalb der Rezeptionsmodi und lesen den Text „as life" oder „as like life" oder eben als reines Medienprodukt (Michelle 2007: 194).

3.4 „Stereotypenmarathon" – Bewertung der KandidatInnen und der Sendeideologie

Die formatspezifische *Stereotypisierung der KandidatInnen* (Kap. 2.3) wird von den Gruppendiskussionsteilnehmenden klar erkannt und kritisch bewertet („Das ist echt der totale Stereotypenmarathon" Studentin, 21 Jahre). Die partiell nach Phänotypen und polaren Charaktereigenschaften zusammengestellte BewerberInnencrew wird dabei al-lerdings als formatspezifische Notwendigkeit erkannt, die narrative Funktionen erfüllt („Aber für die Ausbildung jetzt speziell hab ich schon den Eindruck, dass bewusst Leute gesucht werden, die unterschiedlich sind. Einer, der jetzt einen langsameren Eindruck macht, der andere der dann irgendwie schon ein Praktikum gemacht hat in dem Be-reich usw., also Leute, wo man auf den ersten Blick oder in zwei, drei Sätzen Unterschie-de beschreiben kann." Studentin, 25 Jahre). Auch die *polare Dramaturgie* (Kap 2.3) wird eindeutig dechiffriert („Da [sind] zwei mehr oder weniger gleich Starke, und einer, der ist sowieso schon unten durch. Weil der, der bringt nix auf die Reihe." Student, 20 Jahre; „Ja, oder so nach diesem Hässlichen-Entlein-Prinzip. Die Schüchterne, der man es am Anfang ja nicht zutraut, dann kommt die Wende." Referendarin, 29 Jahre). Befragt nach den vermuteten *Auswahlkriterien* der künftigen Arbeitgeber, geben die Befragten meist Soft Skills an, denen Sie eine hohe Relevanz im Entscheidungsprozess attestieren („Also die meisten, die gewinnen, wo ich jetzt mitbekommen hab, die hatten wirklich das meis-te Selbstvertrauen von allen Dreien." Malerlehrling, 18 Jahre). Ein hohes Maß an Mo-tivation, Willenskraft und Teamfähigkeit werden genannt; weniger wichtig erscheinen den Diskussionsteilnehmenden dagegen die konkreten beruflichen Kompetenzen – mit Ausnahme von Vorerfahrungen. Die *gelungene Selbstpräsentation* scheint relevant. Und es kann eine affirmative Tendenz der ProbandInnen festgestellt werden, die im Sinne einer internalisierten Laufstegökonomie (Neckel 2004) zu bewerten ist.

3.5   Überzogene Leistungsanforderungen und Gerechtigkeitsdiskurse

Die GruppendiskussionsteilnehmerInnen kritisieren mehrheitlich die *überzogenen Leistungsanforderungen* innerhalb der einzelnen gestellten Aufgaben und geben an, dass im Format meist diejenigen KandidatInnen punkten, die bereits ein unrealistisch großes Maß an Vorerfahrungen aufweisen können.

> „Mir kommt's so vor, als würden die immer gleich Sachen von den Bewerbern verlangen, die die eigentlich gar nicht so richtig können oder dass es ihnen halt einfach nicht möglich ist, hunderttausend Teller und Tassen auf nem Tablett mit der Fläche vom A4-Blatt hundert Kilometer in die nächste Küche zu bringen, weil die des einfach nie gelernt haben. Die Arbeitgeber sagen dann meistens so, ja, mach des des des und am besten in Rekordzeit, was halt einfach nicht geht." Student, 20 Jahre

In der Auseinandersetzung mit medialen Bezugspersonen geht es um die Ausformulierung einer persönlichen Lebensphilosophie und damit individueller Werte und eigenständiger Deutungsmuster (Wegener 2010: 384). Dass die Formate das Potential haben, auch subversiv genutzt zu werden – und damit nicht nur im Sinne von Krotz und Lange (2010: 9) ein Modus der Schadenfreude etabliert wird –, zeigen die folgenden Ausführungen. Subversionspotential scheint zum Beispiel dann auf, wenn in Frage gestellt wird, dass der vermeintliche Traumjob überhaupt ein Traumjob ist. Vielmehr belegt nachfolgende Aussage, dass das *völlige Fehlen eines Entscheidungsspielraumes* auf Seiten der KandidatInnen eher kritisch zu sehen ist.

> „Ja das wird immer so dargestellt, als ob die es da alle total super finden und immer unbedingt da hin wollen und dabei wird halt auch nicht bedacht, dass vielleicht auch sowas wie Sympathie mit dem Arbeitgeber oder, dass man vielleicht auch sagt „hey, so ne blöde Kuh, irgendwie, ich hab gar kein Bock für die zu arbeiten". Also da wird immer so hingestellt als wenn immer alles super ist bei dem Job."
> Studentin, 20 Jahre

4   Fazit

Die Bedeutung der Erwerbsarbeit kann im Zusammenhang mit Fragen der sozialen Ungleichheit nicht hoch genug angesiedelt werden, handelt es sich doch um eine der belangvollsten Dimensionen, die Status, Teilhabe und Integration sichern. Zunächst ist daher positiv zu bewerten, dass Reality TV verschiedene Themen im Bereich Arbeitswelten – Praktikum, Jobvermittlung, Wiedereingliederung etc. – aufgreift und diesen gewichtigen Lebensbereich keinesfalls ausblendet. Mit Bezug auf das Format *Deine Chance! 3 Bewerber – 1 Job,* aber auch mit Blick auf die diversen anderen arbeitsweltrelevanten Formate ist jedoch zu monieren, dass keinesfalls strukturelle Probleme (mit) thematisiert werden. Durch die Inszenierungsstrategie der Personalisierung werden die Risiken und Chancen auf dem Arbeitsmarkt einzig dem jeweiligen Individuum zugeschrieben. Es werden daher auch im Subgenre der Jobvermittlungsformate eher traditionelle Identitätsräume bereitgestellt, die eine neoliberale Ideologie transportieren (Klaus 2008: 170). Folgenschwere Verzerrungen lassen sich feststellen: Obwohl das ausgewählte Format *Deine Chance! 3 Bewerber – 1 Job* alters-, geschlechts- und vor allem bildungsschichtübergreifend rezipiert wird, ist das Spektrum der vorgestellten Berufsbilder stark begrenzt auf Bereiche, die eine eher niedrige formale Schulbildung voraussetzen. Ferner ist die Darbietung eines stilisierten Konkurrenzkampfes und Selektionsprozesses zu konstatieren, welche zur Dominanz der ‚Gewinner-Verlierer‘-Semantik beiträgt. Die schwächeren KandidatInnen werden dabei als kategorial ungleich eingestuft, ohne die unterschiedlichen Ausgangslagen zu behandeln. Die benachteiligten BewerberInnen werden moralisch abgestraft und einem telemedialen Demütigungsritual unterzogen, denn sie sind letztlich angetreten bzw. ausgewählt worden, um öffentlich zu scheitern. Gekennzeichnet ist das Format ferner durch dominante Appelle an die Leistungs- und Transformationsbereitschaft des Einzelnen, die – positiv gedeutet – motivierenden Charakter haben, andererseits das ‚Scheitern‘ einzig dem Individuum zuweisen. Rezeptionsseitig lässt sich konstatieren, dass die Möglichkeit, an dem biographisch bedeutsamen Thema Arbeitswelt anzuknüpfen, von den Befragten ZuschauerInnen auch in hohem Maße genutzt wird. Hier zeigen sich aufschlussreiche Ambivalenzen: Einerseits werden die KandidatInnen in nicht geringem Maße für soziale Abwärtsvergleiche ge- bzw. missbraucht, während andererseits die stereotype und partiell hochgradig ungerechte BewerberInnenzusammenstellung sehr wohl reflektiert wird. Die telemedialen Demütigungsrituale evozieren durchaus den Modus von Schadenfreude, zugleich werden aber auch die teils überhöhten Leistungsanforderungen sehr kritisch bewertet. Das Format hat für viele ZuschauerInnen insgesamt einen hohen Nutzwert im Informations- und Orientierungsbereich und dient damit zum Kennenlernen übergeordneter Leistungsanforderungen, die an BewerberInnen gerichtet werden. Die im Zuge des neoliberalen Abbaus kollektiver Sicherungssysteme vorangetriebenen Prozesse der Individualisierung sind von Konkurrenz, Wettbewerb und Unsicherheit geprägt. Das Format greift alle diese Aspekte in Reinform auf. Rivalität, Wettstreit, Selbst- und Fremdbewertung werden zelebriert und für Unsicherheit sorgen die dargestellten Leistungsanforderungsparadoxien (geforderte Hard Skills versus Bewertung von Soft Skills), die mehrheitlich nicht entschlüsselt werden und somit ein „Rezeptionsrisiko“ darstellen. Meist wird jedoch die ungerechte Ausgangslage der Bewerbungssituation erkannt, aber als genrespezifische Notwendigkeit bewertet.

Literatur

Albert, Mathias, Hurrelmann, Klaus, und *Quenzel, Gudrun,* 2010: Jugend 2010. http://www-static.shell.com/static/deu/downloads/aboutshell/our_commitment/shell_youth_study/2010/youth_study_2010_flyer.pdf

Baitsch, Christof und *Axel Schilling,* 1990: Zum Umgang mit identitätsbedrohender Arbeit. S. 26–39 in: *Christof Baitsch* und *Eberhard Ulich* (Hg.), Arbeit und Identität. Psychosozial 13(3).

Beullens, Kathleen und *Van den Bulck, Jan,* 2008: The Relationship between Docu Soap Exposure and Adolescents' Career Aspirations. *European Journal of Communication 22:* 355–366.

Bleicher, Joan Kristin, 2009: Das Private ist das Authentische. Referenzbezüge aktueller Reality-Formate. S. 111–119 in: *Harro Segeberg* (Hg.), Referenzen. Zur Theorie und Geschichte des Realen in den Medien. Marburg: Schüren.

Blien, Uwe, 2008: Arbeitslosigkeit als zentrale Dimension sozialer Ungleichheit – Essay. Aus Politik und Zeitgeschichte 40/41: 3–6.

Bröckling, Ulrich, 2002: Das unternehmerische Selbst und seine Geschlechter. Gender-Konstruktionen in Erfolgsratgebern. Leviathan 2: 175–194.

Bröckling, Ulrich, 2007: Das unternehmerische Selbst. Soziologie einer Subjektivierungsform. Frankfurt am Main: Suhrkamp.

Bührmann, Andrea D., 2004: Das Auftauchen des unternehmerischen Selbst und seine gegenwärtige Hegemonialität. Einige grundlegende Anmerkungen zur Analyse des (Trans-)Formierungsgeschehens moderner Subjektivierungsweisen. Forum Qualitative Sozialforschung/Forum: Qualitative Social Research 6(1): Artikel 16. Abgerufen unter http://www.qualitative-research.net/index.php/fqs/rt/printerFriendly/518/1120

Bundesagentur für Arbeit, 2009: Arbeitsmarkt 2009. Jg. 58: Sonderheft 2.

Burzan, Nicole, 2007: Soziale Ungleichheit. Eine Einführung in die zentralen Theorien. Wiesbaden: VS.

Butterwege, Christoph, 1999: Wohlfahrtsstaat im Wandel. Probleme und Perspektiven der Sozialpolitik. Opladen: Leske + Budrich.

Butterwege, Christoph, 2008: Rechtfertigung, Maßnahmen und Folgen einer neoliberalen (Sozial-)Politik. S. 135–220 in: *Christoph Butterwege, Bettina Lösch* und *Ralf Ptak* (Hg.), Kritik des Neoliberalismus. Wiesbaden: VS.

Döveling, Katrin, 2010: The show must and will go on. Teledarwinismus auf der Suche nach Deutschlands ‚Star‘. merz 54: 15–21.

Dostal, Werner und *Troll, Lothar,* 2005: Die Berufswelt im Fernsehen. Beiträge zur Arbeitsmarkt- und Berufsforschung. Nürnberg: Institut für Arbeitsmarkt- und Berufsforschung der Bundesagentur für Arbeit.

Foltin, Hans Friedrich und *Würzberg, Gerd,* 1975: Arbeitswelt im Fernsehen. Versuch einer Programmanalyse. Köln: Pahl-Rugenstein.

Gangloff, Tilmann P., 2008: Lebenshilfe mit Herz. Warum Coachingformate im Fernsehen so erfolgreich sind. tv diskurs 45(3): 62–68.

Heinze, Rolf G., Josef Schmid und *Christoph Strünck,* 1999: Vom Wohlfahrtsstaat zum Wettbewerbsstaat. Arbeitsmarkt- und Sozialpolitik in den 90er Jahren. Opladen: Leske + Budrich.

Hill, Annette, 2007: Restyling Factual TV. Audiences and news, documentary and reality genres. Oxon: Routledge.

Hill, Annette, 2005: Reality TV: Audiences and Popular Factual Television. London, UK: Routledge.

Hoff, Ernst-Hartmut, 1990: Identität und Arbeit – Zum Verständnis der Bezüge in Wissenschaft
und Alltag. Psychosozial, 13: 7–25.

Honneth, Axel, 1993: Die Wiederkehr der Armut. Merkur 47(531): 518–524.

Hradil, Stefan, 2001: Soziale Ungleichheit in Deutschland. Opladen: Leske + Budrich.

Hurrelmann, Klaus und *Mathias Albert,* 2006: Jugend 2006. Eine pragmatische Generation unter Druck. Frankfurt am Main: Fischer.

Keppler, Angela, 1994: Wirklicher als die Wirklichkeit? Das neue Realitätsprinzip der Fernseh-
unterhaltung. Frankfurt am Main: Fischer.

Keupp, Heiner, 2006: Identitätskonstruktionen. Das Patchwork der Identitäten in der Spätmo-
derne. Reinbek: Rowohlt.

Klaus, Elisabeth, 2008: Fernsehreifer Alltag: Reality TV als neue, gesellschaftsgebundene An-
gebotsform des Fernsehens. S. 157–174 in: *Tanja Thomas* (Hg.), Medienkultur und soziales Handeln. Wiesbaden: VS.

Klaus, Elisabeth und *Stephanie Lücke,* 2003: Reality-TV – Definition und Merkmale einer erfolgreichen Genrefamilie am Beispiel von Reality Soap und Docu Soap. Medien und
Kommunikationswissenschaft (2): 195–212.

Klaus, Elisabeth und *Röser, Jutta,* 2008: „Unterschichtenfernsehen": Beobachtungen zum Zusammenhang von Medienklassifikationen und sozialer Ungleichheit. S. 263–279 in: *Ulla
Wischermann, und Tanja Thomas* (Hg.), Medien – Diversität – Ungleichheit. Zur medialen Konstruktion sozialer Differenz. Wiesbaden: VS.

Klaus, Elisabeth und *Barbara O'Connor,* 2010: Aushandlungsprozesse im Alltag: Jugendliche
Fans von Casting Shows. S. 48–72 in: *Jutta Röser, Tanja Thomas* und *Corinna Peil* (Hg.),
Alltag in den Medien – Medien im Alltag. Wiesbaden: VS.

Krotz, Friedrich, 2003: Medien als Ressource der Konstitution von Identität. Eine konzeptionel-
le Klärung auf der Basis des symbolischen Interaktionismus. S. 27–48 in: *Andreas Hepp,
Tanja Thomas* und *Carsten Winter* (Hg.), Medienidentitäten. Identität im Kontext von
Globalisierung und Medienkultur. Köln: Halem.

Krotz, Friedrich, 2007: Mediatisierung. Fallstudien zum Wandel von Kommunikation. Wiesbaden: VS.

Krotz, Friedrich und *Lange, Andreas,* 2010. Leistung und Stigmatisierung als Inszenierung im
Fernsehen. Ein gesellschaftstheoretischer Rahmen. merz, 54: 8–14.

Lemke, Thomas, 2008: Gouvernementalität und Biopolitik. Wiesbaden: VS.

Mahnkopf, Birgit, 2000: Formel 1 der neuen Sozialdemokratie: Gerechtigkeit durch Ungleichheit. Zur Neuinterpretation der sozialen Frage im globalen Kapitalismus. PROKLA.
Zeitschrift für kritische Sozialwissenschaft, 121: 527–546.

Mansel, Jürgen und *Heike Kahlert,* 2007: Arbeit und Identität im Jugendalter vor dem Hintergrund der Strukturkrise. Ein Überblick zum Stand der Forschung. S. 7–31 in: *Jürgen
Mansel* und *Heike Kahlert* (Hg.), Arbeit und Identität im Jugendalter. Die Auswirkungen
der gesellschaftlichen Strukturkrise auf Sozialisation. Weinheim: Juventa.

Michelle, Carolyn, 2007: Modes of Reception: A Consolidated Analytical Framework. Communication Review 10(3): 181–222.

Mohr, Reinhard, 2008: Doku-Soap „Der Arbeitsbeschaffer". „Nu aber" – Beratung im Plat-
tenbau. Spiegel Online. http://www.spiegel.de/kultur/gesellschaft/0,1518,526331,00.html

Neckel, Sighard, 2004: Tragödie des Erfolgs. Hoffen am Montag, diskurs 04 (Vortrag vom
21. Juni 2004) http://04.diskursfestival.de/pdf/vortragneckel.pdf

Neckel, Sighard, 2008: Flucht nach vorn. Die Erfolgskultur der Marktgesellschaft. Frankfurt am Main: Campus.

Nolte, Andrea, 2009: Deine Chance! 3 Bewerber – 1 Job. Jugendarbeitslosigkeit und Reality TV. tv diskurs 48(2): 54–57.

Reinberg, Alexander und *Markus Hummel,* 2007: Schwierige Fortschreibung. Der Trend bleibt – Geringqualifizierte sind häufiger arbeitslos. IAB Kurzbericht. Aktuelle Analysen aus dem Institut für Arbeitsmarkt- und Berufsforschung der Bundesagentur für Arbeit 18: 1–6.

Schemer, Christian, 2006: Soziale Vergleiche als Nutzungsmotiv? Überlegungen zur Nutzung von Unterhaltungsangeboten auf der Grundlage der Theorie sozialer Vergleichsprozesse. S. 80–101 in: *Werner Wirth, Holger Schramm, Holger* und *Volker Gehrau,* (Hg.), Unterhaltung durch Medien. Theorie und Messung. Köln: Herbert von Halem.

Sennett, Richard, 1998: Der flexible Mensch. Die Kultur des neuen Kapitalismus. Berlin: Berlin Verlag.

Signorielli, Nancy, 1993: Television and Adolescents' Perceptions About Work. Youth and Society, 24: 314–341.

Signorielli, Nancy, 2001: Television's World of Work in the Nineties. Journal of Broadcasting and Electronic Media: 45, 4–22.

Statistisches Bundesamt, 2009: Niedrigeinkommen und Erwerbstätigkeit. http://www.destatis. de/jetspeed/portal/cms/Sites/destatis/Internet/DE/Pressse/pk/2009/Erwerbstaetigkeit/ begleitheft__Erwerbstaetigkeit,property=file.pdf

Shell, 2010: 16. Shell Jugendstudie: Jugend trotzt der Finanz- und Wirtschaftskrise http:// www.static.shell.com/static/deu/downloads/aboutshell/our_commitment/shell_ youth_ study/2010/youth_ study_2010_press_release_140910.pdf (14. 09. 2010)

Thomas, Tanja, 2008a: Leben nach Wahl? Zur medialen Inszenierung von Lebensführung und Anerkennung. S. 225–244 in: *Ulla Wischermann* und *Tanja Thomas* (Hg.), Medien – Diversität – Ungleichheit. Zur medialen Konstruktion sozialer Differenz. Wiesbaden: VS.

Thomas, Tanja, 2008b: Körperpraktiken und Selbsttechnologien in einer Medienkultur: Zur gesellschaftstheoretischen Fundierung aktueller Fernsehanalyse. S. 219–238 in: *Tanja Thomas* (Hg.), Medienkultur und soziales Handeln. Wiesbaden: VS.

Thomas, Tanja, 2010: Wissensordnungen im Alltag: Offerten eines populären Genres. S. 25–47 in: *Jutta Röser, Tanja Thomas* und *Corinna Peil* (Hg.), Medien im Alltag – Alltag in den Medien. Wiesbaden: VS.

Vande Berg, Leah R. und *Trujillo, Nick,* 1989: Organizational Life on Television. Norwood: Ablex.

Voß, Günter und *Hans Pongratz,* 2002: Der Arbeitskraftunternehmer. Eine neue Grundform der Ware Arbeitskraft. S. 127–155 in: *Ulrich Bröckling* und *Eva Horn* (Hg.), Anthropologie der Arbeit. Tübingen: Gunter Narr.

Voß, Günter und *Hans Pongratz,* 2003: Arbeitskraftunternehmer. Erwerbsorientierungen in entgrenzten Arbeitsformen. Berlin: Edition Sigma.

Voß, Günter und *Hans Pongratz,* 2004: Arbeitskraft und Subjektivität. Einleitung und Stellungnahme aus der Sicht der Arbeitskraftunternehmer-These. S. 7–31 in: *Günter Voß* und *Hans Pongratz* (Hg.), Typisch Arbeitskraftunternehmer? Befunde der empirischen Arbeitsforschung. Berlin: Edition Sigma.

Wegener, Claudia, 2008: Medien, Aneignung und Identität. „Stars" im Alltag jugendlicher Fans. Wiesbaden, VS.

Wermke, Jutta (Hg.), 1994: „Frauenberufe" im Fernsehen – Frauen in Fernsehberufen. Untersuchungen aus psychologischer, soziologischer, sprachkritischer und produktionsästhetischer Sicht. Weinheim: Deutscher Studien Verlag.

Wischermann, Ulla und *Tanja Thomas,* 2008: Medien – Diversität – Ungleichheit: Ausgangspunkte. S. 7–20 in: *Ulla Wischermann* und *Tanja Thomas* (Hg.): Medien – Diversität – Ungleichheit. Zur medialen Konstruktion sozialer Differenz. Wiesbaden: VS.

Karriere und soziale Ungleichheit im journalistischen Feld: Die Feld-Habitus-Passung von Journalistenschülern

Klarissa Lueg

1 Das journalistische Feld in Deutschland ist mittelschichtorientiert

Der vorliegende Beitrag stellt die Ungleichheitsdimensionen in der Personal- und Rekrutierungskultur journalistischer Organisationen aus kultursoziologischer Perspektive dar. Damit widmet er sich auf Basis einer empirischen Untersuchung der Erforschung jener sozialen Ungleichheiten, die bereits im schichtspezifischen Zugang zur Medien-*Produktion* und nicht erst in der Medien-*Nutzung* (Mossberger et al. 2006, 2008; Iske et al. 2004) entstehen.

Aufgrund ihres hohen symbolischen Kapitals im Feld und ihres Beitrags zur feldinternen Elitenbildung wurden beispielhaft deutsche Journalistenschulen untersucht. Die Leitfragen der Untersuchung waren:

1. Aus welchen Herkunftsmilieus stammen Journalistenschüler?
2. Gibt es einen Zusammenhang zwischen Habitus und Aufnahmeerfolg?

Das zentrale quantitative Ergebnis der Untersuchung ist: Journalistenschüler aus der höchsten gemessenen Herkunftsgruppe stellen die große Mehrheit (68 %). Der qualitative Teil der Untersuchung erbrachte Aufschlüsse über die konkreten Mechanismen, vermittels derer diese soziale Ungleichheit im Zugang zu Journalistenschulen erzeugt wird. Die Vermutung, dass die habituelle Passung der Schüler zum Feld verantwortlich für die Zuordnung sei, bestätigte sich. Journalistenschulen sind damit Orte sozialer Selektivität.

Hinsichtlich der Höhe der sozialen Herkunft heben sie sich gegenüber der – ohnehin aus relativ abgesicherten, teilweise im Beamtenmilieu verwurzelten Herkunftsfamilien stammenden – Mehrheit der deutschen Journalisten (Weischenberg et al. 2006) noch einmal ab. Auch im journalistischen Feld greift also die Logik der Distinktion: Die Zugänge zu Bildungseinrichtungen werden für die breiten Schichten umso geschlossener, je exklusiver und etablierter diese Einrichtungen sind (Bourdieu und Passeron 1971; Hartmann 2002, 2004).

1.1 Theoretischer Hintergrund: der Habituszirkel im journalistischen Feld

Vor dem Hintergrund dieser sich im Feld selbst steigernden Herkunftsexklusivität erklärt sich die Relevanz der Untersuchungsergebnisse: Die Berichterstatter sind gefähr-
det, einseitige und selbstreferenzielle Angebote an eine ihnen habituell entsprechende
Rezipientengruppe zu unterbreiten. Aus diesem Blickwinkel ist Chancenungleichheit
auf Produktionsseite konstitutiv für die Chancenungleichheit in den Nutzungsmöglich-
keiten. Das Zugangsprivileg bzw. die oben angesprochene Prägung im journalistischen
Feld durch Akteure aus ähnlichen mittleren bis hohen Herkunftsgruppen (Weischenberg et al. 2006; Fabris 1979; Langenbucher und Mahle 1974) setzt einen Prozess in
Gang, der hier *Habituszirkel* genannt wird (Abb. 1): Ein Kreislauf sich gegenseitig auslö-
sender, habituell und damit unbewusst gesteuerter Prozesse zugunsten der Herkunftshomogenität und Mittelschichtorientierung im journalistischen Feld. Die im Folgenden
erläuterte Wirkungsabfolge fußt theoretisch auf den Begrifflichkeiten Habitus, Kapital
und Feld (v. a. Bourdieu 1987, 2001, 2005).

Die angesprochene homogene Zusammensetzung der Akteure im journalistischen
Feld würde der Logik Bourdieus folgend die Wahrscheinlichkeit homogener Habitus
erhöhen. Im journalistischen Feld bewegten sich folglich Menschen, die überwiegend
über ähnliche Sozialisationserfahrungen, Kapitalausstattungen, allgemeine Grundhal-
tungen sowie Wahrnehmungs- und Denkschemata (Bourdieu 1987, 2004, 2005) – kurz:
über eine „Familienähnlichkeit" (ebd. 1981: 198) – verfügen. In Bezug auf das journalistische Feld zitiert Bourdieu in seiner polemischen Auseinandersetzung „Über das Fernsehen" die Metapher der „Brille": Die herkunftsbedingten Wahrnehmungskategorien

Abbildung 1   Der Habituszirkel im journalistischen Feld

der Journalisten sorgen dafür, dass und wie sie „bestimmte Dinge sehen, andere nicht" (ebd. 1998: 24 f). Diese habituelle Brille ist damit die erste, direkte Folge der geschlossenen Herkunftsgruppe im journalistischen Feld.

Per definitionem wird der Habitus stets in eine Handlungsebene überführt: Die Art des Denkens und Wahrnehmens führt zu systematischen Stellungnahmen und bringt herkunftsspezifische Praktiken und Handlungsmuster hervor (ebd. 2004, 2005); Ansichten und Praxisformen sind aneinander gekoppelt (ebd. 1982: 284). Damit wird der zweite Effekt des Habituszirkels auf der Handlungsebene hervorgebracht: Da, um in der zitierten Metapher zu bleiben, die habituelle „Brille" auch innerhalb beruflicher Strukturen nicht einfach abgenommen werden kann, trübt, begrenzt oder schärft sie die Wahrnehmung trotz professionalisierter Arbeitsweisen ganz im Sinne der dominanten sozialen Prägung. Auf diesem Wege kann der Habitus seine Wirkung auch auf Themenselektion und Berichterstattung entfalten. Journalisten bevorzugen oder verwerfen zwar *Themen* bekanntermaßen vor dem Hintergrund bestimmter feldspezifischer und professionell genormter Entscheidungsmechanismen und -reflexe (Galtung und Ruge 1965; Östgaard 1965; Schulz 1976). Die basale Form der Wahrnehmung aber, die elementare Kenntnisnahme und damit gleichzeitig geschehende Bewertung eines *Ereignisses* geschieht auf unbewusster Basis der schichtspezifischen Selektionsstrukturen des Habitus, die alle weiteren Selektionsvorgänge beeinflussen. Beispielsweise steht noch vor der als „news factor" deklarierten „geographical distance between the event and the place where the recipients of the news stories live" (Kepplinger und Ehmig 2006: 27) die ebenfalls räumliche, allerdings *sozial*räumliche Distanz zwischen Ereignis, beteiligten Personen, Rezipienten – und dem Journalisten selbst.

So sehen und erkennen – noch vor dem professionellen Prozess der Auswahl und Gewichtung – Journalisten Ereignisse nur soweit, wie es ihre soziale Prägung erlaubt. Dementsprechend kann sich die soziale Herkunft vermittels der Habitus auf Themenselektion und Berichterstattung auswirken.

Die dritte Wirkung des *Habituszirkels* betrifft das Publikum: Es ist davon auszugehen, dass Journalisten aufgrund des von ihnen angebotenen Blicks auf die Realität ein Publikum ansprechen und integrieren, das dieselbe Sinngrundlage teilt, ein Effekt, der noch dadurch verstärkt wird, dass das Publikum wiederum eine Orientierungsgröße für die Journalisten (Meyen 2009: 324) darstellt. Es besteht die Gefahr „einheitlicher Einseitigkeit" (Böckelmann 1975: 60) und einer Art bürgerlicher Konsonanz als Ergebnis habitueller Ähnlichkeiten zwischen Produzenten und Rezipienten. Berichtet wird spiegelbildlich, wie die Mittelschicht die Welt sieht. Habituelle Gemeinsamkeiten scheinen sich auch im Vertrauen der Rezipienten niederzuschlagen: Das Vertrauen von Mediennutzern in Journalisten ist umso höher, je höher der Bildungsgrad dieser Nutzer ist (Donsbach et al. 2009).[1] Dieser idealtypische Zirkeleffekt führt zur Mittelschicht-

---

1   Umgekehrt wurde gezeigt, dass Journalisten „intuition", „appearance", „status-position" und „gut feeling" (Dansker et al. 1980: 40) als wichtige Entscheidungshilfe zur Einschätzung der Vertrauenswürdigkeit ei-

orientierung im journalistischen Feld. Darüber hinaus liegt die Vermutung nahe, einseitig geprägte Berichterstattung könnte zu sozialer Exklusion und Ungleichheit über das journalistische Feld hinaus führen. Der *Habituszirkel* stellt insofern eine Gefährdung der Vielfältigkeit der Berichterstattung und damit der demokratischen Partizipationsfähigkeit durch ungleich verteiltes „Beteiligungswissen" (Koziol 2003: 28) auf Nutzerseite dar.

1.2   Die Untersuchung: Datenbasis und Methode

Um eine Übersicht über die soziale Zusammensetzung der Journalistenschüler zu gewinnen sowie nach Indikatoren eines Zusammenhangs mit der habituellen Passung zu suchen, wurde ein Methodenmix gewählt:

Zum einen wurde ein teilstandardisierter Fragebogen an 140 Journalistenschüler verschickt. Zum anderen wurden Leitfadeninterviews mit drei Leitern von Journalistenschulen geführt.

56 Journalistenschüler füllten die Fragebögen aus und schickten sie zurück. Damit wurde eine zufriedenstellende Rücklaufquote von 40 % erreicht. In den Fragebögen wurden Bildungsabschlüsse und Berufe der Eltern sowie Berufswünsche und private Interessen der Schüler abgefragt. Es ergab sich daraufhin die Möglichkeit, die soziale Herkunft der Schüler zu kategorisieren. In Anlehnung an die Sozialgruppierung der Hochschul-Informations-System GmbH (vgl. u. a. Isserstedt et al. 2007: 493; Middendorff et al. 2009: 28 ff) wurden die Schüler in die Gruppen niedrig, mittel, gehoben und hoch eingeteilt. Die Kategorisierung der HIS GmbH bot sich an, da die Herkunftsgruppen, in einem relativ ganzheitlichen Verständnis, nicht nur nach einer Indikation, beispielsweise Einkommen, gebildet wurden, sondern aus dem Zusammenspiel der Faktoren „Höchster Bildungsabschluss" sowie „Berufliche Position". Sie integriert damit den Bourdieuschen Ansatz zur Bedeutung des Kulturellen Kapitals für die Position im sozialen Raum bereits in der Erfassungsmethode. Der hohen Gruppe entsprachen dabei beispielsweise ein Vermögensverwalter, eine Zahnärztin und ein mittelständischer Geschäftsführer, jeweils mit Hochschulabschluss, der gehobenen Gruppe wurde ein Polizeikommissar ohne Hochschulabschluss sowie eine studierte Grundschullehrerin zugeordnet, und in der mittleren Gruppe befand sich beispielsweise ein Bankkaufmann ohne Hochschulabschluss.

Um der zweiten Leitfrage nachzugehen, mussten die Auswahlkriterien und Rekrutierungsmechanismen an den Journalistenschulen auf ihren latent schichtspezifischen Gehalt untersucht werden (vgl. für anderer Professionszweige Hartmann 2002, 1996).

---

ner Quelle heranziehen. Genau diese Einschätzungshilfen sind es aber, die im Sinner der Ähnlichkeitshypothese (Duck 1973) in aller Regel herkunfts- und damit habitusspezifisch sind (vgl. auch Hartmann 2002; Argyle und Henderson 1986; Bierhoff und Buck 1997).

Angestrebt wurde eine möglichst offene Erhebung der Handlungsmotive der Entscheider und ihrer Wahrnehmung geeigneter und ungeeigneter Bewerber (Hopf 2000: 350). So wurden als Methode zur Befragung der Schulleiter das Face-to-Face Interview und das Instrument des Leitfadens gewählt.

Im Weiteren wurde computergestützt nach der Qualitativen Inhaltsanalyse (Mayring 2002) vorgegangen: In mehreren Probeläufen wurden die Oberkategorien getestet, an die Logik des Erzählten angepasst und nach dem Prinzip der Zusammenfassung induktiv um Kategorien erweitert, die sich durch interessante und theorierelevante Gesprächssequenzen anboten und vorher nicht abzusehen waren. Die Texte wurden abschließend anhand des kompletten Kategoriensets geordnet und interpretiert.

2   Journalistenschüler – feldspezifische Elite mit Herkunftsprivileg

Die Analyse der Interviews mit den Schulleitern ergab, dass Journalistenschulen aufgrund ihrer hohen Kapitaldichte (v. a. Soziales und Symbolisches Kapital) als im Feld elitär, exklusiv und distinkt gelten können. Da keine der im Rahmen der vorliegenden Studie erfassten Schulen eine Statistik zu den späteren Berufen der Absolventen führte, wurde in der Befragung der Schulleiter vorwiegend die Wahrnehmung des elitären Charakters der Schulen durch die Schulleiter selbst fokussiert. Zunächst bestätigte sich die Vermutung, dass Journalistenschulen durch das leitende Personal gegenüber sonstigen Ausbildungswegen als exzellent, exklusiv und als den Leistungsbesten vorbehalten wahrgenommen werden.

> „Das ist der eine Teil, weshalb es anders ist als woanders oder weshalb man auch von Elite sprechen kann. Und der andere Teil ist der, dass wir uns einfach die besten Leute holen. Also wir haben dann eben die Möglichkeit aus mehr als 1000 Leuten [...] auszusuchen und die sind dann entsprechend qualifiziert von Anfang an."

In der Kategorie „Wahrnehmung als Elite" wurde explorativ in weitere, untereinander zusammenhängende, Dimensionen unterschieden: Sowohl die Schule als Institution als auch die schulischen Akteure (Lehrende, Gäste, Vortragende) und die Schüler in ihren Status als Bewerber und Absolventen wurden als Elite betrachtet. Besonders aussagekräftig sind die folgenden Aussagen zu symbolischem und sozialem Kapital:

> „Also, wer es geschafft hat, auf eine Journalistenschule zu kommen, hat es im Grunde genommen in diesem Beruf bereits geschafft."

> „Also, ich glaube, das ist ein Vorteil der Journalistenschulen insgesamt. Dass man quasi dann hinein geboren wird in ein Netzwerk."

Eine von der Verfasserin durchgeführte Sekundäranalyse des aus der Befragung von 1536 befragten Journalisten gewonnenen JouriD-Datensatzes (Weischenberg et al. 2006) zeigte zudem, dass Journalistenschüler sich im Feld selbst erfolgreich positionieren. So arbeitet keiner der im Rahmen von JouriD befragten Absolventen einer Journalistenschule für die im Feld selbst vermutlich eher gering bewerteten Medientypen „Zulieferer-TV" oder „Zulieferer-Hörfunk" sowie nur eine sehr geringe Anzahl (0,5 %) im reinen „nur-online"-Sektor, d. h. für ein Medium, dass nicht mit einem Printprodukt verbunden ist. Dagegen schaffen ehemalige Journalistenschüler es doppelt so häufig (5,7 %) zu „großen Zeitschriften" wie ihre über andere Schritte (beispielsweise über ein Journalismusstudium, ein Redaktionsvolontariat oder über Praktika) etablierten Kollegen. Insgesamt ist die relative Häufigkeit von Absolventen von Journalistenschulen im Zeitschriftensektor hoch: Auch bei den „mittleren und kleinen Zeitschriften" sind sie mit 19,3 % gegenüber ihren Kollegen (10,9 %) überrepräsentiert.[2] Auch die Ressorts „Politik spezial" sowie „Wirtschaft/Recht" werden eher von ehemaligen Journalistenschülern besetzt: Im Bereich „Politik spezial" arbeiten 4.2 % der Journalistenschulabsolventen gegenüber 1.4 % ihrer Kollegen. Noch deutlicher ist der Unterschied im Bereich „Wirtschaft/Recht". 14.6 % der Absolventen von Journalistenschulen stehen hier 9.5 % der anders ausgebildeten Kollegen gegenüber. Umgekehrt ist die Verteilung im eher weniger Profilierung versprechenden Arbeitsbereich „Lokales/Regionales", in dem 29.8 % aller sonstigen Journalisten arbeiten, aber nur 23.3 % der ehemaligen Journalistenschüler.

Diese Ergebnisse weisen darauf hin, dass Journalistenschüler sich durch eine intime Kenntnis des Feldes und eine gute Übersicht auszeichnen und eher dahin tendieren, als Absolventen namhafter Institutionen einerseits die prestigereichsten Arbeitgeber anzustreben und andererseits Arbeitgeber bzw. Medientypen, die das Risiko einer Geringerbewertung beinhalten, zu vermeiden.

Der Anteil der Schüler „aus den Fraktionen mit dem umfänglichsten kulturellen Kapital steigt entsprechend dem Rang der betreffenden Bildungsanstalt" (Bourdieu 1982: 204). Der folgende Abschnitt wird zeigen, dass diese von Bourdieu formulierte Regel zum schulischen Hierarchisierungsprinzip auch auf Journalistenschulen zutrifft.

2.1 Journalistenschüler stammen selbst im Vergleich zu anderen privilegierten Gruppen aus einer hohen Herkunftsgruppe

Die Exklusivität von Journalistenschulen erstreckt sich nicht nur auf die Auslese der Leistungsbesten, wie es das Zitat eines Schulleiters nahelegt. Sie bringt auch eine soziale Exklusivität mit sich, wie die folgenden Ergebnisse zeigen. 68 % der Journalistenschüler rekrutieren sich aus der Herkunftsgruppe „hoch". Dass der Anteil der Schüler aus der Herkunftsgruppe „hoch" an Journalistenschulen trotz der stark differenzierten Eintei-

---

2   Alle Werte sind signifikant (p < 5 %).

Abbildung 2   Anteil der Herkunftsgruppen an den Ausbildungsangeboten in %

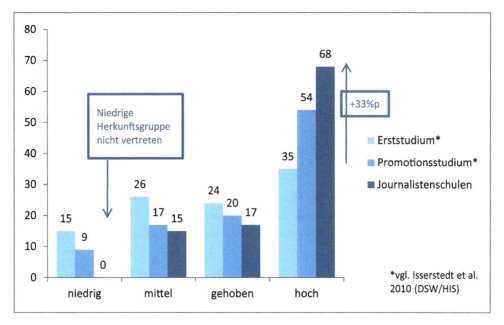

lung und im Vergleich mit der journalistischen Allgemeinheit so ausgeprägt ist, spricht für eine im journalistischen Feld überdurchschnittlich starke soziale Selektion an diesen Institutionen. Immerhin noch 15 % stellt die mittlere Herkunftsgruppe und 17 % stammen aus der gehobenen Herkunftsgruppe. Bemerkenswert ist, dass die Herkunftsgruppe „niedrig", die zum Beispiel Beamte des einfachen und mittleren Dienstes, Angestellte mit ausführender Tätigkeit sowie Facharbeiter umfassen würde, überhaupt nicht vertreten ist. Mehr noch als die hohe Beteiligung der Edukanden aus akademisch geprägten Elternhäusern macht das vollständige Fehlen von Repräsentanten einer gesellschaftlichen Schicht auf die soziale Selektion in diesem Bereich des Feldes aufmerksam. Selbst im Vergleich mit anderen als privilegiert diskutierten Gruppen an Bildungseinrichtungen wirken Journalistenschüler daher sozial überselektiert (vgl. Abb. 2).

2.2   *Journalistenschüler stammen aus Elternhäusern mit hohem kulturellen Kapital*

Auf dem Weg zu einer Erklärung für die Überrepräsentanz der hohen Herkunftsgruppe, bietet es sich an, den Grad an Verfügung über Kulturelles Kapital zu erfassen – ein Konzept, welches Bourdieu genutzt hat, um „die Ungleichheit der schulischen Leistungen von Kindern aus verschiedenen sozialen Klassen zu begreifen" (Bourdieu 2005: 53). Als „sozial wirksamste Erziehungsinvestition" begreift Bourdieu die „Transmission kulturellen Kapitals" (ebd.: 54, *Hervorhebung im Original*). Die am engsten mit dem

Habitus verbundene Kapitalform ist das „inkorporierte Kapital", solches Kapital nämlich, welches im Rahmen der familiären Primärerziehung nahezu unbewusst in einem
vererbungsähnlichen Prozess weitergegeben wird. Als quantitativ messbarer Indikator
für das Ausmaß Kulturellen Kapitals in der Familie kann im Rahmen dieser Untersuchung nur das institutionalisierte Kulturkapital, hier der Bildungsabschluss der Eltern,
herangezogen werden. Auch hier wird deutlich, dass Journalistenschüler aus Elternhäusern stammen, in denen überdurchschnittlich viel Kulturkapital zur Verfügung steht:
71 % der Journalistenschüler haben mindestens einen Elternteil mit Hochschulabschluss.
Zum Vergleich: Bei der Studierendengruppe mit der höchsten akademischen Reproduktion, den Medizinstudierenden, haben 66 % mindestens einen Elternteil mit Hochschulabschluss (Bargel et al. 2008). Die Promotion ist bei immerhin 21 % der Väter und
9 % der Mütter der höchste Bildungsabschluss, 9 % der Väter führen die Berufsbezeich-
nung „Professor". Das institutionalisierte Kulturkapital der Eltern schlägt sich in der
Berufswahl nieder: Bei den Vätern der Journalistenschüler sind Ärzte (21 %), Sonstige Selbstständige (16 %), Sonstige Angestellte (14 %) sowie Lehrer und Sonstige Freibe-
rufler (je 11 %) die dominierenden Gruppen. Bei den Müttern sind Hausfrauen (21 %),
Lehrerinnen (18 %) und insgesamt die Gruppe der im medizinischen Sektor tätigen
Beschäftigten (9 % Ärztinnen und 13 % sonstiges medizinisches Personal) am stärksten vertreten. JournalistInnen (je 4 %) sind am seltensten vertreten. Mit ihrer Herkunft
aus diesen Elternhäusern, vor diesem Bildungshintergrund und angesichts der beruflichen Position der Eltern, stammen Journalistenschüler gleichzeitig aus Elternhäusern
mit hohem Symbolischem Kapital. Ärzte, Unternehmer, Lehrer und Hochschulprofes-
soren genießen hohes gesellschaftliches Ansehen (Institut für Demoskopie Allensbach
2008). Die Erfahrung der exponierten sozialen Lage und des familiären Prestiges prägt
den Habitus, heben schon den Heranwachsenden auch außerhalb des familiären Rah-
mens in eine Position auf Augenhöhe mit anderen Angehörigen dieser Sozialschicht
(König 2003: 54) und befähigen ihn zu jener von Horkheimer beschriebenen „Selbstverständlichkeit, ‚Natürlichkeit', die einen Menschen in gehobenem Kreis sympathisch
machen, [...], gewöhnlich hat sie nur der, welcher immer schon dabei war und gewiss
sein kann, dabei zu bleiben" (Horkheimer 1934: 23). Diese Feld-Habitus-Passung führt
in Bezug auf die Schulen zu einer Akkumulation sowohl von symbolischem als auch sozialem und kulturellem Kapital, da „die angesehensten von ihnen [den Bildungsinstitu-
tionen, K. L.] von den Privilegiertesten mit Beschlag belegt werden" (Bourdieu/Passeron
1971: 25). Auch im journalistischen Feld entfaltet die Feld-Habitus-Passung ihre selektie-
rende Wirkung besonders im Zuge der persönlichen Begegnung, wie im folgenden Abschnitt dargelegt wird.

2.3 Die Selektion nach Herkunft vollzieht sich vor allem durch informelle Kriterien im Auswahlgespräch

Der Zusammenhang zwischen der sozialen Herkunft auf der einen und den schulischen Auswahlmechanismen auf der anderen Seite ergibt sich aus der Beobachtung des Bewerbungsprozesses in den Journalistenschulen. An allen drei Schulen muss der Bewerber sich – meist nach dem Bestehen eines Wissens- und Schreibübungstests sowie dem Erfüllen formaler Kriterien – über ein Auswahlgespräch mit einer mehrköpfigen Kommission behaupten. Mit den Worten „Da geht's um Persönlichkeit" beschreibt ein Schulleiter zusammenfassend die Funktion dieses Gespräches.

Bourdieu verweist immer wieder auf die Gefahren des persönlichen Auswahlgespräches: Unter anderem am Beispiel des französischen concours verdeutlicht er die Umdeklarierung habituell unpassender Persönlichkeitsmerkmale zu Leistungsdefiziten in schulischen und universitären Selektionsprozessen (Bourdieu 1971, 1982, 1988).

Um den Nachweis zu erbringen, dass die Begünstigung des Nachwuchses aus der hohen Herkunftsgruppe über die Persönlichkeitsprüfung im Auswahlgespräch entsteht, wurden die Leitfadeninterviews mit den drei Schulleitern hinsichtlich der gewünschten Persönlichkeitsmerkmale analysiert. Dabei ergaben sich fünf einen erfolgreichen Kandidaten auszeichnende Merkmale. Es sind dies die Merkmale Adaptionsfähigkeit und Flexibilität, ein Vertrauen erweckendes Wesen, ein breites Wissen zur Medienagenda, eine bescheidene Selbsteinschätzung sowie Sprachgefühl und Gesprächsführungskompetenz.

Das Merkmal Adaptionsfähigkeit und Flexibilität erfordert von den Journalisten zunächst, sich jederzeit auf neue Situationen und Gesprächspartner einstellen zu können, „weil man eben am Morgen noch nicht weiß, was auf einen wartet". Idealerweise ist ein Journalistenschüler darüber hinaus in der Lage, sich habituell an seine Gesprächspartner anzupassen, sie gewissermaßen zu spiegeln. Im Kontext dieser Fähigkeit wurde auf begleitende Fähigkeiten wie ein angemessenes Repertoire an Höflichkeitsformen und Kenntnis der am jeweiligen Ort des Auftrages herrschenden Kleiderregeln verwiesen. Diese Fähigkeit sich anpassen und Situationen und Menschen einschätzen zu können, hängt unmittelbar mit dem zweiten gewünschten Merkmal zusammen: einem einnehmenden und Vertrauen erweckenden Wesen. Der Journalismus ist wie wenige andere Berufe auf Vertrauen angewiesen (Matthes und Kohring 2003), neben dem Vertrauen der Rezipienten vor allem auf das Vertrauen von Informanten und Gesprächspartnern, die den Journalisten schnell und ohne Störungen im redaktionellen Zeitmanagement Auskünfte zukommen lassen sollen. Der journalistische Berufsalltag erfordert, dass berufliche Beziehungen zwar formalisiert sind, aber durch den unablässigen Vertrauensvorschuss weit über die normale Gestaltung einer formalen Beziehung hinausgehen. Raschen und ungehinderten Zugang zu Informationen erhält allerdings nur jemand, dem Vertrauen auch ohne das Erleben vorangegangener positiver Erfahrungen - kognitives Vertrauen - geschenkt wird (Bissels 2003). Zur Bildung von Vertrauen essentiell sind - und spätestens hier wird die Bedeutung des Habitus deutlich - „ähnliche

Ansichten" und „ähnliche Praxisformen" (König 2003: 65), und diese Ähnlichkeit wird darüber erkennbar, dass ein „gemeinsamer Code beherrscht wird" (Bourdieu 1987: 111). Auf die Bedeutung von Vertrauen auf Basis der im Habitus geronnenen gemeinsamen klassenspezifischen Erfahrungen für die Chancen in betrieblichen Auswahlverfahren hat Hartmann (1996, 2002) auf umfangreicher Datenbasis hingewiesen. Zu dem Zusammenhang zwischen sozialer Schicht und Vertrauen liegen auf dem Gebiet der Vertrauensforschung diverse Veröffentlichungen vor (Argyle und Henderson 1986; Bierhoff und Buck 1997; Verbrugge 1977).

Die dritte Anforderung – das breite Wissen zur Medienagenda – meint die Fähigkeit, umfassend über medial zugänglich gemachte Ereignisse unterrichtet und urteilsfähig zu sein. Über die Beurteilung und Skizzierung alternativer, z. B. politischer Handlungsstrategien hinaus, sollen die Schüler auch Form der Darstellung sowie Layout beurteilen können.

In Bezug auf das vierte Merkmal der bescheidenen Selbsteinschätzung kommen die Leiter, anders als bei den anderen Merkmalen, nicht auf seine Funktion zu sprechen; offenbar geht es unmittelbar um das Empfinden von Sympathie. So wird „übersteigertes Selbstbewusstsein" missbilligt, „Zurückhaltung" und „nicht arrogant zu sein" jedoch empfohlen. Erneut korrespondiert dieser Anspruch mit der Fähigkeit, Menschen und Situationen richtig einzuschätzen sowie mit der habituellen Passungsnotwendigkeit zwischen Entscheider und Bewerber.

Fünftens werden „Sprachgefühl und Gesprächsführungskompetenz" genannt. Diese Fähigkeiten wirken wie das grundständig erforderliche Handwerkszeug eines Journalisten. Gemeint ist jedoch nicht primär die Fähigkeit, korrekt und ansprechend zu formulieren. Es geht vielmehr darum, in der Prüfungssituation zu beweisen, dass man „auch in unangenehmen Stresssituationen […] die richtige Frage in der Sekunde stellen" kann. Gefragt ist die Souveränität, den Schulleitern unbeschwert „auf Augenhöhe" zu begegnen. Wer sich dank der Mitgift seines Herkunftsmilieus angesichts dieser Anforderungen „am richtigen Platz" (Bourdieu 1971: 31) wähnt, hat höhere Erfolgschancen.

Insgesamt fordern diese fünf Merkmale eine journalistische Persönlichkeit, die durch eine Sozialisation in der akademisch geprägten Herkunftsgruppe „hoch" und den daraus resultierenden Habitus begünstigt wird. Diese Merkmale können weniger durch schulische oder universitäre Sozialisation erworben werden. Vor allem die ersten zwei Persönlichkeitsmerkmale fußen auf Denkstrukturen und Praktiken, welche in einem hinsichtlich Bildung und Einkommen kapitalstarken Milieu eingraviert wurden. Insgesamt erfordert die Feld-Habitus-Passung, die zur erfolgreichen Bewerbung führt, einen spezifischen sozialen Hintergrund.

Erkennbar wird diese schichtspezifische Selektionsrichtung an den Referenzgruppen der Schulleiter: Durch die Interviewanalyse ließ sich eine Orientierung der Schulleiter an gesellschaftlich etablierten bis machtvollen Milieu feststellen. So beantwortet ein Schulleiter die Frage nach der Notwendigkeit eines Studiums mit einer Aussage, die sich fast schon erklärungslos in das Habitus-Konzept Bourdieus fügt:

„Meiner Einschätzung nach ist das ganz hilfreich, zumal dann diese Journalisten später im beruflichen Alltag meist mit Menschen zu tun haben, die *Akademiker* sind. Und dann ist es einfach gut, wenn die sozusagen auf gleicher *Augenhöhe* miteinander *hantieren* können." (Hervorhebungen von mir, K. L.)

Bemerkenswert ist hier nicht nur, dass der Schulleiter von Akademikern als natürlicher Umgangsgruppe für Journalisten ausgeht, bezeichnend ist darüber hinaus die Ausschließlichkeit und Selbstverständlichkeit, mit der diese Auffassung vertreten wird. Akteure und Themen außerhalb des etablierten Blickwinkels werden durch diese Äußerungen marginalisiert. Auch das angemessene Auftreten, das ein weiterer Schulleiter erwähnt, richtet sich an einer ähnlichen Referenzgruppe aus:

„Wenn dich dein Praktikum [...] in die *Bilanzpressekonferenz* von X schickt [...], dann muss man sich einfach drauf einstellen, dass da lauter *Leute mit Anzug und Krawatte* sitzen werden. Und dann muss da der Praktikant in Gottes Namen angemessen auftreten." (Hervorhebungen von mir, K. L.).

In der folgenden Aussage eines anderen Schulleiters wird das hohe Ausbildungsniveau sogar direkt mit dem Aufgebot an etablierter politischer und gesellschaftlicher Prominenz verbunden:

„Wir hatten hier schon *Alt-Bundespräsidenten*, in vier Wochen kommt *Norbert Lammert* hierher, da sind aber auch *bekannte Schauspieler, Künstler, Sportler etc.* Also, wir versuchen wirklich auf *höchstem Niveau* die Leute zu fördern." (Hervorhebungen von mir, K. L.).

Diese Ausbildungsmaßnahmen und Anforderungen sind legitime und vermutlich erforderliche Vorbereitungen auf die Berufspraxis. Sie zeigen aber auch, an welche Milieus Schulleiter – geleitet von ihren eigenen habituellen Wahrnehmungsschemata – als Referenzgruppe für ihre Schüler denken und welche sie unbewusst ausblenden. 68 % der Schüler stammen aus Milieus, die den Referenzmilieus habituell nahe stehen. An dieser Stelle scheint es, als sei die gewünschte journalistische Persönlichkeit nach der Passung zu den Referenzgruppen modelliert worden. Tatsächlich aber ist der Vermittler zwischen Feld und Referenzgruppen sowie den Journalistenschülern auch der Habitus der Schulleiter selbst. Die jahrelange Tätigkeit in einem akademisch geprägten Feld sowie die eigene Herkunft (durchweg abgesicherte Mittelschicht) prägt Sichtweise und Praktiken und erklärt darüber auch das unbewusste Zitieren von etablierten Referenzgruppen: Sie sind zentrale Punkte im Gesichtsfeld der Schulleiter. Hier zeigt sich die Macht des Habitus über professionelle Verhaltensweisen und Strategien: Obwohl die Schulleiter den funktionalen Wunsch nach mehr Heterogenität ausdrücken und insgesamt bestrebt sind, Chancengleichheit für Bewerber herzustellen, zeigt sich in Aussagen, die sich nicht direkt auf Fragen zu Herkunft und Chancengleichheit beziehen, der

Hysteresis-Effekt, ein vorbewusstes Beharren auf schichtspezifischen Wahrnehmungs-
und Selektionsstrukturen (Bourdieu 1987: 116).

Die Gefahr, die in dieser unbewusst von den Akteuren im Feld (re)produzierten zir-
kulären Struktur liegt, ist die der relativen Herkunftshomogenität im gesamten Feld. In
Bezug auf das Agenda-Setting kann eine solche „Geschlossenheit der Milieus" zu einer
„Zensur" von Themen und schichtspezifischen Perspektiven führen, „die ebenso wirksam ist, wie die […] eines förmlichen politischen Eingriffs" (Bourdieu 1998: 33f).

3 Der Habituszirkel sorgt für schichtspezifische Zuordnungsprozesse an Journalistenschulen

Der unter 1.2. beschriebene *Habituszirkel* muss folglich im Falle der Journalistenschulen
um die Bedeutung der Referenzmilieus erweitert werden (Abb. 3).

Die dargestellten Ergebnisse verdeutlichen am Beispiel der Journalistenschulen, dass
die Zugangsmöglichkeiten unterschiedlicher sozialer Herkunftsgruppen zum Feld bzw.
zu bestimmten Positionen ungleich verteilt sind. Der Zugang zur Medienproduktion
ist folglich von sozialer Ungleichheit geprägt. Konkret ergab die Analyse ein nahezu
geschlossen hohes Herkunftsmilieu aufgrund der Habitus-Feld-Passung an Journalistenschulen. Die erste Leitfrage „Aus welchem Herkunftsmilieu stammen Journalistenschüler?" konnte daher wie folgt beantwortet werden: Journalistenschüler entsprechen

Abbildung 3   Der Habituszirkel an deutschen Journalistenschulen

der Herkunftsgruppe „hoch", der höchsten im Rahmen dieser Untersuchung gemessenen Herkunftsgruppe. Sie stammen aus Familien mit Hochschulbildung und teilweise
weiteren akademischen Graden (Promotion bzw. Habilitation) und bürgerlich-etablier-
ten Berufen. Die dominantesten und klar abgrenzbaren Berufe in der Elterngeneration
sind Arzt (21 %) und Lehrer (11 %) sowie Hausfrau (21 %), Lehrerin (18 %) und Ärztin
(9 %). Auffälliger noch als die Dominanz der hohen Herkunftsgruppe ist allerdings das
vollständige Fehlen von Schülern aus der Herkunftsgruppe „niedrig". Kinder von Fach-
arbeitern oder ungelernten Arbeitern, mit dem Blickwinkel und dem Erfahrungshori-
zont dieser Gruppe, existieren an den untersuchten Journalistenschulen nicht.

Die zweite Leitfrage nach dem Zusammenhang zwischen Habitus und Aufnahmeerfolg wurde durch die Ergebnisse bejaht. Als Grund für die Überrepräsentanz der Schüler aus der hohen Herkunftsgruppe wurde die Feld-Habitus-Passung, die vermittels der
Rekrutierungsmaßnamen der Schulen sowie der unbewussten Orientierung an etablierten Machtgruppen geschieht, angeführt. Die im persönlichen Auswahlgespräch stattfindende Prüfung der persönlichen Passung des Bewerbers zu den Referenzgruppen
resultiert in der Geschlossenheit des Herkunftsmilieus und ist Bestandteil des *Habituszirkels*. Die analysierten Persönlichkeitsmerkmale korrespondieren mit einem Habitus,
der sich eher bei Kindern akademischen Führungspersonals entwickeln kann. Diese
Milieugeschlossenheit zwischen Referenzgruppe und Journalisten führt nach der Logik
des Habitus-Konzeptes über die Sicht durch eine ‚habituelle Brille' zu einer Einheitlich-
keit in Wahrnehmung, Bewertung und Berichterstattung. Der Habituszirkel hat sich
als Erklärungsmodell für die Zuordnungsmechanismen an Journalistenschulen folglich bewährt.

Literaturverzeichnis

Argyle, Michael, 1994: The Psychology of social class. London. New York. Routledge.
Bargel, Tino, Michael Ramm und *Frank Multrus*, 2008: Studiensituation und studentische
      Orientierungen. 10. Studierendensurvey an Universitäten und Fachhochschulen. Bonn,
      Berlin: BMBF.
Bierhoff, Hans W. und *Ernst Buck*, 1997: Wer vertraut wem? Soziodemographische Merkmale
      des Vertrauens. S. 99–114 in: *Martin K. W. Schweer* (Hg.), Vertrauen und soziales Han-
      deln. Facetten eines alltäglichen Phänomens. Neuwied: Luchterhand.
Bissels, Sandra, 2003: Vertrauen. Eine datenverankerte Theorieentwicklung. Zeitschrift für Per-
      sonalforschung 17: 411–414.
Böckelmann, Frank, 1975: Theorie der Massenkommunikation. Das System hergestellter Öffent-
      lichkeit, Wirkungsforschung und gesellschaftliche Kommunikationsverhältnisse. Frank-
      furt am Main: Suhrkamp.
Bourdieu, Pierre und *Jean-Claude Passeron*, 1971: Die Illusion der Chancengleichheit. Unter-
      suchungen zur Soziologie des Bildungswesens am Beispiel Frankreichs. Stuttgart: Klett.
Bourdieu, Pierre, 1981: Klassenschicksal, individuelles Handeln und das Gesetz der Wahr-
      scheinlichkeit. S. 169–226 in: *Ders.* und *Helmut Koehler* (Hg.): Titel und Stelle. Über die
      Reproduktion sozialer Macht. Frankfurt am Main: Europäische Verlagsanstalt.

Bourdieu, Pierre, 1982: Die feinen Unterschiede. Kritik der gesellschaftlichen Urteilskraft. Frankfurt am Main: Suhrkamp.

Bourdieu, Pierre, 1987: Sozialer Sinn. Kritik der theoretischen Vernunft. Frankfurt am Main: Suhrkamp.

Bourdieu, Pierre, 1998: Über das Fernsehen. Frankfurt am Main: Suhrkamp.

Bourdieu, Pierre, 2001: Das politische Feld: Zur Kritik der politischen Vernunft. Konstanz: UVK.

Bourdieu, Pierre, 2004: Der Staatsadel. Konstanz: UVK.

Bourdieu, Pierre, 2005 (1992): Die verborgenen Mechanismen der Macht. Schriften zu Politik und Kultur 1. Hamburg: VSA-Verlag.

Dansker, Emil, James R. Wilcox und *Norman G. van Tubergen*, 1980: How Reporters evaluate the Credibility of Their Sources. Newspaper research Journal 1: 40–46.

Donsbach, Wolfgang, Mathias Rentsch, Anna-Maria Schielicke und *Sandra Degen*, 2009: Entzauberung eines Berufs. Was die Deutschen vom Journalismus erwarten und wie sie enttäuscht werden. Konstanz: UVK.

Duck, Steven W., 1973: Personal relationships and personal constructs. A study of friendship formation. New York und Chichester: Wiley.

Fabris, Hans Heinz, 1979: Journalismus und bürgernahe Medienarbeit. Formen und Bedingungen der Teilhabe an gesellschaftlicher Kommunikation. Salzburg: Wolfgang Neugebauer.

Galtung, Johan und *Ruge, Mari*, 1965: The structure of foreign news. The presentation of the Congo, Cuba and Cyprus Crises in four Norwegian newspapers. Journal of Peace Research, 2: 64–91.

Hanitzsch, Thomas 2007: Die Struktur des journalistischen Feldes. S. 239–260 in: *Klaus-Dieter Altmeppen, Thomas Hanitzsch* und *Carsten Schlüter* (Hg.), Journalismustheorie: Next Generation. Soziologische Grundlegung und theoretische Innovation. Wiesbaden: VS Verlag.

Hartmann, Michael, 1996: Topmanager. Die Rekrutierung einer Elite. Frankfurt am Main: Campus.

Hartmann, Michael, 2002: Der Mythos von den Leistungseliten. Spitzenkarrieren und soziale Herkunft in Wirtschaft, Politik, Justiz und Wissenschaft. Frankfurt am Main: Campus.

Hartmann, Michael, 2004: Elitehochschulen – die soziale Selektion ist entscheidend. Prokla. Zeitschrift für kritische Sozialwissenschaft, Bildung und Ausbildung 137: 535–549.

Hopf, Christel, 2008 (2000): Qualitative Interviews – ein Überblick. S. 349–360 in: Flick, Uwe, Ernst v. Kardorff und Ines Steinke (Hg.), Qualitative Forschung. Ein Handbuch. Hamburg: Rowohlt.

Institut für Demoskopie Allensbach (Hg.), 2008: Die Allensbacher Berufsprestige-Skala 2008. Allensbacher Bericht 2. http://www.ifd-allensbach.de/news/prd_0802.html (Stand: 01. September 2010)

Iske, Stefan, Alexandra Klein und *Nadia Kutscher*, 2004: Nutzungsdifferenzen als Indikator für soziale Ungleichheit im Internet. kommunikation@gesellschaft 5. http://wwwsoz.uni-frankfurt.de/K.G/B3_2004_Iske_Klein_Kutschert.pdf (Stand: 01.September 2010)

Isserstedt, Wolfgang, Elke Middendorff, Maren Kandulla, Lars Borchert und *Michael Leszczensky*, 2010: Die wirtschaftliche und soziale Lage der Studierenden in der Bundesrepublik Deutschland 2009. Sozialerhebung des deutschen Studentenwerks durchgeführt durch HIS Hochschul-Informations-System. Bonn, Berlin: BMBF.

Kepplinger, Hans Mathias und Simone *Christine Ehmig*, 2006: Predicting news decisions. An empirical test of the two-component theory of news selection. Communications 31: 25–43.

König, Markus, 2003: Habitus und Rational Choice. Ein Vergleich der Handlungsmodelle bei Gary S. Becker und Pierre Bourdieu. Wiesbaden: Deutscher Universitäts-Verlag.

Koziol, Klaus, 2003: Öffentlichkeit als hermeneutisches Prinzip medienethischer Reflexion. Eine Kriteriologie. S. 19–35 in: *Andreas Greis, Gerfried W. Hunold* und *Klaus Koziol* (Hg.), Medienethik. Ein Arbeitsbuch. Tübingen: Francke.

Langenbucher, Wolfgang R. und *Walter Mahle*, 1974: Unterhaltung als Beruf? Herkunft, Vorbildung, Berufsweg und Selbstverständnis einer Berufsgruppe. Berlin: Spiess.

Matthes, Joerg und *Matthias Kohring*, 2003: Operationalisierung von Vertrauen in Journalismus. Medien und Kommunikationswissenschaft (M&K) 51: 5–23.

Mayring, Philipp, 2002: Einführung in die Qualitative Sozialforschung. Weinheim und Basel: Beltz.

Meyen, Michael, 2009: Das journalistische Feld in Deutschland. Ein theoretischer und empirischer Beitrag zur Journalismusforschung. Publizistik 54: 323–345.

Middendorff, Elke, Wolfgang Isserstedt und *Maren Kandulla*, 2009: Das soziale Profil in der Begabtenförderung. Ergebnisse einer Online-Befragung unter allen Geförderten der elf Begabtenförderungswerke im Oktober 2008. HIS: Projektbericht. Hannover: BMBF. http://www.his.de/pdf/21/Begabte-Bericht.pdf (Stand: 15. Juli 2010).

Mossberger, Karen, Caroline J. Tolbert und *Ramona McNeal*, 2008: Digital citizenship: the internet, society and participation. Cambridge/Massachusetts: MIT.

Mossberger, Karen und *Michele Gilbert*, 2006: Race, Place and Information Technology. Urban Affairs Review 41: 583–620.

Östgaard, Einar, 1965: Factors influencing the flow of news. Journal of Peace Research 2: 39–63.

Schulz, Winfried, 1976: Die Konstruktion von Realität in den Nachrichtenmedien. Analyse der aktuellen Berichterstattung. Freiburg im Breisgau: Alber.

Verbrugge, Lois M., 1977: The Structure of Adult Friendship Choices. Social Forces 56: 576–597.

Weischenberg, Siegfried, Maja Malik und *Armin Scholl*, 2006: Die Souffleure der Mediengesellschaft. Report über die Journalisten in Deutschland. Konstanz: UVK.

III   Migration

Mediatisierte Vernetzungschancen: Ungleichheit und die Rolle von Sprache für mediale Migranten

Laura Suna, Andreas Hepp & Cigdem Bozdag

1 Einleitung: Ungleichheit, Medien und Migration

Die Vorstellung von einer nationalkulturell homogenen Gesellschaft – dominiert durch einheitliche religiöse und ethnische Wertsetzungen – trifft immer weniger die Komplexität des aktuellen Lebens. Auch die Diskussion um Ungleichheiten bedarf einer differenzierten Betrachtung. Auf den ersten Blick wird ein doppelter Charakter von Ungleichheiten deutlich. Einerseits sehen wir insbesondere in dem Mediendiskurs die Tendenz zur Ungleichheit als Segmentierung in Form von einer *Außen-Konstruktion des Anderen*. Migranten werden aus der Position der Nationalkultur des Migrationslandes als ‚Anders' betrachtet. Dabei wird Migranten eine ‚andersartige Medienaneignung' zugeschrieben, die mit einer ‚kulturellen Andersartigkeit' in Zusammenhang gebracht wird. Andererseits ist die *Binnen-Artikulation der Diaspora* im Hinblick auf Fragen der Ungleichheit zu betrachten. So haben wir es bei Diasporas keinesfalls mit ‚homogenen Gebilden' zu tun. Vielmehr sind diese selbst durch ‚innere Ungleichheiten' gekennzeichnet.

Solche Vorüberlegungen aufgreifend setzen wir uns in diesem Aufsatz auf der Basis der Forschungsergebnisse eines von der Deutschen Forschungsgemeinschaft geförderten Projekts[1] mit dem Stellenwert von Medien für Migrantinnen und Migranten der türkischen, russischen und marokkanischen Diaspora vor dem Hintergrund von Ungleichheiten auseinander. Im Kern befassen wir uns mit der Fragestellung, inwiefern Sprache einer der zentralen Ungleichheitsfaktoren der Medienaneignung von Migranten ist. Zur Beantwortung dieser Frage argumentieren wir in folgenden Einzelschritten: Zuerst gehen wir auf unsere theoretischen Grundannahmen bezüglich Medien und Migranten ein. Dem folgt eine Vorstellung unseres offenen empirischen Vorgehens, über das wir zu einer Dreiertypologie von herkunfts-, ethno- und weltorientierten Migranten gelangt sind. Nach einer Darstellung dieser materialbasierten Aneignungstypologie betrachten wir Aspekte von Sprache als Aneignungskontexte und ziehen anschließend ein Fazit bezüglich mediatisierter Vernetzungschancen.

---

1 Das Forschungsprojekt wird von den Autoren dieses Beitrags unter dem Titel „Integrations- und Segregationspotenziale digitaler Medien am Beispiel der kommunikativen Vernetzung von ethnischen Migrationsgemeinschaften" (2008–2011) am ZeMKI, Universität Bremen, realisiert.

2   Mediale Migranten

Der grundlegende Begriff, entlang dessen wir die Analysen von Ungleichheiten und Migration entwickeln, ist der des *medialen Migranten* (Hepp et al. 2011). Dieser wurde von uns bewusst quer zu Konzepten entwickelt, die gegenwärtig in der wissenschaftlichen Diskussion verbreitet sind. Wir wollen mit dieser Bezeichnung verdeutlichen, dass die Medienaneignung konstitutiv für das Leben kultureller Identitäten von Migrantinnen und Migranten in Deutschland ist.

Innerhalb der Kulturanthropologie hat es sich eingebürgert, von „Postmigranten" zu sprechen. Dieser Ausdruck soll problematisieren, dass mit dem Begriff „Migrant" Zuschreibungen und Positionierungen verbunden sind, die sich nicht mit der Eigenperspektive dieser Personen decken, wenn sie der zweiten oder dritten Migrationsgeneration entstammen. Während wir einem solchen Anliegen vollkommen zustimmen, halten wir dennoch am Begriff des „medialen Migranten" fest: Wie das Leben anderer Mitteleuropäer auch, ist das von Personen mit Migrationshintergrund geprägt durch eine umfassende Durchdringung der Alltagswelten mit Medien. Im Austausch von Briefen und E-Mails, in Telefonaten und Chats entwickeln Menschen mit Migrationshintergrund ein geteiltes Selbstverständnis. Das, was sie als ihre Herkunft konstruieren, ist u. a. geprägt von Medienbildern. Die Lebensorte ihrer Familie kennen sie zum einen dank Besuchen in den Ferien. Zudem halten sie mittels Telefon, E-Mail und Skype Kontakt zu Familienangehörigen. Ebenso sind sie in ihrer Alltagswelt kontinuierlich damit konfrontiert, dass ihnen von außen ein Migrationsstatus zugewiesen wird – wiederum in Teilen geprägt von Medienbildern. Entsprechend können wir die von uns interviewten Menschen insgesamt als *mediale Migranten* beschreiben, wenn wir verdeutlichen wollen, dass die migrantischen Momente ihres Lebens gerade *auch* durch Medienaneignung vermittelt sind. Mit solchen migrantischen Momenten sind dabei auch Personen der zweiten und dritten Migrationsgeneration konfrontiert.

Hiermit verweist der Begriff des medialen Migranten auf eine breitere kommunikations- und medienwissenschaftliche Diskussion, nämlich die um *Mediatisierung* (Krotz 2007; Lundby 2009; Hartmann/Hepp 2010). Greift man die Überlegungen von Friedrich Krotz (2007) auf, bezeichnet Mediatisierung – ähnlich wie Globalisierung, Individualisierung oder Ökonomisierung – einen Metaprozess des sozialen Wandels. Solche Metaprozesse bieten uns einen übergeordneten Interpretationsrahmen, um die unterschiedlichen Phänomene der aktuellen Veränderung in einem Gesamtinterpretationsraster zu fassen.

Welche Prägkräfte Medien in einzelnen soziokulturellen Feldern entwickeln, hängt von komplexen Wechselbeziehungen ab. Insofern verweist der Begriff der Mediatisierung auf einen bestimmten Ansatz der empirischen Forschung zum Wechselverhältnis von Medienwandel und soziokulturellem Wandel, nicht auf eine in sich geschlossene Medienwirkungstheorie. Es ist dieser Zugang der Mediatisierungsforschung, in dem wir uns Fragen zu Medien und Migration annähern wollen.

Hierfür ist für uns das Konzept der *Konnektivität* bzw. der *kommunikativen Vernetzung* ein wichtiges Hilfsmittel. Der Ausdruck Konnektivität fasst allgemein das Herstellen von kommunikativen Beziehungen oder Verbindungen, die einen sehr unterschiedlichen Charakter haben können. Mit der fortschreitenden Mediatisierung stehen die vielfältigen Kommunikationsbeziehungen von medialen Migranten in einem komplexen Gefüge von Face-to-Face-Interaktion, mediatisierter Interaktion und mediatisierter Quasi-Interaktion (vgl. Thompson 1995: 85; Hepp et al. 2011: 11). Insbesondere die beiden letztgenannten Kommunikationsformen haben eine hohe Relevanz für Migrantinnen und Migranten, weil sie ein translokales Erstrecken von Kommunikationsnetzwerken über den aktuellen Lebensort hinaus ermöglichen. Auf diese Weise kann die Migrationsgemeinschaft ‚zusammengehalten' werden.

Bei einem näheren Blick sind die Verhältnisse aber wesentlich vielschichtiger, als sie in einer solchen ersten Annäherung erscheinen: Wir haben es mit *komplexen Kommunikationsnetzwerken* zu tun, die wir bei unserer Analyse von Medien und Migration berücksichtigen müssen. Eine Betrachtung dieser Kommunikationsnetzwerke zielt auf das Herausarbeiten mehr oder weniger dauerhafter Strukturen von Kommunikation ab. Hier lässt sich die ursprünglich auf soziale Netzwerke bezogene Definition Manuel Castells' auf Kommunikationsnetzwerke übertragen. Kommunikationsnetzwerke wären dann

> „offene Strukturen und in der Lage, grenzenlos zu expandieren und dabei neue Knoten zu integrieren, solange diese innerhalb des Netzwerks zu kommunizieren vermögen, also solange sie die selben Kommunikationskodes besitzen […]." (Castells 2001: 528 f.)

Strukturen von Kommunikationsnetzwerken sind nicht einfach da, sondern werden in einem fortlaufenden Kommunikationsprozess (re-)artikuliert. Kommunikationsnetzwerke verweisen also stets auf Flüsse der sie konstituierenden Kommunikationspraxis. In der Vielfalt von Handlungspraxis liegt begründet, dass diese alles andere als hermetisch voneinander abgeschlossen sind, also dass ein und dieselbe Person Teil verschiedener Kommunikationsnetzwerke sein kann: Beispielsweise steht eine Jugendliche mit Migrationshintergrund im Kommunikationsnetzwerk ihrer lokalen Clique (zu der, neben anderen Migrantinnen und Migranten, auch Deutsche gehören), in einem weitergehenden Kommunikationsnetzwerk der Diasporagemeinschaft, sowie in dem zentrierten Kommunikationsnetzwerk einzelner Massenmedien unterschiedlicher Kommunikationsräume.

Ähnlich differenziert muss auch der Begriff von *kultureller Identität* sein, wenn wir die komplexen Identitäten medialer Migranten fassen möchten. Wir begreifen Identität nicht als etwas Statisches, sondern als einen fortlaufenden Prozess der Identifikation (Hall 1994; Krotz 2009). Diese Formulierung verweist auf zweierlei: Erstens entsteht im Sinne des symbolischen Interaktionismus Identität in der Interaktion zwischen einem „Ich" und „der Gesellschaft". Zweitens kann im Verständnis der Artikulationstheorie von Stuart Hall nicht die Existenz eines dauerhaften „Ichs" oder „Subjektes" als essenzielles Zentrum einer Person angenommen werden. Denn jedes Subjekt nimmt zu verschiedenen Zeiten und in unterschiedlichen diskursiven Kontexten andere Identitäten an. Diese lassen sich nicht um ein kontextunabhängiges „Ich" als „Identitätskern" vereinheitlichen.

Statt von einer Identität als einer abgeschlossenen Einheit zu sprechen, erscheint es damit sinnvoller, sich Identität als einen fortlaufenden Prozess der Artikulation zu denken, für den die kommunikative, kontextuell-situative Abgrenzung gegenüber verschiedenen Identifikationsangeboten eine grundlegende Voraussetzung ist. Insbesondere für mediale Migranten haben die Angebote für solche Identifikationen – die Ressourcen oder Elemente der Artikulation von kultureller Identität – eine erhebliche Varianz. Neben der Positionierung in Relation zur (vorgestellten) Herkunft spielen Bezugnahmen zu dem, was als „Deutsch" konstruiert wird, ebenso eine Rolle wie lokale Bezüglichkeiten. Deshalb sind speziell migrantische Identitäten als hybrid zu charakterisieren: Sie konstituieren sich in einer Artikulation von Identifikationselementen verschiedenartiger diskursiver Kontexte.

Wenn wir also von der migrantischen Identität sprechen, meinen wir damit nicht Identität in einem essenzialistischen Verständnis, sondern den Prozess einer fortlaufenden Artikulation von Elementen unterschiedlicher Diskurse im oben beschriebenen Sinne. Umgekehrt ist dies aber nicht damit gleichzusetzen, dass Identitäten etwas rein Situatives oder Subjektives wären. Indem sie als Artikulation auf verschiedene kulturelle Diskurse verweisen, sind sie in einem überindividuellen Zusammenhang zu sehen. Kultur ist dabei zunehmend mediatisierte Kultur, durchdrungen von verschiedensten Prozessen der Medienkommunikation. Deshalb wollen wir nicht einfach nur von Identität sprechen, sondern von kultureller Identität. Unsere Analysen versuchen, für mediale Migranten die musterhaften Momente ihrer Identitätsartikulation herauszuarbeiten. Dabei müssen wir im Blick haben, dass es nicht einfach um eine bestimmte Kultur geht, sondern um die Überlagerung verschiedener kultureller Verdichtungen: die Herkunftskultur, die Kultur der Diaspora, die deutsche Kultur, globalisierte Populärkulturen usw.

Entsprechend können wir den theoretischen Ausgangspunkt unserer Untersuchung folgendermaßen zusammenfassen: Im Zentrum der Studie stehen mediale Migranten, d. h. solche Personen mit marokkanischem, russischem oder türkischem Migrationshintergrund, für die der (vorgestellte) Migrationsstatus eine wie auch immer geartete alltagsweltliche Identitätsrelevanz hat. Wir charakterisieren diese als mediale Migranten, um auf den generellen Umstand zu verweisen, dass deren Leben und Identitätsartikulation in unterschiedlichen Graden mediatisiert sind. Kennzeichnend für den Ansatz ist damit ein transmedialer Blick auf egozentrierte Kommunikationsnetzwerke in deren Gesamtheit – ein Blick, der Fernsehen, Radio und Printerzeugnisse ebenso einbezieht wie Telefon, Mobiltelefon und Internet.

3 Aneignungstypen kultureller Identität und kommunikativer Vernetzung: Herkunfts-, Ethno- und Weltorientierte

Unsere Argumentation möchten wir anhand einer Aneignungstypologie untermauern. Eine solche Typenbildung erscheint uns zielführend, wenn man individuenübergreifende Muster von zuerst einmal subjektiven Prozessen der Medienaneignung wie auch Identitätsbildung und Vergemeinschaftung herausarbeiten möchte. Der von uns im Weiteren dargelegten Typologie liegt eine Mehrebenenuntersuchung zugrunde: Für die marokkanische, russische und türkische Diasporagemeinschaft wurden in zwei deutschen Großstädten (Berlin und Bremen) und deren Umland mit jeweils 31 bis 37 Personen qualitative Interviews geführt sowie offene Netzwerkkarten und – wo möglich – zweiwöchige Medientagebücher erhoben.[2] Bei den offenen Netzwerkkarten handelt es sich um freie, während des Interviews näher erläuterte Zeichnungen, die darstellen, wie die Interviewten ihr jeweiliges Kommunikationsnetzwerk sehen. Die Interviewpartner haben wir nach dem Prinzip der Streuung über die Kategorien Alter, Aufenthaltszeit in Deutschland, Bildung und Gender ausgewählt. Dieses Gesamtmaterial wurde in einem an die Grounded Theory (Glaser/Strauss 1998; Krotz 2005) angelehnten Prozess des Kodierens ausgewertet.[3] Leitend dafür war im Sinne unserer Forschungsziele die Beschreibung alltagsweltlich kontextualisierter kultureller Muster der Medienaneignung in den drei Diasporagemeinschaften sowie deren kommunikative Vernetzung im Hinblick auf kulturelle Identitäts- bzw. Gemeinschaftsbildung.

Als Ergebnis dieses Kodierungsprozesses liegt ein System von insgesamt 96 Kategorien vor. Diese können mittels der Schlüsselkategorien *kulturelle Identität* und *kommunikative Vernetzung* bzw. elf weiterer Subkategorien systematisiert werden. So fassen wir mit *kultureller Identität* die Subkategorien *Angaben zur Person, Identitätsbild, Migrationserleben* und *Wohnorte* zusammen, worüber dann die identitätsbezogenen Einzelkategorien systematisiert sind. *Kommunikative Vernetzung* verweist auf die Subkategorien *Angebotsformen, Medienausstattung, Kommunikationsnetzwerk, Inhalte, Nutzungsorte, Medienerfahrung* und *Vermittlerrollen,* die wiederum andere Einzelkategorien erschließen.

In Kombination unserer beiden Hauptkategorien – *kulturelle Identität* und *kommunikative Vernetzung* – lassen sich über die von uns untersuchten Diasporagemeinschaften hinweg drei Medienaneignungstypen unterscheiden, nämlich Herkunftsorientierte, Ethnoorientierte und Weltorientierte (siehe Abbildung 1). Während diese Typen für jede der Diasporagemeinschaften eine spezifische Ausprägung haben bzw. bezogen auf die Diasporas ungleich verteilt sind, bieten sie insgesamt die Möglichkeit, das Potenzial von Medien für Migrantinnen und Migranten abzuschätzen.

---

2 Die Gesamtzahl der untersuchten Fälle beträgt 100 Fälle, wovon 32 Fälle der marokkanischen Diaspora, 31 Fälle der russischen Diaspora und 37 Fälle der türkischen Diaspora zuzuordnen sind.

3 Diese Auswertung erfolgte softwaregestützt mit Hyperresearch 2.5.

Die Namen der drei von uns unterschiedenen Typen sind zuerst einmal anhand der subjektiven Positionierung der eigenen *kulturellen Identität* gebildet, d. h. auf Basis der Selbstzuschreibungen der von uns interviewten Migrantinnen und Migranten in den erhobenen Interviews. Hiermit korrespondiert tendenziell die kommunikative Vernetzung, die wir aus den Interviewangaben zur Medienaneignung und aus den Netzwerkkarten bestimmt haben. Dabei kann die unten stehende Abbildung nur unzureichend fassen, dass sich über die Typen hinweg auch die Qualität der kommunikativen Vernetzung ändert. Damit meinen wir, dass sich die Sinndimension dessen, was die kommunikative Vernetzung am Lebensort, zum Herkunftsland, zur Diaspora etc. ausmacht, von Typ zu Typ ändert. Zentral dabei ist die Unterscheidung zwischen der lokalen und translokalen kommunikativen Vernetzung. Mit *lokaler* kommunikativer Vernetzung bezeichnen wir die Vernetzung am aktuellen Lebensort, d. h. dem direkten, alltagsweltlichen Lebensumfeld, die – *neben* Face-to-Face-Kommunikation – durch Medien der personalen Kommunikation (Mobiltelefon, E-Mail etc.) wie auch durch Medien der Massenkommunikation (Tageszeitung, Lokalradio etc.) geschieht. Unter *translokaler* kommunikativer Vernetzung verstehen wir die ortsübergreifende kommunikative Vernetzung, für die – neben Reisen – primär die verschiedenen Medien relevant sind. Die translokale kommunikative Vernetzung kann auf das Herkunftsland, die Diaspora-Gemeinschaft, das Migrationsland oder weitergehende Sozialräume (bspw. Europa) ausgerichtet sein.

Vereinfacht formuliert lässt sich sagen, dass *Herkunftsorientierte* eine subjektiv gefühlte Zugehörigkeit zu ihrer Herkunftsregion haben, die ihr Leben in der „Frem-

Abbildung 1   Aneignungstypen

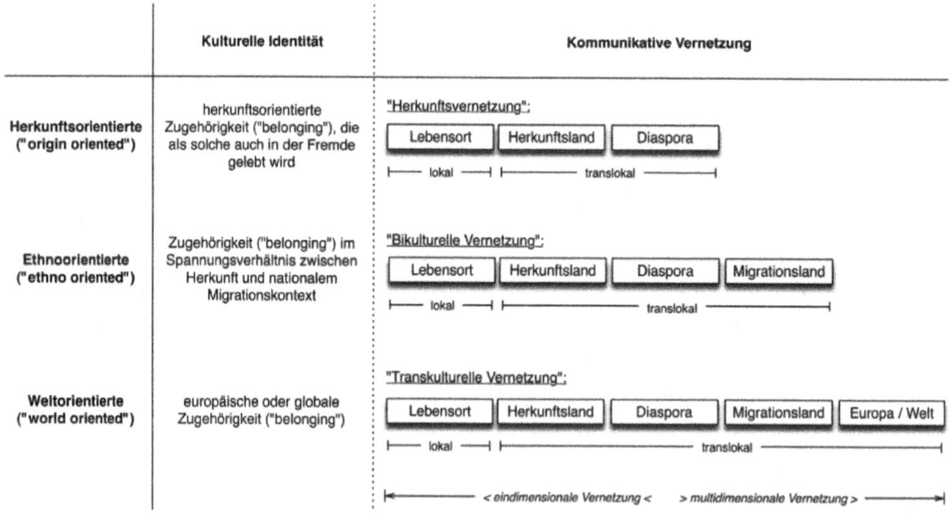

de" prägt. Diese subjektiv gefühlte Zugehörigkeit kann, muss jedoch nicht auf einer Sozialisation in der Herkunftsregion beruhen. Gerade bei jüngeren Migrantinnen und Migranten, die weitgehend in Deutschland, dort aber stark fokussiert auf die Migrationsgemeinschaft aufgewachsen sind, basiert die herkunftsorientierte Zugehörigkeit durchweg auf Vorstellungen bzw. den Erfahrungen bei einzelnen Urlaubsreisen. Ihre kulturelle Identität charakterisieren die von uns Interviewten bspw. als „Marokkaner […] egal wo ich […] lebe" (Fatih, m, 28, marokk.), als die „der sowjetischen [sic!] Kultur" (Pawel, m, 59, russ.) oder schlicht als „Türke" (Feraye, w, 35, türk.). Für Herkunftsorientierte ist das Leben in der Fremde nicht unbedingt problematisch, es sei denn, dass sie das subjektive Gefühl haben, mit ihrer eigenen Identität nicht akzeptiert zu sein bzw. wenn sie in schwierigen ökonomischen Verhältnissen leben.

Diese Orientierung von kultureller Identität geht einher mit einer spezifischen kommunikativen Vernetzung, die sich als *Herkunftsvernetzung* bezeichnen lässt. Während eine intensive lokale kommunikative Konnektivität am Lebensort besteht, zumeist mit Mitgliedern der eigenen Diasporagemeinschaft, existieren darüber hinaus umfassende translokale Kommunikationsbeziehungen insbesondere zur Herkunftsregion. Das Medienrepertoire dieses Typus ist auf eine solche kommunikative Herkunftsvernetzung orientiert. Beispielsweise hält Noureddin (m, 27, marokk.) über Telefon Kontakt zu seiner Verwandtschaft in seinem Herkunftsland, seinen Geschwistern, seiner Großmutter, seinem Onkel und seinen Eltern. Daneben ist das personale Kommunikationsnetzwerk von Herkunftsorientierten vor allem auf lokal lebende Migranten gleicher Herkunft ausgerichtet. Und auch für Massenmedien ist festzuhalten, dass Herkunftsorientierte tendenziell Herkunftsangebote nutzen, bzw. dass allenfalls das deutsche Fernsehen eine kommunikative Einbettung am aktuellen Lebensort sicherstellt. In ihrer Gesamtheit besteht die Medienausstattung der Herkunftsorientierten je nach Alter, Bildung und ökonomischen Verhältnissen aus unterschiedlichen Medien, die aber insbesondere für eine kommunikative Vernetzung zur Herkunft geeignet sind.

Anders verhält es sich bei den *Ethnoorientierten*. Die Bezeichnung dieses Typus hebt darauf ab, dass dieser seine Zugehörigkeit im Spannungsverhältnis zwischen Herkunft und nationalem Aufnahmekontext sieht, er sich also charakteristischerweise Deutschmarokkaner, Deutschtürke oder Russlanddeutscher nennt. Im Zentrum der Zugehörigkeit steht der Teil der jeweiligen Diasporagemeinschaft, der sich im deutschen Kontext konkretisiert. Daraus haben wir die Bezeichnung „Ethnoorientierter" abgeleitet, weil Fragen der ethnischen Verortung der zentrale Aspekt der Entwicklung von kultureller Identität sind. Mahmut (m, 30, türk.) meint, er empfände „genauso Türkei als [s]eine Heimat wie Deutschland", Amir (m, 57, marokk.) charakterisiert sich als „Mischling […] von beiden Kulturen" und Valerij (m, 68, russ.) sagt: „[I]ch kann mich zu der deutschen Kultur nicht zählen alleine". Ob dieses Spannungsverhältnis von Zugehörigkeit als *produktiv*, d. h. als eine Chance, oder als *entwurzelnd*, d. h. als ein Problem, erlebt wird, hängt von unterschiedlichen Faktoren wie Sprachkompetenz, Bildung und ökonomischem Status bzw. Berufssituation ab.[4] Als Charakteristikum besteht in jedem Fall eine ethnische Orientierung auf das Spannungsverhältnis von Herkunfts- und Migrationsland.

Die kommunikative Vernetzung der Ethnoorientierten lässt sich als *bikulturelle Vernetzung* beschreiben. Diese Bezeichnung akzentuiert, dass die kommunikative Vernetzung des Typus in dem Sinne bikulturell ist, dass sie lokal wie translokal vor allem im Spannungsverhältnis zwischen zwei (vorgestellten) Kulturen erfolgt. In diesem Schnittfeld konstituiert sich die Diaspora als eine eigenständige kulturelle Figuration, wobei die Vernetzung in dieser in der Tendenz insofern ‚national‘ gerahmt bleibt, als sie insbesondere auf die Migrationsgemeinschaft in Deutschland gerichtet ist. Gewisse Öffnungen finden am Lebensort statt: In das lokale Kommunikationsnetzwerk sind Mitglieder der eigenen Diaspora sowie andere Migrantinnen und Migranten bzw. vor allem Deutsche einbezogen. Exemplarisch sei Viktoria (w, 47, russ.) zitiert, die als Teil ihres Bekanntenkreises „nicht nur Leute aus Russland" aufzählt, sondern ebenso „sehr nette Mädchen, die aus der Türkei gekommen sind. Lusie aus Brasilien [...] Evan aus Moldavien [...] er hat mehrere Jahre in Italien gelebt, deswegen weiß ich nicht, wo er herkommt".

Wesentlich vielschichtiger und umfassender als bei den Herkunftsorientierten ist auch die translokale kommunikative Vernetzung. Es bestehen nicht nur Kommunikationsbeziehungen zur (vorgestellten) Herkunft. Insbesondere ist eine intensive kommunikative Vernetzung zur eigenen Diaspora bzw. zu Deutschen auszumachen. Diese kommunikative Vernetzung wird im Medienrepertoire der Ethnoorientierten sowohl von (digitalen) Medien der personalen Kommunikation als auch der Massenkommunikation getragen. Dominierende Angebotsformen sind, außer lokalen diasporischen, deutsche und Herkunfts-Angebote. In diesem Sinne formuliert Aysen (w, 44, türk.) in Bezug auf ihr Lektüre-Repertoire: „Wir kaufen täglich eine türkische und eine deutsche Zeitung, damit wir wissen, was passiert in der Türkei und was passiert hier in Deutschland und hier in Berlin." Dem entspricht wiederum das translokale personale Kommunikationsnetzwerk der Ethnoorientierten, deren Reichweite Deutschland und die Herkunft umfasst bzw. neben der Familie und Freunden die Diaspora in Deutschland und Deutsche einbezieht.

Eine nochmals andere kulturelle Identität und kommunikative Vernetzung haben die *Weltorientierten*. Die Bezeichnung dieses Typus ist unseren Interviews entlehnt, in denen sich von uns Befragte als „Weltmensch" (Gökce, w, 33, türk.) oder als „Europäer" (Danil, m, 24, russ.) bezeichnen. Damit rücken sie Formen von Identität ins Zentrum, die *jenseits* des Ethnisch-Nationalen liegen (ob in Bezug zur Herkunft oder zum aktuellen Lebenskontext). Der Begriff der Weltorientierten hebt demnach darauf ab, dass die subjektiv gefühlte kulturelle Zugehörigkeit, auf welchem Niveau auch immer, jenseits des Nationalen liegt. Vorstellungen der Nation – ob der deutschen, der Herkunft oder

---

4   Entlang dieser Form der subjektiven Wahrnehmung der Ethnoorientierung lässt sich unsere Typologie für einzelne Untersuchungsfelder weiter ausdifferenzieren. Siehe dazu Düvel 2010.

eines bilateralen Spannungsverhältnisses zwischen beiden – werden durchschritten und das supranationale Europa oder gar das Menschsein als solches werden zum Bezugspunkt von Zugehörigkeit.

Die subjektiv gefühlte Zugehörigkeit geht mit einer spezifischen kommunikativen Vernetzung einher, die sich als *transkulturelle Vernetzung* bezeichnen lässt. Diese Benennung macht deutlich, dass der Einschluss von Herkunfts- und Migrationskontext in der kommunikativen Vernetzung durchaus mit dem Typus des Ethnoorientierten zu vergleichen ist. In Differenz zu diesem ist die Reichweite kommunikativer Vernetzung aber umfassender und tendiert zum Europäischen oder (vorgestellten) Globalen bzw. konkreter zu einer Erstreckung des kommunikativen Netzwerks über verschiedenste Länder und Kulturen hinweg. Das Medienrepertoire ist in dieser Hinsicht sehr breit angelegt. Außer unterschiedlichen Massenmedien spielen insbesondere Medien der personalen Kommunikation – und unter diesen digitale Medien – eine große Rolle. Weltorientierte nutzen neben E-Mail, Telefon und Chat zum Teil in hoher Intensität Social-Web-Angebote – also sogenannte Web-2.0-Anwendungen wie Facebook –, um mit den Personen ihres Netzwerks in Beziehung zu bleiben. In diesem Netzwerk sind Familien- und Diaspora- Angehörige ein wichtiger Bezug. Daneben umfasst das Kommunikationsnetzwerk eine Vielzahl weiterer Personen, zu denen der Kontakt zum Teil über Beruf und Ausbildung, zum Teil über private Anlässe aufgebaut wurde und mehr oder weniger intensiv gepflegt wird. Dabei ist die Migrationserfahrung durchaus ein Potenzial der Kontaktentwicklung.

Wir können folglich festhalten, dass für jeden der drei Grundtypen eine je spezifische wechselseitige Beziehung von kultureller Identität und kommunikativer Vernetzung besteht, die sich nicht in einseitige Kausalitäten auflösen lässt. Das heißt, eine herkunfts-, ethno- oder weltorientierte kulturelle Identität bzw. subjektive Zugehörigkeit hat nicht eine bestimmte kommunikative Vernetzung *zur Folge*. Ebenso zieht eine Herkunftsvernetzung, eine bikulturelle Vernetzung oder eine transkulturelle Vernetzung *keine* spezifische kulturelle Identität nach sich. Vielmehr ist die Beziehung zwischen beiden so zu sehen, dass sich eine bestimmte kommunikative Vernetzung und eine bestimmte Form kultureller Identität *zusammen* artikulieren. Man muss von einer beidseitigen Verstärkung ausgehen: Die Herkunftsvernetzung verstärkt die Artikulation einer herkunftsorientierten kulturellen Identität und damit wiederum eine Ausrichtung auf ein entsprechendes Kommunikationsnetzwerk. Eine bikulturelle Vernetzung verstärkt die Artikulation einer doppelten kulturellen Zugehörigkeit und damit wiederum eine Orientierung auf ein Kommunikationsnetzwerk zwischen Herkunfts- und Migrationsland. Eine transkulturelle Vernetzung verstärkt die Artikulation einer europäischen bzw. globalen Zugehörigkeit und so eine Fokussierung auf ein weitreichendes deterritoriales und transnationales Kommunikationsnetzwerk. Bei all diesen Prozessen greifen Medien der personalen Kommunikation (Telefon, Mobiltelefon, E-Mail, Social Web) und Medien der Massenkommunikation (Fernsehen, Zeitung, WWW) umfassend ineinander.

4   Mediatisierte Vernetzungschancen

An dieser Stelle wollen wir uns dem zuwenden, was wir Aneignungskontexte nennen: Die Medienaneignung von medialen Migranten vollzieht sich nicht im luftleeren Raum, sondern in bestimmten Kontexten. In einem weiten Verständnis begreifen wir als Kontext all diejenigen soziokulturellen Aspekte, die nicht im Kern die kommunikative Vernetzung und kulturelle Identitätsartikulation ausmachen, mit beiden aber in Beziehung stehen. Sicherlich kann dies sehr vielfältig sein. Es sind aber vor allem die Aspekte Bildung und Sprache, die uns besonders relevant für ein Verständnis von medialen Migranten im Allgemeinen und Fragen der Ungleichheit im Speziellen erscheinen. In diesem Aufsatz konzentrieren wir uns auf die Aspekte von Sprache. Insgesamt zeigen alle unsere Analysen, dass die verschiedenen Aneignungskontexte selbst mediatisiert sind – sodass das scheinbar rein Kontextuelle nicht mehr losgelöst von Medien betrachtet werden kann.

Dass Sprache einen wichtigen Kontextfaktor darstellt, der bei der Betrachtung medialer Migranten einzubeziehen ist, ist entsprechend leicht nachvollziehbar. Gleichwohl erscheint es nicht angebracht, dieses – wie es immer wieder getan wird – auf den Status von Erklärungsvariablen zu reduzieren. Vielmehr müssen wir Sprache selbst zumindest in Teilen als artikuliert in und durch Medienaneignung begreifen, zumindest dann, wenn wir sie nicht mit formaler Schulbildung und dem Lernen im Unterricht gleichsetzen.

Mit solchen Überlegungen knüpfen wir an die aktuelle Bildungsforschung an, die ebenfalls kritisch der öffentlichen Diskussion zur „Bildungsferne" von Migrantinnen und Migranten gegenübersteht. Diesen öffentlichen Diskurs fasst Tanja Betz (2004: 5 f.) mit folgenden Worten:

> „Da Migrantenkinder schlechtere Schulleistungen erbringen, seltener aufs Gymnasium gehen und früher aus der Schule ausscheiden als ihre nicht gewanderten Gleichaltrigen, gelten sie [in der öffentlichen Diskussion] als ‚bildungsarm' bzw. ‚bildungsfern', oder generell als Gruppe mit nur ‚geringer Bildungsbeteiligung'."

Solche Aussagen würden aber im Hinblick auf Konzepte formaler Bildung getroffen und seien mit Bezug auf eine abstrakte Personengruppe „mit Migrationshintergrund" konstruiert. Im Gegensatz dazu zeigen empirische Studien der Bildungsforschung, dass das „Bildungsniveau" von Migrantinnen und Migranten nicht einfach auf den Migrationsstatus zurückzuführen ist. Vielmehr sind das weitergehende soziale Umfeld, die finanzielle Situation und die Milieuzugehörigkeit einzubeziehen (siehe auch Gogolin 2000; Kristen/Granato 2007). Hierbei gilt es im Blick zu haben, dass „formale Bildung" – in Anlehnung an Danielle Colardyn und Jens Bjornavold (2004) verstanden als Bildung, die im Lernprozess in institutionalisierten Umgebungen erworben wird – nur ein Aspekt dieses Zusammenhangs ist. Dies betrifft insbesondere Sprachkompetenzen, bei denen es gerade um pragmatische Kompetenzen des Gebrauchs unterschiedlicher Sprachen in verschiedenen Situationen geht.

Vor dem Hintergrund solcher Überlegungen wollen wir uns mit Sprache als (zumindest in Teilen) *mediatisierter Vernetzungschance* befassen. Unser Ausgangspunkt ist dabei, *nicht a priori* zu sagen, dass eine *bestimmte* Sprachkompetenz eine bestimmte Nutzung einzelner Medien *nach sich* zöge. Vielmehr geht es uns darum, offener auf der Basis der von uns durchgeführten Interviews zu beleuchten, wie und in welcher Form sich Sprache kontextualisierend in der Medienaneignung von medialen Migranten konkretisiert.

Mit dem Begriff der mediatisierten Vernetzungschance greifen wir eine Kategorie Max Webers auf, führen dessen Überlegungen aber im Hinblick auf das uns interessierende Forschungsfeld weiter. Max Weber (1972: 5) hat bekanntlich den Begriff der „Chance" zum Fassen „kausal adäquater" Erklärungen eingeführt. „Kausal adäquat" ist für ihn „ein Aufeinanderfolgen von Vorgängen in dem Grade [...], als nach Regeln der Erfahrung eine Chance besteht: dass sie stets in gleicher Weise tatsächlich abläuft". Entsprechend können wir Sprache als Chance des Aufeinanderfolgens bestimmter kommunikativer Vernetzungen und Identitätsartikulationen der von uns unterschiedenen drei Medienaneignungstypen begreifen: Je nach Sprachkompetenzen bestehen für Herkunfts-, Ethno- und Weltorientierte andere Chancen der Ko-Artikulation von kultureller Identität und kommunikativer Vernetzung.

Bewusst sprechen wir aber von *mediatisierten* Vernetzungschancen, weil eine einfache Kausalkette gebrochen wird. Gemeint ist damit, dass einzelne Sprachkompetenzen *in der Medienaneignung selbst* hergestellt werden und damit wieder neue Chancen der kommunikativen Vernetzung und Identitäten eröffnet werden. Um es an einem Beispiel deutlich zu machen: Sprache wird von Migrantinnen und Migranten nicht einfach nur in Sprachkursen gelernt, sondern auch über bestimmte Fernsehsendungen. Solche Formen der Medienaneignung schaffen wiederum die Voraussetzung für andere Prozesse der kommunikativen Vernetzung – die gegebenenfalls wiederum die Vertiefung von Sprachkompetenzen nach sich ziehen. Mit fortschreitender Mediatisierung des Lebens medialer Migranten haben wir es also mit einem sich auf unterschiedliche Weise stabilisierenden Wechselverhältnis von Voraussetzungen kommunikativer Vernetzung und Identitätsartikulation einerseits bzw. Kompetenzerweiterungen in der kommunikativen Vernetzung andererseits zu tun.

5   Sprache als mediatisierte Vernetzungschance

Widmet man sich nun konkreter dem Beispiel der Sprache als Vernetzungschance, erscheint im Hinblick auf unser empirisches Material die Unterscheidung zweier Aspekte hilfreich: nämlich erstens die *allgemeine Sprachkompetenz* im Sinne der grundlegenden Sprachfähigkeiten der von uns interviewten Migrantinnen und Migranten und zweitens der *alltagsweltliche Sprachgebrauch* als Sprachpraxis *in situ.* Beides wird – so zeigen unsere Analysen – durch Medienaneignung stabilisiert und weiterentwickelt.

Im Rahmen der von uns gewählten Methodik ist die Einschätzung von Sprachkompetenz nicht einfach. Indikatoren waren für uns einerseits die Selbsteinschätzung der Interviewten, andererseits unsere Beobachtungen im Interview. *Sehr gute bis gute Deutschkenntnisse* definieren wir als die Fähigkeit, problemlos alle Fragen im Interview zu verstehen und entsprechend zu antworten, in Kombination mit eigenen Auskünften von mindestens guten schriftlichen Fertigkeiten. Als *zufriedenstellende Deutschkenntnisse* charakterisieren wir das generelle Verstehen der deutschen Interviewfragen bei Problemen im Einzelfall, in Kombination mit der Selbsteinschätzung einer nicht hinreichenden schriftlichen Kompetenz. *Geringe Deutschkenntnisse* konstatieren wir dann, wenn ein Gespräch auf Deutsch wegen mangelnden Verständnis- und Sprechvermögens (fast) unmöglich war und zumeist in eine andere Sprache gewechselt werden musste. Die Einschätzung der Kompetenz in der Herkunftssprache erfolgt spiegelbildlich hierzu.

Den analytischen Rahmen der Betrachtung von Sprache als Vernetzungschance bildet die bereits vorgestellte typologisierende Unterscheidung von Herkunfts-, Ethno- und Weltorientierten.

5.1   Herkunftsorientierte

Der größte Teil der Interviews mit Herkunftsorientierten der russischen und türkischen Diaspora wurde in ihrer Herkunftssprache geführt. In der marokkanischen Diaspora wichen wir – sofern ein Interview nicht auf Deutsch möglich war – ins Englische aus. Dies verdeutlicht bereits die für Herkunftsorientierte typische Sprachkompetenz: Diese Migrantinnen und Migranten weisen die geringsten Deutschkenntnisse unter den von

Abbildung 2   Deutschkenntnisse der Herkunftsorientierten

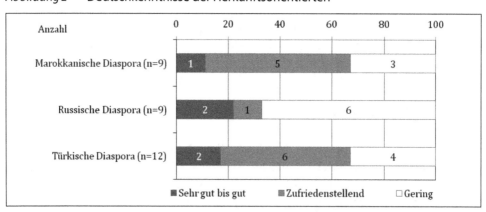

uns Befragten auf, umgekehrt die höchsten Kompetenzen in ihrer Herkunftssprache (siehe Abbildung 2).

Betrachtet man die *allgemeine deutsche Sprachkompetenz* genauer, zeigt sich, dass die Herkunftsorientierten durchaus an ihrer deutschen Sprachkompetenz arbeiten. Mehrere Mitglieder der türkischen und marokkanischen Diaspora besuchen einen Alphabetisierungskurs, andere der russischen Diaspora einen Sprachkurs. Gleichwohl haben nicht alle Herkunftsorientierten schlechte Deutschkenntnisse. Mit guten Deutschkenntnissen geht einher, dass diese Herkunftsorientierten in der Regel offener gegenüber dem aktuellen Lebenskontext sind, wie das bei Anton (m, 47, russ.), Fatih (m, 28, marokk.) oder Fatos (w, 40, türk.) der Fall ist.

In der Selbsteinschätzung der Sprachkompetenz taxieren einige Herkunftsorientierte ihre deutsche Sprachkompetenz als gerade noch ausreichend. Sie genügt zwar nicht komplizierten Unterhaltungen über Wirtschaftsthemen oder Politik, reicht jedoch für den Alltagsgebrauch. Wie Ferda (w, 39, türk.) es sagt: „Wir können schon uns ausdrücken, die Kinder zum Arzt bringen, zu Sport-Aktivitäten, wenn wir krank sind, halt wo es mir wehtut, hier und dort". Ähnlich charakterisiert auch Hayrettin (m, 67, türk.) seine Deutschkenntnisse als ausreichend und meint, dass er im Alltag „eigentlich [...] mit Deutsch kein Problem" habe. Ein im Interview nachgeschobenes „aber trotzdem" weist auf seine Bemühungen hin, das eigene Deutsch zu verbessern, da seine Kinder ihn immer wieder auf Fehler aufmerksam machen.

Auch wenn viele der Herkunftsorientierten bei genauem Hinsehen eher schlecht Deutsch sprechen und die meisten Interviews in der Herkunftssprache geführt werden mussten, ist es typisch, dass sie in einem *situativen Kode-Switching* immer wieder einzelne deutsche Ausdrücke wie „Arbeitsamt", „Berater", „Vertrag" oder „kündigen" verwenden, für die sie keine passenden Begrifflichkeiten in ihrer Herkunftssprache kennen (vgl. zum Kode-Switching auch Androutsopoulos/Hinnenkamp 2001).

Eine Betrachtung der Sprachkompetenz der Herkunftsorientierten wäre nicht hinreichend, würde man nicht die *allgemeine Kompetenz der Herkunftssprache* berücksichtigen. Diese ist bei den meisten Herkunftsorientierten auf einem sehr hohen Niveau. Zum Teil sind die Herkunftsorientierten noch nicht lange in Deutschland und ihre alltagsweltliche Kommunikation erfolgt hauptsächlich in der Herkunftssprache. Dies fördert die Aufrechterhaltung ihrer sehr guten Kenntnisse. Getragen wird dies weiter durch eine mehr oder weniger breite Nutzung der Herkunftsmedien. Allerdings berichten einzelne jüngere Herkunftsorientierte der russischen Diaspora von Schwierigkeiten, die aktuelle russische „Mediensprache" zu verstehen. So erzählt Stanislaw (m, 31, russ.), dass er zuhause immer seltener russisches Fernsehen und insbesondere Nachrichtensendungen sieht, weil es ihm schwerfällt, den schnell sprechenden Moderatorinnen oder Moderatoren zu folgen. Deshalb zieht er deutsches Fernsehen oder russische Filme auf DVD vor.

Eine Besonderheit der marokkanischen Diaspora ist das breite Spektrum von Sprachen, die auf Grund der Mehrsprachigkeit Marokkos – wenn auch in unterschiedlichem

Grad – beherrscht werden. Für Marokkaner ist „Französisch normal" (Abdoullah, m, 34, marokk.). Hinzu kommt, dass alle marokkanischen Herkunftsorientierten – mit der Ausnahme von Mbarek (m, 63, marokk.) – (Hoch-)Arabisch oder Berberisch sprechen bzw. zumindest verstehen. Verbreitet sind daneben Kenntnisse des Spanischen und Englischen. Viele Migrantinnen und Migranten der marokkanischen Diaspora geben an, „Marokkanisch" zu sprechen. Damit meinen sie eine Variante des Arabischen, die als Alltagssprache in Marokko gesprochen wird und Einflüsse des Französischen und Spanischen aufweist. Eine ähnliche Mehrsprachigkeit ist bei den Aleviten der türkischen Diaspora beobachtbar, die parallel zum Türkischen Kurdisch verwenden. Ferda (w, 39, türk.) spricht zuhause Türkisch *und* Kurdisch.

Bei Migrantinnen und Migranten anderer Herkunft gibt es unter den Herkunftsorientierten nur einzelne Personen, die neben ihrer Herkunftssprache und Deutsch weitere Sprachen beherrschen. Ausnahmen sind Anton (m, 47, russ.), der außer seiner Muttersprache Deutsch, Englisch und Französisch spricht. Metin (m, 30, türk.) und Ilkay (w, 29, türk.) beherrschen Englisch. Da sie in einem eher englischsprachigen beruflichen Umfeld der Universität leben, dominieren Englisch und Türkisch ihre Alltagswelt und sie haben wenig Gelegenheit, Deutsch zu sprechen.

Gerade ältere Herkunftsorientierte berichten, dass ihnen das Erlernen der deutschen Sprache schwerfällt. Vitalii (m, 36, russ.) beschreibt seine Erfahrung so: „Ich möchte es und es klappt aber nicht, aber macht nichts, ich gebe die Hoffnung nicht auf". Ähnlich wie beim Erwerb formaler Bildung sehen Herkunftsorientierte in den Sprachkenntnissen eine Möglichkeit, ihre beruflichen Chancen zu verbessern. Druck kommt dabei von außen, wie im Fall von Ruslan (m, 34, russ.), bei dem die lokale Arbeitsgemeinschaft für Integration und Soziales seinen Wunsch zur Annahme eines 400-Euro-Jobs mit dem Argument ablehnte, er sollte lieber seine Deutschkenntnisse verbessern: „Sie sagten, du kannst die Sprache schlecht, gehe lieber lernen".

Analysiert man die Sprachlernbiografien, wird deutlich, dass die von uns interviewten Herkunftsorientierten die deutschen Sprachkenntnisse gewöhnlich in einer Sprachschule erworben haben. Viele Berliner Herkunftsorientierte der türkischen und marokkanischen Diaspora besuchten sogar die gleiche, unter Migranten sehr beliebte Sprachschule. Neben Sprachkursen sind Familienmitglieder Vermittler von Sprachkenntnissen. Bei Gönül (w, 35, türk.) ist es die Schwägerin gewesen, die sie beim Deutschlernen unterstützte. Bei älteren Migranten wie Kadriye (w, 60, türk.) oder Aziz (m, 50, türk.) sind es immer wieder ihre eigenen Kinder, die beim Deutschlernen helfen.

Betrachtet man die Beziehung von Medienaneignung und Spracherwerb, fällt auf, dass durch die teilweise geringe deutsche Sprachkompetenz nur eine wenig ausgeprägte Bereitschaft zur Nutzung von Medien für das Deutschlernen besteht. Insbesondere bei den von uns interviewten Personen, die aus Marokko und der Türkei migrierten, finden sich allerdings sogenannte *Medienlernspuren* in ihren Äußerungen. Hayriye (w, 40, türk.) berichtet, dass sie durch „Reden und Buchlesen" ihre Deutschkenntnisse verbessert hat. Oder Kamila (w, 36, marokk.) erzählt, „wir müssen deutsche Sendungen sehen,

wegen die Sprache". Tendenziell geht es bei den Herkunftsorientierten beim Wechselverhältnis von Medienaneignung und Sprachkompetenz aber um etwas anderes: Durch
ihre kontinuierliche Nutzung verschiedener Herkunftsmedien stützen und fördern sie
ihre Kompetenz in der Herkunftssprache.

Der *alltagsweltliche Sprachgebrauch* variiert nach Umfeld, wobei Familie, Beruf und
Freizeit die zentralen Differenzkriterien sind. Betrachtet man den Sprachgebrauch
der Herkunftsorientierten im Familienkontext, wird deutlich, dass dieser hauptsächlich durch die eigene Diaspora und ihre Herkunftssprache geprägt ist. Die älteren Herkunftsorientierten der türkischen Diaspora betonen, wie wichtig es für sie ist, dass ihre
Kinder die türkische Sprache beherrschen, selbst wenn sie in Deutschland aufgewachsen
sind. Aus diesem Grund sprechen Aysun (w, 43, türk.) und Aziz (m, 50, türk.) zu Hause
Türkisch. Auch Urlaubsreisen ins Herkunftsland werden realisiert, „um das Türkisch der
Kinder zu verbessern" (Hayriye, w, 40, türk.). In Abgrenzung zur türkischen Diaspora
sehen die Herkunftsorientierten der russischen und marokkanischen Diaspora nur eine
geringe Gefährdung ihrer Herkunftssprachkenntnisse bzw. der ihrer Kinder.

Jüngere Herkunftsorientierte verwenden im Alltag tendenziell eine *Hybridsprache*,
die Polina (w, 30, russ.) mit den Worten „ein Wort russisch ein Wort deutsch" charakterisiert. Bei Herkunftsorientierten mit geringen Deutschkenntnissen sind es – wie wir
bereits gesehen haben – einzelne deutsche Begriffe, die sie einfließen lassen. Bei besseren Deutschkenntnissen sind es längere Phrasen oder ganze Gesprächssequenzen. In
der marokkanischen Diaspora ist es durchaus typisch, „Marokkanisch und Französisch"
oder „Arabisch und Deutsch" zu mischen, so Aicha (w, 17, marokk.).

In der *Freizeit* verwenden Herkunftsorientierte neben der Herkunftssprache nur
selten Deutsch oder andere Sprachen. Ein Beispiel dafür ist einmal mehr Aicha (w, 17,
marokk.). Sie spricht mit ihren marokkanischen Freundinnen Deutsch, da deren Arabi-
schkenntnisse für eine richtige Unterhaltung nicht ausreichen und sie kein Berberisch
beherrschen. Genauso redet sie mit ihren anderen Freunden mit Migrationshintergrund Deutsch. Die Freizeit der meisten Herkunftsorientierten wird aber durch andere
Migrantinnen und Migranten der eigenen Herkunft dominiert. Entsprechend wird in
solchen Situationen die Herkunftssprache oder eine Hybridsprache gesprochen.

Alltagsweltliche Kontakte mit Deutschen werden von älteren Migrantinnen und Mi-
granten vor allem als Möglichkeit gesehen, ihr Deutsch zu verbessern. Hayriye (w, 40,
türk.) unterhält sich mit ihren Nachbarn und den Eltern der Klassenkameraden ihrer
Kinder. Obwohl keine dauerhaften Beziehungen entstanden sind, schätzt sie diese
Gelegenheiten als eine gute Möglichkeit, Deutsch zu praktizieren. Die meisten Herkunftsorientierten haben aber wenig Kontakt zu Deutschen und können folglich ihre
Deutschkenntnisse in ihrer Freizeit nicht ausbauen. Eine der wenigen Ausnahmen ist
Noureddin (m, 28, marokk.). Ihm ist bewusst geworden, dass man Deutsch nur in der
aktiven Kommunikation mit Deutschen lernen kann: „Sprache, das ist eigentlich nur
Kontakt". Hieraus zieht er folgende Schlussfolgerung: „Wenn du hast Kontakt mit Leute,
du kannst Sprache". Genau dieser Kontakt zur deutschen Bevölkerung scheitert aber

immer wieder an mangelnden Deutschkenntnissen der Herkunftsorientierten. So erklärt Ruslan (m, 34, russ.), ihm fehle der Kontakt zu Deutschen „wahrscheinlich, weil ich die Sprache schlecht beherrsche. Wahrscheinlich kann ich das Gespräch nicht vollständig verstehen und gehe aus dem Weg".

In Abgrenzung zum bisher Dargestellten ist bei den Herkunftsorientierten die *Berufsausübung* – sofern sie arbeiten – primär durch die deutsche Sprache geprägt. Ist man im Beruf oder in einer Ausbildung (was für eine kleinere Gruppe der Herkunftsorientierten zutrifft), haben die Migrantinnen und Migranten zwangsläufig mehr Kontakt zu Deutschen. Der Verlust solcher beruflichen Kontakte wird durchaus kritisch gesehen. Hayrettin (m, 67, türk.) bedauert, dass er seit Rentenbeginn weniger Deutsch spricht als früher.

Einige Herkunftsorientierte erzählen von *Problemen in ihrer Alltagswelt*, die sie auf ihre zum Teil mangelhaften Deutschkenntnisse zurückführen. Sie fühlen sich teilweise benachteiligt, wollen aber ihren Sprachgebrauch nicht weiter verändern. Anton (m, 47, russ.) berichtet von Problemen, die die relativ schlechten Deutschkenntnisse bei der Arbeitssuche mit sich bringen: „Man sieht sofort, dass Deutsch ist nicht die Muttersprache". Er nennt dies als Erklärung, warum er als Journalist keine Anstellung in Deutschland findet. Gerade in diesem sprachorientierten Beruf kann er nicht mit deutschen Muttersprachlern konkurrieren. Die Probleme, die mit mangelnden Deutschkenntnissen einhergehen, werden teilweise durch eine Orientierung auf herkunftsorientierte Institutionen gelöst. Dies können Herkunftsvereine oder andere Institutionen des täglichen Bedarfs sein. So berichtet Pawel (m, 59, russ.), dass er für Arztbesuche eine weite Fahrt vom Umland nach Berlin auf sich nimmt, damit er sich in einer entsprechenden Praxis in seiner Herkunftssprache verständigen kann: „Wir fahren oft nach Berlin zu Ärzten, weil es da russischsprachige Ärzte gibt, im Unterschied zu Bernau".

Setzt man sich genauer mit der Schilderung des Sprachgebrauchs der Herkunftsorientierten in den von uns geführten Interviews auseinander, fällt insgesamt ein ausgeprägtes Problembewusstsein auf. Exemplarisch hierher steht folgendes Zitat aus dem Interview mit Boris:

> „Nun ja, das ist ein Problem, ja wir sprechen in unserer russischen Sprache, ja. Natürlich ja da haben wir einen Fehler gemacht, einerseits, dass wir den Satelliten angeschlossen haben. Eigentlich hätten wir deutsches Fernsehen schauen müssen. Aber so wäre es ohne diesen sehr sehr langweilig. Wenn wir die Schüssel nicht hätten und wenn wir nicht [russisch] gesprochen hätten, ich weiß nicht, wie es da wäre." (Boris, m, 22, russ.)

Dieses Zitat ist in Bezug auf das Wechselverhältnis von Sprachkompetenz und Medienaneignung der Herkunftsorientierten deswegen bemerkenswert, weil es die Widersprüchlichkeit der Situation klar auf den Punkt bringt. So ist die Muttersprache diejenige Sprache, in der sich die Herkunftsorientierten angemessen artikulieren und verständigen können. Entsprechend ist es die je „unsere" Sprache, über die man ebenfalls Zugang zu Medieninhalten und darüber Information und Unterhaltung findet. Eine solche Orientierung der kommunikativen Vernetzung – in personaler Kommunikation oder auch über Massenmedien – ist aber nicht förderlich für den Erwerb deutscher Sprachkompetenzen. Oder pointierter ausgedrückt: Einsamkeit und Heimweh stimulieren die Installation von Satellitenfernsehen und damit eine weitere Herkunftsvernetzung. Dies wiederum stützt eine spezifische sprachliche Orientierung, in dem die kommunikativen Ressourcen der Alltagswelt solche der (vorgestellten) Herkunft sind.

5.2   Ethnoorientierte

Analysiert man die Interviews der Ethnoorientierten im Hinblick auf deren *allgemeine Sprachkompetenz*, fällt auf, dass nur drei in der Herkunftssprache geführt wurden, eines davon auf ausdrücklichen Wunsch und trotz guter Deutschkenntnisse des Interviewpartners auf Türkisch. Hierin manifestieren sich die im Vergleich zu den Herkunftsorientierten deutlich besseren Deutschkenntnisse (siehe Abbildung 3). Alle 23 Ethnoorientierten der türkischen Diaspora beherrschen das Deutsche gut bis sehr gut. Einige Personen der marokkanischen und russischen Diaspora wie Jalal (m, 26, marokk.) oder Viktoria (w, 47, russ.) haben etwas schlechtere Deutschkenntnisse, sind aber stark bemüht, diese zu verbessern.

Etwa ein Drittel der Ethnoorientierten der türkischen und marokkanischen Diaspora sowie eine Person der russischen Diaspora sind in Deutschland geboren und gehören somit der zweiten oder dritten Migrationsgeneration an. Für diese ist das Beherrschen der deutschen Sprache selbstverständlich. Aber auch die Vertreter der ersten Generation betrachten den Erwerb guter Deutschkenntnisse als unabdingbar. Als charakteristisch kann die Aussage von Ayyuub (m, 39, marokk.) angesehen werden, der die Relevanz guter Sprachkenntnisse wie folgt fasst: „Wenn man […] hier Fuß fassen will und gut integrieren will, dann ist die Sprache eigentlich alles".

Abbildung 3   Deutschkenntnisse der Ethnoorientierten

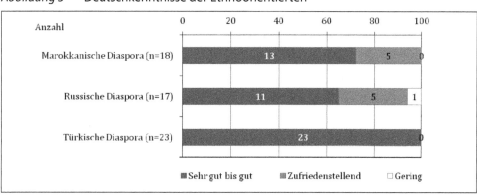

Bemerkenswert ist, dass Ethnoorientierte neben Deutschkenntnissen ebenfalls gute Kenntnisse der Herkunftssprache anstreben. *Bilingualität stellt für Ethnoorientierte, wenn auch in unterschiedlichem Grad, eine Selbstverständlichkeit dar.* Mit der Ausnahme zweier Personen der russischen Diaspora, die nur über geringe Deutschkenntnisse verfügen, sprechen die meisten Ethnoorientierten in ihrer Alltagswelt zwei Sprachen: Deutsch und ihre Herkunftssprache. Dabei sehen die Ethnoorientierten ihre Herkunftssprache als ihre Muttersprache an, selbst wenn ihre Deutschkenntnisse besser sind. Einige wie Deniz (w, 19, türk.) sind daneben der Meinung, sie hätten „zwei Muttersprachen".

Die Kenntnisse der Herkunftssprache variieren allerdings abhängig von der *Migrationsbiografie.* Insgesamt haben die Ethnoorientierten der russischen Diaspora gute bis sehr gute Russischkenntnisse, da ihre Migration relativ kurz zurückliegt. Ähnlich ist dies bei den Bildungsmigranten der marokkanischen Diaspora und bei den älteren Migranten der ersten Generation innerhalb der türkischen Diaspora. Indem der primäre Spracherwerb im Herkunftsland erfolgte, haben diese Personen stabile Kenntnisse der Herkunftssprache, was bei jüngeren Ethnoorientierten insbesondere der zweiten oder dritten Migrationsgeneration nicht unbedingt der Fall ist.

Innerhalb der türkischen, in Teilen auch der marokkanischen Diaspora finden wir Interviewpartner und -partnerinnen, die Schwierigkeiten mit ihrer Herkunftssprache haben, auch wenn sie diese als Muttersprache begreifen. Hana (w, 34, marokk.) oder Amir (m, 57, marokk.) beherrschen neben Deutsch zwar Berberisch bzw. Arabisch. Allerdings sind ihre schriftlichen Ausdrucksmöglichkeiten in diesen Sprachen sehr beschränkt. Serap (w, 20, türk.) und Aynur (w, 20, türk.), die beide der dritten Migrationsgeneration angehören, berichten von Problemen mit dem Türkischen. Diese fallen ihnen vor allem bei Besuchen im Herkunftsland auf. Sie meinen, dass sie sich „selber nicht ausdrücken" können: „Das Türkisch, was wir hier benutzen, das gibt's in der Türkei gar nicht".

Solche Äußerungen verdeutlichen das *Problem einer Diasporasprache,* die sich vom aktuellen Sprachwandel in den Herkunftsländern abkoppelt. Dieser Abkopplungsprozess wird vielen Ethnoorientierten neben den Reisen ins Herkunftsland bei der Nutzung von Herkunftsmedien deutlich. Halim (m, 33, türk.) berichtet von Schwierigkeiten, aktuelle türkische Bücher zu lesen. Und mit Blick auf die noch jüngere Generation äußert er sich darüber „traurig", dass die türkischen Jugendlichen heutzutage eine Mischung aus beiden Sprachen sprechen: „Das ist ja kein Deutsch, das ist kein Türkisch, das ist gar nichts." Ähnlich hält es Fatima (w, 22, marokk.) für bedauernswert, dass ihre Freunde „so total verstümmelt Berbisch [sprechen], wenn überhaupt".

Dieser Tendenz des Verlernens der Herkunftssprache möchten viele Ethnoorientierte mit unterschiedlichen Strategien entgegenwirken. Hikmet (m, 30, türk.) will seine Herkunftssprache gezielter im Alltag zu nutzen. Andere versuchen, mittels ausgewählter Herkunftsmedien – insbesondere dem Fernsehen und der Zeitung – ihre Sprachkompetenz aufrechtzuerhalten bzw. zu steigern. Oder man wird herkunftsbezogen künstlerisch aktiv. Dafür ist Deniz (w, 19, türk.) ein Beispiel, die sich in Berlin an einem türkischen Theater beteiligt und meint, dass sie dank dieser Aktivität jetzt besser Türkisch verstehen kann. Sie liest daneben verstärkt türkische Bücher und Zeitungen, alles um die „eigene Muttersprache noch besser zu beherrschen". Die Verwendung von Medien zum herkunftsbezogenen Sprachenlernen kann auch das (Wieder-)Entdecken von (vorgestellten) Herkunftssprachen betreffen. So möchte Fatima (w, 22, marokk.) neben dem Berberischen auch Arabisch lernen, weil sie sich damit bessere Berufschancen verspricht. Deshalb hat sie ihren Vater gebeten, in ihrem Satellitenempfänger arabisches Fernsehen einzustellen.

Das Bedürfnis, die Herkunftssprache den in Deutschland geborenen Kindern zu vermitteln, ist bei vielen Ethnoorientierten ausgeprägt. So fordert Nilgün (w, 33, türk.) von ihren Söhnen, dass sie „ihre Muttersprache schon anständig beherrschen" sollten. Oder Mahmut (m, 30, türk.) berichtet, darauf zu bestehen, dass von seinen Kindern „die eigene Sprache erstmal" gelernt wird. Fatima (w, 22, marokk.) betont ihren Wunsch, dass ihre Kinder „meine Sprache sprechen" sollten. Hakan (m, 47, türk.) und Aysen (w, 44, türk.) sagten uns im Interview, dass sie versuchen, ihren Kindern möglichst viele Gelegenheiten zum Türkischlernen zu bieten. Und Vera (w, 22, russ.) berichtet im Rückblick auf die eigene Kindheit von Diktaten der Mutter in ihrer Herkunftssprache, die ihr helfen sollten, die russische Schriftsprache zu lernen.

Bei solchen Schilderungen von teils medienbezogenen, teils medienunabhängigen Aktivitäten muss jedoch berücksichtigt werden, dass Wunschvorstellungen und Beschreibungen der eigenen Praxis fließend ineinander übergehen. Analysiert man die uns vorliegenden Interviews genauer, finden sich immer wieder Hinweise, wie schwer es den Ethnoorientierten fällt, ein angemessenes Kompetenzniveau ihrer Herkunftssprache zu halten. Aylin (w, 48, türk.) erzählt, dass in ihrer Familie zunehmend Deutsch gesprochen wird, sie aber möchte, dass ihr Sohn „Türkisch auch behält". Deswegen versucht sie, die familiäre Sprachwahl bewusst in Richtung Türkisch zu steuern. Wiederum ist in eine solche *familiäre Sprachpolitik* der Umgang mit Medien einbezogen. So setzt sie als Gegengewicht zur deutschen Fernsehnutzung des Sohnes darauf, „einen Abend türkisch und einen Abend deutsche Geschichte[n]" aus einem Buch vorzulesen. Serhat (m, 48, türk.) hat mit seiner Frau eine andere Strategie entwickelt, um die Herkunftssprache in seiner Familie zu stabilisieren, nämlich die der gezielten Bilingualität: Er spricht in der Familie generell deutsch, seine Frau türkisch. Seiner Einschätzung nach „können [seine Kinder] beide Sprachen dann nachher ganz gut".

Wie wir bereits betont haben, beherrscht ein Teil der Ethnoorientierten neben ihrer Herkunftssprache und Deutsch eine weitere Sprache. Im Unterschied zu den Herkunftsorientierten betrifft dies außer der marokkanischen Diaspora auch knapp ein Viertel der anderen Interviewten. Insbesondere die Jüngeren wie Eldar (m, 17, russ.) oder Olessia (w, 27, russ.) lernen Englisch oder Französisch in der Schule bzw. während des Studiums. Vergleichbares ist bei der türkischen Diaspora beobachtbar. In dieser allerdings verfügen neben jüngeren Ethnoorientierten mit Nalan (w, 50, türk.) und Erkan (m, 57, türk.) ebenfalls ältere Personen über Englisch- oder Spanischkenntnisse.

Betrachtet man die *Sprachlernbiografie,* wird deutlich, dass die Bildungsmigranten der marokkanischen Diaspora fast alle schon vor der Ausreise in ihrem Herkunftsland Deutsch gelernt haben. Issak (m, 35, marokk.) erzählt, dass er im Goethe-Institut Sprachkurse besuchte und das Deutschlernen in einer Sprachschule in Deutschland fortsetzte. Andere von uns Interviewte schlossen direkt nach der Ankunft in Deutschland und vor ihrem Studium einen Sprachkurs ab. Bei den Migrantinnen und Migranten der russischen und türkischen Diaspora ist das etwas anders. Sie besuchten, sofern sie nicht in Deutschland geboren sind, nach der Ankunft einen Sprach- bzw. einen Integrationskurs oder sind noch dabei. Nur wenige Mitglieder dieser zwei Diasporagruppen hatten schon im Herkunftsland Deutsch gelernt.

Für die Ethnoorientierten sind Medien beim Sprachlernen generell wichtig. Deutsche Medien werden von einigen – insbesondere von denen, die erst seit kurzem in Deutschland sind – als eine Sprachlernhilfe wie auch als Möglichkeit der Annäherung an „deutsche Lebensgewohnheiten" angesehen. So schauen Alla (w, 47, russ.) und Viktoria (w, 47, russ.) deutsche Fernsehsendungen, um ihre Sprachkenntnisse zu verbessern. Und die vor acht Jahren migrierte Aysel schaut deutsches Fernsehen, um das „hiesige Leben" besser kennenzulernen:

> „Zum Beispiel ‚Das perfekte Dinner', weil ich auch für andere Kulturen und Gebräuche, Sitten total interessiert bin und da sieht man das halt auch ganz häufig. Und ich finde das auch ganz interessant zu wissen, zum Beispiel, bei uns bei den Türken sehen die Wohnungen so aus und so und so gestaltet. Aber bei einer deutschen Familie ganz anders. Es ist dann so, wie ich es mir vorgestellt habe." (Aysel, w, 22, türk.)

Genauso werden digitale Medien wie elektronische Wörterbücher oder das Internet für das Erlernen der deutschen Sprache eingesetzt. Alla (w, 47, russ.) besitzt ein elektronisches deutsch-russisches Wörterbuch in Taschenrechnerformat, das sie immer in ihrer Tasche dabei hat und verwendet, sobald sie ein Wort in der deutschen Zeitung nicht versteht.

Betrachtet man den *alltagsweltlichen Sprachgebrauch* der Ethnoorientierten, fallen über die von uns untersuchten Diasporagemeinschaften hinweg drei Umgangsmuster auf. Erstens gibt es Migrantinnen und Migranten, die in ihrer Alltagswelt deutlich mehr Deutsch als ihre Herkunftssprache sprechen. Zweitens gibt es Ethnoorientierte, die eher ihre Herkunftssprache und weniger Deutsch verwenden. Und drittens lassen sich Personen ausmachen, die beide Sprachen vergleichbar oder in der bereits erwähnten Mischform sprechen.

In die Gruppe der *primären Deutschsprecher* fällt Atilla (m, 37, türk.). Er ist im Alter von zehn Jahren nach Deutschland gekommen und redet sehr wenig Türkisch. Atilla berichtet, dass er „im Jahr [...] so fünfundachtzig Prozent Deutsch" spricht. Ähnlich ist Mert (m, 33, türk.) mehr mit dem Deutschen vertraut und verwendet Türkisch selten. Er ist mit einer deutschen Frau verheiratet und lebt in einem deutschgeprägten Umfeld.

Auch Yasemin (w, 44, türk.) und Eldar (m, 17, russ.) berichten, es sei für beide einfacher, Deutsch zu sprechen als ihre Herkunftssprache. Ähnliches erfahren wir von Adil (m, 43, marokk.). Gerade in öffentlichen Situationen wird Deutsch klar der Herkunftssprache vorgezogen. Vera (w, 22, russ.) berichtet, dass sie im öffentlichen Raum lieber Deutsch als Russisch spricht, da sie nicht „schief an[ge]guckt" werden möchte. Viele der primären Deutschsprecher haben neben Freunden der eigenen Diaspora weitere deutsche und ausländische Freunde, mit denen „in der Regel [...] eigentlich schon eher deutsch" gesprochen wird (Nilgün, w, 33, türk.; siehe auch Liyane, w, 30, marokk.).

Wir finden unter den Ethnoorientierten ebenfalls *primäre Herkunftssprechende*. Kamer (m, 47, türk.) ist ein solcher Fall, wobei in seinem Leben durchaus Momente einer Herkunftsorientierung auszumachen sind. Er berichtet, dass er fast nur innerhalb seiner Diaspora Kontakte hat und dabei Türkisch spricht. Sogar das Interview wollte er auf Türkisch führen, obwohl er sehr gut Deutsch beherrscht. Valerij (m, 68, russ.) spricht nur im beruflichen Umfeld Deutsch, ansonsten fast ausschließlich Russisch. Für die jüngeren Ethnoorientierten, deren Eltern nur wenig Deutsch können, ist es selbstverständlich, nur zu Hause in der Herkunftssprache zu sprechen, wie im Fall von Orhan (m, 17, türk.).

Schließlich lassen sich unter den Ethnoorientierten *Gemischtsprechende* ausmachen. Die Alltagskommunikation dieser Ethnoorientierten ist im hohen Maße durch die bereits erwähnte „Mischmasch"-Sprache geprägt, wie Maroune (m, 17, marokk.), Mahmut (m, 30, türk.) und Hana (w, 34, marokk.) sie nennen. Sie meinen damit das abwechselnde Sprechen von Deutsch und der Herkunftssprache in derselben Kommunikationssituation. Ayman (m, 29, marokk.) charakterisiert dies wie folgt: „Manchmal reden wir Französisch, Arabisch, manchmal gemischt". Kristina (w, 24, russ.) berichtet ebenfalls, dass sie zu Hause Deutsch und ihre Herkunftssprache in fließendem Übergang redet. Und Fadilah (w, 34, marokk.) charakterisiert ihren Sprachgebrauch als „so ein bisschen Deutsch und ein bisschen Marokkanisch". Dies schließt an die von Ulaş genannte Sprachverteilung von „fifty fifty" an, „wie's grade kommt" (Ulaş, m, 24, türk.). Die von uns durchgeführten Interviews legen dabei nahe, dass es sich hier weniger um eine Defizitform denn um einen bestimmten Kommunikationsstil handelt, durch den die Interviewten ihre ethnische Zugehörigkeit zu einer spezifischen Diaspora ausdrücken (siehe hierzu auch die Analysen von Inci Dirim und Peter Auer 2004).

Ähnlich, wie das bei den Herkunftsorientierten der Fall war, ist die *Berufsausübung* aller Ethnoorientierten vorwiegend deutsch geprägt. Allerdings wird von den Ethnoorientierten die Kenntnis ihrer Herkunftssprache beruflich als eine Chance wahrgenommen, insbesondere im sozialen Bereich. So nutzt Mahmut (m, 30, türk.) in seiner Physiotherapiepraxis seine Türkischkenntnisse, um sich eine mögliche Kundschaft zu erschließen.

„Wenn ältere Kundschaft kommt, die haben's natürlich, wenn sie zum Deutschen geh'n, die Sprachbarriere [...]. Sie können nich' erzählen, wie die Schmerzen sind, oder können sich nich' richtig äußern, brauchen jemanden von den Enkeln [...]. Und da hab ich natürlich das Vorteil, dass ich dann in der Muttersprache mit ihnen reden kann oder die mit mir, das ist mein Vorteil." (Mahmut, m, 30, türk.)

Fassen wir die Sprachkompetenzen von Ethnoorientierten in Bezug auf deren Medienaneignung zusammen, *eröffnen sich diesen, wenn auch in unterschiedlichem Grad, rein sprachlich verschiedene Kommunikationsräume.* Dies ist neben dem (medienvermittelten) Kommunikationsraum der eigenen Herkunft der deutsche Kommunikationsraum sowie der (medienvermittelte) Kommunikationsraum der Diaspora selbst. Je besser die Kenntnisse der Herkunftssprache sind, desto öfter werden Medien in der Herkunftssprache angeeignet. Sind die Kenntnisse der Herkunftssprache geringer, werden Herkunftsmedien seltener und deutschsprachige häufiger genutzt. Dies verweist darauf, dass wir es wiederum mit einem komplexen Wechselprozess der gegenseitigen Verstärkung von bestehenden Sprachkompetenzen, hierauf basierenden Präferenzen der Mediennutzung und sich dadurch weiter stabilisierenden Sprachkompetenzen zu tun haben. Durchbrochen werden solche Wechselwirkungszusammenhänge dann, wenn gezielt die Kompetenzen in einer Sprache verbessert werden. Und hierbei sind für die Ethnoorientierten wiederum die Medien ein Moment der alltagsweltlichen Sprachpolitik.

5.3 Weltorientierte

Wenn man die allgemeine Sprachkompetenz der Weltorientierten betrachtet, zeigt sich, dass diese mit Ausnahme der erst kürzlich migrierten Inaya (w, 29, marokk.) und Amar (m, 28, marokk.) gute bis sehr gute Deutschkenntnisse haben (siehe Abbildung 4). Inaya kann eher schlecht Deutsch, Amar etwas besser, da er bereits vor der Ausreise in seinem Herkunftsland intensiv lernte.

Abbildung 4   Deutschkenntnisse der Weltorientierten

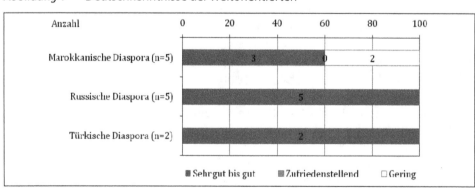

Bei den meisten Weltorientierten verweisen die sehr guten Deutschkenntnisse auf ihre *Migrationsbiografie*. So sind Cagla (w, 27, türk.) und Gökce (w, 33, türk.) in Deutschland geboren, Zhanna (w, 24, russ.), Larissa (w, 28, russ.) und Lada (w, 23, russ.) bereits in jungen Jahren nach Deutschland gekommen. Zusätzlich entspricht die prinzipielle Offenheit der Weltorientierten gegenüber Spracherwerb ihrer bereits beschriebenen ausgeprägten Bildungsorientierung. Für sie ist das Erlernen des Deutschen als Sprache des Studiums und beruflichen Fortkommens sehr wichtig. Dem entspricht, dass viele Weltorientierte – wie bereits ausgearbeitet – aus Familien mit einem ausgeprägten Bildungshintergrund stammen. Hassan (m, 43, marokk.) hat in Marokko ein Gymnasium mit einem deutschen Schwerpunkt besucht. Für den Arztsohn Danil (m, 24, russ.) war es ein Bedürfnis, nach seiner Ankunft schnell Deutsch zu lernen, da er die Sprache als unabdingbar für seine beruflichen Chancen sieht. Und die Eltern von Inaya (w, 29, marokk.) sind Französischlehrer in Marokko, wodurch in ihrer Familie eine selbstverständliche Offenheit gegenüber dem Sprachenlernen bestand.

Die Kompetenzen der Weltorientierten in ihrer *Herkunftssprache* variieren zwar, sind in der Tendenz aber trotz Einzelschwierigkeiten vorhanden. So berichten die beiden Weltorientierten der türkischen Diaspora, dass ihnen die gesprochene Herkunftssprache zwar einige Schwierigkeiten bereitet, sie sich aber in ihr verständigen können. Die mit zehn Jahren migrierte Zhanna (w, 24, russ.), meint, dass sie Russisch nur „passiv" beherrschte, versuchte dies aber durch einen entsprechenden Sprachaufenthalt auszugleichen: „[I]ch wollte unbedingt nach Russland, auch, um einfach meine Sprache zu verbessern, um wirklich sehr gut sprechen zu können". Alle weiteren Weltorientierten der russischen und marokkanischen Diaspora haben keinerlei Probleme mit ihrer Herkunftssprache. Sie weisen ein hohes Sprachniveau auf und halten dieses durch eine gezielt aktive Nutzung – auch mittels Medien – aufrecht.

Ähnlich wie herkunfts- und ethnoorientierte Migrantinnen und Migranten äußern einige Weltorientierte den Wunsch, die Herkunftssprache ihren Kindern zu vermitteln. Allerdings ist das auf Grund des relativ jungen Alters der von uns interviewten Weltorientierten nicht generell ein Thema. Gökce (w, 33, türk.), die bereits Mutter ist, äußert in ihrem Interview den Wunsch, ihrem Kind Türkisch beizubringen, was nicht immer reibungslos möglich sei. Die empfundene Bedeutung der Herkunftssprache bringt auch Alexander (m, 32, russ.) zum Ausdruck, wenn er Jugendliche der russischen Diaspora verurteilt, die ihre Herkunftssprache nicht hinreichend beherrschen. Er ist der Meinung, dass sein regelmäßiger schriftlicher Austausch mit Freunden in Russland die Weiterentwicklung seines Schreibvermögens fördert.

Ein solches Ziel, sprachkompetent zu sein, ist ein nicht zu unterschätzender Moment des Selbstverständnisses der Weltorientierten. Alle von uns interviewten Weltorientierten sprechen neben ihrer Herkunftssprache und Deutsch eine weitere Sprache. Hauptsächlich handelt es sich dabei um Englisch oder Französisch bzw. Arabisch (soweit dies nicht die Muttersprache ist). Zhanna (w, 24, russ.) und Inaya (w, 29, marokk.) stellen in der Kompetenz ihrer dritten Sprache sicherlich Extremfälle dar, indem sie englischsprachige Studiengänge besuchen. Aber auch für das Studium von Larissa (w, 28, russ.) und Cagla (w, 27, türk.) waren Englischkenntnisse unabdingbare Voraussetzungen. Das Beherrschen von „nur" drei Sprachen gilt mitunter als Makel, wie Larissa (w, 28, russ.) formuliert, „leider sprech' ich nur diese drei".

Die *Sprachlernbiografie* der Weltorientierten ist durch einen institutionell gestützten Spracherwerb gekennzeichnet, entweder – wie wir bereits gezeigt haben – wie bei den marokkanischen Migranten im Herkunftsland oder aber im regulären Bildungssystem in Deutschland. Hier greift nochmals das tendenziell junge Alter der Weltorientierten, aufgrund dessen es „noch ganz einfach [war], die Sprache zu lernen" (Lada, w, 23, russ.).

Auch bei den Weltorientierten fällt der bereits bei Ethnoorientierten betrachtete Zusammenhang auf, dass bestimmte Sprachkompetenzen nicht einfach nur die Voraussetzung für die Nutzung bestimmter Medien sind, sondern gezielt Medien auch zur Entwicklung von Sprachkompetenzen genutzt werden. Hassan (m, 43, marokk.) hat in der Phase seines deutschen Spracherwerbs gezielt eine deutsche Zeitung „zum Perfektionieren [seiner] […] Sprachkenntnisse" abonniert. Ähnlich berichtet Danil (m, 24, russ.), sich kein Herkunftsfernsehen angeschafft zu haben, damit dieses seine Deutschkenntnisse nicht „verschlechtert". Und Lada (w, 23, russ.) ist der Meinung, dass sie ihre Deutschkenntnisse durch die Rezeption von auf Deutsch synchronisierten US-amerikanischen Serien verbessert hat.

Exemplarisch für den *alltagsweltlichen Sprachgebrauch* der Weltorientierten steht Larissa (w, 28, russ.). An ihrer Arbeitsstelle und in ihrem Studium spricht sie ausschließlich Deutsch, in ihrer Freizeit nutzt sie drei Sprachen: Mit ihrem Freund spricht sie Russisch, mit den Mitbewohnern ihrer internationalen Wohngemeinschaft Deutsch sowie Englisch und mit weiteren Freunden Deutsch. Ähnlich ist das bei Lada (w, 23, russ.), die Soziologie studiert. Sie spricht in einer Theatergruppe Russisch sowie Englisch und mit ihren Freunden sowohl Russisch als auch Deutsch. Inaya (w, 29, marokk.) hat mehrere Kollegen, mit denen sie Französisch redet. Ihre Berufssprache ist Englisch, ihre Freunde in der lokalen Umgebung stammen eher aus dem arabischen Raum.

Etwas weniger polyglott ist die Sprachnutzung anderer Weltorientierter. Cagla (w, 27, türk.) verwendet in ihrer Alltagswelt hauptsächlich Deutsch und Türkisch, wie Gökce (w, 33, türk.), die mit einem deutschen Partner zusammenlebt. Alexander (m, 32, russ.), ebenfalls mit einer deutschen Partnerin liiert, spricht Deutsch und Russisch. Cagla (w, 27, türk.) erzählt in ihrem Interview, dass sie mit ihrer Schwester Deutsch und Türkisch spricht. Zhanna (w, 24, russ.) berichtet, dass sie mit ihrer Mutter Deutsch, mit ihrem Vater Russisch redet. Auch wenn ihre Eltern Aussiedler sind, hat ihr Vater Schwierigkeiten, Deutsch zu verstehen. Die meisten Weltorientierten wählen also die Sprache situationsbezogen.

Eine polyglotte Orientierung kennzeichnet ebenfalls die Medienaneignung der Weltorientierten, bei der Herkunftssprache, Deutsch und weitere Fremdsprachen eine Rolle spielen. Einige wie Lada (w, 23, russ.) haben zu Hause Herkunftsfernsehen, das sie regelmäßig nutzen. Andere wie Alexander (m, 32, russ.) lehnen es grundsätzlich ab und verfolgen Herkunftsmedien über andere Familienangehörige oder Bekannte. Auch wenn ihr aktives Sprachvermögen in der Herkunftssprache nicht vollkommen ausgeprägt ist, liest Cagla (w, 27, türk.) Bücher auf Türkisch und schaut türkische Fernsehserien im Internet. Amar (m, 28, marokk.) rezipiert Herkunftszeitschriften, die ihm ein Bekannter in Berlin schenkt. Weltorientierte sind immer wieder offen für Medienaneignung in einer anderen Sprache, neben dem Deutschen und der Herkunftssprache. Ein Beispiel dafür ist Zhanna (w, 24, russ.), die amerikanische Serien auf Englisch präferiert: „Ich gucke auch, wenn, dann lieber auf Englisch, also auf Originalsprache".

6   Ungleichheit und mediatisierte Vernetzungschancen der Sprache

Ausgangspunkt unseres Aufsatzes war die Frage, inwiefern Sprache einer der zentralen Ungleichheitsfaktoren der Medienaneignung von Migrantinnen und Migranten ist. Hierbei haben wir Ungleichheit in einer Doppelperspektive gesehen. Erstens Ungleichheit als Außen-Konstruktion des Anderen (die ‚Andersartigkeit' der migrantischen Medienaneignung), zweitens Ungleichheit in der Binnen-Artikulation der Diaspora (‚innere Ungleichheiten' der Diaspora). Beide Momente von Ungleichheit werden im Hinblick auf Sprache als einem der Aneignungskontexte deutlich, gleichwohl in einer wesentlich komplexeren Weise, als dies der öffentliche Diskurs über Medien und Migration suggeriert.

So können wir im Hinblick auf die *Außenkonstruktion* sagen, dass die Sprachkompetenzen von Migrantinnen und Migranten anders sind als diejenigen der deutschen Bevölkerung, die keinen Migrationshintergrund haben. Allerdings verfügen die von uns interviewten Migrantinnen und Migranten zumindest in Teilen über Sprachkompetenzen nicht nur in der Herkunftssprache bzw. des Deutschen, sondern – gerade als Weltorientierte – über Kenntnisse von bis zu zwei weiteren Sprachen. Eine solche ‚Ungleichheit' der Sprachkompetenz ist nicht von vornherein als ‚Defizit' wahrzunehmen in dem Sinne, dass das Deutsche und/oder die Kenntnisse der Herkunftssprache bei den Diasporaangehörigen nicht hinreichend ausgeprägt wären. Vielmehr sind mit der Kenntnis unterschiedlicher Sprachen auch Möglichkeiten verbunden, die sich im Hinblick auf die Medienaneignung darin konkretisieren, dass sich die von uns Interviewten unterschiedliche Kommunikationsräume (vergleichend) aneignen können. Differenz ist an dieser Stelle also nicht zwingend mit Defizit gleichzusetzen.

Bezogen auf die *Binnen-Artikulation der Diaspora* fällt auf, dass unterschiedliche Kenntnisse von Deutsch bzw. weiteren Fremdsprachen nicht eins zu eins den von uns unterschiedenen Aneignungstypen entsprechen. Wir können also nicht sagen, dass *ein* Aneignungstyp zwangsläufig *einer* bestimmten Sprachkompetenz entspricht. Gleichwohl fallen Tendenzen auf: Gerade bei Herkunftsorientierten ist die Sprachkompetenz des Deutschen in der Tendenz deutlich weniger ausgeprägt als bei anderen Typen. Und Weltorientierte verfügen über Kenntnisse einer vergleichsweise großen Vielfalt von

Sprachen. In einem solchen Sinne haben wir es also mit Ungleichheiten innerhalb der Diasporagemeinschaften zu tun, was es möglich macht, gerade Weltorientierte als eine gewisse ‚Elite' in der Diaspora zu sehen.

Allerdings müssen wir vorsichtig sein, an dieser Stelle zu sehr zu vereinfachen, indem wir die Unterschiedlichkeit verschiedener Potenziale aus dem Blick verlieren. Deswegen erscheint es uns gerade für Sprache und Medienaneignung von Migrantinnen und Migranten angebracht, Ungleichheiten als Differenzen von mediatisierten Vernetzungschancen zu denken. Gemeint ist damit der Umstand, dass Sprache nicht einfach nur ungleiche Voraussetzung bestimmter kommunikativer Vernetzungen durch Massenmedien bzw. Medien der personalen Kommunikation und einer sich auf deren Aneignung stützenden Identitätsartikulation ist. Mit der fortschreitenden Mediatisierung sind die Zusammenhänge komplexer: Indem das Alltagsleben als Migrantin bzw. Migrant umfassend mit verschiedenen Medien durchzogen ist, geschieht der Erwerb von Sprache zumindest in Teilen medienvermittelt. Wir haben es hier also mit ‚Wechselverhältnissen von Ungleichheit' zu tun.

Betrachtet man *Sprache als mediatisierte Vernetzungschance*, werden unterschiedliche Medienspuren deutlich. Die Herkunftsorientierten erscheinen als diejenigen, bei denen aufgrund ihrer geringen Grundkompetenz der deutschen Sprache die Barriere sehr groß ist, gezielt (Massen-)Medien zum deutschen Sprachlernen zu verwenden. Es finden sich in den von uns geführten Interviews nur einzelne Hinweise darauf, dass deutsches Fernsehen statt Herkunftsfernsehen genutzt wird oder deutsche Bücher gelesen werden, um Deutsch zu lernen bzw. zu verbessern. Dominierend ist bei Herkunftsorientierten einmal mehr etwas anderes: Durch die kontinuierliche Nutzung verschiedener Herkunftsmedien stützen und fördern sie ihre Kompetenz in der Herkunftssprache. Bei den Ethnoorientierten zeigt sich, dass sie ebenfalls bemüht sind, durch Nutzung von Herkunftsmedien ihre Herkunftssprachkompetenz aufrechtzuhalten bzw. in Einzelfällen Herkunftssprachen neu zu lernen. Gleichzeitig machen die Herkunftsmedien aber insbesondere jüngeren Diasporaangehörigen bewusst, dass sich ihre *Diasprasprache* nicht mit der gegenwärtigen Sprache ihrer (vorgestellten) Herkunft deckt. Beim Erlernen des Deutschen fällt auf, dass die Ethnoorientierten gezielt deutsche Massenmedien einsetzen, nicht nur, um Deutsch als Sprache zu lernen, sondern auch, um einen Einblick in „deutsche Lebensgewohnheiten" zu erhalten. Ebenso sind digitale Wörterbücher im zweisprachigen Alltag der Ethnoorientierten verbreitet. Insgesamt wird in der Alltagswelt der Ethnoorientierten so eine *bilinguale Sprachpolitik* greifbar, mit der sie sich unterschiedliche, auch medienvermittelte Kommunikationsräume erschließen: neben dem der Herkunft und der eigenen Diaspora auch einen deutschen Kommunikationsraum. Die bessere Kenntnis der Herkunftssprache geht dabei mit einer häufigeren Nutzung von Herkunftsmedien einher. Weltorientierte kennzeichnet hingegen eine polyglotte Orientierung. In dieser wird (wenn auch unterschiedlich ausgeprägt) die Kenntnis von drei Sprachen als Minimum begriffen. Sie erschließen sich darüber weitergehende Kommunikationsräume. Daneben verwenden sie Medien, um eine solch vielfältige Sprachkompetenz stabil zu halten. Es geht nicht nur darum, Deutschkenntnisse zu haben bzw. Sprachkompetenzen in der Herkunftssprache zu halten, sondern darüber hinaus weitere sprachliche Kompetenzen zu entwickeln.

Diese Analysen geben uns weitere Hinweise darauf, was wir bei der Vorstellung der von uns entwickelten Dreiertypologie bereits als Ko-Artikulation bezeichnet haben: *Wir müssen Medien in einem solchen Maß als umfassenden Teil heutiger migrantischer Alltagswelten begreifen, dass wir deren Sinnhorizonte nicht jenseits von Medienkommunikation verstehen können.* Dies betrifft letztlich vor allem Sprachen, die als eine zentrale Ressource zur Konstruktion von Ethnizität zu begreifen sind. Entsprechend bildet Sprache einerseits Vernetzungschancen, da sie bestimmte Möglichkeiten von kommunikativer Vernetzung und Identitätsartikulation impliziert. Als eine solche Chance ist sie andererseits aber mediatisiert, indem sie selbst in Teilen medienbezogen artikuliert wird.

Literatur

Androutsopoulos, Jannis und *Hinnenkamp, Volker*, 2001: Code-Switching in der bilingualen Chat-Kommunikation: ein explorativer Blick auf #hellas und #turks. S. 367–401 in: *Beißwenger, Michael* (Hg.), Chat-Kommunikation: Sprache, Interaktion, Sozialität & Identität in synchroner computervermittelter Kommunikation. Stuttgart: Ibi.

Betz, Tanja, 2004: Bildung und soziale Ungleichheit: Lebensweltliche Bildung in (Migranten-) Milieus. In: *Knabe, Norman*, Arbeitspapier II – 16. Trier: Zentrum für sozialpädagogische Forschung der Universität Trier.

Castells, Manuel, 2001: Der Aufstieg der Netzwerkgesellschaft. Opladen: Leske + Budrich.

Colardyn, Danielle und *Bjornavold, Jens*, 2004: Validation of formal, non-formal and informal learning: Policy and practices in EU member states. European Journal of Education 39 (1): 69–89.

Dirim, Inci und *Auer, Peter*, 2004: Türkisch sprechen nicht nur die Türken. Über die Unschärfebeziehung zwischen Sprache und Ethnie in Deutschland. Berlin: de Gruyter.

Düvel, Caroline, 2010: Dimensionen des Medienkulturwandels am Beispiel digitaler Medienaneignung: Kommunikative Vernetzung russischer Diasporaangehöriger per Mobiltelefon und Internet. S. 277–291 in: *Hepp, Andreas, Höhn, Marco* und *Wimmer, Jeffrey* (Hg.), Medienkulturen im Wandel. Konstanz: UVK.

Glaser, Barney G. und *Strauss, Anselm L.*, 1998: Grounded Theory. Strategien qualitativer Forschung. Bern: Huber.

Gogolin, Ingrid, 2000: Minderheiten, Migration und Forschung. Ergebnisse des DFG-Schwerpunktprogrammes FABER. S. 15–35 in: *Gogolin, Ingrid* und *Nauck, Bernhard* (Hg.): Migration, gesellschaftliche Differenzierung und Bildung. Opladen: Leske + Budrich.

Hall, Stuart, 1994: Rassismus und kulturelle Identität. Hamburg: Argument.

Hartmann, Maren und *Hepp, Andreas* (Hg.), 2010: Die Mediatisierung der Alltagswelt. Festschrift zu Ehren von Friedrich Krotz. Wiesbaden: VS.

Hepp, Andreas, Bozdag, Cigdem und *Suna, Laura*, 2011: Mediale Migranten. Mediatisierung und die kommunikative Vernetzung der Diaspora. Wiesbaden: VS.

Kristen, Cornelia und *Granato, Nadia*, 2007: The educational attainment of the second generation in Germany. Social origins and ethnic inequality. Ethnicities 7 (3): 343–366.

Krotz, Friedrich, 2005: Neue Theorien entwickeln. Eine Einführung in die Grounded Theory, die Heuristische Sozialforschung und die Ethnographie anhand von Beispielen aus der Kommunikationsforschung. Köln: Halem.

Krotz, Friedrich, 2007: Mediatisierung: Fallstudien zum Wandel von Kommunikation. Wiesbaden: VS.

Krotz, Friedrich, 2009: Stuart Hall: Encoding/Decoding und Identität. S. 210–223 in: Hepp, Andreas, Krotz, Friedrich und Thomas, Tanja (Hg.), Schlüsselwerke der Cultural Studies. Wiesbaden: VS.

Lundby, Knut, 2009: Media logic: Looking for social interaction. S. 101–119 in: Lundby, Knut (Hg.): Mediatization: Concept, changes, consequences. New York: Peter Lang.

Thompson, John B., 1995: The media and modernity. A social theory of the media. Cambridge: Cambridge University Press.

Weber, Max, 1972: Wirtschaft und Gesellschaft. Grundriss der verstehenden Soziologie. Tübingen: Mohr.

Egal, wer du bist? Kommunikative Praktiken der Zugehörigkeit und Distinktion im medialen Alltag transnationaler Migration

Heike Greschke

Abstract

Am empirischen Beispiel Cibervalle untersucht dieser Beitrag alte und neue Kategorien der Zugehörigkeit und Distinktion sowie deren kommunikative Vermittlung im Zusammenhang mit transnationalen Praktiken geographischer und virtueller Mobilität. Cibervalle ist ein öffentlich zugängliches Diskussionsforum im Internet, das Paraguayer/innen[1] aus nahezu allen Teilen der Welt einen virtuellen Treffpunkt bietet. Die Bedeutung Cibervalles und die Art der Beteiligung unterscheiden sich je nach soziogeographischem und lebensweltlichem Kontext der Nutzer/innen. Für die in der Migration lebenden Paraguayer/innen gilt Cibervalle als ein „Fenster nach Paraguay;" für die Teilnehmer/innen in Paraguay ist Cibervalle hingegen eine privilegierte, weil in hohem Maße schicht- und einkommensabhängige Möglichkeit des Zugangs zur Welt.

Die Aneignung globaler Kommunikationsmedien im Alltag transnationaler Migration bringt interessante sozialstrukturelle Modifikationen hervor. Denn Migration ist nicht nur mit paradoxen Veränderungen des sozialen Status verbunden, sondern führt auch meist zu einem erleichterten Zugang zum Internet. Im Gegensatz zu den geographischen Migrationszielen der meisten Cibervaller@s ist der Zugang zum Internet in Paraguay noch verhältnismäßig teuer und deshalb weitgehend auf privilegierte Bevölkerungsgruppen beschränkt. In der Migration lebende Paraguayer/innen, die aufgrund ihrer finanziellen und lebensweltlichen Situation in Paraguay kaum Zugang zum Internet hatten, finden nun beispielsweise in Madrid oder Buenos Aires nahezu an jeder Ecke ein Internetcafé, das sie zu erschwinglichen Preisen nutzen können. Selbst ein eigener Computer mit Internetzugang und einem Flatrate-Tarif ist nun denkbar, so dass die Kommunikation mit den Angehörigen von zuhause aus stattfinden und die Beteiligung an den Cibervalle-Aktivitäten stärker in den Alltag integriert werden kann. Cibervalle wird durch seine transnationale Struktur zu einem sozialen Raum, in dem sich Ange-

---

[1] Die männliche und weibliche Schreibweise werden in diesem Kapitel gleichzeitig verwendet. Soweit Eigenbegriffe des Feldes zur Sprache kommen, wird eine im Spanischen mögliche Form der Inklusion beider Geschlechter benutzt. Dabei wird das @-zeichen verwendet (z. B. Cibervaller@s) das sich gleichzeitig als a (Femininum) und o (Maskulinum) lesen lässt.

hörige unterschiedlicher sozialer Klassen und Lebensstile als Kommunikationspartner/innen begegnen, die im physisch-sozialen Raum Paraguays meist in voneinander getrennten Milieus leben oder deren Beziehungen zueinander hierarchisch strukturiert sind. Das Internet im Kontext transnationaler Migration verwebt, mit anderen Worten, Praktiken der Mobilität im geographischen Raum mit denen im virtuellen Raum und befördert dabei überraschende Begegnungen, unerwartete soziale Konstellationen und polyphone Geltungs- und Aushandlungsprozesse.

1   Soziale Ungleichheiten in globalisierten Welten: Wechselwirkungen sozialer, virtueller und physischer Mobilität

Die erste Dekade der Internetforschung war noch von der Hoffnung geprägt, die neuen Medien würden von sozialstrukturellen Kategorien losgelöste Identitätsentwürfe (Turkle 1995) sowie die Teilhabe an politischen Prozessen (Poster 1997) befördern. Längst wurden diese Gleichheitsutopien jedoch auf den Boden sozialstruktureller Tatsachen des „digital divide" zurückgeholt. Es wird heute kaum mehr bezweifelt, dass auch die Zugangs- und Mobilitätschancen im virtuellen Raum ungleich verteilt sind. Dimensionen sozialer Ungleichheit, wie Einkommen und Bildung und ihre Determinanten Beruf, Geschlecht und Alter beeinflussen, wer in welcher Weise und Intensität das Internet nutzt (DiMaggio et al. 2004). Nicht zuletzt der Wohnort, genauer gesagt der sozio-geographische Standort der Nutzer/innen ist hierfür entscheidend, denn die Verbreitung und technologische Weiterentwicklung des Internets verläuft entlang bestehender globaler Ungleichheiten zwischen nördlicher und südlicher Hemisphäre des Globus ebenso, wie zwischen seinen urbanen Zentren und den ländlichen Peripherien (Warschauer 2004, Chen & Wellman 2004).

Gleichzeitig zeigen Studien zur transnationalen Migrationsforschung, dass geografische Mobilität sozialstrukturelle Dynamiken mit sich bringt, die sich in teils paradoxen Positionierungen innerhalb einer ‚weltgesellschaftlichen' Sozialstruktur manifestieren: Während Migration im Zielland häufig einen Statusverlust für die migrierende Person bedeutet, kann sie das Ansehen im Herkunftskontext steigern, indem beispielsweise der finanzielle Beitrag des migrierten Teils der Familie die (Aus)Bildungschancen der übrigen Familienmitglieder stärkt bzw. die örtliche Gemeindeentwicklung fördert (Goldring 1997, Smith 1998). Dieses Phänomen der „transnationalen Statusinkonsistenz" (Karakayali 2010) oder „contradictory class mobility" (Parreñas 2001) wird seit einigen Jahren unter der Prämisse der *Intersektionalität sozialer Ungleichheit* (Crenshaw 1989, vgl. Winker & Degele 2009) in der Migrant*innen*forschung diskutiert. Mit dem Blick auf den globalen Kontext (sozialer Ungleichheit), in dem sich Migrationsprozesse abspielen, betont etwa Gregorio (1998) dass „die Migrationsströme die Systeme geschlechtsbezogener, klassenspezifischer und ethnischer Ungleichheit zweier Gesellschaften miteinander in Kontakt bringen" (1998: 260, *meine Übersetzung*) und daher in einem globalen Kontext analysiert werden sollten.

Transnationale Lebens- und Beziehungsformen sind ohne globale Kommunikationstechnologien kaum denkbar. ‚Migrantenportale' (Androutsopoulos 2005) verbinden Informationen über das Herkunftsland mit Informationen über die soziale Lage der Migrationsgruppe im jeweiligen Aufenthaltsland. Als interaktive Medien bieten sie darüber hinaus die Möglichkeit der Vernetzung und des Austauschs zwischen den Nutzer/innen. Auch zur Unterstützung des transnationalen Familienlebens eignet sich das Internet in besonderer Weise, indem es nicht nur die abwesenden Eltern in den Alltag der Erziehung einzubeziehen (Miller und Slater 2000), sondern Spielarten der Anwesenheit und Interaktion hervorzubringen vermag, die nicht primär an den Körper gebunden sind (Greschke 2009). Die sozialen Formationen, die dabei entstehen, sprengen den Rahmen klassischer Konzepte der Sozialstrukturanalyse bzw. der Ungleichheitsforschung, die i. d. R. einen nationalstaatlich begrenzten Analysekontext zugrunde legen, um sozialstrukturelle Daten zu erheben, soziale Ungleichheiten zu untersuchen und politisch zu beantworten. Die transnationale Migrationsforschung hat bereits vor einigen Jahren mit dem Begriff des *Methodologischen Nationalismus* (Wimmer und Glick-Schiller 2002) eine selbstkritische Debatte angestoßen und dazu aufgefordert, sozialwissenschaftliche Methoden und Konzepte stärker an den Praktiken der Akteur/innen zu verankern. Seither wurden verschiedene Ansätze entwickelt, den Analysekontext an den tatsächlichen Orientierungsrahmen von Migrant/innen anzupassen, die sich häufig in so genannten transnationalen sozialen Räumen (Pries 1998) bzw. Feldern (Glick-Schiller 2003) zwischen Herkunfts- und Aufenthaltsland aufspannen.

Die gegenwärtige Konzentration auf die Frage nach der Rolle von Medien bei der Integration von Migrant/innen in die Aufnahmegesellschaft vs. der Herausbildung von ethnischen ‚Parallelgesellschaften' – insbesondere im deutschsprachigen sozialwissenschaftlichen Diskurs (Kissau 2008, Geißler & Pöttker 2005, 2006) – ist aus dieser Perspektive zu kritisieren. Eine solche Einengung der Fragestellung wird der Komplexität migrationsbedingter sozialer Ungleichheit kaum gerecht, da sie in vielen Fällen schlicht von den falschen Bezugsgrößen ausgeht. Zu einem ähnlichen Ergebnis kommt Pries im Kontext der Erforschung von Migrant/innenorganisationen und plädiert für „eine integrierte Forschungsperspektive … [die] Migrantenorganisationen grundsätzlich als in den institutionellen Strukturen und kulturellen Traditionen der *Herkunfts- und der Ankunftsländer* der Migranten verankert und agierend betrachten" (2010: 50). Formationen, die sich durch das Zusammenspiel von grenzüberschreitender körperlicher und virtueller Mobilität entwickeln sind, wie im Folgenden gezeigt wird, keineswegs grenzenlos. Doch können sie selbst über die Grenzen „bi-nationaler Migrationssysteme" (ebda.) hinaus reichen und potentiell globale Referenzrahmen ausbilden, innerhalb derer nationalstaatlich gefasste sozialstrukturelle Ordnungen kollidieren können.

Dieser Beitrag diskutiert die Ergebnisse einer ethnographischen Fallstudie über ein paraguayisches Diskussionsforum im Internet vor dem Hintergrund der allgemeinen gesellschaftlichen Situation Paraguays und der Logik gegenwärtiger transnationaler Migrationsregime und konfrontiert diese mit dem Forschungsstand in den Bereichen transnationale Migration und *global digital divide*. Dabei soll erstens der Blick auf die Nutzung von Kommunikationstechnologien in der Migration geschärft werden. Zweitens soll das Instrument der Intersektionalitätsanalyse in der transnationalen Migrationsforschung um die Dimension der Zugangs- und Teilhabechancen am weltweiten Kommunikationsnetz erweitert werden.

2   Cibervalle: Eine transnationale Lebensgemeinschaft von Paraguayer/innen und ihre sozialen Landschaften

Cibervalle ist das Pseudonym für ein öffentlich zugängliches Diskussionsforum im Internet, das Paraguayer/innen aus nahezu allen Teilen der Welt einen virtuellen Treffpunkt bietet. Zu Beginn meiner Forschung im Jahre 2004 existierte das Forum seit zwei Jahren und es hatte sich – trotz hoher Fluktuation von Nutzer/innen bereits ein Kern von etwa 170 konstanten Nutzer/innen herausgebildet, die intensiv miteinander kommunizierten und dabei unterschiedliche lebensweltliche Kontexte in Paraguay, Argentinien, USA, Spanien, Frankreich, Japan und anderen Ländern miteinander verbanden. Die geographische Verteilung der Nutzer/innen entspricht den aktuellen Migrationszielen von Paraguayer/innen. Die meisten der Mitglieder kannten sich nicht persönlich, bevor sie sich im Cibervalle-Forum begegneten. Um so erstaunlicher ist es, dass Interessierte weltweit auf das elektronische Netzwerk zugreifen, um nicht nur aktuelle Informationen aus der Heimat zu bekommen, ihr Migrationsvorhaben zu organisieren, politische, kulturelle oder soziale Anliegen zu diskutieren, sondern auch und vor allem um ihren Alltag miteinander zu teilen. Das Forum wird häufig genutzt, um Kontakte mit Landsleuten in der Nähe des eigenen aktuellen Aufenthaltsorts zu knüpfen. Diese leibhaftigen Beziehungen lösen aber die virtuellen Kontakte nicht ab, denn man trifft sich nicht nur am jeweiligen Lebensort regelmäßig; die lokalen Treffen werden auch fotografisch dokumentiert und die Fotos zeitnah im Online-Forum veröffentlicht. Das lokale Ereignis wird so mit der globalen Gemeinschaft geteilt und neu erlebt. Auf diese Weise hat sich aus einem anonymen potentiell weltumspannenden Netzwerk eine globale Lebensgemeinschaft entwickelt, die auf Vertrauen und gegenseitiger Solidarität beruht. Die Chancen, Teil dieser oder ähnlicher, internetbasierter Beziehungsnetze zu werden, sind je nach sozio-geografischem Standort sehr unterschiedlich verteilt. Entsprechend differieren auch die Nutzerprofile innerhalb der globalen Lebensgemeinschaft Cibervalle erheblich.

3   Paraguay(er/innen) im weltweiten Kommunikationsnetz

In Paraguay ist das Internet ein vergleichsweise junges Medium, dessen Nutzung tendenziell privilegierten Bevölkerungsschichten vorbehalten ist. In der Zeit von 2000 bis 2008 stieg zwar die Zahl der Internetnutzer/innen in Paraguay von 20 000 um ein Vielfaches auf 530 000. In Relation zur Gesamtbevölkerung ist der Anteil derjenigen, die Zugang zum Internet haben, allerdings kaum über 7,8 % gestiegen[2]. Das hängt vor allem mit den in Relation zu den Lebenshaltungskosten und Einkommensverhältnissen extrem hohen Kosten für Telekommunikation zusammen. Der Aktiengesellschaft „Compañia Paraguaya de Comunicaciones S.A." (Copaco), deren einziger Eigner der paraguayische Staat ist, oblag bislang die nationale Versorgung mit Festnetzanschlüssen und Internetzugängen, bis im März 2009 die Regierung Fernando Lugos' erste Schritte zur Liberalisierung der Internetzugänge beschloss.[3]

Nicht nur die Zahl der Nutzer/innen auch die Verfügbarkeit paraguayischer Daten im Internet ist vergleichsweise gering. Im südamerikanischen Vergleich verfügt Paraguay im Jahre 2008 mit 19 691 *Internethosts* mit Abstand über die geringste Anzahl von Computern, die direkt mit dem Internet verbunden sind und dort Datenbanken zur Verfügung stellen.[4] Hier bestätigen sich die Ergebnisse früherer Studien, die einen engen Zusammenhang zwischen der Verbreitung des Internets und der Verbreitung von Telefonanschlüssen *(Teledensity)*, der Wettbewerbssituation (freier vs. monopolisierter Markt) im Bereich Telekommunikation sowie der *Internet host density* feststellen (Warschauer 2004).

Gleichwohl verbreitet sich auch in Paraguay das Internet, was sich vor Ort an der steigenden Zahl von Internetcafés beobachten lässt. Ähnlich wie in anderen lateinamerikanischen Ländern (vgl. Herzog et al. 2002: 25) etabliert sich das Internet in Paraguay weniger über Privathaushalte als über kollektive, hier meist kommerzielle Zugänge. Diese Form der Internetnutzung scheint aber nicht nur für Lateinamerika charakteristisch zu sein. Auch jüngere Studien, die sich mit den lokalen Praktiken der Internetnutzung in anderen Weltregionen, wie etwa Marokko (Braune 2008) oder den Philippinen (Pertierra 2006) beschäftigen, betonen die zentrale Bedeutung kollektiv genutzter Internetzugänge.

---

2   Vgl.: http://www.internetworldstats.com/sa/py.htm [23. 02. 2010]

3   Zu Beginn der 1990er Jahre entstand in Paraguay parallel zum staatlichen Monopol der Festnetztelefonie, ein freier Markt für Mobilfunkkommunikation, der zunächst vor allem die Kommunikationsbedürfnisse in den ländlichen Gebieten Paraguays bediente, die bis dahin von der staatlichen Telekommunikationsgesellschaft vernachlässigt worden war (vgl. Orué Pozzo 1999: 35). Für eine große Anzahl von Haushalten in den urbanen Zentren bot sie darüber hinaus eine alternative Möglichkeit der Telekommunikation. In der Folge sank der Anteil der Haushalte, die über einen Festnetzanschluss verfügen stetig. Im Jahre 2004 hatten nur noch 16,1 % der Privathaushalte einen Festnetzanschluss (vgl. Lachi 2004: 6). Dementsprechend noch geringer (1,8 %) war etwa im selben Zeitraum die Zahl der Haushalte, die über einen Internetzugang verfügten.

4   Zum Vergleich: Peru hat im Jahre 2008 271 745, Bolivien 68 428 und Uruguay 480,593 Internethosts (vgl.: CIA 2008).

Während Chen, Boase und Wellman im Jahre 2002 noch weltweit starke Ähnlichkeiten und eine Angleichung an die Praktiken der Internetnutzung in Nordamerika prognostizierten, weisen die Entwicklungen außerhalb Nordamerikas eher darauf hin, dass das Modell der Individualnutzung – weltweit betrachtet – eine Ausnahme darstellt.

Hohe Zugangs- und Nutzungskosten der Internettechnologien stellen nach Herzog et al. in Lateinamerika „in allen untersuchten Ländern eine entscheidende Barriere ihrer Verbreitung dar" (2002:26). Dabei betonen die Autoren, dass auch die Qualität des Zugangs den Preis beeinflusst, tendenziell langsamere Verbindungen und höhere Störanfälligkeit die Nutzung zusätzlich verteuern.

Was Herzog et al. hier allgemein für Lateinamerika feststellen, gilt in besonderem Maße für Paraguay. Die Internettarife sind gemessen an den Lebenshaltungskosten und Einkommensverhältnissen der Paraguayer/innen sehr hoch[5]. Die Qualität der Internetverbindungen weist große Mängel auf, die in Verbindung mit weltweit wachsenden Datenmengen die Internetnutzung in Paraguay zusätzlich erschweren. Die qualitativ guten Internetzugänge konzentrieren sich in den *Shopping-Center* der urbanen Zentren Asunción und Ciudad del Este, die sich mit ihrem Angebot vorwiegend an die oberen Einkommensklassen richten. Gleichwohl findet sich auch in den ländlichen Gebieten in jedem größeren Ort ein *Cibercafé*. Der beste Ort, um sich ohne zeitlichen Druck und regelmäßig an den Aktivitäten in Cibervalle zu beteiligen, scheint für die in Paraguay ansässigen Teilnehmer/innen allerdings der Arbeitsplatz zu sein, wenn sie nicht zu der verschwindend geringen Minderheit gehören, die einen Internetzugang zuhause haben. Einen mit Computer und Internetzugang ausgestatteten Arbeitsplatz haben vor allem höhere Angestellte in den Berufsgruppen Informatik, öffentliche Verwaltung und Wirtschaft, ein Personenkreis also, der über höhere Bildungsabschlüsse verfügt und im Vergleich zur Restbevölkerung ökonomisch besser gestellt ist.

Der rasante Zuwachs an Internetzugängen in den Ländern der Peripherie verleiten manchen Autor zu der Prognose, die bestehenden Diskrepanzen im Hinblick auf die Zugangsmöglichkeiten zum weltweiten Kommunikationsnetz würden sich nach und nach verringern:

> „The data for 1995 and 2007 suggests the every single one of the world's regions is closing the gap with North America" (Robison und Crenshaw 2010: 37).

Bei näherem Hinsehen stellt sich der Vergleich zwischen den OECD-Staaten und dem Rest der Welt jedoch nach wie vor dramatisch dar: Während im Jahr 2007 durchschnittlich zwischen 72,5 und 62,8 % der Bewohner/innen in den OECD-Staaten über Internetzugang verfügten, waren es in den übrigen Ländern lediglich 19 % (Drori 2010). Hinzu

---

5   Der gesetzliche Mindestlohn Paraguays liegt im Januar 2005 bei 972 413 Guaraníes (Gs.), das entspricht in etwa 136,– Euro. während die Kosten für die Internetnutzung in einem *Cibercafé* je nach Qualität der Verbindung bei 2500 bis 5000 Gs. (0,35 – 0,70 Euro/h) betragen.

kommt, dass sich innerhalb von Staaten bestehende soziale Ungleichheiten an der Frage des Internetzugangs reproduzieren: „access and use of ICT came first and foremost, to the socially privileged" (ebda.: 66). Die Internetpenetration in Paraguay liegt mit 3,5 % in 2006 und 7,8 % in 2008 nicht nur weit unter dem Durchschnitt der Länder der Peripherie, auch spiegeln die soziogeographische Verteilung qualitativ guter Internetzugänge sowie die Nutzerprofile des Diskussionsforums Cibervalle eine innerstaatliche ungleiche Verteilung der Zugangsmöglichkeiten wider, die sich weitgehend mit bestehenden sozialen Ungleichheiten in Paraguay deckt.

Während die Nutzer/innen des Cibervalle-Forums in Paraguay vorwiegend der paraguayischen (Bildungs)Elite zuzurechnen sind, ist das Bild der Nutzer/innen in der Migration im Hinblick auf ihre sozialstrukturelle Position vielfältiger. Zur Migration veranlasst sehen sich vorwiegend diejenigen, die in Paraguay keine (beruflichen) Perspektiven für sich und für die Existenzsicherung ihrer Familien sehen. Dazu gehört aufgrund der extrem ungleichen Landverteilung vor allem die Landbevölkerung (vgl. Bareiro 2004, Luna Nueva 2005). Die Schätzungen zum Anteil der paraguayischen Bevölkerung, der außerhalb des Landes lebt, divergieren sehr stark und liegen zwischen 10 und 35 %. Unbestritten ist jedoch, dass die Migrationspopulationen in Argentinien, Spanien, USA und anderen Ländern zwischen 1989 und 2008 im Verhältnis zum Bevölkerungswachstum im paraguayischen Inland enorm an Zuwachs gewonnen haben (vgl. Halpern 2009: 87 f.). Die Lebensbedingungen der Paraguayer/innen in der Migration unterscheiden sich erheblich von denen der in Paraguay ansässigen Cibervaller@s. Oftmals bringt Migration, neben dem (zeitweiligen) Verlust sozialer Beziehungen, vertrauter Orte und Gewohnheiten auch einen Wechsel in prekäre Lebensverhältnisse mit sich. Häufig erfolgt Migration undokumentiert, das heißt, man ist von den Staatsbürgerschaftsrechten am Aufenthaltsort ausgeschlossen und in hohem Maße von Ausbeutung und Gewalt bedroht.

4 Paraguayische Migrant/innen in Argentinien: Zwischen rassistischer Diskriminierung, sozialem Aufstieg und technologischem Fortschritt

Aufgrund der geographischen Nähe und der im Vergleich zu Paraguay guten Verdienstmöglichkeiten zieht Argentinien den größten Teil migrationswilliger Paraguayer/innen an (Cerruti & Parrado 2007). Vieles spricht dafür anzunehmen, dass es sich im Falle der paraguayischen Migrant/innen oft um „Pendelmigration" (Morokvasic 1994) handelt, die von der staatlichen Administration gar nicht als solche wahrgenommen wird, weil die betreffenden Personen mit einem Touristenvisum einreisen, das sie bei ihren regelmäßigen Aufenthalten in Paraguay wieder erneuern. Nahezu alle Mitglieder der argentinischen Gruppe der Cibervaller@s, die ich im Laufe meiner Feldforschung kennenlernte, praktizieren Pendelmigration und betten ihr Familienleben in einen transnationalen Kontext. Transnationale Familienformen überspannen heute eine Vielzahl paraguayischer und argentinischer Orte, wobei die Metropole Buenos Aires seit 1960 eines der Hauptmigrationsziele geworden ist (Fischer et al. 1997).

Während die Volkszählung im Jahr 2001 lediglich auf rund 323 000 paraguayische Migrant/innen kommt, schätzt die argentinische Regierung ihre Zahl auf rund eine Million, von denen nur etwa die Hälfte einen legalen Aufenthaltsstatus habe (Palau Viladesau 2004: 164). Die in Buenos Aires lebenden Cibervaller@s gehen gar von der doppelten Anzahl von Paraguayer/innen und deren Nachkommen in Argentinien aus und verweisen auf Zahlen aus der argentinischen Presse. Die deutliche Präsenz von Paraguayer/innen in Argentinien drückt sich im Stadtbild der Hauptstadt aus: Eine Vielzahl von paraguayischen Vereinen, die sich um die sozialen Belange der Landsleute kümmern oder sich der Pflege paraguayischer Kultur annehmen; Musik-Clubs, die sich auf paraguayische *Polka* oder *Cachaca* spezialisiert haben; paraguayische Bäckereien und Lebensmittelgeschäfte, in denen alle Zutaten für paraguayische Speisen zu bekommen sind; Straßenverkäufer, die den obligatorischen Korb auf dem Kopf tragen, in dem sie die in weiße Tücher eingeschlagene *Chipa* zum Verkauf anbieten und ganze Viertel in denen nahezu ausschließlich Paraguayer/innen leben. In den zahlreichen Gesprächen mit Cibervaller@s in Buenos Aires ist wiederholt zu hören, es gäbe keinen großen Unterschied zwischen dem Leben in Paraguay und dem in Buenos Aires: „Es ist, als sei Buenos Aires eine weitere Provinz von Paraguay."

In der Diskussion um die Zahl bolivianischer Migrant/innen in Argentinien stellt Grimson eine ähnliche Diskrepanz zwischen „gezählter und gefühlter Präsenz" (zitiert nach Spiegel 2005: 26) fest. Bruno (2007b) problematisiert das Phänomen „imaginierter Zahlen" hingegen in seiner Funktion für die Mehrheitsgesellschaft. Auf Basis der verfügbaren Bevölkerungsstatistiken geht er davon aus, dass der Anteil der Migrant/innen aus den Nachbarländern Argentiniens seit 1869 konstant bei 2–3 % der argentinischen Gesamtbevölkerung liegt. Trotzdem würden sowohl Massenmedien, als auch Politik eine steigende Zahl von Migrant/innen aus den Anrainerstaaten behaupten und damit rassistischen Tendenzen Vorschub leisten, die in der Migration aus den lateinamerikanischen Nachbarstaaten eine Bedrohung für die nationale Identität sehen (vgl. auch Halpern 2007). Auch Betrisey (2000) zeigt, wie im öffentlichen Diskurs in Argentinien die Migration aus den Nachbarländern als Problem und die Migrierenden als kulturell Andere konstruiert werden, die den gesellschaftlichen Wertekonsens in Gefahr bringen. Argentinien ist zwar seinem Selbstverständnis nach ein Einwanderungsland, seine nationale Identität wird aber vor allem auf der Grundlage importierter kultureller Werte und Praktiken *europäischer* Einwanderer/innen konstruiert. Die Diskriminierung paraguayischer, bolivianischer oder peruanischer Migrant/innen erfolgt deshalb auf der Basis einer rassistischen Abgrenzung zwischen Europäischstämmigen und Nachkommen nativer Südamerikaner/innen[6]. Diskriminierungserfahrungen und

---

6   Diese spiegelt sich auch in der historischen Entwicklung der argentinischen Einwanderungsgesetze (Halpern 2009: 25 ff) sowie in den Migrationsstatistiken des argentinischen Amts für Statistik (INDEC)

die Konstruktion ethnischer Differenz zwischen Argentinier/innen und den verschiedenen Migrationsgruppen werden folglich hauptsächlich durch ethnische Marker wie Hautfarbe und Akzent hergestellt und immer wieder reproduziert, wie Spiegel (2005) in einer ethnographischen Studie über die Lebenssituation bolivianischer junger Frauen in Buenos Aires und Halpern (2009) am Beispiel der Exil-Paraguayer/innen in Argentinien beschreiben.

Die Lebenssituation der meisten Cibervaller@s in Buenos Aires ist, wie die ihrer Landsleute, durch Diskriminierungserfahrungen und erschwerte Bedingungen geprägt. Die meisten arbeiten in Niedriglohnsektoren als Verkäufer/in, Reinigungskraft, Haushaltsarbeiterinnen, Krankenpfleger/in oder Hilfsarbeiter auf Baustellen. Sie haben oft keinen Arbeitsvertrag, sind nicht versichert und weitgehend der Willkür ihrer Arbeitgeber/innen ausgesetzt, weil sie – zumal ohne gültige Aufenthaltserlaubnis – weitgehend rechtlos sind (vgl. Bruno 2007a). Auch die Wohnsituation ist meist prekär: Der Großteil der Paraguayer/innen lebt in Buenos Aires in *Villas,* den Armutsvierteln am Rande der Stadt oder sie haben ihren Schlafplatz auf der Baustelle bzw. in dem Haushalt, wo sie gerade beschäftigt sind. Gleichzeitig profitieren sie, unabhängig von ihrem Aufenthaltsstatus, vom kostenlos zugänglichen Gesundheitssystem, das, ebenso wie das argentinische Bildungssystem, im Vergleich zu Paraguay als qualitativ besser eingeschätzt wird. Sofern der Aufenthaltsstatus dies zulässt, wird angestrebt, die kostenlose Möglichkeit eines weiterführenden Studiums zu nutzen. In der Realität zeigt sich allerdings, dass die Lebens- und Arbeitsbedingungen in der Migration den erfolgreichen Abschluss eines Studiums enorm erschweren. Schule und Universität sind in Argentinien ebenfalls Orte, an denen Migrant/innen als Abweichung von der Norm konstruiert und stigmatisiert werden (vgl. Spiegel 2005).

Während paraguayische Migrant/innen in Buenos Aires wenig soziale Anerkennung genießen, können sie den Unterschied im Einkommen und den Lebenshaltungskosten hier und dort nutzen und dazu beitragen, ihr Ansehen und das ihrer Familie zu erhöhen. Tatsächlich ist die Höhe der Geldüberweisungen von Migrant/innen an ihre Angehörigen in Paraguay in den letzten Jahren stetig gestiegen und stellt mittlerweile die „zweitwichtigste Einkommensquelle paraguayischer Familien" dar (Luna Nueva 2005, vgl. auch Cerruti & Parrado 2007).

Diese paradoxe Dynamik spiegelt sich nun auch in den Zugangs- und Nutzungschancen des Internets. Hier sind es i. d. R. die Migrant/innen, die über die schnelleren Internetverbindungen und die am weitest entwickelten Technologien verfügen. Denn in den Hauptzielorten paraguayischer Migrant/innen, wie etwa in der argentinischen Metropole Buenos Aires, sind die Einrichtungs- und Verbindungskosten, gemessen

---

wider: Hier werden heute noch zwei Kategorien benutzt („migrantes limítrofes y del Peru"/„migrantes no-limítrofes") um Migrant/innen aus den Nachbarländern von denen zu unterscheiden, die nicht aus den Nachbarländern kommen, wobei bezeichnenderweise Peruaner/innen der ersten Kategorie zugeordnet werden, obwohl Peru nicht zu Argentiniens Nachbarländern zählt.

am Bruttonationaleinkommen (BNE)[7] weitaus niedriger, die Verbreitung und Quali-fizierung von Internetzugängen außerdem weiter fortgeschritten als in Paraguay (vgl. Tabelle 1). In der Folge findet man nicht nur an nahezu jeder Straßenecke ein Inter-netcafé mit erschwinglichen Preisen. Nicht selten können Migrant*innen*, die im priva-ten Dienstleistungsbereich tätig sind, einen Internetzugang im Haus ihrer Dienstherren nutzen, oder ihnen wird sogar ein eigener Zugang zur Verfügung gestellt. Auch die In-stallation eines eigenen Internetanschlusses zuhause ist in der Migration leichter mög-lich, vorausgesetzt man hat einen festen Wohnsitz.

Tabelle 1   Internet Nutzerzahlen

Internetnutzer/innen (2008)	Paraguay	Argentinien
Gesamt (Anteil an der Gesamtbevölkerung)	530 000 (7,8 %)	20 000 000 (49,2 %)
Mit Breitbandzugang (2009)	15 000 (0,3 %)	3 185 300 (7,8 %)
Monatliche Kosten für 1 Mb/sec	92 US$	22 US$
BNE/Kopf	1 679 US$	6 050 US$

5   „Ein Fenster nach Paraguay" – Die Bedeutung Cibervalles in der Migration

Von den in der Migration lebenden Forumsnutzer/innen wird das Cibervalle-Forum häufig als eine Möglichkeit beschrieben, trotz physischer Abwesenheit im Alltag des Herkunftslandes integriert zu bleiben. Das Forum ist für sie eine Möglichkeit ihre Spra-che zu sprechen, das Heimweh zu lindern, an aktuellen gesellschaftlichen Veränderun-gen Anteil zu nehmen, aber auch um Erfahrungen mit „Landsleuten" auszutauschen, die sich in einer ähnlichen Situation befinden.

Oft wird von den außerhalb Paraguays lebenden Nutzer/innen betont, dass sie ohne das Cibervalle-Forum kaum die Möglichkeit hätten mit „Landsleuten" in Kontakt zu kommen, ihre Sprache zu sprechen und ihre Herkunftsgeschichte zu pflegen. Wie die Schilderungen weiter oben zeigen, scheint diese Bedingung für Paraguayer/innen in Buenos Aires nicht zuzutreffen. Dennoch begründen auch die Mitglieder der lokalen Cibervalle-Gruppe in Buenos Aires die besondere Bedeutung Cibervalles mit der Mög-lichkeit, Landsleute zu treffen und Freundschaften zu schließen. Entweder sie haben, bevor sie das Cibervalle-Forum entdeckten, sehr isoliert gelebt und hatten so gut wie kein soziales Leben oder aber sie waren bisher vorwiegend mit Argentinier/innen be-freundet. In jedem Fall hat erst Cibervalle sie in Kontakt mit anderen Paraguayer/innen

---

7   Das Bruttonationaleinkommen entspricht dem durchschnittlichen, pro Einwohner erwirtschafteten, im In- und Ausland erzielten Jahreseinkommen.

gebracht, erläutern meine Gesprächspartner/innen übereinstimmend. Wie lässt sich das erklären, angesichts der beschriebenen Präsenz paraguayischen Lebens in Buenos Aires?

In den Praktiken der lokalen Gruppe in Buenos Aires und Gesprächen mit den Mitgliedern lässt sich eine ambivalente Haltung zur paraguayischen Migrant/innenkultur erkennen. In der Zeit meiner Feldforschung fand in Buenos Aires ein für die ‚colectividad paraguaya' [Gesamtheit der Paraguayer/innen] offenbar sehr wichtiges Ereignis statt. Die Ankunft der *Jungfrau von Caacupé*[8] wurde gefeiert, die jährlich per Schiff von Paraguay nach Buenos Aires gebracht wird und dort von Kapelle zu Kapelle wandert, um in jeder eine geraume Zeit zu verweilen, bevor sie wieder in ihre Heimatkirche in Paraguay zurück gebracht wird. Am Tag der Ankunft organisierten die Cibervaller@s in Buenos Aires ein Treffen in einer der städtischen Parkanlagen. Das Treffen hatte keinerlei Bezug zu dem paraguayischen ‚Feiertag'. Die Cibervaller@s hatten offenbar kein Interesse an einem Ereignis, das für die ‚colectividad paraguaya' in Buenos Aires von zentraler Bedeutung ist.

Iwashita, die zum Zeitpunkt der Forschung seit 6 Jahren in Buenos Aires lebt, grenzt sich sehr explizit vom paraguayischen Leben in Buenos Aires ab: Sie teilt den Musikgeschmack der Paraguayer/innen nicht. Sie verachtet den paraguayischen *Machismo* ebenso wie die Kultur des „*callarte*" [halt' den Mund], die sie mit den Erfahrungen der Paraguayer/innen mit der Stroessner-Diktatur in Zusammenhang bringt. Sie hat sich in der ersten Zeit ihres Lebens in Buenos Aires, nach ersten Kontaktversuchen, bewusst von den paraguayisch markierten Orten und Aktivitäten ferngehalten, weil sie ihr schmutzig, beschämend und demütigend erscheinen. Das Cibervalle-Forum hat sie zufällig im WWW gefunden, wurde dann auf die Aktivitäten der Gruppe in Buenos Aires aufmerksam und ging zu einem Treffen, „weil ich neugierig war zu erfahren, welche Personen hinter den Nicks stecken." Dabei ging sie davon aus, dass auch die anderen sich von dem paraguayischen Leben abgrenzen würden, das sie in Buenos Aires bewusst gemieden hat. „Ich dachte, nun sie haben Internet, vielleicht sind sie etwas weltoffener und progressiver als der Rest."

So wie Iwashita erzählen auch die anderen Mitglieder von dem einen oder anderen Versuch, in Buenos Aires in Kontakt mit Paraguayer/innen zu kommen. Das anfängliche Interesse mit dem sich die Neuankömmlinge den paraguayischen Vereinen und Lokalitäten in Buenos Aires zunächst nähern, wandelt sich angesichts der sozialen und kulturellen Misere die sie in den *Villas* vorfinden, in Scham und Abscheu. Wenn sich die Cibervaller@s in Buenos Aires also bewusst von dem abgrenzen, was dort gemeinhin als Leben und Kultur der ‚colectividad paraguaya' angesehen wird, warum betonen sie dann trotzdem den Wert des Cibervalle-Forums als Möglichkeit der Kontaktaufnahme

---

8   Die Jungfrau von Caacupé ist die Schutzheilige von Paraguay, die in einer jährlich am 8. Dezember (Mariä Empfängnis) stattfindenden Prozession durch Caacupé getragen wird. Die religiösen Feierlichkeiten rund um diesen Tag ziehen jedes Jahr unzählige Pilgernde aus dem ganzen Land an.

mit Landsleuten? Anders gefragt, warum ist es überhaupt wichtig, sich mit Landsleuten zu vergemeinschaften, wenn, wie in Buenos Aires, sprachliche Verständigung mit der sich als einheimisch definierenden Bevölkerung kein Problem ist?

In einer Messenger*-Konversation nimmt Ariel Bezug auf die Ergebnisse einer sozialwissenschaftlichen Untersuchung über Praktiken der Diskriminierung von Migrant/innen, die in einem Artikel in der argentinischen Tageszeitung EL Clarin zusammengefasst wurden. Der Artikel hebt hervor, dass *Paragua* [span. Regenschirm] und *Bolita* [span. Kügelchen][9] zu den prominentesten Schimpfwörtern gehören, die Kinder und Jugendliche in den Armenvierteln Argentiniens benutzen. Ariel, der seit seinem 14. Lebensjahr in Buenos Aires lebt und auch dort die Schule beendet hat, setzt die Ergebnisse der Studie mit seinen persönlichen Erfahrungen in Beziehung und erläutert:

> „Die Argentinier diskriminieren sehr viel, wenn du nur schon etwas dunklere Haut hast oder so. Es stimmt, was sie sagen, dasselbe ist mir auch passiert als ich hier her kam. Ich hatte keinen Namen, sondern ich war *Paragua,* so hieß ich für sie. Und überall sagen sie *Paragua* zu dir oder *Bolita,* wenn du Bolivianer bist. Außerdem behandeln sie dich als *mal hablados* [Schlechtsprecher, *Anmerkung H. G.*] wenn du einen anderen Akzent hast. (…) In der Schule habe ich einen gesucht, der genauso spricht wie ich, aber es gab keinen. Zumindest in meiner Klasse gab es keinen. Und ich hatte nur einen einzigen Freund. Denn wenn du so bist, dann wollen sie manchmal gar nicht mit dir zusammen sein. Es war sehr schwer für mich am Anfang. Es war wirklich nicht leicht" (Ariel, Buenos Aires, *IM-Konversation*).

Fragt man nach den individuellen, sozialen und gesellschaftlichen Bedingungen, unter denen „Individuen sich selbst als einem Kontext zugehörig verstehen, erkennen und achten können" (Mecheril & Hoffarth 2004: 229), ist die Fähigkeit, die jeweilige National- oder Verkehrssprache zu sprechen, eine in Integrationsdiskursen gern genannte Voraussetzung, die auf den ersten Blick plausibel erscheint. In Ariels Erfahrungsbericht wird allerdings deutlich, dass die Fähigkeit zur sprachlichen Verständigung keinesfalls ausreicht, um als gleichwertiger Kommunikationspartner anerkannt zu werden. Sowohl Paraguayer/innen als auch Argentinier/innen sprechen Spanisch. Man könnte also folgern, dass paraguayische Migrant/innen in sprachlicher Hinsicht die Voraussetzungen erfüllen, die zur Mitgliedschaft im natio-ethno-kulturellen Zugehörigkeitskontext Argentinien befähigen. Die legitime Sprechweise in Argentinien ist aber nicht Spanisch, sondern argentinisches Spanisch. Die paraguayische Variante des Spanischen wird nun nicht nur als Abweichung wahrgenommen, sondern als Sprachinkompetenz („Schlechtsprecher") herabgewürdigt.

Mecheril zufolge wird

---

9   Wortspiele, die auf der Ähnlichkeit zwischen *Paraguay@* und *Paragua* [Regenschirm] bzw. *Bolivian@* und *Bolita* [Kügelchen] gründen.

„Natio-ethno-kulturelle Mitgliedschaft (...) phänotypisch und para-phänotypisch erkannt. Die dem Erkennen zugrunde liegende symbolische Ordnung kann als *physiognomischer Code* bezeichnet werden" (2003:154).

In Buenos Aires sind die „etwas dunklere Haut" und der abweichende Akzent Signale, die Paraguayer/innen „erkennbar" machen. Mit der Klassifizierung als „Paragua" und „Schlechtsprecher" werden sie nicht nur auf ihre Herkunftskultur zurückgeworfen und zu „natio-ethno-kulturellen Anderen" (ebd.) stilisiert. Diese natio-ethno-kulturelle Identität, auf die sie festgelegt werden, wird zudem in Relation zum ‚Argentinischsein' als minderwertig eingestuft. Die rassistische Diskriminierung im Alltag prägt das Leben der Paraguayer/innen in Buenos Aires. Die beschämende Gestalt, in der ‚Paraguayischsein' im Migrationskontext Buenos Aires wahrgenommen wird, reflektiert also weniger natio-ethno-kulturelle Idiosynkrasien der *Herkunftskultur,* als eine durch Diskriminierung und Prekarisierung von Lebensbedingungen hervorgebrachte *Migrant/innenkultur.*

Trotz ihrer Abgrenzungsversuche werden auch die Cibervaller@s im Alltag wegen ihrer Art zu sprechen oder ihres Aussehens immer wieder als Andere konstruiert und auf ihre paraguayische Herkunft zurückgeworfen. Cibervalle wird in dieser von Diskriminierung und sozialer Exklusion geprägten Lebenssituation zur Möglichkeit, alternative, auf der Imagination und Aufwertung einer gemeinsamen Herkunftskultur basierende Zugehörigkeitskontexte zu schaffen.

„Zugehörigkeitskontexte sind empirische Annäherungen an idealtypische Zusammenhänge, in denen sich Individuen als Gleiche unter Gleichen erfahren (Dimension: Mitgliedschaft), in denen sie Handlungsmächtigkeit entwickeln und einbringen (Dimension: Wirksamkeit) und denen sie schließlich verbunden sein können (Dimension: Verbundenheit)" (Mecheril & Hoffarth 2004:234).

Die lokalen Treffen der Cibervaller@s in Buenos Aires finden meist in allgemein öffentlichen Räumen statt, beispielsweise in Parkanlagen, zum Teil aber auch in ethnisierten semi-öffentlichen Räumen, wie der *Casa Paraguaya,* einem paraguayischen Kulturzentrum. Sie werden genutzt, um neue Mitglieder herzlich zu empfangen und um die virtuell geknüpften Beziehungen zwischen den Mitgliedern zu intensivieren und zu verstetigen. Man verbringt schöne Stunden mit „Seinesgleichen" und schätzt die Möglichkeit, in Buenos Aires paraguayisch sein zu können, also beispielsweise Jopará zu sprechen und Tereré* zu trinken, ohne dabei dem *othering* der Mehrheitsgesellschaft ausgesetzt zu sein.[10] Während den Cibervaller@s in der Migration die Zugehörigkeit zum natio-ethno-kulturellen Kontext ihres Migrationsziellandes verwehrt wird und sie sich selbst dem Zugehörigkeitskontext der prekarisierten Migrant/innenkultur verwei-

---

10 Hier handelt es sich gewissermaßen um Praktiken des *self-othering,* die mit einer Aufwertung auf die – dem *othering* der Mehrheitsgesellschaft inhärente – Abwertung der Migrant/innenkultur reagieren.

gern, finden sie mit dem Internet ein Instrument zur Schaffung lokaler Zugehörigkeitskontexte, die auf der Imagination einer gemeinsamen Herkunftsgeschichte und -kultur einerseits und der Distinktion vom herkömmlichen Bild des paraguayischen Migranten andererseits beruhen. Bei dem Versuch, diesen zunächst virtuellen Zugehörigkeitskontext im physisch-lokalen Raum zu verankern, nähern sich die Cibervaller@s allerdings unweigerlich genau der prekarisierten Migrant/innenkultur, der sie zu entkommen versuchten. Iwashitas Hoffnung, in der Cibervalle-Gruppe in Buenos Aires ihr Bedürfnis nach ethnischer Gemeinschaft leben zu können, ohne auf die Elemente paraguayischer Kultur zu treffen, die ihr verleidet sind, hat sich nicht erfüllt. Enttäuscht kehrt sie der lokalen Gruppe den Rücken und wendet sich wieder intensiver dem Computer zu.

> „Paraguay ist hier im Computer, in Cibervalle. Für mich ist das Paraguay wegen der Spra
> che und den Nachrichten, die sie uns immer erzählen. (…) Deshalb ist das, was mich nah
> an Paraguay hält, was für mich Paraguay repräsentiert, Cibervalle punkt com und nicht
> diese Gemeinschaft, die hier ist und die diese Idiosynkrasie mitgebracht hat, vor der ich
> aus Paraguay geflohen bin. … deshalb habe ich Buenos Aires gewählt und bleibe hier in der
> Hauptstadt. Und meine Kontakte bleiben diese hier *[zeigt auf den Bildschirm]*" (Iwashita,
> Buenos Aires, *Aufzeichnung f-t-f-Gespräch*).

Neben der Möglichkeit der ethnischen Vergemeinschaftung vor Ort bietet Cibervalle auch die Möglichkeit der distanzierten, imaginativen Annäherung an den nationalen Herkunftskontext. Cibervalle ermöglicht also nicht nur die Schaffung *lokaler Zugehörigkeitskontexte* sondern stellt für die Mitglieder in der Migration selbst einen *virtuellen Zugehörigkeitskontext* dar. Spiegel zufolge sind die Lebenswelten der bolivianischen Migrantin in Argentinien – die mit denen der Paraguayer/innen in vielerlei Hinsicht vergleichbar sind – durch die konstante Spannung gekennzeichnet, „imaginär an den Ort zu gehören, an dem sie nicht lebt und auch nicht leben will" (2005:114). Das Internet bietet eine Möglichkeit, diese Spannung zu mildern. Man kann sich dem Ort imaginativ nähern und an seiner Konstruktion beteiligt sein, so oft und so lange man will, man kann sich aber auch jederzeit abwenden, indem man einfach die Seite schließt.

Für die weiter entfernt lebenden Nutzer/innen, die sich an Orten befinden, an denen paraguayisches Leben nicht so präsent ist wie in Buenos Aires, ebenso wie für die Nutzer/innen, denen das paraguayische Leben vor Ort zu prekär erscheint, ist Cibervalle gleichermaßen ein Fenster nach Paraguay, durch das sie jederzeit schauen und ein Stück paraguayischen Alltag leben und einen mehr oder weniger großen Teil ihrer sozialen Beziehungen organisieren können. Dabei bewegen sie sich allerdings in einem sozialen Umfeld, das sich meist von ihrem Herkunftsmilieu unterscheidet. Für die Nutzer/innen in Paraguay stehen andere Bedürfnisse im Vordergrund, auch wenn sich die Bedürfnisse ihrer geographisch entfernten Kommunikationspartner/innen in ihren Praktiken zu spiegeln scheinen.

6   „Ein Fenster zur Welt" – Die Bedeutung Cibervalles für die Nutzer/innen in Paraguay

Für die in Paraguay ansässigen Cibervaller@s ist das Forum erklärtermaßen eine Möglichkeit zur Erweiterung ihrer Realität. Im Sinne eines virtuellen Experimentierfeldes dient das Forum einigen seiner Nutzer/innen dem spielerischen Ausprobieren von Persönlichkeiten und Verhaltensweisen. Für andere Nutzer/innen stehen die Aspekte im Vordergrund, die sie mit der Möglichkeit des Zugangs zu globalen Kommunikationszusammenhängen verbinden. Nicht nur im Hinblick auf die Vorbereitung möglicher Migrationsvorhaben ist das Forum ein hilfreiches Netzwerk. Auch allgemein erweist sich das Internet als Chance zur Erweiterung des eigenen Horizonts, der Aneignung von Wissen, als Zugang zu anderen Lebenswelten, Erfahrungen, Meinungen oder Kulturen, wenn körperliche Formen der Mobilität aus Kostengründen eingeschränkt sind. Während Urlaubsreisen in geographisch weit entfernte Regionen für Paraguayer/innen kaum erschwinglich sind, ermöglicht ihnen das Cibervalle-Forum (bzw. der Zugang zum Internet allgemein) virtuelle Reisen um die Welt. So beschreibt ein Nutzer den Wert des Cibervalle-Forums etwa in der

> „Möglichkeit andere Personen kennen zu lernen, die ich aufgrund der Entfernung in meinem Umfeld nicht hätte kennen lernen können (ich bin noch nicht einmal bis nach *Clorinda*[11] gekommen, hehe) durch andere Personen aus anderen Städten, Ländern, Kontinenten, etc. habe ich andere Denkweisen, andere Wirklichkeiten, andere Visionen kennen gelernt" (Eduardo, Asunción, *Cibervalle-Forum*).

Die Mitgliedschaft in Cibervalle erweitert Eduardos Möglichkeiten „die Welt auf sich zu beziehen" und „seine (soziale und räumliche) Position in der Welt" (Werlen 1996: 110) zu erwerben. Auch sein Selektionshorizont, der den Rahmen für lokale Entscheidungen bildet, wird durch die Mitgliedschaft in Cibervalle global. In einem persönlichen Gespräch erzählt Eduardo, er habe durch Cibervalle Leute in aller Welt kennen gelernt und theoretisch habe er überall Orte, an denen er bleiben könnte und Menschen, die ihn bei der Migration unterstützen würden. Eine Bekannte in Kanada habe ihm sogar schon die Formulare geschickt, um die Einreise- und Arbeitserlaubnis zu beantragen, aber er wolle nicht woanders leben. Diese Entscheidung, nicht woanders leben zu wollen, trifft Eduardo auf der Grundlage eines globalen Selektionshorizontes, also eines Auswahlbereiches, „der sich dadurch auszeichnet, dass die berücksichtigten Alternativen weltweite Möglichkeitsräume ausschöpfen" (Stichweh 2005:17).

Im Hinblick auf das Verhältnis von virtuellen und physisch-lokalen Ebenen Cibervalles lassen sich im Vergleich der Gruppe in Buenos Aires mit der in Asunción unterschiedliche Tendenzen erkennen. Während die Teilnehmer/innen in Buenos Aires

---

11   Clorinda ist eine paraguayische Stadt, die an Argentinien grenzt.

die Treffen nutzen, um die virtuell geknüpften Beziehungen zu intensivieren und in ihre physisch-lokale Lebenswelt zu integrieren, lässt sich bei der Gruppe in Asunción eine umgekehrte Tendenz beobachten.[12] Während die Gruppe in Buenos Aires in erster Linie auf sich selbst bezogen zu sein scheint und die Bedeutung der lokalen Treffen für die Teilnehmer/innen vor allem darin begründet liegt, eine schöne Zeit miteinander zu verbringen, lässt sich bei der Gruppe in Asunción eine starke Orientierung zu den geographisch fernen Teilnehmer/innen in den USA, Europa und Japan (seltener in Argentinien) beobachten. So werden in Asunción Treffen zur Begrüßung für diejenigen veranstaltet, die ihren Aufenthalt in Paraguay vorher ankündigen. Des Weiteren können auch lokale Treffen einem körperlich abwesenden Mitglied gewidmet sein (vgl. Greschke 2009).

Bei den lokalen Aktivitäten der Gruppe in Asunción oftmals der Eindruck, dass die Aufmerksamkeit der Teilnehmer/innen weniger auf den Moment und auf die lokale Gruppe bezogen, als vielmehr in einer Art performativem Akt denjenigen gewidmet ist, die nicht körperlich an dem Ort sein können, dem sie sich zugehörig fühlen. Die soziale Bedeutung des Treffens erschließt sich weniger aus der face-to-face-Situation als aus seiner medialen Vorbereitung und der nachträglichen virtuellen Erzählung, an der dann auch diejenigen gleichermaßen beteiligt sein können, die am lokalen Ereignis nicht teilhaben konnten.

Die Verschiedenheit der lebensweltlichen Kontexte der Cibervalle-Nutzer/innen spiegelt sich also in der Pluralität von Bedeutungen, die Cibervalle für seine Bewohner/innen hat. Gleichzeitig dient die Cibervalle-Zugehörigkeit sowohl den Migrant/innen als auch den Nutzer/innen in Paraguay als Distinktionsmittel im Hinblick auf die lokalen Bezugsgruppen am Ort. So wie sich die Gruppe in Buenos Aires von den „traditionellen" paraguayischen Migrant/innen durch ihre Netzaktivitäten absetzt, so scheint auch die Gründungsgeneration der in Paraguay ansässigen Cibervaller@s sich des Privilegs bewusst zu sein, zu den nationalen Pionieren im globalen Kommunikationsnetz zu gehören. Neben der gemeinsamen nationalen Zugehörigkeit vereint die transnationale Gemeinschaft, dass sie gemeinsam einen virtuellen Kulturraum erschaffen. Mögliche soziale Unterschiede zwischen den Nutzer/innen, die im physisch-lokalen Raum durch sozialräumliche Segregation und äußere Merkmale erkennbar sind, sind im virtuellen Raum nicht in der gleichen Weise sichtbar. Formiert sich hier also eine transnationale Netzelite, die alte sozialstrukturelle Grenzen überwindet?

---

12 Die Teilnehmer/innen in Buenos Aires sprechen sich bei den Treffen mit ihren richtigen Namen an, verwenden die Nicknamen aber weiterhin in den virtuellen Kommunikationen. Bei den Treffen sind häufig auch die Lebenspartner/innen und Kinder der Cibervaller@s anwesend, die auf der virtuellen Ebene nicht aktiv sind. In der Gruppe in Asunción kennen sich die meisten hingegen nur mit dem Nicknamen. Bei den Treffen sind in der Regel nur diejenigen anwesend, die auch auf virtueller Ebene aktiv sind. Die persönlichen Hintergründe der Einzelnen bleiben weitgehend aus dem virtuellen Bereich des Lebens ausgespart.

Meine Forschungsergebnisse erlauben hierzu keine eindeutigen Antworten, ich möchte jedoch einige Beobachtungen zur Diskussion stellen, die Hinweise darauf geben, wie ethno-kulturelle bzw. soziale Zugehörigkeit kommunikativ hergestellt bzw. authentifiziert werden. Hier scheint die ethno-kulturelle Zugehörigkeit als Paraguayer/ in gewissermaßen die Klammer zu bilden, die das soziale Gebilde zusammenbringt und zusammenhält. Die sozialen Hierarchien, die durch transnationale Migration und ungleiche Bedingungen der Internetnutzung in Unordnung geraten, scheinen nun zuzüglich der neuen Kategorie der Netzkompetenz und des Symbolkapitals technologischer Ressourcen neu ausgehandelt zu werden.

7 Kommunikative Praktiken von Zugehörigkeit und Distinktion in einer transnationalen ‚Netzelite'

Natio-ethno-kulturelle (Nicht)Zugehörigkeit wird in der Forumskommunikation sprachlich markiert, etwa durch die Verwendung des Jopará[13] und der „richtigen" das heißt, spanische Zeichen berücksichtigenden Tastaturbelegung. Im Vergleich der Fotos, die während der lokalen Treffen gemacht und anschließend im Forum veröffentlicht werden, fällt auf, dass die geographisch in weiter Entfernung lebenden Cibervaller@s den sozialen Kontext ‚paraguayisieren'. So sieht man auf den Fotos der lokalen Treffen üblicherweise nationale Symbole, wie etwa eine Fahne Paraguays, vor der sich die Anwesenden als Gruppe positionieren. Auch die Darstellung der Zubereitung und des anschließenden gemeinsamen Genusses typischer Speisen hat meist einen zentralen Stellenwert bei den Fotos. Auf den Fotos der lokalen Treffen in Paraguay hingegen findet man keine nationalen Symbole, denn der Kontext der lokalen Treffen in Paraguay ist selbstverständlich und dauerhaft paraguayisch.

Im Cibervalle-Forum findet man zahlreiche Tópicos*, die zu gemeinsamen imaginativen Reisen in die Vergangenheit einladen und in denen migrierte Mitglieder kollektiv die Erinnerung an Gewohnheiten, Orte, Musik und Literatur pflegen, die sie mit früheren Stationen der eigenen Biographie verbinden. Mecheril bezeichnet das „Erinnern von Handlungen und Erfahrungen" (2003:249) als zentrales Moment der Biographisierung, die wiederum als konstitutives Element bei der Herstellung von Zugehörigkeit gilt.

> „Menschen sind einem Zugehörigkeitskontext fraglos zugehörig, sobald sie – als selbstwirksames Mitglied des Kontextes – aufgrund inhaltlicher Bezüge ihre eigene Geschichte als affirmierbar eingebunden in den Kontext verstehen können" (ebd.: 247).

---

13 Jopará [guar. Mischung] ist ein im paraguayischen Alltag gängiges sprachliches Hybrid aus den beiden Landessprachen Spanisch und Guaraní.

Die Orte, Landschaften und Gewohnheiten, an die man sich erinnert, verweben die eigene Geschichte mit dem Kontext. Ana aus Buenos Aires erklärt, dass die Sektion Musik, Literatur und Kultur im Cibervalle-Forum für sie besonders wichtig sei, weil sie sich dort mit anderen über die Rockmusik der 1980er Jahre unterhalten kann, die sie in ihrer Jugend in Paraguay gehört hat. Die Musik die in Argentinien zu der damaligen Zeit gehört wurde, sei ihr hingegen fremd, da könne sie nicht mitreden. Ana fehlen die biographischen Erfahrungen, die nötig sind, um sich gemeinsam an die argentinische Musik von damals zu erinnern und sich mit der 1980er-Generation Argentiniens zu identifizieren. Im Cibervalle-Forum im Austausch über die paraguayische Rockmusik von damals findet sie hingegen „ihre" 1980er-Generation. In Cibervalle ist man als Paraguayer/in die Norm, während die Beteiligung an Cibervalle als Nicht-Paraguayer/in erklärungsbedürftig wird. Hier lässt sich die eigene biographische Erfahrung als kollektive Geschichte mit anderen teilen.

Allerdings kann auch in Cibervalle die Zugehörigkeit der körperlich Abwesenden fraglich werden. In Gesprächen mit Cibervaller@s in Paraguay war wiederholt der Vorwurf an die migrierten Landsleute zu hören, erst würden sie ihr Land verlassen und dann auch noch schlecht über Paraguay reden. Als mir Esther ihren alltäglichen Gebrauch des Internets und ihre Art der Beteiligung an Cibervalle demonstriert, erklärt sie, warum sie so gut wie nie die Sektion im Forum, die explizit an die Cibervaller@s im Ausland gerichtet ist, besucht:

> „Weil sie zu viel mit uns schimpfen. … Wenn man weg ist, in besseren Bedingungen lebt, ist es sehr leicht zu kritisieren. Warum tragen sie nicht Ideen, Vorschläge bei oder engagieren sich, damit die Situation besser wird?" (Esther, Ciudad del Este, *Feldtagebuch, f-t-f-Gespräch*)

Ähnliche Reaktionen liest man auch im Forum auf kritische Äußerungen in Bezug auf die soziale und politische Situation des Landes. In der Forderung nach Loyalität und konstruktiven Beiträgen, die meist mit der Zurückweisung der Kritik gekoppelt wird, finden die Migrierten eine Möglichkeit, ihre Zugehörigkeit unter Beweis zu stellen. Solidarität wird so zu einer Form *praktizierter Zugehörigkeit*. So werden regelmäßig Spendensammlungen über das Forum initiiert die karitativen Einrichtungen in Paraguay zugute kommen. Solidarität ist allerdings nicht nur in Bezug auf den gemeinsamen nationalen Zugehörigkeitskontext ein entscheidendes Merkmal der Cibervalle-Formation. Auch füreinander solidarisiert sich die Gemeinschaft. So gibt es zahlreiche Beispiele für Geld- oder Blutspenden, die im Fall von plötzlich eintretenden, etwa krankheitsbedingten Notlagen organisiert werden.

Für die in Paraguay ansässigen Mitglieder ist die Zugehörigkeit zu Cibervalle insofern prekär, als ihre Beteiligungsmöglichkeiten nicht nur qualitativ schlechter sind, sondern auch meist an ihren Arbeitsplatz gekoppelt und eingeschränkt sind. Das plötzliche Verschwinden von Mitgliedern wird nicht selten mit dem Wechsel des Arbeitsplatzes

begründet. Im Zusammenhang mit der Weiterentwicklung der elektronischen Plattform, wird ebenfalls beklagt, dass die Neuerungen (z.B. Integration visueller Elemente) auf Kosten der Leistungsfähigkeit der Internetverbindungen in Paraguay gehen. Des
Weiteren scheint die stetige Zunahme an paraguayischen Internetnutzer/innen den Status der Gründungsgeneration zu bedrohen. Diese gehört zum verschwindend geringen
Anteil der Einwohner/innen Paraguays, die im Jahr 2002 Zugang zum Internet hatten
und die mit dieser exklusiven Möglichkeit des Zugangs zu einem weltweiten Kommunikationsnetzwerk nicht nur das Privileg verbindet, ihre relative körperliche Immobilität
zu kompensieren und Zugang zu globalen Informationssystemen zu erhalten, sondern
auch einen neu entstehenden Kulturraum zu gestalten.

Sowohl in zahlreichen persönlichen Gesprächen mit den in Paraguay ansässigen
Mitgliedern als auch in ihren Forumskommunikationen findet sich wiederholt die
Klage über den Verfall der Kommunikationskultur in Cibervalle, die mit dem Anstieg
von Kommunikationen respektive Nutzer/innen in Zusammenhang gebracht wird. So
wird eine veränderte Nutzung der Sektion „Musik, Kino und Literatur – Kulturelle Themen" die sich im Laufe der Zeit innerhalb des Forums durchgesetzt hat, von der Paraguay-Gruppe in diesem Kontext interpretiert. Zunächst sei diese Sektion dazu gedacht
gewesen, selbst verfasste Lyrik oder Prosa zu veröffentlichen bzw. aktuelle Literatur,
Kinofilme, etc. zu diskutieren. Mittlerweile würde sie aber vorwiegend dazu genutzt,
Texte bekannter Autor/innen, die man auf anderen Seiten im Internet findet, lediglich
in das Forum zu kopieren.

Aus der Perspektive der Migrant/innen verrät diese Nutzungspraktik allerdings weniger über Qualität oder literarisches Potential des Cibervalle-Forums als über seine
Rolle bei der Konstruktion einer kollektiven Geschichte auf der Grundlage biogra-
phischer Erfahrungen. Während die in Paraguay ansässigen Nutzer/innen die Sektion
„Musik, Kino und Literatur" als Möglichkeit sehen, sich mit der eigenen künstlerischen
Begabung einem potentiell globalem Publikum gegenüber zu positionieren und den eigenen (kulturellen) Bildungsstand zu kommunizieren oder zu erweitern, scheint die
Möglichkeit, sich gemeinsam an frühere kulturelle Erfahrungen zu erinnern, für die
in der Migration lebenden Nutzer/innen die Bedeutung dieser Sektion auszumachen.
Letzteres bleibt allerdings implizit und wird nicht etwa zur Verteidigung der Praktik des
so genannten „copy & paste" angeführt.

Insgesamt bleibt die Klage über den Verfall der Kommunikationskultur weitgehend
unwidersprochen und scheint die Nutzer/innen zu wechselseitiger Disziplinierung und
Selbstkontrolle zu veranlassen. So findet man häufig Fremd- oder Selbstkorrekturen,
die sich auf Rechtschreib- oder Ausdrucksfehler in Forumsbeiträgen beziehen. Zeitweise wurde diese Praktik gar durch einen eigenen Beteiligungsstatus mit dem Nicknamen
„Wörterbuch" institutionalisiert, dessen einzige Aufgabe es war, Fehler in Beiträgen anderer zu korrigieren.

Mit Hilfe des sprachlichen Codes und seiner Überwachung wird also in Cibervalle
nicht nur die maßgebliche ethno-kulturelle, sondern auch die Zugehörigkeit zu einem

bestimmten sozialen Milieu hergestellt und aufrechterhalten. Diese scheint tendenziell für die Nutzer/innen in Buenos Aires – wenn auch erstrebenswert – weniger selbstverständlich als für die in Paraguay ansässigen. So zeigte sich in Beobachtungen und Gesprächen in Buenos Aires, dass hier tendenziell eher (bzw. offener) Beiträge unter Zuhilfenahme von Wörterbuch und Fremdwörterlexikon vorbereitet werden, als dies in der Paraguay-Gruppe geschieht. Mit anderen Worten, für die in Argentinien ansässigen Mitglieder sind zwar die Kosten der Beteiligung in finanzieller Hinsicht nicht annähernd so hoch, ihre Zugangsmöglichkeiten in technologischer Hinsicht weniger restringiert, allerdings scheint die Zugehörigkeit in sozialer Hinsicht für sie weniger selbstverständlich zu sein, insofern als dass sie einen vergleichsweise hohen Aufwand betreiben, um den geltenden sprachlichen Code einzuhalten.

8   Zusammenfassung

Paraguay ist, wie viele andere Länder der Peripherie im weltweiten Kommunikationsnetz in hohem Maße disprivilegiert. Indem sie weitgehend von der Globalisierung der Kommunikation und von der Teilhabe an globalen Informationsflüssen ausgeschlossen sind, wird der periphere Status dieser Länder verfestigt. Jedoch ist ein genauerer Blick auf die spezifischen Nutzungspraktiken erforderlich, um etwa die Bedeutung und soziale Implikationen von kollektiven Internetzugängen in diesen Ländern adäquat einschätzen zu können. Mit Blick auf die hier diskutierte soziale Formation „Cibervalle" lässt sich feststellen, dass das Internet einerseits transnationale Gemeinschaften und andererseits neue Dimensionen und Praktiken sozialer Distinktion befördert.

Für Migrant/innen bietet es alternative Möglichkeiten der ethnischen Vergemeinschaftung sowohl am aktuellen Lebens-, als auch am Herkunftsort. Darüber hinaus lassen sich mit Hilfe des Internets virtuelle Zugehörigkeitskontexte schaffen, die sich im „Dazwischen" ansiedeln; in einem Raum also, der – weder hier noch dort – die Lebenspraxis und das Lebensgefühl zeitgenössischer transnationaler Migrant/innen beherbergt. Anders als ethnisierte Räume in Migrationszielorten bilden virtuelle Zugehörigkeitskontexte Freiräume, in denen Migrant/innen nicht den Einschränkungen und Fremddefinitionen der Mehrheitsgesellschaft unterliegen, die – wie am Beispiel paraguayischer Migrant/innen in Buenos Aires gezeigt wurde – einen wesentlichen Beitrag zur Prekarisierung migrantischer Kulturen beitragen.

Gleichwohl etablieren sich auch im virtuellen Raum Praktiken der Distinktion, die sich etwa in der Einhaltung eines spezifischen sprachlichen Codes manifestieren, zu dessen Kernelementen sprachliche Gewandtheit, die Kompetenz, sich zu (hoch)kulturellen Themen zu äußern und die Vermeidung von Rechtschreib- oder Ausdrucksfehlern gehören. Mit anderen Worten, auch innerhalb der transnationalen Netzelite sind nicht alle gleich, vielmehr bietet der virtuelle Raum einen globalen Referenzrahmen, in dem die Intersektionalität verschiedener Dimensionen sozialer Ungleichheit auch für die Akteur/Innen selbst sicht- und verhandelbar wird.

Literatur

Androutsopoulos, Jannis, 2005: Virtuelle Öffentlichkeiten von Migranten. Jahrbuch für Kulturpolitik, Band 5: 299–308.

Bareiro, Line, 2004: Paraguay empobrecido. Análisis de Coyuntura política 2004. S. 13–28 in: *CODEHUPY (Hg.)*, Derechos Humanos en Paraguay 2004. Asunción.

Betrisey, Débora, 2000: Retóricas de exclusión. La construcción social de la migración limítrofe como „problema". Revista de Antropología Avá, 1: 141–158.

Braune Ines, 2008: Aneignungen des Globalen: Internet-Alltag in der arabischen Welt. Eine Fallstudie in Marokko. Bielefeld: Transcript.

Bruno, Sebastián F., 2007a: Movilidad territorial y laboral de los migrantes paraguayos en el Gran Buenos Aires, Vortragsmanuskript, IX Jornadas Argentinas de Estudios de Población, Huerta Grande (Cordoba).

Bruno, Sebastián F., 2007b: Cifras imaginarias de la inmigracion limitrofe en la Argentina, Vortragsmanuskript, VII Jornadas de Sociología, Buenos Aires.

Cerruti, Marcela, und *Parrado, Emilio A.*, 2007: Remesas enviadas por inmigrantes paraguayos en Argentina: prevalencia, montos y usos. Integración & comercio, 27: 21–46, Online-Zugriff: http://dialnet.unirioja.es/servlet/oaiart?codigo=2538958 [02. 09. 2010]

Chen, Wenhong, Boase, Jeffrey und *Wellman, Barry*, 2002: The Global Villagers. Comparing Internet Users and Uses Around the World. S. 74–113 in: *Wellman, Barry* und *Haythornthwaite, Caroline* (Hg.), The Internet in Everyday Life. Oxford: Blackwell.

Chen, Wenhong und *Wellman* Barry, 2004: The Global Digital Divide Within and Between Countries. IT & Society, 1(7): 39–45.

DiMaggio, Paul et al., 2004: Digitial Inequality: From Unequal Access to Differentiated Use. S. 355–400 in: *Neckerman, Kathryn M.* (Hg.), Social Inequality. New York: Russel Sage Foundation.

Drori, Gili S., 2010: Globalization and Technology Divides: Bifurcation of Policy between the „Digital Divide" and the „Innovation Divide". Sociological Inquiry, 80(1): 63–91.

Fischer Sara, et al., 1997: Inmigración y Emigración en el Paraguay 1870–1960. Digital veröffentlichtes Manuskript, http://www.clacso.org [07. 09. 2005].

Geißler, Rainer und *Pöttker, Horst* (Hg.), 2005: Massenmedien und die Integration ethnischer Minderheiten in Deutschland: Problemaufriss – Forschungsstand – Bibliographie. Bielefeld (Medienumbrüche Bd. 9).

Geißler, Rainer, und *Pöttker, Horst* (Hg.), 2006: Integration durch Massenmedien. Medien und Migration im internationalen Vergleich. Bielefeld: Transcript.

Glick-Schiller, Nina, 2003: The Centrality of Ethnography in the Study of Transnational Migration: Seeing the Wetlands Instead of the Swamp. S. 99–128 in: *Foner, Nancy* (Hg.), American Arrivals: Anthropology Engages the New Immigration, Santa Fe: School of American Research Press.

Goldring, Luin, 1997: Power and Status in Transnational Social Spaces. S. 179–196 in *Pries, Ludger* (Hg.), Transnationale Migration, (Soziale Welt, Sonderband 12). Baden-Baden: Nomos.

Gregorio Gil, Carmen, 1998: Migración Femenina. Su Impacto en las Relaciones de Género. Madrid: Narcea Ediciones.

Greschke, Heike M., 2009: Daheim in www.cibervalle.com – Zusammenleben im medialen Alltag der Migration, Qualitative Soziologie Band 10, Stuttgart: Lucius&Lucius.

Halpern, Gerardo, 2009: Etnicidad, inmigración y política. Representationes y cultura política de exiliados paraguayos en Argentina. Buenos Aires: Prometeo Libros.

Halpern, Gerardo, 2007: Medios de comunicación y discriminación. Apuntes sobre la década del '90 y algo más. In: Boletín de la BCN, Nr. 123, Revista de la Biblioteca del Congreso de la Nación, Buenos Aires. Online-Zugriff: http://produccion.fsoc.uba.ar/paraguay/nosotros/halpern02.pdf [27. 09. 2010]

Herzog, Roman, et al 2002: Internet und Politik in Lateinamerika: Regulierung und Nutzung der Neuen Informations- und Kommunikationstechnologien im Kontext der politischen und wirtschaftlichen Transformationen, Band 1. Einleitung und Vergleich, Frankfurt a. M.: Vervuert.

Karakayali, Juliane, 2010: Transnational Haushalten. Biografische Interviews mit care workers aus Osteuropa. Wiesbaden: Verlag für Sozialwissenschaften.

Kissau, Kathrin, 2008: Das Integrationspotential des Internets für Migranten. Wiesbaden: Verlag für Sozialwissenschaften.

Lachi, Marcello, 2004: Pobreza … la única realidad económica paraguaya en crecimiento sostenido. Acción. Revista paraguaya de reflexión y diálogo, Nr. 250: 6–9.

Luna Nueva, 2005: La Trata de Personas en el Paraguay. Diagnóstico exploratorio sobre el tráfico y/o trata de personas con fines de explotación sexual. Online-Zugriff: http://www.oimconosur.org/documentos/buscador.php?tipo=unico&documento=340&categoria=1 [11. 10. 2005]

Mecheril, Paul, und *Britta Hoffarth*, 2004: Adoleszenz und Migration. Zur Bedeutung von Zugehörigkeitsordnungen. S. 221–240 in: *King, Vera* und *Hans-Christoph Koller (Hg.)*, Adoleszenz – Migration – Bildung. Bildungsprozesse Jugendlicher und junger Erwachsener mit Migrationshintergrund. Wiesbaden: Verlag für Sozialwissenshaften.

Mecheril, Paul, 2003: Prekäre Verhältnisse: Über natio-ethno-kulturelle (Mehrfach-)Zugehörigkeit. Münster [u. a.]: Waxmann.

Miller, Daniel, und *Don Slater*, 2000: The Internet – An Ethnographic Approach, Oxford [u. a.]: Berg.

Morokvasic, Mirjana, 1994: Pendeln statt Auswandern. Das Beispiel der Polen. S. 166–187 in: *Morokvasic Mirjana und Hedwig Rudolph (Hg.)*, Wanderungsraum Europa. Menschen und Grenzen in Bewegung. Berlin: Ed. Sigma.

Orué Pozzo, Annibal, 1999: Comunicación y Estado en Paraguay. S. 35–52 in *Fogel, Ramón* und *James Diego Hay (Hg.)*, La Responsabilidad Social y la Vision del Futuro: Paraguay en el Siglo XXI. Asunción.

Palau Viladesau, Tomás, et al. 2004: La situación migratoria en el país. Para las autoridades, la migración es un problema de seguridad. S. 157–165 in: *CODEHUPY (Hg.)*, Derechos humanos en el Paraguay 2004, Asunción.

Parreñas Salazar, Rhacel, 2001: Servants of Globalization: women, migration and domestic work. Stanford: University Press.

Pertierra, Raul, 2006: Transforming technologies: Altered selves – Mobile phone and Internet use in the Philippines. Manila, the Philippines: De La Salle University Press.

Poster, Mark, 1997: Elektronische Identitäten und Demokratie. S. 147–170 in: *Münker, Stefan und Alexander Roesler (Hg.)*, Mythos Internet, Frankfurt a. M.: Suhrkamp.

Pries, Ludger, 1998: Transnationale Soziale Räume – Theoretisch-empirische Skizze am Beispiel der Arbeitswanderungen in Mexiko-USA. S. 55–86 in: *Beck, Ulrich, (Hg.),* Perspektiven der Weltgesellschaft, Frankfurt a. M.: Suhrkamp.

Pries, Ludger, 2010: (Grenzüberschreitende) Migrantenorganisationen als Gegenstand der sozialwissenschaftlichen Forschung: Klassische Problemstellungen und neuere Forschungsbefunde. S. 15–60 in: *Pries, Ludger und Zeynep Sezgin (Hg.),* Jenseits von 'Identität oder Integration'. Grenzen überspannende Migrantenorganisationen. Wiesbaden: Verlag für Sozialwissenschaften.

Robison, Kristopher K. und Edward M. Crenshaw, 2010: Reevaluating the Global Digital Divide: Socio-Demographic and Conflict Barriers to the Internet Revolution. Sociological Inquiry, Vol. 80(1): 34–62.

Smith, Robert C., 1998: Transnational Localities: Community, Technology and the Poltitics of Membership Within the Context of Mexico and U.S. Migration. S. 196–240 in: *Smith, Michael P. und Luis E. Guarnizo (Hg.),* Transnationalism From Below. New Brunswick: Transaction Publishers.

Spiegel, Anna, 2005: Alltagswelten in translokalen Räumen: bolivianische Migrantinnen in Buenos Aires. Frankfurt a. M.: IKO.

Stichweh, Rudolf, 2005: Inklusion und Exklusion. Studien zur Gesellschaftstheorie. Bielefeld: Transkript.

Turkle, Sherry, 1995: Life on the Screen: Identity in the Age of the Internet. New York [u. a.]: Simon & Schuster.

Warschauer, Mark, 2003: Technology and Social Inclusion. Rethinking the Digital Divide. Cambridge [u. a.]: MIT Press.

Werlen, Benno, 1996: Geographie globalisierter Lebenswelten. Österreichische Zeitschrift für Soziologie, Vol. 21(2): 97–128.

Winker, Gabriele und *Degele, Nina,* 2009: Intersektionalität. Zur Analyse sozialer Ungleichheiten. Bielefeld: Transcript.

Wimmer, Andreas und *Nina Glick-Schiller,* 2002: Methodological Nationalism and Beyond: Nation-State Building, Migration and the Social Sciences. Global Networks, Vol. 2(4): 301–334.

IV Gender

Von Gender & Internet zu Intersektionalität & Web 2.0. Über notwendige Verschiebungen in der Analyse sozialer Ungleichheiten

Tanja Carstensen & Gabriele Winker

Abstract

Bei der Analyse von Medien und sozialen Ungleichheiten sind Geschlechterverhältnisse eine zentrale Dimension. Auch das Internet ist ein Medium, das von Anfang an Geschlechterungleichheiten (re-)produziert, gleichzeitig aber auch zu Verschiebungen in der Bedeutung von Geschlecht geführt hat. Mittlerweile dominieren Anwendungen des Web 2.0 das Forschungsinteresse. Gleichzeitig hat sich auch innerhalb der Geschlechterforschung der Fokus verschoben. Unter dem Stichwort Intersektionalität wird die Verwobenheit der Kategorie Geschlecht mit anderen Ungleichheitskategorien wie Klasse, Hautfarbe, Herkunft, Alter oder sexuelle Orientierung diskutiert. Ausgehend von diesen beiden Verschiebungen möchten wir die Frage nach Internet und sozialen Ungleichheiten entlang der Kategorie Geschlecht neu betrachten. Hierfür resümieren wir zunächst den Forschungsstand zu Geschlecht und Internet. Anschließend skizzieren wir kurz die Debatte um Intersektionalität und stellen als einen Vorschlag die intersektionale Mehrebenenanalyse nach Winker und Degele (2009) vor. Anhand erster Ergebnisse aus einem laufenden Forschungsprojekt illustrieren wir die intersektionale Vorgehensweise, um anschließend einige Thesen zur Frage nach sozialen Ungleichheiten im Kontext des Internets zu formulieren.

Einleitung

Im Juni 2009 meldete die Bloomsberg Businessweek, dass Frauen und Männer Twitter unterschiedlich nutzen. Obwohl Männer und Frauen gleich viel twitterten und auch ungefähr gleich vielen Personen folgten, hätten Männer 15 % mehr Follower als Frauen und würden damit auch mehr wahrgenommen (Heil und Piskorski 2009).

Bei der Analyse von Mediennutzung und sozialer Ungleichheit waren Geschlechterverhältnisse schon immer eine zentrale Dimension. Medien ordnen das Verhältnis von öffentlicher und privater Sphäre, Arbeit und Freizeit und haben damit eine klare Geschlechterdimension (u. a. Klaus et al. 1997). Auch das Internet war von Anfang an ein

„gendered net" (Dorer 1997), das soziale Ungleichheit entlang der Kategorie Geschlecht (re-)produziert hat. Dass das Internet zunächst in Zugang, Nutzung und Inhalten androzentrisch geprägt war, kann zu einem Großteil darauf zurückgeführt werden, dass es vorrangig als Technologie wahrgenommen und damit Männlichkeit zugeordnet wurde.

Neue Medien bieten aber immer auch Chancen, bestehende Geschlechterverhältnisse und Ungleichheitsverhältnisse zu verschieben oder aufzubrechen. Auch das Internet entwickelte sich keineswegs nur als Verstärkung sozialer Ungleichheiten entlang der Kategorie Geschlecht. Vielmehr konnte in den vergangenen 15 Jahren neben Prozessen der Stabilisierung von ungleichen Geschlechterverhältnissen auch beobachtet werden, wie Geschlecht im Internet zunehmend an Relevanz verliert oder seine Bedeutung verändert. Dabei ist in weiten Teilen des Internets auch die technische Seite in den Hintergrund getreten. Spätestens mit dem Web 2.0 stehen kommunikative, partizipative und gemeinschaftlich genutzte Anwendungen im Mittelpunkt der Wahrnehmung.

Gleichzeitig hat sich in den vergangenen Jahren auch innerhalb der Geschlechterforschung der Fokus verschoben. Langjährige Kritik von Schwarzen, queeren und postkolonialen FeministInnen an implizit Weißen, bürgerlichen und heterosexuellen Blicken auf die Geschlechterverhältnisse haben inzwischen eine Debatte über die Verwobenheit der Kategorie Geschlecht mit anderen Ungleichheitskategorien wie Klasse, Hautfarbe, Herkunft, Alter oder sexuelle Orientierung angestoßen, die momentan unter dem Stichwort Intersektionalität geführt wird und bei der nicht weniger als die Masterkategorie der Geschlechterforschung selbst zu Disposition steht.

Ausgehend von diesen beiden Verschiebungen möchten wir in diesem Artikel den Versuch unternehmen, die Frage nach Internet und sozialer Ungleichheit entlang der Kategorie Geschlecht neu zu betrachten. Hierfür resümieren wir zunächst den Forschungsstand zu Geschlecht und Internet. Anschließend skizzieren wir kurz die Debatte um Intersektionalität und stellen als einen Vorschlag die intersektionale Mehrebenenanalyse nach Winker und Degele (2009) vor. Um zu illustrieren, welchen Erkenntnisgewinn eine intersektionale Analyse bringt, zeigen wir schließlich einige erste Ergebnisse aus einem laufenden Forschungsprojekt, anhand derer wir anschließend einige Thesen zur Frage nach sozialer Ungleichheit im Kontext des Internets formulieren.

1   Das Internet – Abbild, Zuspitzung oder Egalisierung ungleicher Geschlechterverhältnisse?

Feministische TechniksoziologInnen, InformatikerInnen, Medien- und KulturwissenschaftlerInnen sowie technik-, medien- und internetinteressierte GeschlechterforscherInnen haben sich seit Beginn der Verbreitung des Internets mit der Frage nach der Relevanz der Kategorie Geschlecht im Kontext des Internets bzw. den Effekten des Internets auf Geschlecht und Geschlechterverhältnisse beschäftigt. Mittlerweile, nach 15 Jahren, liegt ein umfangreicher und diverser Forschungsstand vor. Zentrale Themen hierin sind Diskurse und Identitäten im Internet sowie der Zugang zum Internet und die Nutzung, die Herstellungsweisen und das politische Potenzial des Internets. Im Folgenden skizzieren wir wesentliche Ergebnisse in Hinblick auf die Frage, wie sich soziale Ungleichheit in Bezug auf die Kategorie Geschlecht in all diesen Bereichen auswirkt.

1.1 Diskurse: Kontroverse Verhandlungen zwischen Verstärkung und Auflösung vergeschlechtlichter Ungleichheit

Insbesondere in der Frühpase des Internets rankten sich um das neue Medium emotional aufgeladene Diskurse mit der Frage, inwiefern sich die Geschlechterverhältnisse mit dem Internet verändern würden. Die Frage nach Fortbestand oder Auflösung von Geschlechterungleichheit wurde dabei auf drei unterschiedliche Weisen in politischen und medialen Debatten beantwortet, die die Wahrnehmung des Internets bis heute prägen (Carstensen 2008).

Die erste Position ging davon aus, dass das Internet eine Männerdomäne sei (Dorer 1997; Spender 1995). Diese Wahrnehmung des Internets war im Wesentlichen durch die Interpretation des Internets als Technik beeinflusst. Mit dem Verweis auf die enge Verbindung zwischen Technik und Männlichkeit und die weibliche Technikferne wurden der verzögerte Zugang von Frauen zum Internet, die androzentrischen Inhalte sowie männlich dominierte Diskussionen in Foren und Chats als Argumente angeführt. Das Internet sei wie die ‚reale Welt' durchzogen von Ungleichheiten und Machtverhältnissen (Lehmann 1996).

Die zweite Position vertrat genau die entgegengesetzte Position: Mit der stärkeren Betonung des Internets als Kommunikationsmedium wurde propagiert, das Netz sei weiblich, da es weiblichen Interessen und Fähigkeiten wie Kommunizieren, Vernetzen und Weben entspreche (Plant 2000). Es wurden Hoffnungen auf eine Stärkung der Solidarität und Vernetzung von Frauen weltweit formuliert.

Die dritte Position schließlich interpretierte das Internet – inspiriert von poststrukturalistischen Theorien und Haraways (1995) Figur der Cyborg – als eine Chance auf eine Welt jenseits binärer Geschlechterverhältnisse. Cyberfeministinnen hofften, dass das Internet die Grenzen zwischen Technik und Mensch, Mann und Frau auflösen würde. Die Möglichkeit des Gender Swapping in der körperlosen Kommunikation machte das Internet zu einer Projektionsfläche für dekonstruktive Phantasien von einer Welt jenseits der Zweigeschlechtlichkeit (Turkle 1998).

Das Internet wurde in feministischen und genderpolitischen Diskursen also von Anfang an im Kontext der Frage nach Verschärfung oder Auflösung von vergeschlechtlichter Ungleichheit verhandelt, wobei allerdings interessant ist, wie unterschiedlich die entworfenen Szenarien ausfielen.

1.2   *Identitäten: Experimente jenseits von Ungleichheitskategorien*

Wie bereits in der Auseinandersetzung mit Diskursen angedeutet, war mit dem Internet früh die Hoffnung verknüpft, dass Identitäten in virtuellen Räumen frei entworfen werden könnten. Insbesondere Turkle (1998) sah diverse neuartige Möglichkeiten, die eigene Selbstdarstellung und Identitätskonstruktion jenseits der sichtbaren Körpermerkmale wie Geschlecht, Hautfarbe oder Alter beliebig zu gestalten, wodurch diese Ungleichheit konstituierenden Faktoren auch in der ‚realen' Welt an Relevanz verlieren könnten.

Untersuchungen, die im Anschluss an diese These durchgeführt wurden, kamen allerdings schnell zu dem Ergebnis, dass diese Hoffnungen unberechtigt seien. Stattdessen zeigte sich, dass die Frage nach dem Geschlecht in der Internet-Kommunikation eine zentrale Rolle spielt, da sie offenbar wichtige Orientierung biete (vgl. Becker und Funken 1998).

Auch aktuelle Studien stützen den Eindruck, dass die Geschlechtsidentitäten in der virtuellen Welt relevant sind. Wötzel-Herber (2008) wie Manago et al. (2008) zeigen, dass Identitätskategorien, und dabei insbesondere Geschlecht, in Social Networking Sites bei der Gestaltung der Persönlichkeitsprofile von zentraler Bedeutung sind und von den UserInnen bewusst inszeniert werden. Authentizität und die Preisgabe möglichst vieler Informationen über die ‚echte' Identität scheinen zur Norm im Internet geworden zu sein.

Es finden sich gleichzeitig aber auch aktuelle Untersuchungen, die ein ambivalenteres Bild zeichnen. Van Doorn et al. (2007) beispielsweise zeigen, dass Weblogs durchaus die Möglichkeit bieten, vielfältige Formen von männlichen und weiblichen Geschlechtsidentitäten auszuleben. Lediglich Landström (2007) hält an den Hoffnungen auf neue Subjektpositionen fest: Sie weist explizit auf die Möglichkeiten hin, in Weblogs queere Subjektpositionen jenseits ‚realer' Identitäten konstruieren zu können.

1.3   *Zugang: Digital divide nicht mehr primär vergeschlechtlicht*

Mitte der 1990er Jahre, als das Internet langsam begann sich durchzusetzen, war der Zugang zunächst durch eine massive Geschlechterungleichheit gekennzeichnet. Zu Beginn wurde es beinahe ausschließlich von hochqualifizierten jungen Weißen Männern genutzt. So lag im deutschsprachigen WWW Ende 1995 der Anteil der Frauen bei nur gut sechs Prozent (Fittkau & Maaß Consulting 1995).

Heute hat sich die Zusammensetzung der Menschen, die das Internet nutzen und gestalten, deutlich verschoben. Inzwischen haben 72 % der deutschen Bevölkerung Zugang zum Internet, 65 % aller Frauen und 80 % aller Männer (Initiative D21 2010).

Hat also Geschlecht, was den Zugang zum Internet betrifft, an Bedeutung verloren? Insgesamt zeigt sich, dass der digital divide inzwischen tatsächlich weniger entlang der

Kategorie Geschlecht allein verläuft, sondern Geschlecht vielmehr erst in Kombination mit Bildung, Einkommen und Alter relevant ist. Beispielsweise haben besonders häufig ältere Frauen keinen Zugang zu Internet: 43,1 % der 60–69jährigen im Vergleich zu 65,8 % der gleichaltrigen Männer (Initiative D21 2010). Je höher das Alter, desto größer wird die Zugangskluft zwischen Männern und Frauen. Ähnliches zeigt sich in Bezug auf Bildung und Region.

In dieser quantitativen Betrachtung finden sich bereits deutliche Hinweise, dass eine intersektionale Perspektive aufschlussreiche Ergebnisse für Fragen nach sozialer Ungleichheit im Zugang zum Internet liefert.

1.4 Nutzung: Geschlechtsspezifische Muster durch sozio-ökonomische Faktoren

Auch hinsichtlich der Nutzungsweisen kamen schon frühe Studien zu dem Ergebnis, dass es Ungleichheiten zwischen Männern und Frauen gäbe. Hierbei wurden allerdings oftmals vorschnell Stereotype geschlechtsspezifischer Techniknutzung bemüht. Erste Untersuchungen zeigten, dass Frauen das Internet gezielter und weniger spielerisch verwendeten (Lehmann 1996: 339). In Mailinglisten und Newsgroups lasen mehr Frauen als Männer ohne eigene Beiträge zu schreiben (Dorer 1997: 22 f), sie mailten mehr und chatteten weniger als Männer. Herring (1997: 67 f) wies zudem unterschiedliche Stile der Online-Kommunikation nach: einen männlichen, aggressiven, mit langatmigen, selbstverliebten Nachrichten und einen weiblichen, der durch Unterstützung, Abschwächung und gemeinschaftsfördernde Handlungen gekennzeichnet ist.

Heutige Studien zeigen meist keine so stereotypen Ergebnisse mehr. Allerdings lassen sich bis heute Unterschiede hinsichtlich der Länge und der Häufigkeit der Nutzung feststellen. Hiernach nutzen Männer das Internet täglich 154 Minuten, Frauen nur 115 Minuten (van Eimeren und Frees 2010: 337).

Dieser „Second-Level Digital Divide" (Hargittai 2002) dürfte weniger, wie zunächst vermutet, an einer vermeintlichen Technikferne von Frauen liegen, sondern an sozio-ökonomischen Faktoren wie dem nach wie vor horizontal und vertikal segregierten Arbeitsmarkt, der zu unterschiedlichen zeitlichen Möglichkeiten der Internetnutzung führt. So erzeugen zum einen unterschiedliche Jobs Ungleichheiten in der Internet-Nutzung (vgl. Nielsen und NetRatings 2002), zum anderen wenden Frauen nach wie vor deutlich mehr Zeit für Haus- und Sorgearbeit auf als Männer (Winker 2004a).

Was die Medienkompetenz angeht, lassen sich keine geschlechtsspezifischen Unterschiede feststellen: Weder hinsichtlich der Recherchefähigkeit im WWW (Hargittai 2002) noch hinsichtlich der Fähigkeiten im Bereich Computerspiele (Yates und Littleton 2001) zeigen sich Unterschiede zwischen den Geschlechtern – vorausgesetzt, dass die Spiele in einen geschlechtsunspezifischen Kontext gesetzt werden.

Bei der Nutzung von Weblogs war der Anteil weiblicher Autorinnen sogar größer als der männlicher Autoren. Besonders Mädchen bloggen öfter als Jungen. Harders und

Hesse (2006) hatten in ihrem Sample, mit dem sie die Teilhabechancen von Frauen und Männern in der Blogosphäre untersuchten, 67,4 % weibliche Bloggerinnen, unter den Teenagerinnen waren es sogar 85 %. In den USA berichtet das PEW Internet & American Life Project (2007), dass 35 % aller weiblichen Teenagerinnen bloggen, im Vergleich zu 20 % der männlichen Teenager. Schönberger (2008) interpretiert diese intensive Nutzung des Bloggens durch Mädchen als Fortsetzung der weiblich konnotierten Kulturpraxis Tagebuchschreiben. Das heißt, dass Geschlecht hier durchaus relevant ist, allerdings in diesem Fall zu einer intensiven Nutzungspraxis auf Seiten der Mädchen führt.

Hinsichtlich der Nutzung ergibt sich also alles andere als ein eindeutiges Bild. Die Nutzungspraxen sind inzwischen stark ausdifferenziert und müssen zudem nach den unterschiedlichen Angeboten im Internet unterschieden werden. Ungleiche Nutzungsweisen, die zu Benachteiligung führen, gilt es nicht eindimensional in Bezug auf eine Ungleichheitskategorie, sondern im Zusammenhang mit sozio-ökonomischen Faktoren wie Bildung, Beruf und Zeitsouveränität zu betrachten.

1.5 Herstellungsweisen: Ungleichheit und Diskriminierung über vergeschlechtlichte Inhalte und Artefakte

Soziale Ungleichheit wird auch sichtbar, betrachtet man die Inhalte des Internets aus Geschlechterperspektiven. So zeigen frühe Untersuchungen der Inhalte des Internets, dass diese zunächst vor allem an männlichen Interessen orientiert waren: Auto, Computer, Sport und Pornografie machten einen Großteil der Internet-Angebote aus (Winker 2002). Winker (2004b) zeigt ferner, dass zum Beispiel Handlungsfelder von Menschen mit Familienverpflichtungen von E-Government-Maßnahmen kaum unterstützt wurden. Auch Rommes et al. (1999) zeigen am Beispiel des Designs der Digital City of Amsterdam, dass dieses sich implizit an männlichen Interessen orientierte.

Mittlerweile haben sich die Inhalte im Internet in einem Maße vervielfältigt und ausdifferenziert, dass kaum mehr behauptet werden kann, dass bestimmte Inhalte kaum vorkommen. Allerdings sind sie unterschiedlich gut auffindbar und unterscheiden sich in der jeweiligen technischen Unterstützung. Harders und Hesse (2006) weisen ferner darauf hin, dass auch die Öffentlichkeit in der Blogosphäre vergeschlechtlicht und hierarchisch strukturiert ist. Obwohl mehr Frauen und Mädchen bloggen, kommen in der Liste der meist gelesenen Weblogs kaum Blogs von Frauen vor.

Zudem sind im beteiligungsorientierten Web 2.0 an Orten wie Facebook, MySpace oder Wikipedia, an denen UserInnen kollektiv an der Erstellung von Inhalten beteiligt sind, Inhalte zur Verhandlungssache geworden. Hierbei kommt es immer wieder zu geschlechterdiskriminierenden Vorfällen, wie beispielsweise Löschanträgen zu feministischen Einträgen in Wikipedia (Carstensen 2009).

Außerdem können nicht nur Inhalte, sondern auch die Programmierung diskriminierend sein. Feministische TechniksoziologInnen haben darauf hingewiesen, dass in viele technische Artefakte geschlechterstereotype Handlungsvorschläge eingeschrieben sind (u. a. van Oost 2003). Wötzel-Herber (2008) zeigt, wie die Anmeldeformulare und Pflichtfelder in den Persönlichkeitsprofilen sozialer Netzwerke ihre NutzerInnen zwingen, sich entweder „männlich" oder „weiblich" zu positionieren, um Mitglied werden zu können. Zudem sind die meisten Funktionsbezeichnungen in männlicher Form gehalten (z. B. Moderator, Student). Und Bath (2003) verdeutlicht, dass Avatare deutlich öfter Frauen repräsentieren und dies meist sehr stereotyp, z. B. mit großen Brüsten, Miniröcken, Wespentaille und langen Beinen.

Damit zeigen sich in Inhalten und Artefakten der Netzwelt stereotype, sogar überspitzte Repräsentationen von Geschlechterrollen, die geprägt sind von heterosexuellen, teils sexistischen, zweigeschlechtlichen Bildern. Geschlecht wird hier keineswegs irrelevant, sondern vielmehr ausgrenzend und diskriminierend reproduziert.

1.6 Politisches Potenzial: Internet als Mittel zur Stärkung feministischer Politik

Früh wurde in der Geschlechterforschung auch diskutiert, inwiefern sich feministische Politik mit dem Internet verändert. Es wurde davon ausgegangen, das Internet könne für eine Stärkung der weltweiten Solidarität von Frauen untereinander, eine bessere Partizipation und eine Vernetzung gemeinsamer Interessen nutzbar gemacht werden (u. a. Consalvo und Paasonen 2002; Heinrich-Böll-Stiftung und Feministisches Institut 2002). Andere erhofften Veränderungen durch die Infragestellung der Grenzen zwischen Öffentlichkeit und Privatheit (Schelhowe 1997).

Im Forschungsprojekt „E-Empowerment. Die Nutzung des Internets in frauenpolitischen Netzwerken" kamen wir 2004 zu dem Ergebnis, dass das Internet von Frauenprojekten vor allem als Informationsmedium genutzt wurde und nur wenig für Meinungsbildung und Politikentwicklung. Die Möglichkeiten der Einflussnahme auf größere Öffentlichkeiten wurden demnach nicht ausgeschöpft (Carstensen und Winker 2005).

Diese Situation hat sich mit dem Web 2.0 noch einmal etwas verändert. In den vergangenen Jahren ist eine lebhafte queer-feministische Netzkultur entstanden, die sich vor allem über Weblogs austauscht, miteinander vernetzt, und sich und andere kommentiert (Carstensen 2009). Zudem haben sich FeministInnen mit Weblogs wie mädchenblog, Mädchenmannschaft, piratenweib, genderblog und i heart digital life auch innerhalb der männlich dominierten Netzsphäre einen festen Platz erobert.

1.7 Wandel und Persistenz von Gender im Internet

Die unterschiedlichen Analysen zeigen, dass sich entlang der Kategorie Geschlecht soziale Ungleichheit im Kontext des Internets konstituiert. Zwar ist das Internet keine

Männerdomäne mehr und in einigen Bereichen des Internets hat Geschlecht tatsächlich wie erhofft an Relevanz verloren, in anderen Bereichen werden Geschlechterstereotype aber zementiert sowie Sexismus und Heteronormativität fortgeschrieben. Die großen Hoffnungen auf Veränderungen der Geschlechterverhältnisse wurden nicht eingelöst, dennoch zeigt sich auch, dass das Internet Potenziale für einen Wandel bietet.

An verschiedenen Stellen in unserem Überblick ist deutlich geworden, dass eine sinnvolle Analyse nur möglich ist, wenn sich die Perspektive nicht auf Geschlecht allein konzentriert. Alter, Bildung, Herkunft sind weitere wichtige, manchmal wichtigere Ungleichheit stiftende Kategorien, wenn es im Kontext des Internets um Diskurse, Identitäten, Zugang, Nutzung, Herstellungsweisen und politische Potenziale geht. Hier deutet sich bereits die Verwobenheit von Ungleichheitskategorien an, die in der Geschlechterforschung derzeit unter dem Stichwort Intersektionalität diskutiert wird.

2   Intersektionalität: Die Geschlechterforschung stellt ihre Masterkategorie zur Disposition

Das Konzept der Intersektionalität bezeichnet die Verwobenheiten und Wechselwirkungen von verschiedenen Differenzkategorien bzw. Herrschaftsverhältnissen. Zwar ist in der Frauen- und Geschlechterforschung seit Jahrzehnten unbestritten, dass neben Geschlecht auch andere Kategorien wie *race*, Klasse, Bildung oder Alter bei der Analyse von Herrschaftsverhältnissen und sozialer Ungleichheit Berücksichtigung finden sollten (u.a Carby 1982; Combahee River Collective 1982; Crenshaw, 1989; Brah und Phoenix 2004). Die Frage, wie diese Kategorien bzw. die entsprechenden Herrschaftsverhältnisse miteinander verwoben sind und zusammenwirken, wird aber erst seit einiger Zeit verstärkt systematisch behandelt (vgl. Knapp 2005). Dabei wird betont, dass die Wirksamkeit von Differenzkategorien vom jeweiligen Kontext abhängig ist, was Analysen zu berücksichtigen haben. Geschlechtertheoretisch bedeutsam ist dabei, dass eine Kontextualisierung von Ungleichheiten dazu führt, dass die Kategorie Geschlecht ihre Exklusivität verliert. Die Zentralkategorie Geschlecht der Gender Studies gerät in Wechselwirkung mit anderen disziplinären Basiskategorien wie etwa *race*/Ethnizität/ Nation in den Postcolonial Studies, Sexualität in den Queer Studies oder Klasse in der Soziologie.

Mit der intersektionalen Mehrebenenanalyse machen Gabriele Winker und Nina Degele (2009) einen Vorschlag, wie zum einen die Wechselwirkungen zwischen Ungleichheit generierenden Kategorien und zum anderen gleichzeitig auch die Wechselwirkungen zwischen drei Ebenen – nämlich von Sozialstrukturen, symbolischen Repräsentationen und Identitätskonstruktionen – untersucht werden können.

Die Unterscheidung dieser drei Ebenen geht auf wissenschaftstheoretische Überlegungen von Sandra Harding (1991: 53 ff) zurück. Winker und Degele (2009) berücksichtigen sowohl soziale Strukturen inklusive Organisationen und Institutionen

(Makro- und Mesoebene) sowie Prozesse der Identitätsbildung (Mikroebene) als auch kulturelle Symbole (Repräsentationsebene). Diese Unterscheidung von Identitäts-, Repräsentations- und Strukturebene stellt auch den Versuch dar, die drei zentralen Ansätze der Geschlechterforschung der letzten Jahrzehnte zu bündeln und zu verbinden. So greifen Winker und Degele (2009) erstens auf die strukturorientierte Feminismusdebatte der 1970er und 1980er Jahre zurück, die in der Debatte um Herrschaftsverhältnisse das Verhältnis von Kapitalismus und Patriarchat im Blick hat. Zweitens berücksichtigen sie die identitätsbezogene ethnomethodologisch orientierte Debatte um *doing gender* oder *doing difference* der 1980er Jahre auf, in der es um die konkreten Prozesse geht, wie Identitäten gemacht und dabei Differenzkategorien reproduziert werden. Und drittens beziehen sie sich auf die poststrukturalistische Debatte um das performative Hervorbringen und Verfestigen von Normen und Werten rund um das Werk von Judith Butler seit den 1990er Jahren. Mit diesem Vorgehen erheben Winker und Degele (2009) den Anspruch, statt aus einer, aus drei Perspektiven auf soziale Ungleichheiten zu schauen und damit soziale Konstruktionsprozesse umfassender analysieren zu können.

Ein zentraler Punkt in der Intersektionalitätsdebatte ist darüber hinaus die Frage nach den zu berücksichtigenden Kategorien. Während Klasse, *race*/Ethnie/Herkunft/ Nationalität und Geschlecht als Dreiklang relativ unbestritten sind, fordern unterschiedliche AutorInnen die Erweiterung um jeweils verschiedene weitere Kategorien. Die queer-Forschung beispielsweise betont die Bedeutung der Kategorie *desire* (Butler 1991) bzw. Sexualität (u. a. Hark 1993), aus den *disability studies* kommt die Forderung nach Berücksichtigung von Krankheit bzw. Behinderung (u. a. Jacob et al. 2010). Lutz und Wenning (2001) benennen 13 bipolare hierarchische Differenzlinien: Geschlecht, Sexualität, „Rasse"/Hautfarbe, Ethnizität, Nation/Staat, Klasse, Kultur, Gesundheit, Alter, Sesshaftigkeit/Herkunft, Besitz, Nord-Süd/Ost-West und gesellschaftlicher Entwicklungsstand als relevant für intersektionale Analysen.

Winker und Degele (2009: 81 ff) schlagen hingegen für die Identitäts- und Repräsentationsebene ein induktiv offenes Vorgehen vor. Dies dient dazu, nicht vorschnell bekannte Kategorien zu reifizieren und beispielsweise Frauen wieder nur auf frauenspezifische Eigenschaften festzulegen. Sie gehen von einer nach oben offenen Anzahl von Kategorien aus, um verschiedenartige Identitätskonstruktionen und unterschiedliche Normen, Werte und Ideologien und auch Verweise auf Strukturen in ihrer Vielfalt zu berücksichtigen und auch offen für unerwartete Ungleichheitskategorien zu sein. Genauer gesagt setzen sie an konkreten Phänomenen an und analysieren sie u. a. in Hinblick auf dabei wirksame Ungleichheitsdimensionen.

Auf der Strukturebene legen Winker und Degele (2009: 37 ff) demgegenüber vier zentrale Herrschaftsverhältnisse fest: Klassismen, Heteronormativismen, Rassismen und Bodyismen. Die Kategorien Klasse, Geschlecht und *race* ergänzen sie damit um die Kategorie Körper, um zu betonen, dass soziale Ungleichheiten auch über körperliche Leistungsfähigkeit (Attraktivität, Gesundheit/Krankheit, Alter etc.) konstituiert werden. Die strukturellen Herrschaftsverhältnisse sollen nicht statisch auf die Auswertung angewendet werden, sondern die Autorinnen fokussieren auf ihre Verwobenheit. Auch setzen sie kein Herrschaftsverhältnis als dominant voraus, sondern gehen davon aus, dass die Beziehungen dieser Herrschaftsverhältnisse untereinander einem historischen Wandel unterliegen. Dabei können Bedeutungsverschiebungen von einer Kategorie zu anderen stattfinden. Die Festlegung dieser Herrschaftsverhältnisse soll ermöglichen, die von Interviewpersonen genannten sozialen Strukturen mit den Erkenntnissen zu Klassen-, Geschlechter-, Rassen- und Körperverhältnissen in Beziehung zu setzen.

Um diesen Theorieansatz in der empirischen Forschung anwenden zu können, schlagen Winker und Degele (2009) vor, dass der Ausgangspunkt und Gegenstand der Analyse die sozialen Praxen im Alltag der Menschen sein sollten, da diese einer empirischen Untersuchung zugänglich sind. Für die methodische Umsetzung dieses Konzepts haben sie ein Modell mit acht Schritten entwickelt, das – entsprechend der Theorie der Praxis von Bourdieu – bei empirisch erfassbaren sozialen Praxen (z. B. in Interviews, Gruppendiskussionen) beginnt, Identitätskonstruktionen, Strukturzusammenhänge und symbolische Repräsentationen systematisch berücksichtigt und in einer Gesamtanalyse integriert (zur ausführlichen Darstellung vgl. Winker und Degele 2009: 79 ff).

Zusammenfassend lässt sich festhalten, dass die intersektionale Mehrebenenanalyse nach Winker und Degele (2009) ermöglicht zu untersuchen, wie sich Subjekte selbst begreifen, welche Kategorien sie als entscheidend wahrnehmen und wo sie sich in der Welt positionieren. Es geht darum, Diskriminierungs- und Ungleichheitserfahrungen aus Sicht der Subjekte zu rekonstruieren, um die Frage, wie sie diese erleben und wahrnehmen, wo sie sich anpassen und wo sie sich widersetzen.

3   Neue soziale Ungleichheiten im Web 2.0: ein intersektionaler Blick

Es ist naheliegend, dass die Forschung zu Internet aus Geschlechterperspektiven einer intersektionalen Erweiterung bedarf. Im Folgenden möchten wir anhand eigener empirischer Ergebnisse verdeutlichen, inwiefern die intersektionale Mehrebenenanalyse einen Beitrag zu einer Ungleichheitsforschung im Kontext des Internets leisten kann. Hierfür beziehen wir uns auf Interviewmaterial aus dem laufenden Forschungsprojekt „Subjektkonstruktionen und digitale Kultur"[1], das wir mit dieser Methode ausgewertet haben. In diesem Projekt führen wir qualitative Interviews mit jungen Menschen zwischen 15 und 30 Jahren, für die das Internet ein zentraler Arbeitsgegenstand ist. Das heißt, es handelt sich um ein Sample, das mit dem Internet relativ selbstverständlich aufgewachsen ist und das gegenwärtig sehr viel mit dem Internet arbeitet. Es geht in dieser Untersuchung dementsprechend nicht um Fragen des Zugangs zum Internet ge-

1   Dieses Verbundprojekt wird von der VW-Stiftung gefördert. Beteiligt sind neben der TU Hamburg-Harburg (Gabriele Winker, Tanja Carstensen und Jana Ballenthien) die Universität Münster (Raphael Beer), die Universität Klagenfurt (Christina Schachtner) und die Universität Bremen (Heidi Schelhowe).

nerell, sondern vielmehr um Fragen, inwiefern sich innerhalb der Gruppe der jungen InternetarbeiterInnen bestimmte Ungleichheiten und Differenzlinien (neu) konstituieren. Das Sample ist von seiner Anlage her eher privilegiert, da Arbeit mit dem Internet in der Regel ein mittleres bis hohes Bildungsniveau voraussetzt. Damit können zum einen Aussagen über soziale Ungleichheiten im Kontext des Internets aus Sicht von Privilegierten getroffen werden. Zum anderen kann aber auch aufgezeigt werden, wie innerhalb dieser neuen Berufsgruppe neue oder alte Ungleichheitskategorien relevant oder ausgehandelt werden. Zudem handelt es sich um eine Gruppe, in der neue Nutzungs- und Herstellungsweisen erprobt werden, neue Grenzziehungsarbeit geleistet wird, die als PionierInnen mit neuen Anwendungen umgehen und damit Aufschluss über zukunftsweisende Praktiken bieten.

Nach momentanem Stand zeichnet sich eine erste Typologie ab, die wir im Folgenden skizzieren.[2]

Typ 1: Entspanntes Programmieren in Freiheit und materiellem Wohlstand
Der erste Typus in unserem Material ist deutlich technikzentriert. Für das Internet interessieren die Personen dieses Typus sich, weil sie von Technik fasziniert sind. Sie haben früh angefangen, das Internet nicht nur zu nutzen, sondern auch neugierig darauf zu sein, wie es funktioniert. Bereits als Jugendliche haben sie ihre ersten Webseiten programmiert und als erste kleinere Jobs Internetseiten für Bekannte erstellt; später haben sie komplexere Programmiersprachen gelernt. Momentan verdienen sie ihr Geld mit der Programmierung von Anwendungen im Internet, arbeiten selbständig, manchmal auch fest angestellt. Meist müssen sie keine Akquise machen.

Bemerkenswert an den Personen dieses Typus ist, dass sie sich kaum bis gar nicht für die kommunikativen Angebote des Web 2.0 interessieren. Mit Twitter und Facebook können sie nichts anfangen. Sie haben den Eindruck, sie brauchen diese Art der Vernetzung nicht, und können auch keinen Sinn darin erkennen: *„Also ich versuch im Internet meistens nur Sachen zu machen, die nen Mehrwert für mich haben, und sich mitzuteilen ist eigentlich kein Mehrwert für mich".* Wenn Menschen „privates Zeug" twittern, nervt sie das. Wenn einige aus dem Personenkreis dieses Typus dennoch kommunikative Angebote nutzen, benötigen sie diese aber nicht für ihren Beruf. Sie gehen selbstbewusst mit der Tatsache um, dass auch peinliche Dinge über ihr Privatleben öffentlich im Netz zu finden sind, nach dem Motto: „Wer was drauf hat, darf auch feiern".

Welche Identitätskonstruktionen finden sich in diesem Typ? Die Personen zeichnen sich in ihren Selbstbeschreibungen zentral durch ihre Technikfaszination, ihre autodidaktische Herangehensweise und ihren pragmatischen Umgang mit Kommunikation aus. Sie sind selbstbewusst, entspannt und machen sich um ihre Zukunft keine Sorgen, zumindest in finanzieller Hinsicht nicht.

---

2   Die Ergebnisse sind vorläufig, da es sich um ein noch laufendes Projekt handelt.

Repräsentationen, die in diesem Typ zum Ausdruck kommen, sind teilweise eher an traditionellen Werten orientiert. Trotz gegenwärtigem Wohlstand durch Internetarbeit sehen die Interviewten ihre Perspektive eher in einem sicheren, gut bezahlten Normalarbeitsverhältnis. Andere genießen wiederum gerade die Freiheit, unkonventionell leben zu können, was ihnen ihre Technikkompetenz ermöglicht. Gleichzeitig produzieren sie die Interpretation, man müsse als Programmierer nicht viel können, das sei eigentlich alles sehr einfach, man müsse sich nur ein wenig für Technik interessieren.

Strukturen, die in den Interviews thematisiert werden, beziehen sich insbesondere auf Technik. Ihr Alltag ist geprägt von einer guten Technikausstattung sowie von Wohlstand. Ableiten lassen sich daraus Aussagen über den Arbeitsmarkt, der Technikkompetenz nach wie vor stark nachfragt. Auch äußern die Interviewten deutlich, dass für ihre berufliche Tätigkeit ein bestimmtes Bildungsniveau Voraussetzung ist, etwa ein Abitur mit Mathematik im Hauptfach. Trotz der Rhetorik, dass man nicht viel können müsse, um zu programmieren, wird deutlich, dass Bildung eine zentrale Zugangsressource zu dieser Art von Arbeit ist.

Typ 2: Kommunikation im Netz aus Leidenschaft
Im zweiten Typus steht die Kommunikation über das Internet im Zentrum. Die Personen, die hier zugeordnet werden können, genießen die vielfältigen Möglichkeiten, sich mit engen und entfernteren Bekannten über Facebook, Twitter etc. auszutauschen. Wann immer sie Zeit haben, kommunizieren sie und pflegen ihre Netzwerke. Sie haben in der Regel einen mehr oder weniger festen Job, der mit Internet und Medien zu tun hat und die materiellen Bedürfnisse ausreichend abdeckt. Die Pflege der Netzwerke und der sozialen Kontakte ist nicht Teil der Erwerbsarbeit. Bestehen aber Spielräume bei der Erwerbsarbeit, Themen oder Aufgaben selber zu definieren, werden diese genutzt, um die kommunikative Web-Leidenschaft auch im Job auszuleben.

Gleichzeitig werden das Netzwerken und die Kommunikation auch als Arbeit empfunden, *„Beziehungsarbeit",* die notwendig ist und gemacht werden muss. Sie ist zwar selbst auferlegt und macht Spaß, ist aber auch anstrengend und kostet Zeit. Aber auch wenn dieser Bereich des Netzwerkens für ihr Leben zentral ist, möchten sie darin nicht beruflich tätig sein:

> „vom Verdienst her, von der Sicherheit, dass man eine feste Stelle hat. also, ich könnte mir zum Beispiel überhaupt nicht vorstellen [...] mich selbstständig zu machen oder so, freiberuflich zu arbeiten, weil ich irgendwie überhaupt keine Lust hätte [...], soziale Sicherheiten dann irgendwie aufzugeben".

Die Personen in diesem Typus sind durchaus technikaffin, programmieren aber nicht, sondern nutzen die Technik nur, dies allerdings meist in einem frühen Entwicklungsstadium, sehr experimentell und spielerisch. Sie haben in der Regel einen oder mehrere Blogs und verfügen über diverse Profile bei den unterschiedlichsten Anbietern – facebook, XING, Twitter, MySpace, Flickr. Manchmal haben sie sogar bei einem Anbieter zwei Accounts, einen beruflichen und einen privaten, wobei sich die Nutzung der beiden stark vermischt. Über Anerkennung und Zitiertwerden innerhalb der Netz-Community freuen sie sich; die offensichtlichen Hierarchien innerhalb der Netz-Community erkennen sie an.

Auf der Identitätsebene zeigt sich vor allem der Wunsch nach Kontakten, Austausch, Kommunikation, aber auch Aufmerksamkeit. Gleichzeitig positionieren sich die Personen in diesem Typus im Spannungsfeld zwischen Selbstverwirklichung und dem Anspruch, dass Arbeit Spaß machen sollte einerseits und dem Wunsch nach Sicherheit und Wohlstand andererseits. In Bezug auf das Internet beziehen sie sich auf Diskurse, die die neuesten Technologien als relevant, spannend und nutzenswert thematisieren sowie auf postprivacy-Diskurse, nach denen das Private uneingeschränkt in der Öffentlichkeit thematisiert und verhandelt werden sollte.

Strukturen, die in den Interviews mit diesem Typus sichtbar werden, sind vor allem die großen Netzwerke aus schwachen und starken Bindungen, quasi als soziotechnische Strukturen. Diese werden als Unterstützung und Ressource thematisiert, aber auch als etwas, was viel Zeit und Arbeit erfordert. Auch wird deutlich, dass diese hierarchisch sind. Strukturen der Erwerbsarbeit werden sichtbar, insofern sie in Lohnarbeitsverhältnisse eingebunden sind, in denen sie Gestaltungsspielräume haben, und sich darüber hinaus einen größeren Teil an Internetarbeit zusätzlich und unbezahlt auferlegen.

Typ 3: Netzwerken als Zwang und unter Selbstvermarktungsdruck
Der dritte Typus arbeitet ähnlich wie der zweite Typus im Bereich Medien und Internet, allerdings in viel prekäreren Verhältnissen. Zum Teil handelt es sich um selbst entwickelte Internetbereiche, in denen die Interviewten mit kreativen und innovativen Ideen versuchen, Nischen für sich abzustecken. Die Verwirklichung eigener Interessen ist an die Notwendigkeit der Vermarktung des Angebots zur Existenzsicherung gekoppelt. Die Personen in diesem Typus arbeiten sehr viel, allerdings ist die Arbeit oft nicht entlohnt, da es (noch) keine Finanzierung für ihre Angebote gibt.

Die Personen in diesem Typus sehen sich von den technischen Entwicklung getrieben und bedrängt. Ständig kommt etwas Neues hinzu, wo nicht mehr klar ist, wozu man dieses Angebot nun auch noch braucht, und trotzdem ist gleichzeitig klar, dass man es nutzen muss:

> „Warum gibt's dann noch Twitter, [...] also es ist manchmal so, man ist einfach da der Präsenz wegen, weil man's ja #irgendwie sein muss# [rezitierend, genervt], weil wir sind 'n Internetunternehmen, wir können nicht nicht auf Facebook sein [...] und nicht nicht auf Twitter und am besten entwickeln wir noch 'n App ..."

Hier werden Anforderungen an Selbst-Vermarktung und Selbst-Darstellung deutlich. Auch thematisieren die Interviewten den Druck, immer erreichbar sein zu müssen, den

Mut, es mal nicht zu sein, sowie das schlechte Gewissen, wenn man es nicht ist. Gleichzeitig sind gerade die Grenzen zwischen Arbeit und Nicht-Arbeit bzw. Beruf und Privatsphäre zentrales Thema der Interviewten. Es ist selbstverständlich, dass bestimmte, insbesondere private Informationen („Partyfotos") nicht ins Internet gehören. Immer wieder wird auf den möglichen späteren Chef rekurriert, der den eigenen Namen googelt, weswegen sehr strategisch überlegt wird, was veröffentlicht wird und was nicht. Die Grenzen werden professionell und reflektiert gezogen:

> „Aber ansonsten trenn' ich schon sehr klar, grade was eben so Facebook, Twitter und so weiter anbelangt, trenn' ich das ganz klar von das eine ist Arbeit und das andere halt privat, und privat würd' ich eben gewisse Dinge nicht machen, also ich seh' nicht ein warum ich privat twittern sollte".

Die Identitätskonstruktionen, die in diesem Typus zu finden sind, lassen sich zum einen mit Adjektiven wie jung, zielstrebig, gut ausgebildet und ehrgeizig beschreiben, zum anderen aber auch als erfolglos und daher frustriert. Dazu gehört auch das Gefühl, sich schlecht zu fühlen, wenn man nicht erreichbar ist, nicht gleich antwortet oder die neueste Technik nicht nutzt. Gleichzeitig gibt es ein abgeklärt-kritisches Verhältnis zu diesen Themen, das aber nicht dazu führt, dass man sich diesen Ansprüchen entzieht.

Auf der Repräsentationsebene sind dementsprechend Diskurse relevant, die auffordern, auf allen Plattformen präsent zu sein, sich und die eigenen Internetangebote darzustellen, Imagepflege zu betreiben, sich von Anderen abzuheben, zu netzwerken, immer erreichbar zu sein und die neueste Technologie zu nutzen um mitzuhalten. Gleichzeitig wird dieser Diskurs begrenzt durch die Warnung, sensibel mit privaten Daten umzugehen. Grenzziehen ist ein wichtiges Thema. Zum einen gibt es einen klaren Bezug auf Leistungsideologien, die beinhalten, man müsse schnell studieren, jung sein, flexibel bleiben, sich vermarkten und seinen Lebenslauf optimieren; zum anderen wird diese Sicht kritisch-distanziert dargestellt.

Auf der Strukturebene zeigt sich eine interessante Ambivalenz: Während zum einen konstatiert wird, dass sich mit dem Internet viele unternehmerische Ideen realisieren lassen, die früher nicht denkbar gewesen wären (*„Demokratisierung der Produktionsmittel"*), ist es zum anderen genau die rasante technologische Entwicklung, die unter Druck setzt. Technik wird als ermöglichende und restriktive Struktur zugleich wahrgenommen. Als weitere Struktur wird insbesondere der Arbeitsmarkt sichtbar, der als unerbittlich thematisiert wird: Praktika sind schlecht bezahlt, vielen Medienfirmen geht es schlecht, das verspricht wenig Chancen auf einen guten Job.

4   Fazit

Was zeigt diese Mehrebenenanalyse? Zunächst fällt auf, dass in den Interviews die klassischen Ungleichheitskategorien wie Geschlecht, Klasse und Ethnie kaum explizit vorkommen. Die Interviewten sprechen diese nur vereinzelt direkt an.

Daraus kann zunächst der Schluss gezogen werden, dass das Geschlecht im Pionierbereich der webbasierten Arbeit offensichtlich nicht mehr im Vordergrund steht. Während in der Anfangszeit das Internet als Männerdomäne wahrgenommen wurde und Frauen in Relation dazu als technikfern, ist es heute nichts Besonderes mehr, als Frau mit dem Internet zu arbeiten. Geschlecht ist unsichtbarer geworden. Daraus abzuleiten, dass es in dem Bereich keine Ungleichheit mehr entlang dieser Kategorie gibt, greift gleichzeitig zu kurz. Zwar finden sich im Feld webbasierten Arbeitens tatsächlich Männer wie Frauen, allerdings ist es in sich stark segregiert. Die Typologie hat deutlich gemacht, dass die Tätigkeiten und Kompetenzen unterschiedlich gelagert sind und das Internet den Subjekten bei der Internetnutzung unterschiedliche Fähigkeiten abfordert. Dass in unserem Sample der Typ 1 des Programmierers rein männlich ist, sollte bei einer qualitativen Studie nicht überbewertet werden. Mit der Selbstthematisierung als technikfasziniert wählen die Personen dieses Typs allerdings eine klar männlich konnotierte Identitätsbeschreibung, die sich von den anderen Identitätskonstruktionen unterscheidet. Damit zeigt sich Geschlecht auf der Identitätsebene versteckt hinter der Technikfaszination. Strukturell zeigt sich soziale Ungleichheit an einem geschlechtlich segregierten Arbeitsmarkt, der offensichtlich Programmierer stark nachfragt und kommunikative und künstlerische Tätigkeiten deutlich niedriger bewertet, was insbesondere an Typ 3 deutlich wird. Damit hält sich auch innerhalb der Internetarbeit eine hartnäckige hierarchische Bewertung von Tätigkeiten, die sich an geschlechtstypisch konnotierten Kompetenzen orientiert. Dass auf diskursiver Ebene keine Geschlechterfragen verhandelt werden, überrascht dann nicht: Normativ werden Frauen und Männern gleiche Chancen und Möglichkeiten zugebilligt; die Segregation erfolgt über die Kompetenzen, die erst auf den zweiten Blick vergeschlechtlicht sind sowie über einen versteckt vergeschlechtlichten Arbeitsmarkt. Benachteiligungen werden dann nicht mehr „als Frau" wahrgenommen, sondern in den Bereich der selbst zu verantwortenden Ausbildung von Kompetenzen und Interessen verschoben. Neben dieser versteckten Reproduktion alter Ungleichheiten finden sich aber auch Verschiebungen von Bedeutungen: So machen die Typen 2 und 3 deutlich, dass Kommunikation und Vernetzung gegenwärtig kaum mehr weiblich konnotiert sind, sondern entweder als Bedürfnis, als Ressource oder als Anforderung wahrgenommen werden und darin eine gewisse Allgemeingültigkeit jenseits von Geschlecht beanspruchen.

Die einzige für Ungleichheit relevante Kategorie, die in allen drei Typen explizit verhandelt wird, ist Bildung. Die InternetarbeiterInnen scheinen sich ihrer Kompetenzen und ihres hohen Bildungsniveaus bewusst zu sein, auch wenn die Personen in Typ 1 ihre Fähigkeiten manchmal herunterspielen. Und selbst wenn sie wie Typ 3 auf dem Arbeitsmarkt trotz hoher Qualifikation nicht bestehen können, gehen sie selbstbewusst mit ihrem Status um. Auch auf struktureller Ebene scheint Bildung ein zentraler Schlüssel zu sein. Allerdings lässt sich eine interessante Verschiebung beobachten: Die Bedeutung von Fachwissen gerät – zumindest in der Wahrnehmung der Interviewten – gegenüber Soft Skills deutlich in den Hintergrund. Man muss netzwerken können, selbstbewusst sein, sich verkaufen können – so lauten die Antworten auf die Frage, welche Fähigkeiten für ihre Jobs erforderlich sind. Begleitet wird dies von einem Diskurs, der behauptet, man könne alles lernen, und der autodidaktisches Lernen preist. Dazu passt auch, dass sich klassische Berufsbiografien auflösen. StudienabbrecherInnen, die programmieren können, verdienen viel Geld (Typ 1), Hochqualifizierte (wie in Typ 3) sind erwerbslos bzw. erfolglos selbstständig. Am ehesten ist noch Typ 2 in ‚Normalarbeitsverhältnissen‘ zu finden, und zwar in Feldern, in denen ein abgeschlossenen Hochschulstudium nach wie vor Zugangsbedingung ist (Bildungsarbeit, Redaktionen, Agenturen). Die Klassenverhältnisse sind damit deutlich von den eigenen Vermarktungschancen geprägt, und es konstituieren sich im Feld der Internetarbeit neue Muster von Berufs- und Erwerbsbiografien, die soziale Auf- und Abstiege zur Folge haben können.

Da unser Sample bewusst auf junge Menschen begrenzt ist, um die Subjektkonstruktionen der heranwachsenden Generation zu erforschen, ist es zunächst nicht verwunderlich, dass die Kategorie Alter kaum Thema ist. Lern- und Leistungsfähigkeit scheinen noch selbstverständlich zu sein. Und dennoch wird die Kategorie benannt. Für Typ 3 gehört Jungsein zur Identitätskonstruktion insofern, dass frustriert festgestellt wird, dass trotz Jungseins die Arbeitsmarktchancen so schlecht sind. Damit wird indirekt deutlich, dass Alter für soziale Ungleichheit in diesem Feld konstitutiv sein kann.

Fragen von Herkunft, Hautfarbe, Nationalität oder Migration stellen in unserer Studie bisher blinde Flecken dar. Unsere Interviewten sind bisher beinahe alle Weiß und deutsch; ist ein Migrationshintergrund vorhanden, ist gleichzeitig das Bildungsniveau hoch. Dass Weißsein in der Regel unmarkiert bleibt (Eggers et al. 2007), ist in der Forschung nichts unbekanntes. Umso wichtiger scheint es uns, in Zukunft hierauf ein stärkeres Augenmerk zu richten. Für unser Feld sind dabei Ausschlüsse unter anderem über die für das Internet sehr wichtige Sprachkompetenz zu erwarten. Hinweise auf globale soziale Ungleichheiten finden sich in den Interviews insofern, dass alle Typen in irgendeiner Art und Weise über internationale Kontakte, Erfahrungen mit internationalen Teams und Kooperationen sowie eigenen Auslandsaufenthalten verfügen, diese Netzwerke aber in den bisherigen Interviews zwar nach Südamerika oder Nahost, aber nie nach Afrika reichen.

Schauen wir uns die unterschiedlichen Ebenen an, werden bestimmte soziale Strukturen (Arbeitsmarkt, Technik, Netzwerke) und Diskurse (Nutzungsanrufungen und Selbstverantwortung) deutlich, die übergreifend gültig sind. Die Subjektpositionen darin unterscheiden sich allerdings und damit die Bezugnahme auf Diskurse und Strukturen. Bemerkenswert ist die Wechselwirkung zwischen ökonomischer Situation und der Empfänglichkeit für bestimmte Diskurse. Hier zeigen die Typen deutlich, dass es zwar wirkmächtige Diskurse gibt, die bestimmte Nutzungsweisen nahe legen und auffordern, erreichbar zu sein, sich im Netz darzustellen und zu vernetzen. Allerdings prallen diese Diskurse an denen, die mit ihren Kompetenzen auf dem Arbeitsmarkt begehrt sind (Typ 1), wirkungslos ab bzw. die Personen können sich diesen Anrufungen aktiv widersetzen. Zugespitzt: Wer es ökonomisch nicht nötig hat, weil seine Programmierkompetenzen so gefragt sind, kann hegemoniale Diskurse um etwa private Daten im Netz oder die Notwendigkeit, einen Facebook-Account zu haben, ignorieren.

Was lässt sich nun zusammenfassend aus den intersektionalen Analysen unserer ersten empirischen Ergebnisse für die Frage nach sozialer Ungleichheit im Internet festhalten: Das Internet ist inzwischen alltäglich und weit verbreitet. Digitale Klüfte, die in den ersten Jahren entlang der Kategorie Geschlecht verliefen, sind inzwischen fast verschwunden. Betrachtet man aber die Bereiche des Internets, in denen die Pionierarbeit geleistet wird, an denen das Internet gestaltet wird, zeigt sich zum einen, dass hier hinsichtlich Bildung, Alter und Herkunft privilegierte Personen sitzen. Zum anderen verdeutlicht unsere Analyse, dass innerhalb dieser Gruppe auch wieder Trennlinien verlaufen und sich soziale Ungleichheiten konstituieren, in der auch vergeschlechtlichte Strukturen und Identitätskonstruktionen von Bedeutung sind. Die intersektionale Perspektive ermöglicht zu untersuchen, welche unterschiedlichen Positionen es in der Internetarbeit gegenwärtig gibt und wer von ihr profitiert.

Die eingangs benannten Themen der auf das Internet bezogenen Geschlechterforschung erweisen sich als nach wie vor von Ungleichheit geprägt, auch wenn sich die Problemlagen für die InternetarbeiterInnen teilweise verschoben haben: Die relevanten Diskurse zeigen kein vergeschlechtlichtes Internet mehr, etablieren aber Vorstellungen von richtigen Nutzungsweisen, die geprägt sind von Anforderungen an die Vermarktlichung der Subjekte und die damit neue Ausschlüsse produzieren. Unterschiedliche Nutzungsweisen zeigen sich insbesondere hinsichtlich der sozialen Netzwerke. Hier wird deutlich, dass diese sich im Spannungsfeld zwischen der eigenen ökonomischen Situation und Nutzungsnormen herausbilden und damit ebenfalls Ungleichheiten produzieren. Dies spiegelt sich auch in den Identitätskonstruktionen der InternetarbeiterInnen. Experimente und die Idee, im Netz anders und frei von Diskriminierungskategorien sein zu können, kommen nicht mehr vor, vielmehr geht es darum, sich selbst zu behaupten, das eigene Image zu pflegen und um Aufmerksamkeit zu kämpfen. Die Frage nach Zugang kann ebenfalls neu gestellt werden als Frage des ungleichen Zugangs zu den gut bezahlten Jobs in der Internetbranche. Gleiches gilt für die Gestaltung des Netzes: Zwar finden sich vielleicht inzwischen alle Themen im Netz, Hierarchien werden aber deutlich, wenn untersucht wird, wer für die Produktion welcher Inhalte bezahlt wird und wer Aufmerksamkeit erhält und wer nicht.

Bleibt die Frage nach dem politischen Potenzial des Internets. Die Sichtung des Forschungsstandes zu Internet und Geschlecht hat deutlich gemacht, dass mit dem Internet nicht nur Geschlechterungleichheit reproduziert wird, sondern dass gleichzeitig auch positive Veränderungen der Geschlechterverhältnisse stattfinden. Die intersektionale

Mehrebenenanalyse der InternetarbeiterInnen zeigt zum einen eine privilegierte Gruppe, innerhalb derer aber zum anderen wieder neue Trennlinien verlaufen. Dennoch ist soziale Ungleichheit und die Frage, inwiefern das Internet genutzt werden könnte, um diese abzubauen, in den Interviews kaum ein Thema. Es bleibt zu hoffen, dass auch mit dem Web 2.0 politisches Handeln mit Zielen wie Partizipation, Solidarität, Stärkung von Gegenöffentlichkeit und Vernetzung gemeinsamer Interessen ein Anliegen bleibt – und dies mit Blick auf sämtliche Ungleichheitsverhältnisse.

Literatur

Bath, Corinna, 2003: Einschreibungen von Geschlecht: Lassen sich Informationstechnologien feministisch gestalten? S. 75–95 in: *Jutta Weber* und *Corinna Bath* (Hg.), Turbulente Körper, soziale Maschinen. Feministische Studien zur Technowissenschaftskultur. Opladen: Leske + Budrich.

Becker, Barbara und *Christiane Funken*, 1998: Elektronische Kommunikation: Eine Chance für Frauen. S. 175–183 in: *Gabriele Winker und Veronika Oechtering* (Hg.), Computerplätze – Frauennetze. Frauen in der Informationsgesellschaft. Opladen: Leske + Budrich.

Brah, Avtar und *Ann Phoenix*, 2004: Ain't I A Woman? Revisiting Intersectionality. Journal of International Women's Studies 5: 75–86.

Butler, Judith, 1991: Das Unbehagen der Geschlechter. Frankfurt/M.: Suhrkamp.

Carby, Hazel V., 1982: White women listen! Black feminism and the boundaries of sisterhood. S. 212–235 in: *The Centre for Contemporary Culture Studies* (Hg.), The Empire Strikes Back. Race and Racism in 70s Britain. London: Routledge.

Carstensen, Tanja, 2008: Zur Ko-Konstruktion von Technik und Geschlecht in Diskursen über das Internet. S. 24–41 in: *Alumni-Verein Hamburger Soziologinnen und Soziologen e. V.* (Hg.): Lebendige Soziologie. Jahrbuch 2006/2007. Hamburg.

Carstensen, Tanja, 2009: Gender Trouble in Web 2.0: Gender Relations in Social Network Sites, Wikis and Weblogs. International Journal of Gender, Science and Technology 1. http://genderandset.open.ac.uk/index.php/genderandset/article/view/18 [28.09.2010].

Carstensen, Tanja und *Gabriele Winker*, 2005: A Tool but not a Medium – Practical Use of the Internet in the Women's Movement. S. 149–162 in: *Jacqueline Archibald, Judy Emms, Frances Grundy, Janet Payne* und *Eva Turner* (Hg.): The Gender Politics of ICT. Middlesex: University Press.

Combahee River Collective, 1982: A Black Feminist Statement. S. 13–22 in: *Gloria T. Hull, Patricia Bell Scott* und *Barbara Smith* (Hg.): But Some of Us Are Brave. Black Women's Studies. Old Westbury/New York: Feminist Press (Orig. von 1977).

Consalvo, Mia und *Susanna Paasonen* (Hg.), 2002: Women & Everyday Uses of the Internet. Agency & Identity. New York u. a.: Peter Lang.

Crenshaw, Kimberlé, 1989: Demarginalizing the Intersection of Race and Sex: A Black Feminist Critique of Antidiscrimination Doctrine. The University of Chicago Legal Forum: 139–167.

Dorer, Johanna, 1997: Gendered Net: Ein Forschungsüberblick über den geschlechtsspezifischen Umgang mit neuen Kommunikationstechnologien. Rundfunk und Fernsehen 45: 19–29.

Eggers, Maureen Maisha, Grada Kilomba, Peggy Piesche und *Susan Arndt* (Hg.), 2007: Mythen, Masken & Subjekte. Kritische Weißseinsforschung in Deutschland. Münster: Unrast-Verlag.

Ftttkau & Maaß Consulting (Hg.), 1995: 1. WWW-Benutzer-Analyse W§B. http://www.w3b.org/ergebnisse/w3b1/ [28.09.10]

Haraway, Donna, 1995: Die Neuerfindung der Natur. Primaten, Cyborgs und Frauen. Frankfurt am Main/New York: Campus.

Harders, Cilja und *Franka Hesse,* 2006: Partizipation und Geschlecht in der deutschen Blogosphäre. Femina Politica 2006: 90–101.

Harding, Sandra, 1991: Feministische Wissenschaftstheorie. Zum Verhältnis von Wissenschaft und sozialem Geschlecht. Hamburg: Argument.

Hargittai, Eszter, 2002: Second-Level Digital Divide. Differences in People's Online Skills. First Monday, 7, 4. http://chnm.gmu.edu/digitalhistory/links/pdf/introduction/0.26c.pdf [28.09.2010].

Hark, Sabine, 1993: Queer Intervention. Feministische Studien, Kritik der Kategorie 'Geschlecht' 11: 103–109.

Heil, Bill und *Mikolaj Jan Piskorski,* 2009: Twitter and Gender. New research reveals different patterns of Twitter use for men and women. Bloomsberg Businessweek, June 1, 2009. http://www.businessweek.com/managing/content/jun2009/ca2009 062_071263.htm [28.09.2010].

Heinrich Böll Stiftung und *Feministisches Institut* (Hg.), 2002: Feminist_Spaces im Netz. Diskurse, Communities, Visionen. Königsstein/Ts.: Ulrike Helmer Verlag.

Herring, Susan, 1997: Geschlechtsspezifische Unterschiede in computergestützter Kommunikation. Von vertrauten Problemen an neuen Grenzen. Feministische Studien 15: 48–76.

Initiative D21, 2010: (N)Onliner-Atlas 2010. Eine Topographie des digitalen Grabens durch Deutschland. Nutzung und Nichtnutzung des Internets, Strukturen und regionale Verteilung. http://www.initiatived21.de/category/nonliner-atlas/nonliner-atlas-2010 [28.09.2010].

Jacob, Jutta, Swantje Köbsell und *Eske Wollrad* (Hg.), 2010: Gendering Disability. Intersektionale Aspekte von Behinderung und Geschlecht. Bielefeld: transcript.

Klaus, Elisabeth, Monika Pater und *Uta C. Schmidt,* 1997: Das Gendering neuer Kommunikationstechnologien. Das Argument 223/1997: 803–832.

Knapp, Gudrun-Axeli, 2005: 'Intersectionality' – ein neues Paradigma feministischer Theorie? Feministische Studien 23: 68–81.

Landström, Catharina, 2007: Queering Space for New Subjects. Kritikos. An international and interdisciplinary journal of postmodern cultural sound, text and image 4, November-December. http://intertheory.org/clandstrom.htm [28.09.2010].

Lehmann, Bettina, 1996: Internet – (r)eine Männersache? Oder: Warum Frauen das Internet entdecken sollten. S. 333–354 in: *Stefan Bollmann* und *Christiane Heibach* (Hg.), Kursbuch Internet. Anschlüsse an Wirtschaft und Politik, Wissenschaft und Kultur. Mannheim: Bollmann.

Lutz, Helma und *Norbert Wenning,* 2001: Differenzen über Differenz – Einführung in die Debatten. S. 11–24 in: *Helma Lutz* und *Norbert Wenning* (Hg.), Unterschiedlich verschieden. Differenz in der Erziehungswissenschaft. Opladen: Leske + Budrich.

Manago, Adriana M., Michael B. Graham, Patricia M. Greenfield und *Goldie Salimkhan,* 2008: Self-presentation and gender on MySpace. Journal of Applied Developmental Psychology 29: 446–458.

Nielsen und *NetRatings* (Hg.), 2002: Digital Divide for Women Persists at Work. http://www.nielsen-netratings.com/pr/pr_020313.pdf [28.09.2010].

Pew Internet & American Life Project, 2007: Teens and Social Media. The use of social media gains a greater foothold in teen life as they embrace the conversational nature of interactive online media. Washington. http://www.pewinternet.org/~/media//Files/Reports/2007/PIP_Teens_Social_Media_Final.pdf.pdf [28.09.2010]

Plant, Sadie, 2000: nullen + einsen. Digitale Frauen und die Kultur der neuen Technologien. München: Goldmann.

Rommes, Els, Ellen van Oost und *Nelly Oudshoorn,* 1999: Gender and the design of a digital city. Information, Communication and Society 2: 476–95.

Schelhowe, Heidi, 1997: Die Krise für Veränderungen nutzen! Technologie und Geschlechterverhältnis in der Informationsgesellschaft. S. 75–88 in: *Corinna Bath* und *Barbara Kleinen* (Hg.),: Frauen in der Informationsgesellschaft. Fliegen oder Spinnen im Netz? Mössingen-Talheim: Talheimer.

Schönberger, Klaus, 2008: Doing Gender, Kulturelles Kapital und Praktiken des Bloggens. In: *Thomas Hengartner* und *Michael Simon* (Hg.), Bilder – Bücher – Bytes. Berlin: (im Druck). Preprint online: http://www.kultur.uni-hamburg.de/technikforschung/download/Schoenberger_dgv_kongress_Main_preprint.pdf [28.09.2010].

Spender, Dale, 1995: 1. Auffahrt Cyberspace. Frauen im Internet. München: Frauenoffensive.

Turkle, Sherry, 1998: Leben im Netz. Identität in Zeiten des Internet. Reinbek: Rowohlt.

Van Doorn, Niels, Liesbet van Zoonen und *Sally Wyatt,* 2007: Writing from experience: Presentations of Gender Identity on Weblogs. European Journal of Women's Studies 14: 143–159.

Van Eimeren, Birgit und *Beate Frees,* 2010: Fast 50 Millionen Deutsche online – Multimedia für alle? Media Perspektiven 7.8: 334–349.

Van Oost, Ellen, 2003: Materialized gender: How shavers configure the users' femininity and masculinity. S. 194–208 in: *Nelly E. J. Oudshoorn* und *Trevor J. Pinch* (Hg.), How users matter: The co-construction of users. Cambridge, M.A.: MIT Press.

Winker, Gabriele, 2002: Informationstechnik und Geschlechterhierarchie – eine bewegende Beziehung. Technikfolgenabschätzung. Theorie und Praxis 11: 70–78.

Winker, Gabriele, 2004a: Internetforschung aus Genderperspektiven. S. 123–140 in: *Sylvia Buchen, Nena Helfferich* und *Maja Maier* (Hg.), Gender methodologisch. Empirische Forschung in der Informationsgesellschaft vor neuen Herausforderungen? Wiesbaden: VS Verlag für Sozialwissenschaften.

Winker, Gabriele, 2004b: Fokus Bürgerin. Zur genderbewussten Gestaltung öffentlicher Räume in kommunalen E-Government-Portalen. S. 59–76 in: *Alexander Siedschlag* und *Alexander Bilgeri* (Hg.), Kursbuch Internet und Politik, Band 1/2003. Opladen: Leske+Budrich.

Winker, Gabriele und *Nina Degele,* 2009: Intersektionalität. Zur Analyse sozialer Ungleichheiten. Bielefeld: Transcript.

Wötzel-Herber, Henning, 2008: Doing Me and the Others. Identitätskonstruktionen in Online-Communities. Unveröffentlichte Masterarbeit. Universität Hamburg. http://woetzel-herber.de/2009/02/22/doing-meand-the-others-identitatskonstruktionen-in-online-communities/ [28.09.2010].

Yates, Simeon J. und *Karen Littleton,* 2001: Understanding Computer Game Cultures. A situated approach. S. 103–123 in: *Eileen Green* und *Alison Adam* (Hg.): Virtual Gender. Technology, Consumption and Identity. London: Routledge.

Medienhandeln in Generations- und Geschlechterbeziehungen: Zwischen identitätsstiftender Idiosynkratie und Reproduktion sozialer Ungleichheit

Christine Linke

Abstract

In Zeiten umfassenden Wandels von Kommunikation und Medien finden in engen sozialen Beziehungen bedeutsame Verhandlungen statt, die hinsichtlich der Teilhabemöglichkeiten an Medienkommunikation hinterfragt werden müssen. Der Alltag von Paaren und Familien ist gekennzeichnet von der Verschiedenartigkeit der Medienaneignung und des Gebrauchs von Medien durch die Beziehungspartner. Wie Differenzen und letztlich Formen sozialer Ungleichheit auf einer Mikroebene sozialer Prozesse analysiert werden können ist ein zentraler Ansatzpunkt des Beitrags. Es wird danach gefragt, wie Menschen Diversität in ihrer (mediatisierten) Alltagswelt herstellen und erleben und inwieweit sich diese als Formen sozialer Ungleichheit manifestieren. Anhand einer empirischen Studie mit zehn Paaren und Familien werden Überlegungen zu Beziehungsrollen, Praktiken sozialer Unterstützung und Generationsverhandlung im Medienalltag erarbeitet und hin zu einer Konzeptualisierung von Differenz als Bestandteil eines kommunikativen Repertoires in Beziehungen geführt. Dies ermöglicht die Betrachtung zum einen nomischer Prozesse, wenn Differenz in Beziehungen identitätsstiftender Natur ist, und zum anderen die Sicht auf Formen der Reproduktion sozialer Ungleichheit, bei strukturell wirksamer Differenz in sozialen Beziehungen.

1   Einleitung

Der Beitrag beschäftigt sich mit Kommunikation und Medien im Alltag von Paaren und Familien und fokussiert hierbei den Aspekt der Verschiedenartigkeit der Medienaneignung und des Gebrauchs von Medien durch die Beziehungspartner. In diesem Lebensbereich und seinen Alltagspraxen finden in Zeiten umfassenden Wandels von Kommunikation und Medien bedeutsame Verhandlungen statt, nicht zuletzt auch zwischen Generationen und Geschlechtern. Ich werde mich den Differenzen auf einer Mikroebene sozialer Prozesse widmen und danach fragen, wie Menschen Diversität in ihrer (mediatisierten) Alltagswelt herstellen und erleben. Daran anschließend ist zu diskutieren und einzuordnen, wann und inwieweit es sich um Prozesse struktureller Ungleichheit handelt und welche Probleme damit angesprochen werden. Die Begrifflichkeit „soziale Ungleichheit" bringt eine normative Aufladung mit sich, in dem Sinne, dass Entwicklungen angesprochen werden, die Menschen systematisch benachteiligen und die Teilhabe von Menschen an gesellschaftlichen Entwicklungen verhindern. Um diese Prozesse schlüssig und tiefgründig zu verstehen, werde ich im Folgenden eine analytische Trennung umsetzen. Bei der Untersuchung von sozialem Beziehungshandeln werden zunächst die Entwicklung und Verhandlung von Differenzen zwischen Beziehungspartnern in den Blick genommen. Fortwährend wird dabei immer wieder Bezug zu strukturellen Relationen und zu Prozessen jenseits einer Mikroebene der Betrachtung hergestellt. Es wird davon ausgegangen, dass Differenz zunächst ein ausdrückliches Kennzeichen sozialer Beziehungen ist. Führt Differenz aber zu einer strukturellen Benachteiligung und Verhinderung von Teilhabe wird sie Ausdruck sozialer Ungleichheit. Ziel ist, zu einem besseren Verständnis von Basisprozessen sozialer Ungleichheit im Medienalltag beizutragen. Weiterhin kann ein gründlicher Blick auf Alltagsstrukturen möglicherweise offenbaren, inwieweit sich das komplexe Zusammenspiel von Wandlungsprozessen in den Gesellschaft zugrunde liegenden sozialen Mikrostrukturen auswirkt. Die Studie trägt damit zur Beantwortung der Frage nach den Ausprägungen von Ungleichheit in der Mediengesellschaft bei, indem die Medienpraktiken, Alltagserfahrungen und Beziehungsstrukturen von Menschen theoretisch fundiert und empirisch kontextualisiert werden. Im Sinne qualitativer Sozialforschung wird eine fortwährende Offenheit gegenüber dem Gegenstand umgesetzt. Damit können neuartige Zusammenhänge zwischen dem sozialen Handeln in engen Beziehungen und dem Zugang zu kommunikativen Möglichkeiten und der Teilhabe an Medienentwicklungen identifiziert werden. Der Beitrag gliedert sich zunächst in die theoretische Fundierung der Themen Beziehungshandeln, Alltag und Mediatisierung sowie Beziehungs- und Kommunikationsstrukturen und Identitätskonstruktion. Ich werde daran anschließend die empirische Erfassung alltäglicher (Medien)Kommunikation in sozialen Beziehungen, wie ich Sie umgesetzt habe, erläutern. Es folgt die Darstellung und Einordnung der empirischen Ergebnisse zu Beziehungsrollen, Praktiken sozialer Unterstützung und Generationsverhandlung im Medienalltag. In einem Fazit werde ich schließlich für die Konzeptualisierung von Differenz als Bestandteil eines kommunikativen Repertoires in Beziehungen plädieren.

2   Beziehungshandeln, Alltag und Mediatisierung

Die Studie konzentriert sich auf die Aneignung von Medien im Alltag sozialer Beziehungen und stellt dabei auch die Frage nach den Teilhabemöglichkeiten an Medienkommunikation in diesen sozialen Strukturen. Die Kommunikation zwischen Menschen ist grundlegend für soziale Beziehungen und stellt wiederum die Basis des Zusammenlebens und gesellschaftlicher Strukturen dar. Der Alltag als Sphäre, in der Beziehungen gelebt werden, ist nun zunehmend von einer Durchdringung durch (digitale) Medien gekennzeichnet. In der alltäglichen Kommunikation sind in Anbetracht dieses forcierten Medienwandels auch Dimensionen von Ungleichheit zu hinterfragen. Von diesen Punkten ausgehend stellen sich für eine Auseinandersetzung mit Medien im Alltag von Paaren verschiedene Herausforderungen. Hermann Bausinger hat vor Jahrzehnten bereits von einer

> „Absurdität der Medienwelt […]" gesprochen, „[…] die eben nicht nur aus dem Inhalt der Medien besteht, sondern die gerade das verwirrende Spiel aus intentionalen und nichtintentionalen Akten, aus medienbezogenen, personen- und umweltbezogenen, aus konzentrierten und beiläufigen Handlungen, das ganze undurchsichtige Alltagsspiel einbegreift" (Bausinger 1983: 36).

Dieses komplexe Geschehen beschreibt auch die vielschichtigen Relationen zwischen der Beziehung, dem Alltag und den Medien. Medienkommunikation in engen sozialen Beziehungen möchte ich vor dem Hintergrund eines Metaprozesses der Mediatisierung kommunikativen Handelns (Krotz 2001, 2007) thematisieren. Der Anschluss an das Mediatisierungskonzept von Friedrich Krotz ermöglicht eine integrative Betrachtung des aktuell stattfindenden Wandels von Alltag, Beziehungen, Kommunikation und Identitäten durch Medien und Digitalisierung. Das Konzept beschreibt welche Veränderungen durch den Gebrauch von Medien im Vergleich zur Grundform des direkten Kommunizierens stattfinden. Mediatisierung ist daher als ein Prozess zu begreifen, der keine räumliche, zeitliche oder in seinen sozialen und kulturellen Folgen begrenzte Entwicklung beschreibt. Mediatisierung umfasst komplexe Entwicklungen und deren Wechselwirkungen und kann nicht auf einzelne Ursachen reduziert werden. Indem Technologien und Medien in das Leben der Menschen integriert werden, verändert sich ihr Alltag, ihre Beziehungen und auch die Menschen selbst. Der Mediatisierungsansatz setzt an mikro-, meso- sowie makrosozialen Fragestellungen unserer Zeit an und ermöglicht damit auch eine Verbindung der theoretischen und empirischen Analyse auf verschiedenen Ebenen sozialer Prozesse. Betrachtet werden nicht nur Formen der Kommunikation, bei denen Medien Bestandteile der Kommunikationsprozesse sind, sondern auch so genannte mediatisierte Formen sozialen und kulturellen Lebens (Krotz 2009: 24). Mediatisierte Formen beschreiben umfassender die Bedeutung, die die Medien für die Lebensbereiche der Menschen und der Gesellschaft innehaben. Im Fokus steht dabei das Verständnis der Entwicklung komplexer Medienumgebungen und deren Gestaltung und Ausdifferenzierung. Von Interesse ist hierbei auch inwieweit diese Entwicklungen Unterschiede zwischen den Menschen, hinsichtlich des Zugangs zu Kommunikationsräumen, hervorbringen, inwieweit also im Kontext eines Prozesses der Mediatisierung soziale Ungleichheit entstehen kann beziehungsweise fortgeführt wird.

Tanja Thomas (2009) stellt etwa zur Diskussion, inwieweit das Zusammenwirken von Individualisierungs- und Mediatisierungsprozessen weniger zur Autonomie des Einzelnen beiträgt, sondern vielmehr den sozialen Normdruck auf ihn und seine Lebensführung verstärkt.

Zur Betrachtung des Medienhandelns in Beziehungen lege ich einen weit gefassten Medienbegriff zu Grunde, der basierend auf face-to-face-Kommunikation integrativ vielfältige Formen der Vermittlung von Kommunikation, wie Internetmedien (z. B. E-Mail, Social Networks, WebTV), Briefe, Fernsehen, Mobiltelefon (z. B. auch Messaging, mobiles TV, mobiles Internet), Festnetztelefon oder (digitale) Fotografie, mit einbezieht. Menschen nutzen in ihrem Alltag Medienensemble, die sich fortwährend verändern können (Haddon 2003). Vor diesem Hintergrund stehen die vielfältigen Formen mediatisierter Kommunikationsprozesse in engen sozialen Beziehungen und die Bedeutung von Medien für Beziehungspartner im Fokus. Angelehnt an die Ideen einer Domestizierung von Technologien (Silverstone und Haddon 1996) wird davon ausgegangen, dass ein fortwährender Prozess der bedeutungsvollen Aneignung von Medien sowohl die zwischenmenschlichen Beziehungen beeinflusst als auch von Beziehungsstrukturen bedingt wird. Der Domestizierungsansatz eröffnet zum einen den Fokus auf den Haushalt und wie Menschen in ihren alltäglichen Handlungen sich hier Medien aneignen. Zum anderen geht es um eine Beschreibung der Verbreitung von Technologie, was insbesondere für die Untersuchung neuer Medien Ansatzpunkte bietet (Röser 2007). Die Forschungen im Rahmen des Domestizierungsansatzes haben für die Nutzung des Fernsehens gezeigt, dass innerhalb eines Haushalts die verschiedenen Familienmitglieder das Medium unterschiedlich gebrauchen und dabei auch Generations- und Geschlechterbeziehungen gestaltet und ausgedrückt werden (Röser 2007). Kommunikationswissenschaftliche Studien zu Geschlechterbeziehungen und Medienhandeln verweisen dabei auf vielfältige Verschränkungen bezüglich der Definition, Position und Identifikation von Geschlecht (Klaus 1998, 2007). Dabei wurden Momente eines „doing gender" sowie eines „undoing gender" erfasst, was auf die aktive Position hinweist, die die Menschen in diesen Prozessen innehaben. Hierzu ist weiterhin zu fragen, wie sich Prozesse der Teilhabe zum einen im häuslichen Gebrauch gestalten und zum anderen inwieweit sie darüber hinaus sozial relevant werden. Es wurde etwa auch gezeigt, dass als Voraussetzung für die Annahme einer neuen Technologie die Anschlussfähigkeit an die Alltagspraktiken der Menschen eine entscheidende Rolle in Domestizierungsprozessen spielt (Röser 2007). Teilhabe kann nur entstehen, wenn Menschen auch auf der Ebene ihrer alltäglichen Abläufe, Anforderungen und Interessen einen Anlass finden, sich ein Medium anzueignen. Die Basis für soziale Ungleichheit ist also auch hinsichtlich einer strukturellen Differenz der Alltagspraktiken zu hinterfragen.

3   Beziehungs- und Kommunikationsstrukturen und Identitätskonstruktion

Um den Blick auf Alltagspraktiken in Beziehungen und damit auch die Aneignungsprozesse um Medien zu richten, werde ich zunächst einige grundlegenden Gedanken zu
deren Herausbildung und sozialen Relevanz anstellen. Damit möchte ich auch durchaus problematisieren, dass im Alltag und in der Herausbildung von Alltagspraktiken
zunächst bei einer Suche nach sozialer Ungleichheit und struktureller Differenz immer
auch Fragen nach deren Entstehung zu stellen sind. Um dies schlüssig zu ermöglichen,
werde ich einige grundlegende Prinzipien des kommunikativen Austausches in Beziehungen klären und auch die Möglichkeit idiosynkratischer Strukturen beschreiben.
Kommunikation ist gekennzeichnet durch Regelstrukturen. Für die Betrachtung der
Kommunikation in sozialen Beziehungen ermöglicht die Theorie der Bedeutungskoor-
dination (Pearce und Cronen 1980) eine nützliche Sichtweise: Sie begreift *Regeln* nicht
nur als eine Art von Vorschriften, sondern darüber hinaus als Bestandteile der Konstitution von Sinn in sozialen Relationen. Wenn Kommunizierende einer Sequenz von
Botschaften einen gemeinsamen Sinn beimessen und davon ausgehend weiterhandeln,
kann von einer Koordination auch der Regeln ihrer Kommunikation ausgegangen werden. Diese Grundidee ermöglicht den Anschluss für ein Verständnis der Konstitution beziehungsspezifischer Regeln idiosynkratischer Natur (Miller and Steinberg 1975;
Höflich 1996). Idiosynkratische Regeln sind dabei nicht generalisierbar und – da sie
nicht als soziale Normen mit der Möglichkeit zu Sanktionen verknüpft sind – auch nicht
durchsetzbar. Sie sind aber stark in die Strukturen von sozialen Beziehungen eingebunden und müssen bei der Analyse zwischenmenschlichen kommunikativen Handelns
berücksichtigt werden. Während generalisierte soziale Regeln im Sinne von Normen,
in vielfältigen alltäglichen Kommunikationssituationen bedeutsam sind, zum Beispiel
das Gebot der Begrüßung und Verabschiedung, sind idiosynkratische Kommunikationsstrukturen mit persönlichen Beziehungen verknüpft. Kennen sich nun die Kom-
munizierenden dagegen näher – es besteht eine soziale Beziehung, in der persönliche
Informationen ausgetauscht worden sind – dann können soziale Normen in den Hintergrund treten und die Kommunikationssituationen werden stärker durch diese enge
Kommunikationsbeziehung und deren idiosynkratischen Regeln geprägt: Eine Begrüßung mit Spitznamen oder eine Meldung am Telefon, die Bezug zu gemeinsam erlebten
komischen Situationen nimmt, verstehen beide Kommunikationspartner, da hier ein
Verweis auf die Entwicklungsgeschichte der Kommunikationsbeziehung – mit den ihr
eigenen Spezifika – mehr wiegt als allgemeine Regularien des Umgangs (Höflich 1996).
Die Herausbildung von idiosynkratischen Regeln kann nun soweit erfolgen, dass diese
zum Kennzeichen ja Bestandteile der Kommunikationsbeziehung werden und von
den Beziehungspartnern ritualisiert und beziehungsstärkend ausgeführt werden. Zur
Herleitung dieser Zusammenhänge ist eine Auseinandersetzung mit dem Phänomen
der (engen) sozialen Beziehung notwendig. In diesem Sinne möchte ich Spezifika der
Kommunikation in engen sozialen Beziehungen basierend auf einem Konzept idiosyn-

kratischer Regeln verstehen, die über ihre Bedeutsamkeit als Ordnungsmuster hinaus Bedeutung als Bestandteil kommunikativen Austauschs erlangen.

Beziehungen zwischen Menschen sind Prozesse, die auf Kommunikation, auf symbolischen Interaktionen sowie auf mentalen Vorgängen basieren. Sie sind eingebettet in Alltagsbezüge (Wood und Duck 2006) und können nicht isoliert von gesellschaftlichem und kulturellem Wandel betrachtet werden, was auch die Frage von sozialer Ungleichheit, die mit diesen Wandlungsprozessen betroffen ist beinhaltet. Beziehungen bestehen aber nicht nur aus Interaktion, sondern auch aus mentalen Prozessen: Soziale Beziehungen zwischen Menschen oder Menschen und Menschengruppen beinhalten, dass die beteiligten Personen eine innere Vorstellung vom anderen und von der Beziehung haben, wobei das aufeinander eingestellte soziale Handeln, welches hier anknüpft, situationsübergreifend orientiert ist (Krotz 2007). Die mentalen und kommunikativen Prozesse in Beziehungen sind bedeutsam für die (zwischen-)menschliche Konstruktion von Identität und Wirklichkeit (Berger und Kellner 1965). Eine Beziehung zwischen zwei Menschen kann als Strukturtypus mit einer sozialen Organisation verglichen werden (McCall 1998). Beide Formen kennzeichnet das Bewusstsein der Beteiligten, Teil einer objektivierten, institutionalisierten sozialen Form, z. B. Teile eines Paares, einer Familie oder einer Gemeinde zu sein. Weiterhin beinhalten beide Formen ein Gefühl von Kollektivität, von Zugehörigkeit, Gemeinschaft und von solidarischem Handeln untereinander sowie die Schaffung einer gemeinsamen Kultur. Sowohl in Dyaden als auch in Organisationen etabliert sich zudem eine Rollendifferenzierung, die sich zum Beispiel in einer Arbeitsteilung äußert. Als Besonderheiten der dyadischen Beziehung ist noch festzuhalten, dass sie von den Beteiligten als einmalig wahrgenommen wird: Sie ist gekennzeichnet durch eine besonderen Grad Intimität und Hingabe und die Partner in einer engen Dyade vertrauen auf der Reziprozität des Austausches miteinander. Zudem ist die Gewissheit der Endlichkeit einer zwischenmenschlichen Beziehung bedeutsam, was dazu führt, dass eine Beziehung immer an die Beteiligten gebunden ist und kein Beziehungspartner – wie dies in Organisationen etwa möglich wäre – ersetzt werden kann (McCall 1988). Während in einer Organisation eine charakteristische, von der individuellen Person getrennte Ausdifferenzierung von Rollen stattfindet, sind in Beziehungen Rolle und Person immer aufs engste miteinander verbunden. In diesem Sinne ist Differenz eben ausdrücklich Kennzeichen – auch der Ebene sozialer Beziehungen – aber durchaus nicht gleich Ausdruck struktureller Ungleichheit.

Die Paarbeziehung, die ein Gegenstand dieser Studie ist, beschreibt als enge Dyade immer das Verhältnis zweier Personen. Diese Konstellation bringt mit sich, dass es immer zwei Perspektiven, die der beiden beteiligten Individuen, auf die Beziehung gibt (Duck 1990). Karl Lenz benutzt daher die Bezeichnung „Zweierbeziehung" und definiert diese als:

> „(…) Strukturtypus persönlicher Beziehung zwischen Personen unterschiedlichen oder
> gleichen Geschlechts, der sich durch einen hohen Grad an Verbindlichkeit (Exklusivität)

auszeichnet, ein gesteigertes Maß an Zuwendung aufweist und die Praxis sexueller Interaktion – oder zumindest deren Möglichkeit einschließt." (Lenz 2006).

Das Geschlecht ist bei der Betrachtung von Paarbeziehung ein bedeutsamer Aspekt. Neben einer Differenzierung zwischen heterosexuellen und homosexuellen Paarbeziehungen gilt es in heterosexuellen Beziehungen eine Konstellation beider Geschlechter zu bedenken. Es besteht daher die Herausforderung in einer Konstellation der Zweigeschlechtlichkeit Unterschiede zwischen den Partnern eindeutig auch als Geschlechtsdifferenzen zu identifizieren. In Paarbeziehungen, so zeigt der Forschungsstand, sind stereotype Vorstellungen und Umsetzungen von Geschlecht in den letzten Jahren zurückgegangen, wobei millieuspezifische Unterschiede des Geschlechterhandelns zu bedenken sind (Koppetsch und Burkart 1999). Ich folge für die Betrachtung von engen Beziehungen einer Konzeptualisierung von Geschlecht als Prozesskategorie: Geschlecht wird durch soziales Handeln in Verbindung mit Medienhandeln konstituiert (Ang und Hermes 1991; Klaus 1998).

Um enge persönliche Beziehungen zu verstehen, müssen sie als Prozesse betrachtet werden (Duck 1990). Nur ein prozessorientiertes Verständnis von Paarbeziehungen ermöglicht das soziale Geschehen und Momente von Differenz vollständig zu erfassen und seine Einbettung in alltägliche Bezüge nicht zu übersehen. Etwa können nur mit einer Perspektive auf Prozesse (inter-)subjektive Konstruktionen sozialer Wirklichkeit nachgezeichnet werden, denen in Paarbeziehungen eine zentrale Bedeutung zukommt: Paare entwickeln eine spezifische Paaridentität wobei die Kommunikation zwischen den Partnern eine entscheidende Rolle spielt (Berger und Kellner 1965, Kaufmann 2005). Durch den kommunikativen Austausch in Paarbeziehungen kann ein *nomosstiftender* Prozess entstehen, der eine Grundlage von Vergesellschaftung darstellt. Durch kommunikativ vermittelten Sinn wird die gesellschaftlich konstruierte Welt dem einzelnen fortlaufend vermittelt und bestätigt. Der Prozessgedanke ist dabei essentiell: Sein kontinuierlicher Ablauf ermöglicht, dass die Welt für den Einzelnen seine Welt bleibt (Berger und Kellner 1965). Paaridentität wird fortwährend bearbeitet und aktualisiert. Sie entwickelt sich im Kontext alltäglicher Erfahrungen beider Partner. Die These, dass die Ehe respektive die Paarbeziehung im Vergleich zu anderen signifikanten Beziehungen der Menschen ein entscheidendes nomisches Instrument ist, gilt es heute stärker auszudifferenzieren und zu erweitern (Hildenbrand 1997; Kaufmann 2005). Die traditionelle Ehe beziehungsweise Familie verliert zunehmend ihre Selbstverständlichkeit. An ihre Stelle sind Aushandlungsfamilien getreten, in denen der Verhandlung und Gestaltung von Wirklichkeit mehr Raum zukommt. Neben dem vorreflexiven Gespräch strukturieren immer mehr auch bewusste Formen der Kommunikation, wie Geschichten oder Alltagsstrukturen, wie Arbeitsteilungen und Beziehungen (Hildenbrand 1997). Auch Ritualen kommt als Modus der Konstitution von Paarbeziehung eine Bedeutung zu. Realitätskonstruktion kann als Beziehungsarbeit gedeutet werden, die jegliche Handlungen sowohl innerhalb als auch außerhalb der Beziehung beinhaltet (Lenz 2006). Durch den

Bedeutungsverlust beziehungsweise die Verschiebung verbindlicher, tradierter Rollen-
muster werden intersubjektive Konstruktionsprozesse in heutigen Paarbeziehungen
immer wichtiger (Lenz 2006). Dies erfordert auch – und hier stellt sich ein wichtiger
Bezug zu einem elaborierten Verständnis von Alltagsstrukturen her – die Umsetzung
in gemeinsam lebbare Realität, also spezifische alltägliche Leistungen von den Partnern
(Jürgens 2001). Konkrete Arrangements individuellen Verhaltens äußern sich in Syn-
chronisation, Koordination oder Arbeitsteilung. Dieser Wandel intimer Beziehungen
ist im Kontext eines reflexiven Projekts des Selbst in modernen Gesellschaften zu sehen
(Giddens 1991, 1993). Voraussetzung einer partnerschaftlichen Beziehung ist dabei eine
klare Definition von Grenzen. Dies sichert die individuellen Identitäten der Partner
und ermöglicht, dass innerhalb der Beziehung beide Partner wissen, wer sie sind und
wer der andere ist. Dieses Wissen ist Voraussetzung für Intimität. Als Bestandteil des
reflexiven Projekts des Selbst wird vom Einzelnen auch innerhalb seiner engsten Beziehungen eine aktive Aushandlung der Möglichkeiten des Lebensstils abverlangt, denn es
sind ihm in modernen Gesellschaften zunehmend weniger Muster und Gewohnheiten
vorgegeben (Giddens 1993). Die Relationen zwischen Paarbeziehung und Identitäten,
bei denen es sowohl um eine Aushandlung individueller wie beziehungsspezifischer
Konstruktion geht, sind auch im Kontext eines Metaprozesses der Individualisierung zu
betrachten (Beck und Beck-Gernsheim 2005). Das Arrangieren der Auswirkungen von
beschleunigter Individualisierung und die kontinuierliche Bestätigung der Identitäten
in Paarbeziehungen sind Herausforderungen, denen sich Partner in ihrer Realitätskonstruktion stellen müssen. Dies beinhaltet auch den Umgang und die Einordnung von
Differenz zwischen den Partnern sowie des Paares nach außen.

4   Empirische Erfassung alltäglicher (Medien)Kommunikation
in sozialen Beziehungen

Die beschriebene Pluralisierung partnerschaftlicher und familiärer Beziehungen geht
nun auch einher mit einer differenzierten Verhandlung der Geschlechterbeziehungen:
Diese sind in modernen Gesellschaften durchaus so unterschiedlich, dass für ein Verständnis der Verhandlung von Differenz sowie für die Etablierung und Reproduktion
von Machtstrukturen umso mehr eine differenzierte Betrachtung notwendig ist. Für
den Gegenstand der Medien heißt das einmal mehr eine kontextualisierte Perspektive
auf Beziehungsstrukturen zu ermöglichen, die immanent Bestandteil von Kommunika-
tion- und Differenzstrukturen sind. Beziehungshandeln und Medienhandeln sind miteinander und – das ist schon mehrfach angeklungen – mit dem alltäglichen Handeln
der Partner verbunden. Für die Analyse ist eine Verknüpfung zu theoretischen Alltags-
konzepten nützlich und nötig (Krotz und Thomas 2007). Etwa durch den Anschluss an
das Konzept der Alltäglichen Lebensführung (Voß und Weihrich 2001) wird eine Erfassung von Umweltaspekten von Partnern in Paarbeziehungen und Familienmitgliedern

in einem Familienbeziehungsnetz möglich, wobei sich durch die Betrachtung individueller alltäglicher Lebensführungen auch potentielle Unterschiede der Medienaneignung und des Mediengebrauchs nachvollziehen lassen. Eine Prämisse dieser Studie ist daher Alltag als Einheit zu sehen, als Hintergrund für Differenz. Damit soll auch vermieden werden, dass durch zu kleine Ausschnitte der Erfassung, Differenzen nicht völlig verstanden werden, denn Alltagsstrukturen sind verwoben und nicht in thematische Blöcke unterteilbar. Alltagspraktiken müssen vielmehr als Ganzes verstanden werden, um Rückschlüsse auf Differenz zwischen Beziehungspartnern auszumachen, rekonstruieren und verstehen zu können. Es besteht hier ein großer Bedarf an aktueller empirischer Forschung, da die Alltagspraxen der Menschen ebenso im Wandel sind wie die der Medien und zudem bedeutsame Verknüpfungen zwischen verschiedenen Wandlungsprozessen auf verschiedenen Ebenen sozialen Geschehens bestehen (Krotz 2007). Hiervon ausgehend stellt sich dieser Beitrag die Frage, wie in engen Beziehungen Medien und Mediengebrauch zu einer Wahrnehmung, Konstruktion und Aushandlung von Diversität zwischen Beziehungspartnern führen. Welche Formen der Medienkommunikation sind hierbei bedeutsam? Inwieweit werden Differenzen thematisiert und reflektiert? Welche Aussagen lassen sich hinsichtlich von sozialer Ungleichheit innerhalb der Geschlechter- und Generationenbeziehungen treffen? Inwieweit wirken sich diese medienbezogenen Prozesse auf das Wesen und die Strukturen der sozialen Beziehung aus?

Die empirische Studie lehnt sich an Verfahren der qualitativen Sozialforschung an und wurde als „Methoden-Dreieck" angelegt, um die zu untersuchenden Phänomene aus verschiedenen Perspektiven zu erfassen. Ziel war es, eine offene und gleichzeitig systematische Annäherung und Analyse der Kommunikationsstrukturen in Paarbeziehungen mit einem besonderen Augenmerk auf die Rolle von Medien zu realisieren. Die empirischen Methoden sollten es daher ermöglichen, Konsistenzen herzustellen ohne die Dynamiken innerhalb der Paarbeziehung zu vernachlässigen (Hammerich und Klein 1978). Erforderlich war ebenfalls ein sensibles Vorgehen hinsichtlich der Erfassung des mit alltäglichen Strukturen verknüpften Medienhandelns der Menschen, d.h. eine Kontextualisierung, die räumliche, zeitliche, situative und soziale Konstellationen berücksichtigt und somit zu einer „dichten" Beschreibung des Gegenstands führt (Ang 2006). Im ersten Schritt wurden etwa zweistündige Interviews mit zehn Paaren durchgeführt. Daraufhin dokumentierte jeder der zwanzig Teilnehmer in einem eintägigen Kommunikationstagebuch sämtliche Kontakte zum Partner (face-to-face, per Telefon, per E-Mail usw.). Abschließend wurden die zwanzig Partner einzeln befragt. Im Sinne eines selektiven Samplings wurde bei der Anlage der Studie eine theoretisch fundierte Auswahl der Paare angestrebt und im laufenden Erhebungsprozess realisiert. Das Alter der Teilnehmer variierte zwischen Anfang 20 bis Ende 50. Die Dauer der Paarbeziehungen reichte von gut einem Jahr bis zu 30 Jahren. Sechs der Paare waren verheiratet. Die Teilnehmer befanden sich zum Zeitpunkt der Interviews in Ausbildung oder Studium, gingen einer Tätigkeit als Angestellter oder Selbständiger nach oder befanden sich in Elternzeit. Fünf Paare hatten Kinder, wobei in drei Fällen die Kinder im Haushalt lebten.

Im Rahmen der Erhebung mit diesen Paaren konnten auch Aussagen zur Kommunikation in ihrer Familien gesammelt werden. Die meisten Paare lebten in einem gemeinsamen Haushalt. Darüber hinaus lebte jeweils ein Paar in einer Fernbeziehung, einer Wochenendbeziehung und einer Nahbeziehung, das heißt beide Partner leben im gleichen Ort, haben aber eigene Wohnungen. Unabhängig davon wurden bei den Paaren unterschiedliche Grade von Alltagsmobilität verzeichnet. Die Paare beziehungsweise die Partner lebten in unterschiedlich großen Orten in verschiedenen Regionen Deutschlands. Jedes der Paare hatte somit eine andere Lebenssituation und unterschiedliche Alltagsanforderungen zu bewältigen. Es sind auch Grenzen des Samples zu erwähnen. So wurde zum Beispiel mehrfach aber vergeblich versucht, gleichgeschlechtliche Paare für die Studie zu gewinnen. Insgesamt konnte mit den zehn teilgenommen Paaren eine hohe Bandbreite hinsichtlich der zur Beantwortung der Fragestellung bedeutsamen Attribute der Paarbeziehungen erfasst werden. Die Namen aller Teilnehmer werden in den folgenden Darstellungen aus Gründen des Datenschutzes pseudonymisiert. Die Auswertung der gewonnenen Daten wurde in Anlehnung an das Verfahren des Thematischen Kodierens (Flick 2007) umgesetzt. Dieses Vorgehen ermöglichte eine fallspezifische und fallvergleichende Betrachtung. Die Daten wurden im Rahmen eines an die Fragestellung angepassten Kodier- und Kategorisierverfahren interpretiert. In Anlehnung an das theoretische Kodieren der Grounded-Theory-Methodologie (Glaser und Strauss 1998) erfolgte eine erste Analyse des Materials in einem offenen Kodierverfahren. Damit konnte eine gründliche Beschreibung und Kontextualisierung des Medienalltags der zehn Paare realisiert werden. Es folgten Schritte des axialen sowie selektiven Kodierens in denen die gewonnen Kategorien verfeinern und differenzieren und in theoretische Ideen und Konzepte überführt wurden.

5   Ergebnisse: Beziehungsrollen, Praktiken sozialer Unterstützung und Generationsverhandlung im Medienalltag

Mit Referenz auf die bereits dargelegte Forschung im Bereich des Domestizierungsansatzes geht es im Folgenden zunächst um eine Einordnung der empirischen Ergebnisse hinsichtlich der Geschlechterverhältnisse. Dabei ist es keine Frage, dass wir es bei der Kommunikation in Paarbeziehungen mit *gendered practices* zu tun haben. Vielmehr geht es auch darum, wo bedeutsame Differenzen der Partner in Beziehungen so zum tragen kommen, dass wir auf struktureller Ebene Fragen von Ungleichheit thematisieren müssen. Inwieweit offenbaren sich möglicherweise auch neuartige Zusammenhänge zwischen dem sozialen Handeln in engen Beziehungen und dem Zugang zu kommunikativen Möglichkeiten oder der Teilhabe an Medienentwicklungen?

Die Ergebnisse der empirischen Studie zeigen, dass Kommunikation und Medien in Paar- und Familienbeziehungen Gegenstand der Aushandlung von Nutzungspraktiken, Regeln, Einstellungen und Bewertungen sind. Im Alltag der zehn Paare konnten beim

Vergleich zwischen den Beziehungspartnern vielfältige Formen der Übereinstimmungen, also gemeinsame, geteilte, gleichartige Nutzungspraktiken erfasst werden. Es wurden aber bei jedem der Paare auch Differenzen beim Kommunizieren mit und Gebrauch von Medien beobachtbar, das heißt gegensätzliche oder unterschiedliche Nutzungspraktiken, Einstellungen oder Bewertungen von Medien beider Partner. Zum Beispiel kommuniziert Annika, Anfang zwanzig, täglich mittels Social-Networking-Seiten mit ihren Kommilitoninnen und Kommilitonen. Ihr Partner Niklas, Anfang dreißig, sieht deren Nutzen durchaus kritisch und nutzt diese sehr viel weniger und kontrollierter. Oder: Während Robert, Ende Zwanzig, ganz selbstverständlich das Mobiltelefon für berufliche und private Kontakte nutzt, verzichtet seine gleichaltrige Frau Tanja bewusst auf ein Handy. Die Befunde zeigen über diese Beispiele hinaus, dass Übereinstimmungen sowie Differenzen von einem oder beiden Partnern akzeptiert und als Bestandteil einer Aushandlung von beziehungsbezogenen Regeln betrachtet werden können, die auch eine Definition von Kompetenzen und Rollen in der Beziehung und damit auch Raum für Unterschiede beinhaltet. Es lassen sich vereinzelt Praktiken identifizieren, die als Übersetzung traditioneller Geschlechterrollen in Bezug auf Mediengebrauch interpretiert werden können. Zum Beispiel reproduzieren einige der befragten Paare, z. B. Annika und Niklas oder das Ehepaar Meyer, in ihrer Praxis und ihrer Reflexion eine Vorstellung von der „weiblichen Quasselstrippe", also der viel und lang telefonierenden Frau und dem im Kontrast dazu funktional telefonierenden Mann (Klaus 2007). Gleichzeitig und ganz eindeutig häufiger finden sich im Sample aber paarspezifisch verhandelte Formen der partnerschaftlichen Mediennutzung. Zum Beispiel ist beim Ehepaar Heinze (beide Anfang Vierzig) die Zuständigkeit für Videorekorder und Online-Banking verteilt: Frau Heinze kennt sich besser im Internet aus und Herr Heinze mit dem Programmieren. Bei den jungen Eltern Jan und Yvonne ist letztere, diejenige, die Impulse für Musikrezeption gibt und bei Eva und Max bringt letzterer seine Partnerin auf den Geschmack von Computerspielen. Insbesondere die Paare und Familien, die in einem Haushalt zusammenleben, kommen immer wieder zu einer Beschreibung von arbeitsteiligen Mediengebrauch und in diesem Sinne auch zu arbeitsteiligen Medienkompetenzen, die sich zum Beispiel aus persönlichen Interessen (digitale Fotografie als Hobby von Herrn Meyer) oder beruflichen Erfahrungen (berufliche Schulung und Nutzung des Internets von Frau Heinze) ableiten. Medien werden nun nicht nur in die „Politiken des Wohnzimmers" (Morley 1992) eingebunden. Medienhandeln ist vielmehr auch Bestandteil der Wandlungsprozesse in diesen Strukturen: Herr und Frau Heinze, beide berufstätig, beschreiben zum Beispiel, dass jeder von Ihnen Fernsehsendungen mag, die der andere nicht leiden kann. Daher hat es sich an ihren Fernsehabenden etabliert, dass dann jeweils der andere diese Sendezeiten nutzt um seine jeweiligen Besorgungen und Informationssuchen im Internet zu erledigen. Mit dieser Verhandlung der Mediennutzung geht die Verhandlung der Nutzung des gemeinsamen Wohnraumes einher. Hier zeigt sich ebenfalls eine Form von Fairness, wenn der eine das Wohnzimmer zum ansehen besagter Sendung nutzt, hält sich der andere im Arbeitszimmer auf, in dem der Computer steht.

Es lohnt sich in Anbetracht der Daten, die hier nur exemplarisch dargelegt werden
können, eine Verstärkung der Forschungsperspektive auf individualisierte Formen und
pluralisierte Beziehungsentwürfe zu werfen. Beziehungsstrukturen spielen, so wurde im
Rahmen der Auswertung deutlich, eine signifikante Rolle bei der Aneignung von Medien und vor allem bei der Weiterentwicklung eines komplexen Medienensembles. In
sozialen Beziehungen etabliert sich ein kommunikatives Repertoire, das sich fortwährend verändert und (weiter)entwickelt. Dieses dynamische kommunikative Repertoire
ist dabei spezifisch mit der Paarbeziehung verknüpft, worin sich auch die emergente
Qualität der Paarbeziehung widerspiegelt. Selbst wenn es ähnliche Handlungsmuster
und Verhaltensweisen mit anderen Personen gibt, ist das gesamte Repertoire mit dem
Partner absolut einzigartig. Ein kommunikatives Repertoire (auch in Anlehnung and
Keppler 1994) bezeichnet die Handlungsweisen zwischen zwei Personen, die sich im
kommunikativen Austausch in einer (Paar-)Beziehung etablieren. Das kommunikative
Repertoire beinhaltet damit direkte Kommunikation, Formen mediatisierter Kommu-
nikation, interaktive Kommunikation sowie die Erstellung und Rezeption von Kommu-
nikaten als auch kombinierte Formen (z. B. gemeinsame Mediennutzung, abwechselnde
Nutzung eines Geräts, Formen der Nebenbei- oder Parallelnutzung, Gespräche über
Medien usw.). Das Konzept des beziehungsspezifischen kommunikativen Repertoires
ermöglicht daher, von Beziehungen ausgehend, einen umfassenden Fokus auf die Kommunikationsprozesse in einer mediatisierten Welt zu legen. Dies kommt den weiteren
Herausforderungen für die sozialwissenschaftliche Analyse, eines sich weiter und komplexer differenzierendes und auf digitale Technologien basierendes Kommunikations-
netzes (Krotz 2007), entgegen. Gleichzeitig wird dabei auch eine zusätzliche Sicht auf
Dimensionen von Ungleichheit und deren Veränderung ermöglicht, wobei dieses Konzept jenseits der Form der Paarbeziehungen tragfähig sein könnte: Nicht nur in Paarbeziehungen entwickeln sich beziehungsspezifische Handlungsmuster: In jeglicher Form
sozialer Beziehung kann ein kommunikatives Repertoire entwickelt werden, wobei die
Dauer und die Komplexität des Austauschs zwischen zwei Menschen mit dem potentiellen Spektrum des kommunikativen Repertoires in Verbindung steht (ausführlicher
siehe Linke 2010).

Es wurden weiterhin Hinweise auf generationsspezifische Divergenzen ermittelt:
Bei der Verhandlung des Medienalltags in Familien treffen, die (teilweise durchaus zu
problematisierende) Metaphorik von Marc Prensky aufgreifend, die Sichtweisen von
„Digital Natives" und „Digital Immigrants" aufeinander (Prensky 2001). Kinder und Ju-
gendliche wachsen demnach mit Medien auf und unterscheiden sich mit ihren kommunikativen Praktiken damit von ihren Eltern, die sich erst im Verlauf ihres Lebens ein
Medienrepertoire angeeignet haben. Diese Situation spiegelt sich nun nicht nur in der
Art und Weise, wie Kinder und Jugendliche Medien in ihre Beziehungsrepertoires ein-
binden: die Ergebnisse der Studie weisen auf eine tiefgründigere Veralltäglichung von
Medien innerhalb der Beziehungen der jüngeren Paare, insbesondere auch mit Peers,
hin. Auch sind interaktive digitale Formen der Medienkommunikation nur in den kom-

munikativen Repertoires der jungen Paare enthalten und – daher ist es hier wichtig – werden nicht nur individuell sondern als Paar, also beziehungsspezifisch, angeeignet. Die beiden jüngsten Paare im Sample, Max und Eva sowie Sebastian und Anja (alle Anfang zwanzig) spielen miteinander Computerspiele, wobei für alle vier das Spielen im individuellen Medienensemble keine besondere Rolle spielt. Vielmehr hat explizit das Computerspiel als Paar eine Bedeutung für sie, selbst wenn es nur zu besonderer Gelegenheit stattfinden kann. Anja und Sebastian haben sich gemeinsam eine gebrauchte Konsole für ihre Wohnung gekauft und spielen ab und zu. Eva und Max können nur dann miteinander spielen, wenn Eva Max übers Wochenende an seinem Studienort besucht. Die Begeisterung die Eva in den Interviews diesbezüglich äußert (*„Ja, immer wenn wir uns sehen und wenn das da ist, dann spielen wir das. Das gehört dazu (lacht)."*) verdeutlicht auch ein ritualisiertes Element im kommunikativen Repertoire des Paares. Die Befunde zur Nutzung von Computerspielen durch junge Paare können in Zusammenhang mit dem Prozess der Mediatisierung und der mit ihm einhergehenden Effekte auch hinsichtlich einer Segmentierung von Generationen interpretiert werden. Friedrich Krotz hat 2001 bereits Computerspiele „als Einstieg der Generation der Kinder in die digitale Kommunikation" (Krotz 2001) bezeichnet und die vorliegenden Befunde können als „biografischen Anschluss" dessen interpretiert werden. Hinsichtlich der Beziehungen zwischen Eltern und Kindern geht mit diesem Generationendifferenz die Notwendigkeit von Beziehungsarbeit und metakommunikativer Reflexion und Koordinierung einher: die Ergebnisse verdeutlichen, dass diese Differenz hinsichtlich der Medienpraktiken zu einem wichtigen Thema und Verhandlungsgegenstand in Familien wird. Ramona und Stefan (beide Ende Dreißig) sprechen mit ihrem zwölfjährigen Sohn häufig über Computer, Handy und Spielkonsole. Dabei geht es nicht nur Inhalte und Fertigkeiten sondern auch um den Umfang und die Zeiten der alltäglichen Nutzung und deren „Regulierung", etwa wenn sich die Familienmitglieder auf einen computerfreien Sonntag einigen. Die Auseinandersetzung in den kommunikativen Repertoires in Familien steht damit auch in einer Relation zu denen der jugendlichen Peers. Potential zur Überwindung sozialer Ungleichheit von Generationen ist dabei zu sehen, wenn es gelingt in dieser Verhandlung traditionelle Eltern-Kind-Macht-Strukturen zu überwinden und in Bezug auch digitale Medien voneinander zu lernen.

Die Studie ergab des Weiteren Bezüge der Phänomene von Divergenzen des Mediengebrauchs innerhalb enger Beziehungen zu Prozessen sozialer Unterstützung. Differenz zwischen den Beziehungspartnern bestehen zum Beispiel hinsichtlich der Kenntnisse eines Medien-Endgeräts, der Erfahrung mit Strategien der Informationssuche, der finanziellen begründeten Ausstattung des Netzzuganges oder auch des Beherrschens der englischen Sprache zur Kommunikation. Soziale Ungleichheit kann nun als potentielle Situation sozialer Unterstützung gesehen werden, etwa wenn der Computerfachmann Niklas seiner Partnerin Annika bei einer Studienarbeit behilflich ist. Hierbei wurde im Rahmen der Analyse deutlich, dass das Medienhandeln in die komplexen Austauschprozesse in engen Beziehungen eingebunden ist und das grundlegende soziale

Prinzipien, wie Reziprozität (Stegbauer 2002) von Bedeutung sind. Diese Austauschprozesse integrieren alle Alltags- und Lebensbereich und kennzeichnen den Charakter eines kommunikativen Repertoires. Paare entwickeln hinsichtlich des Gebrauchs
ihres kommunikativen Repertoires daher auch einen eigenen Rhythmus der vom Alltag der Beziehungspartner und von dessen Raum- und Zeitbezug bestimmt wird. Die
Feinheiten des Rhythmus ergeben sich durch idiosynkratisch ausgehandelte Aspekte,
wie Reziprozitätsregeln oder der Antizipation von Tagesabläufen und der Orientierung
an spezifischen Meilensteinen des Tages. Auch Arbeitsteilung, Kompetenzen und Vorlieben werden als idiosynkratische Elemente Bestandteile des kommunikativen Repertoires. Medienkommunikation und die mit ihr verbundene Momente von Differenz
sind damit fortwährend Bestandteil der Verhandlung und äußern sich ebenfalls als idiosynkratische Elemente.

6   Fazit: Differenz als Bestandteil des kommunikativen Repertoires
in Beziehungen

Die Studie verdeutlicht, dass der Gebrauch von Medien als Bestandteil des kommunikativen Repertoires in Beziehungen mit der Konstitution von Bedeutungen verknüpft ist.
Dabei hat das fortwährend aktualisierte kommunikative Repertoire an sich schon Bedeutung, denn es stellt eine einzigartige Verbindung zwischen zwei Menschen, ihrem
Alltag, ihren Gedanken, Gefühlen, Erinnerungen und Zukunftsplänen, Gemeinsamkeiten und Unterschieden sowie ihrer Vorstellung voneinander als Beziehungspartner her. Somit sind auch Differenzen innerhalb der Beziehung sowie Differenzen der
Beziehungspartner zur Umwelt Bestandteil eines Prozess von Kohärenz auf der Ebene
der Beziehung. Die Prozesse sind in ihre Folge verbunden mit der Wirkmacht sozialer Ordnung und deren symbolischen Strukturen. In dem Sinn, dass sie einerseits no-
mische Zustände erhalten können, können sie auch eine Reproduktion von Differenz
und, wenn diese struktureller Natur ist, schließlich soziale Ungleichheit begünstigen.
Durch den Prozess der Mediatisierung – so lässt sich von den Befunden auf der Mikroebene der Beziehung ableiten – können soziale Prozesse in Bewegung kommen. Inwieweit dies eine Umdeutung oder gar Transformation von Differenz und von sozialer
Ungleichheit mit sich bringt, ist wiederum eine empirische Frage, die uns zu weitere
Forschung anspornt (siehe auch Krotz 2009). Die Veränderungen im Kontext von Medien, Beziehungen, Alltag und Gesellschaft bergen durchaus Potentiale der Reduktion
sozialer Ungleichheit durch eine Egalisierung von Differenz, wohl aber keine Automa-
tismen. Für die Untersuchung des Wandels von Geschlechter- und Generationenbeziehungen in einer von Medien geprägten Welt stellt sich hiervon ausgehend die Frage, wie
ein fairer und arbeitsteiliger Beziehungsaustausch möglich wird, der idiosynkratische
respektive identitätsstärkende Prozesse beinhaltet. Als Werkzeug um Beziehungspro-
zesse angemessen und daher in integrativer Relation zu Medien, Alltag und Gesellschaft

zu betrachten, ist dabei meiner Ansicht nach eine Perspektive auf beziehungsspezifische kommunikative Repertoires unerlässlich. Jenseits einer Analyse von Differenz und Ungleichheit *innerhalb* enger sozialer Beziehungen sind mit diesem Ansatz auch Untersuchungen der Herstellung und Reproduktion von Differenz *nach außen* in Relation zu anderen Beziehungseinheiten von Interesse. Das Konzept eines beziehungsspezifischen kommunikativen Repertoires kann auch bei der Erfassung hinsichtlich von Prozessen einer Abgrenzung des eigenen und gemeinsamen Umgangs mit Medien im Gegensatz zum Umgang „anderer" Paare oder Familien nützlich sein. An diesem Punkt könnte zukünftige Forschung ansetzen und Prozesse der sozialen Attribuierung und Abgrenzung von Dyaden nach außen im Kontext der Medien im Alltag untersuchen.

Literatur

Ang, Ien, 2006: Radikaler Kontextualismus und Ethnografie in der Rezeptionsforschung. S. 61–79 in: *Hepp, Andreas* und *Winter, Rainer* (Hg.), Kultur – Macht – Medien. Cultural Studies und Medienanalyse. Wiesbaden: VS Verlag.

Ang, Ien und *Hermes, Joke*, 1991: Gender and/in media consumption. S. 307–328 in: *Curran, James* und *Gurevitch, Michael* (Hg.), Mass Media and Society. London/New York: Arnold.

Bausinger, Hermann, 1983: Alltag, Technik, Medien. S. 24–36 in: *Pross, Harry* und *Rath, Claus-Dieter* (Hg.), Rituale der Medienkommunikation. Gänge durch den Medienalltag. Berlin: Verlag Guttandin & Hoppe.

Beck, Ulrich und *Beck-Gernsheim, Elisabeth*, 2005: Das ganz normale Chaos der Liebe. Frankfurt/Main: Suhrkamp.

Berger, Peter L. und *Kellner, Hansfried*, 1965: Die Ehe und die Konstruktion der Wirklichkeit. Eine Abhandlung zur Mikrosoziologie des Wissens. Soziale Welt, 16: 220–235.

Duck, Steve, 1990: Relationships as unfinished business: Out of the frying pan and into the 1990s. Journal of Social and Personal Relationships, 7: 5–28.

Flick, Uwe, 2007: Qualitative Sozialforschung. Eine Einführung. Reinbek: Rowohlt.

Giddens, Anthony, 1991: Modernity and Self-Identity. Self and Society in the Late Modern Age. Cambridge: Polity Press.

Giddens, Anthony, 1993: Wandel der Intimität. Sexualität, Liebe und Erotik in modernen Gesellschaften. Frankfurt am Main: Fischer.

Glaser, Barney and *Strauss, Anselm*, 1998: Grounded theory: Strategien qualitativer Forschung. Bern: Huber.

Haddon, Leslie, 2003: Research Questions for the Evolving Landscape. Paper presented at the conference ,Front Stage – Back Stage: Mobile Communication and the Renegotiation of the Social Sphere', Grimstad, Norway, 23–24 June 2003. [Online document] http://www.essex.ac.uk/chimera/content/seminars/LH-Grimstad.pdf [last recall 27-01-2010].

Hammerich, Kurt und *Klein, Michael*, 1978: Alltag und Soziologie. S. 7–21 in: *Hammerich, Kurt* und *Klein, Michael* (Hg.): Materialien zur Soziologie des Alltags. Sonderheft Kölner Zeitschrift für Soziologie und Sozialpsychologie. Opladen: Westdeutscher Verlag.

Hildenbrand, Bruno, 1997: Die Ehe und die Konstruktion der Wirklichkeit. Überlegungen zu einem Aufsatz aus dem Abstand von 30 Jahren. S. 104–123 in: *Wicke, Michael* (Hg.): Konfiguration lebensweltlicher Strukturphänomene. Soziologische Varianten phänomenologisch-hermeneutischer Welterschließung. Opladen: Leske + Budrich.

Höflich, Joachim R., 1996: Technisch vermittelte interpersonale Kommunikation. Grundlagen, organisatorische Medienverwendung, Konstitution „elektronischer Gemeinschaften". Opladen: Westdeutscher Verlag.

Jürgens, Kerstin, 2001: Familiale Lebensführung. S. 33–60 in: *Voß, G. Günter* und *Weihrich, Margit* (Hg.): Tagaus tagein. Neue Beiträge zur Soziologie alltäglicher Lebensführung. München/Mering: Rainer Hampp Verlag.

Kaufmann, Jean-Claude, 2005: Schmutzige Wäsche. Ein ungewöhnlicher Blick auf gewöhnliche Paarbeziehungen. Konstanz: UVK.

Keppler, Angela, 1994: Tischgespräche. Über Formen kommunikativer Vergemeinschaftung am Beispiel der Konversation in Familien. Frankfurt/Main: Suhrkamp.

Klaus, Elisabeth, 1998: Kommunikationswissenschaftliche Geschlechterforschung. Zur Bedeutung der Frauen in den Massenmedien und im Journalismus. Opladen/Wiesbaden: Westdeutscher Verlag.

Klaus, Elisabeth, 2007: Das Fräulein vom Amt und die Quasselstrippe. Genderingprozesse bei der Einführung und Durchsetzung des Telefons. S. 139–152 in: *Röser, Jutta* (Hg.), MedienAlltag. Domestizierungsprozesse alter und neuer Medien. Wiesbaden: VS Verlag.

Koppetsch, Cornelia und *Burkart, Günter*, 1999: Die Illusion der Emanzipation. Zur Wirksamkeit latenter Geschlechternormen im Milieuvergleich. Konstanz: UVK.

Krotz, Friedrich, 2001: Die Mediatisierung kommunikativen Handelns: Der Wandel von Alltag und sozialen Beziehungen, Kultur und Gesellschaft durch Medien. Wiesbaden: Westdeutscher Verlag.

Krotz, Friedrich, 2007: Mediatisierung: Fallstudien zum Wandel von Kommunikation. Wiesbaden: VS Verlag.

Krotz, Friedrich, 2009: Mediatization: A Concept With Which to Grasp Media and Societal Change. S. 21–40 in: Lundby, Knut (Hg.), Mediatization. Concept, Changes, Consequences. New York: Peter Lang.

Krotz, Friedrich und *Thomas, Tanja*, 2007: Domestizierung, Alltag, Mediatisierung: Ein Ansatz zu einer theoriegerichteten Verständigung. S. 31–42 in: *Röser, Jutta* (Hg.): MedienAlltag. Domestizierungsprozesse alter und neuer Medien. Wiesbaden: VS Verlag.

Lenz, Karl, 2006: Soziologie der Zweierbeziehung. Eine Einführung. Wiesbaden: VS Verlag.

Linke, Christine, 2010: Medien im Alltag von Paaren. Eine Studie zur Mediatisierung der Kommunikation in Paarbeziehungen. Wiesbaden: VS Verlag.

McCall, George J., 1988: The Organizational Life Cycle of Relationships. S. 467–484 in: *Duck, Steve* (Hg.), Handbook of Personal Relationships. Theory, Research and Interventions. Chichester et al.: John Wiley & Sons.

Miller, Gerald R. und *Steinberg, Mark*, 1975: Between People. An New Analysis of Interpersonal Communication. Chicago/Palo Alto/Toronto: Science Research Associates.

Morley, David, 1992: Television, Audiences and Cultural Studies. London, New York: Routledge.

Pearce, Barnett W. und *Cronen, Vernon E.*, 1980: Communication, Action, and Meaning. New York: Praeger Publishers.

Prensky, Marc, 2001: Digital Natives, Digital Immigrants. On The Horizon, 9, 5: 1–6. [Online document] http://www.marcprensky.com/writing/prensky%20-20digital% 20natives,%20digital%20immigrants%20-%20part1.pdf [last recall 15-02-2011].

Röser, Jutta, 2007: Der Domestizierungsansatz und seine Potenziale zur Analyse alltäglichen Medienhandelns. S. 15–30 in: *Röser, Jutta* (Hg.): MedienAlltag. Domestizierungsprozesse alter und neuer Medien. Wiesbaden: VS Verlag.

Shimanoff, Susan B., 1980: Communication Rules. Theory and Research. Beverly Hills/London: Sage.

Silverstone, Roger und *Haddon, Leslie*, 1996: Design and Domestication of Information and Communication Technologies: Technical Change and Everyday Life. S. 44–74 in: *Mansell, Robin* und *Silverstone, Roger* (Hg.), Communication by Design. The Politics of Information and Communication Technologies. New York: Qxford University Press.

Stegbauer, Christian, 2002: Reziprozität. Einführung in soziale Formen der Gegenseitigkeit. Wiesbaden: Westdeutscher Verlag.

Thomas, Tanja und *Krotz, Friedrich*, 2008: Medienkultur und soziales Handeln: Begriffsarbeit zur Theorieentwicklung. S. 17–42 in: *Thomas, Tanja* (Hg.), Medienkultur und soziales Handeln. Wiesbaden: VS Verlag für Sozialwissenschaften.

Thomas, Tanja, 2009: Social Inequalities: (Re-)production through Mediatized Individualism. S. 263–276 in: *Lundby, Knut* (Hg.), Mediatization. Concept, Changes, Consequences. New York: Peter Lang.

Voß, Günter G. und *Weihrich, Margit*, 2001: tagaus – tagein. Zur Einleitung. S. 9–19 in: *Voß, Günter G.* und *Weihrich, Margit* (Hg.), tagaus – tagein.. Neue Beiträge zur Soziologie alltäglicher Lebensführung. München/Mering: Rainer Hampp Verlag.

Wood, Julia T. und *Duck, Steve*, 2006: Introduction. S. 1–13 in: *Wood, Julia T.* und *Duck, Steve* (Hg.), Composing Relationships. Communication in Everyday Life. Belmont: Thomson Wadsworth.

Geschlechtsgebundene Erfahrungen aushandeln – Freiräume schaffen: Die Rezeption von Frauenzeitschriften als Reaktion auf mediale und lebensweltliche Ungleichheiten

Kathrin F. Müller

Abstract

Der Beitrag geht der Frage nach, wie sich Frauen die klassische Frauenzeitschrift *Brigitte* aneignen. Er thematisiert somit *Ungleichheit* aus mehreren Perspektiven: Einerseits findet eine Auseinandersetzung mit dem Lesen von Frauenzeitschriften als weibliche Medienvorliebe aus dem Kontext der Populärkultur statt und wird in ihrer alltagskulturellen Bedeutung betrachtet. Zu diesem Aspekt gab es lange keine Forschung, weil eine Manipulation der Rezipientinnen vorausgesetzt wurde. Andererseits verdeutlicht der Beitrag, wie Geschlechterungleichheit in den Befunden zur Aneignung von Frauenzeitschriften zum Tragen kommt. Frauen setzen sich bei der Rezeption vor allem mit Themen im Kontext der weiblichen Alltagskultur auseinander. Geschlechtsgebundene Alltagserfahrungen, die in anderen Medieninhalten nicht vorkommen, werden bei der Rezeption von Frauenzeitschriften ausgehandelt; Doing-Gender-Prozesse bei der Rezeption ermöglichen zudem die Konstitution weiblicher Geschlechterrollenentwürfe. In dem Artikel wird darüber hinaus diskutiert, wie bei der Rezeption von Frauenzeitschriften Ungleichheit fortgeschrieben wird, indem Zweigeschlechtlichkeit reproduziert wird und so Gender-Differenzen immer wieder von Neuem konstruiert werden.

1 Einführung: Ungleichheit im Kontext geschlechtsgebundenen Medienhandelns

Die Medienrezeption von Männern und Frauen ist auf verschiedenen Ebenen von Ungleichheit geprägt. Ein Bereich, innerhalb dessen Ungleichheit zum Ausdruck kommt, ist die häusliche Mediennutzung in Paargemeinschaften und Familien. Frauen können häufig nicht die gleiche Zeit auf die Rezeption von Medien verwenden wie Männer, weil für sie der Haushalt, innerhalb dessen die Medienrezeption zu einem Großteil stattfindet, aufgrund der geschlechtsgebundenen Teilung von Erwerbs- und Reproduktionsarbeit stets auch Arbeitsplatz ist und oft nicht die Möglichkeit besteht, sich ausschließlich mit der Medienrezeption zu befassen (vgl. Röser 2007: 25). Frauen, deren häuslicher Alltag aus diesen Gründen oft fragmentiert ist, sind darüber hinaus darauf angewiesen, dass ein einfacher Ein- und Ausstieg in Medieninhalte, die sie rezipieren, möglich ist. So können sie sie nach Unterbrechungen, die aus der Reproduktionsarbeit resultieren, weiter nutzen. Deshalb bevorzugen sie im häuslichen Alltag Inhalte mit leicht verständlicher Erzählstruktur wie Soap-Operas oder Frauenzeitschriften (vgl. Hobson 1982; Hermes 1995), die aufgrund der Einfachheit wiederum im gesellschaftlichen Common Sense als minderwertig gelten. Ungleichheit hat also nicht nur bezüglich des Zugangs zum Medium und der Rezeptionsmöglichkeiten Bedeutung, sondern zeigt sich auch in einer unterschiedlichen Bewertung von Medieninhalten. Aber nicht nur inhaltliche Merkmale führen zu einer ungleichen Sicht auf Medientexte; entscheidend für den Grad ihrer Wertschätzung ist auch, ob ein Medium primär von Männern oder von Frauen rezipiert wird. Traditionell gelten die Medieninteressen von Männern als Normalität und als wertvoll, während die der weiblichen Publika als Abweichung von dieser Norm bewertetet werden (vgl. Klaus 1998: 51).

Ein typisches Beispiel für die Geringschätzung weiblicher Medieninteressen ist die Rezeption von Frauenzeitschriften. Kaum ein anderes Medium wird sowohl in wissenschaftlichen Analysen als auch in der öffentlichen Diskussion stets für seine scheinbar minderwertigen, aber gefährlichen Inhalte kritisiert. Ein Grund für die intensive Auseinandersetzung mit dem Medium ist die Annahme, dass Frauenzeitschriften ein Unterdrückungsinstrument darstellen würden, über das die subordinierte gesellschaftliche Position von Frauen aufrechterhalten werde (vgl. Ulze 1979; Duske 1989). Das geschlechtsgebundene Medium Frauenzeitschrift ist im Vergleich zu anderen Medieninhalten, gerade auch zu von Männern präferierten populärkulturellen Texten, ungleich behandelt worden: Es galt als Vermittlungsinstanz fehlgeleiteter Geschlechterrollenbilder, ohne dass eine Auseinandersetzung mit dem Rezeptionshandeln der Leserinnen stattfand. Gleichzeitig wurde ihm zugeschrieben, an der Herstellung von gesellschaftlicher Ungleichheit beteiligt zu sein (Bär 1978). In der Bewertung der Frauenzeitschriften spiegelt sich wider, dass Frauen lange sowohl in der kommunikationswissenschaftlichen Forschung als auch von feministischen Kritikerinnen in ihrem Medienhandeln nicht als selbstständig agierende Rezipierende angesehen wurden. Die berechtigte Kritik an der Geschlechterungerechtigkeit in der Gesellschaft wurde mit der Annahme eines einfachen Ursache-Wirkungszusammenhangs verbunden, bei dem vorausgesetzt wurde, dass Frauen bei der Rezeption des Mediums falsche Frauenbilder übernehmen und diese als Leitlinien ihres Geschlechterrollenverständnisses antizipieren würden. Frauen wurden aus Sicht dieser primär in den 1960er und 1970er Jahren vertretenen Perspektive auf weibliches Medienhandeln als Opfer falscher Medienbilder verstanden. Die Vermutung, dass Frauen von den Medien, die sie bevorzugen, in ihrem Geschlechterrollenverständnis beeinflusst werden und damit an der Aufrechterhaltung von Geschlechterungleichheit beteiligt sind, führte zu einer permanenten Skepsis gegenüber ihrem Medienhandeln. Geschlechtsgebundene Medieninteressen wurden in diesem Kontext unterschiedlich bewertet: Während weibliche Vorlieben als minderwertig galten, wurden männliche als wertvoll klassifiziert (vgl. Klaus und Röser 1996). Damit wurde dem geschlechtsgebundenen Medienhandeln von Frauen sein Wert abgesprochen, denn es wurde als sozial unerwünschtes Handeln markiert.

Die Studie, aus der hier Ergebnisse präsentiert werden, setzt sich mit der Problematik der Ungleichheit aus verschiedenen Perspektiven auseinander. Sie nimmt einerseits eine neue Sicht auf die Rezeption von Frauenzeitschriften ein, indem sie sie als bedeutungsstiftendes Handeln begreift und nach ihrer alltagskulturellen Bedeutung fragt. Untersucht wurde darüber hinaus, wie Ungleichheiten im häuslichen Alltag mit der Rezeption von Frauenzeitschriften in Verbindung stehen. Als Studie, die in den Cultural und Gender Studies angesiedelt ist, wird auf einer übergeordneten Ebene analysiert, wie – vor allem geschlechtsgebundene – Ungleichheit im Medienhandeln immer wieder erzeugt und damit Machtverhältnisse aufrechterhalten werden bzw. welche Interventionen die Frauenzeitschriftennutzerinnen über ihr Medienhandeln gegen diese Strukturen unternehmen.

In Folgenden wird diskutiert, wie die Ungleichheit zwischen den Geschlechtern die Rezeption von Frauenzeitschriften bedingt und prägt. Auf Basis der Befunde zur Rezeption der klassischen Frauenzeitschrift *Brigitte* wird gezeigt, wie die Frauen über die Medienrezeption mit der lebensweltlichen Ungleichheit umgehen und ein Stück weit Taktiken (vgl. de Certeau 1988) entwickeln, um ihr zu begegnen. Ebenso wird kritisch untersucht, wie über die Rezeption von Frauenzeitschriften Geschlechterungleichheit aufrechterhalten wird.

2 Theoretische Perspektiven auf Geschlechterungleichheit und Medienrezeption

Theoretische Perspektiven, die das Medienhandeln von Frauen – und vor allem auch die Frauenzeitschriftenrezeption – in der Vergangenheit stets als einfachen Ursache-Wirkungszusammenhang betrachtet haben, lassen die Frage danach unbeantwortet, welches Interesse die Rezipierenden an einer Auseinandersetzung mit Inhalten haben, die scheinbar reine Wirtschaftsgüter und Machtinstrumente darstellen, mit denen sie dominiert werden sollen (vgl. Röser 1992: 16). Um als ForscherIn in der Auseinandersetzung mit dem Rezeptionshandeln nicht direkt Geschlechterungerechtigkeit zu reproduzieren, indem das Medienhandeln von Frauen als defizitär definiert wird, bedarf es eines alternativen theoretischen Zugangs. Bis in die 1990er Jahre ist die kommunikationswissenschaftliche Sichtweise auf das Rezeptionshandeln von Frauen im deutschsprachigen Raum von der Kritischen Theorie (vgl. Horkheimer und Adorno 1997) dominiert worden. Diese Perspektive interessiert sich besonders für die Bedeutung populärkultureller Medien für gesellschaftlich Subordinierte und damit auch für die Rolle der Medienrezeption bei der Erzeugung und Aufrechterhaltung von sozialer Ungleichheit. Dabei geht sie davon aus, dass dem medialen Text eine große Bedeutung zukommt. Rezipierende werden demzufolge von den Medieninhalten in ihrer Vorstellung von Gesellschaftskonzepten und somit auch in ihrem sozialen Handeln beeinflusst. Erst zur Jahrtausendwende wurden die Cultural Media Studies, die es im angloamerikanischen Raum schon seit den 1950er Jahren gibt, auch im deutschsprachigen Raum intensiv rezipiert und in die theoretische Auseinandersetzung mit dem Zusammenhang von Medienrezeption und der Herstellung und Festigung gesellschaftlicher Herrschaftsverhältnisse integriert. Die Cultural Media Studies haben ihre Wurzeln unter anderem in der Kritischen Theorie, unterscheiden sich aber in einem wesentlichen Punkt von ihr: Sie sehen die Rezipierenden als eigenständig und -sinnig Handelnde, die bei der Medienrezeption in der Auseinandersetzung mit dem Medientext Bedeutungen hervorbringen. Diese Zuschreibungen müssen nicht darin angelegt sein (vgl. Hall 1999: 108 ff). Vielmehr ist es aus ihrer Sicht denkbar, dass Menschen über „ausgehandelte" und „oppositionelle Lesarten" (ebd.) bei der Auseinandersetzung dem Inhalt neue Sinnzuweisungen entwickeln, die auch gegen die herrschenden Machthaber in der Gesellschaft gerichtet sein können. Des weiteren gehen sie davon aus, dass Medienhandeln ein Bestandteil der Alltagskultur der Menschen ist (vgl. Williams 1999) und dass auch kulturelle Praktiken jenseits der akademisch geprägten Hochkultur ernst genommen werden und auf ihre Bedeutung hin untersucht werden müssen. Sie stellen sich mit dieser Forderung gegen Ungleichheiten bei der Bewertung von kulturellen Artefakten, die sich vor allem in der Geringschätzung von Populärkultur äußert.

Die Rezeptionstheorie der Cultural Studies eröffnet aus diesem Grund eine alternative Sicht sowohl auf das Medium Frauenzeitschrift als auch auf dessen Rezeption. Frauenzeitschriften sind gemäß dieser Perspektive ein Teil der Alltagskultur von Frauen und werden gelesen, weil sie anschlussfähig an deren Alltagserleben sind und weil die Rezeption ihrer Inhalte bedeutungsstiftend ist, weil die Frauen sich beim Lesen mit sozial relevanten Aspekten beschäftigen und ihre Sicht darauf aushandeln. Mediennutzung ist den Cultural Studies zufolge also eine Gelegenheit, bei der die Rezipierenden in der Auseinandersetzung mit dem Medientext etwas schaffen, das für sie Bedeutung hat. Es wird jedoch auch kritisch hinterfragt, welche sozialen Konsequenzen die Bedeutungszuschreibungen der Rezipierenden haben und wie im Fall der Frauenzeitschriftenrezeption Geschlechterrollenkonzepte gefestigt oder neu definiert werden (vgl. Ang und Hermes 1994). Wird das Medienhandeln von Frauen also aus Sicht der Cultural Studies betrachtet, so muss die Frage nach der Entstehung geschlechtsgebundener Medieninteressen wie zum Beispiel der Frauenzeitschriftenrezeption anders gestellt werden als es in der Medienwirkungsforschung oder in individuenzentrierten Ansätzen geschehen würde: Ausgehend davon, dass sich Menschen beim Rezipieren mit Themen beschäftigen, die an ihre alltäglichen Erfahrungen und die Lebenssituation anknüpfen und deshalb bedeutsam sind, müssen Inhalte, die von Männern oder Frauen bevorzugt werden, eine besonders ausgeprägte Anschlussfähigkeit an Erfahrungen bieten, die im Zusammenhang mit der Geschlechterrolle stehen. Frauen lesen demnach vermutlich Frauenzeitschriften, weil sie eine Auseinandersetzung mit Weiblichkeit und Themen aus dem Alltagsleben von Frauen ermöglichen (vgl. Müller 2010a: 55 ff). Da Medientexte stets polysem sind (vgl. Hall 1999), müssen die Frauen bei der Dekodierung jedoch nicht dem Medientext folgen, sondern entwickeln möglicherweise eigene Lesarten der Darstellung weiblichen Lebens in den Inhalten und damit auch Alternativentwürfe zum gesellschaftlichen Common Sense von Femininität. Frauenzeitschriften bieten damit eine Möglichkeit zur Beschäftigung mit Erfahrungen, die Frauen im Kontext der weiblichen Geschlechterrolle machen, und Zugang zu Wissensbeständen, die sie brauchen, um in geschlechtsgebundenen Alltagskulturen agieren zu können. Die Frage nach einer geringen Wertschätzung der Rezeption von Frauenzeitschriften stellt sich aus Sicht der Cultural Studies also nicht, weil aufgrund der Hinwendung der Rezipierenden zum Medium angenommen wird, dass eine Beschäftigung mit den Inhalten sinnstiftend für die Rezipierenden ist und deshalb als Analysegegenstand ernst genommen werden muss.

2.1 Lebensweltliche Bedingungen: Auswirkungen sozialer Ungleichheit auf die Orte und Zeiten der Frauenzeitschriftenrezeption

Ungleichheit ist bei der Analyse der Rezeption von Frauenzeitschriften jedoch nicht nur bei der theoretischen Auseinandersetzung mit dem Untersuchungsgegenstand von Bedeutung, sondern zeigt sich auch in alltagspraktischen Zusammenhängen. Männer und Frauen führen aufgrund der zweigeschlechtlichen Ordnung keine völlig gleichen Leben. Ihre Lebensbedingungen und -zusammenhänge werden stets von der Geschlechterrolle geprägt. Für Frauen bedeutet diese Differenz vor allem, dass sie aufgrund ihres Geschlechts weniger frei in der Gestaltung ihres Arbeitstags und ihrer Freizeit sind, weil sie Erwerbsarbeit und häusliche Arbeit miteinander in Einklang bringen müssen. Frauen leben aufgrund der Unentschiedenheit des weiblichen Individualisierungsprozesses (vgl. Beck-Gernsheim 1993) immer noch häufiger in der Doppelrolle von Berufstätigkeit und Familienversorgung als Männer. In Paargemeinschaften sind sie es, die primär für die Betreuung von Kindern Verantwortung übernehmen und ihre Berufstätigkeit zugunsten der Familienarbeit reduzieren (vgl. Statistisches Bundesamt 2006: 30). Frauen verrichten in der Woche im Schnitt zwölf Stunden unbezahlte Arbeit mehr im Haushalt als Männer (vgl. ebd.: 42) – unabhängig davon, ob sie in Familien oder in Paargemeinschaften leben. Nicht nur Mütter sind also von lebensweltlicher Ungleichheit und Einschränkungen ihres Freizeitkontingents betroffen, sondern alle Frauen. Mütter sind dem Problem, weniger Zeit für eigene Bedürfnisse zu haben, jedoch stärker ausgesetzt: Frauen, die Familien versorgen, haben täglich 30 Minuten weniger Freizeit zur Verfügung als kinderlose Frauen (vgl. ebd.: 43). Die unterschiedlichen Lebensbedingungen, die durch das Verrichten von Teilzeitarbeit zugunsten der Familienversorgung entstehen, haben Konsequenzen für die Mediennutzung. Sie führen dazu, dass sich Frauen häufiger im häuslichen Bereich aufhalten als Männer und deshalb zumindest theoretisch flexibler und zu unterschiedlichen Tageszeiten Medien nutzen können, weil sie nicht auf eine Rezeption am Ende des Tages zur Feierabendzeit angewiesen sind. Gleichzeitig ist der häusliche Bereich für die Frauen auch Arbeitsplatz, sodass eine ungestörte und entspannte Mediennutzung schwieriger ist, als wenn die Rezeption zu festgelegten Freizeitphasen stattfinden kann. Eine Auseinandersetzung mit der Medienrezeption von Frauen muss somit fragen, wie sich die ungleichen Lebensbedingungen auswirken und ob geschlechtsgebundene Medienvorlieben in Verbindung mit den Auswirkungen dieser Ungleichheit stehen. Zu vermuten ist, dass Frauen mangels fester Medienrezeptionszeiten solche medialen Angebote nutzen, deren Rezeption sich ihrem häuslichen Arbeitsalltag gut anpassen lässt.

Frauenzeitschriften haben sich in früher durchgeführten Rezeptionsstudien bereits als ein Medium gezeigt, das die Kriterien für eine Integration in häusliche Tätigkeiten erfüllt. Besonders ihre flexible Nutzbarkeit wird als Vorzug gesehen. Die Befragten unterstrichen, dass sie es schätzten, dass ein leichter Ein- und Ausstieg aus der Lektüre möglich sei (vgl. Hermes 1995: 32) und dass sie sie nutzen würden, um Pausen in ihren häuslichen Arbeitsalltag zu integrieren (vgl. Wilhelm 2004; Meyen 2006). Frauenzeitschriften erscheinen also als ideales Medium zur Zwischendurch- und Nebenbei-Nutzung, weil das Lesen der Artikel keine große Konzentration erfordere und die Lektüre unterbrochen werden könne.[1] Da es einen Zusammenhang zwischen geschlechtsgebundenen Alltagsstrukturen und der Frauenzeitschriftenrezeption gibt, ist es wichtig die Bedeutung der lebensweltlichen, geschlechtsgebundenen Ungleichheit für die Frauenzeitschriftenrezeption zu untersuchen, um mehr über den Zusammenhang zwischen gesellschaftlicher Geschlechterungerechtigkeit und der Präferenz bestimmter Medieninhalte zu erfahren. Es stellt sich die Frage, inwiefern die Lektüre des Mediums tatsächlich mit der häuslichen (Arbeits-)Situation in Verbindung steht und wie Frauen sich über die Lektüre möglicherweise Strukturen und Freiräume in dem relativ wenig strukturierten häuslichen Arbeitsalltag schaffen, um den alltäglichen Konsequenzen der Geschlechterungleichheit zu begegnen.

2.2 Kompensation der ungleichen Darstellung des weiblichen Lebenszusammenhangs in Medieninhalten durch klassische Frauenzeitschriften

Die ungleiche Darstellung von Frauen und Männern, die Frauenzeitschriften stets vorgeworfen wurde, ist in anderen Medienangeboten lange viel deutlicher ablesbar gewesen. Sie stellten Frauen nicht nur ausschließlich im Kontext eines bestimmten Lebensbereichs dar, sondern marginalisierten sie, indem sie sie kaum in ihren Inhalten erscheinen ließen. Erwähnungen von Frauen beschränkten sich häufig auf Lebensfelder

---

1 Damit zeigen sich Parallelen zur Nutzung von Soap-Operas, die von Hausfrauen aufgrund ihrer Integrationsfähigkeit in den häuslichen Arbeitsalltag geschätzt werden (vgl. Hobson 1982; Modleski 1982).

aus dem Kontext der traditionellen weiblichen Geschlechterrolle (vgl. Schmerl 2002; Klaus 1998). Sie erschienen primär im häuslichen Bereich und selten als Berufstätige oder in der Öffentlichkeit agierende Person. Das Frauenbild in den Medien hat sich in jüngster Zeit zwar aktualisiert und zeigt Frauen zunehmend auch jenseits tradierter Frauenbilder, eine andere Lücke in der medialen Berichterstattung über Frauen hat sich jedoch nicht geschlossen. Der weibliche Lebenszusammenhang und geschlechtsgebundene Themen aus dem Alltagsleben von Frauen werden in den meisten Medieninhalten ausgespart. Frauenzeitschriften sind eines der wenigen Medienangebote, das in seinem Inhalt eine solche Perspektive einnimmt und Ausschnitte der realen gesellschaftlichen Lebensbedingungen von Frauen widerspiegelt. Inhaltsanalytische Längsschnittstudien (vgl. Feldmann-Neubert 1991; Röser 1992) konnten zeigen, dass Frauenzeitschriften den Lebenszusammenhang ihrer weiblichen Zielgruppe in Auszügen abbilden. Dabei richten sie sich in der Darstellung von Femininität nach dem gesellschaftlichen Status quo und entwerfen keine avantgardistischen Konzepte der weiblichen Geschlechterrolle. Sie orientieren sich in ihrer Darstellung jedoch an den sozialen Erfahrungen der Zielgruppe. Damit zeigt sich, dass die feministisch motivierten KritikerInnen, die von der Abbildung eines verfehlten Frauenbildes ausgingen, hinsichtlich der Einschätzung des Mediums irrten. Frauenzeitschriften verantworten demnach Ungleichheit nicht durch ihre journalistische Praxis, sie spiegeln lediglich die mangelnde gesellschaftliche Gerechtigkeit zwischen den Geschlechtern wider und kritisieren sie zu selten offensiv. Da die Inhalte einen konkreten Bezug zu geschlechtsgebundenen Erfahrungen haben, dienen Frauenzeitschriften den Leserinnen also vermutlich zur Aushandlung von Themen aus dem Kontext der weiblichen Geschlechterrolle. Aufgrund des Mangels an Möglichkeiten, sich in anderen Medienangeboten mit Femininität und Erfahrungen aus ihrem Alltagsleben als Frau auseinanderzusetzen, haben Frauenzeitschriften vermutlich eine zentrale Funktion bei der Verhandlung dieser Aspekte. Es ist anzunehmen, dass die Frauen einerseits geschlechtsgebundenes Wissen zu Themen sammeln, die primär Frauen betreffen, und andererseits sich bei der Rezeption mit ihrem Verständnis von Femininität beschäftigen und sie im Doing Gender als eigene Identität konstituieren (vgl. Müller 2010a: 55 ff). Frauenzeitschriften sind also kein Instrument, um Frauen zu manipulieren, sondern ermöglichen die Beschäftigung mit einem Identitätsaspekt, der in anderen Medieninhalten größtenteils vernachlässigt wird: der geschlechtlichen Identität von Frauen. Wahrscheinlich ist, dass sich Frauen auf unterschiedliche Weise mit Gender identifizieren. Sie konstituieren Femininität vermutlich nicht nur im Sinne des Medientextes, sondern entwerfen auch alternative Geschlechterrollenentwürfe und artikulieren sie in Doing-Gender-Prozessen. Eine Reproduktion von gesellschaftlichen Gender-Definitionen und damit eine Festigung von Zweigeschlechtlichkeit ist beim Lesen von Frauenzeitschriften jedoch ebenso möglich. Deshalb muss die Rezeption des Mediums kritisch daraufhin untersucht werden, inwiefern Geschlechterstereotype und die Geschlechterdualität durch die Lektüre wiederhergestellt und als soziale Normalität bestätigt werden.

3 Methode

Die Studie, aus der im Folgenden Ergebnisse präsentiert werden, ist eine ethnografische Untersuchung der Rezeption von Frauenzeitschriften, die Medienhandeln kontextualisiert betrachtet (vgl. Ang 2006). Im Zentrum steht die Annahme, dass die Analyse des Frauenzeitschriftenlesen besonders instruktiv ist, um geschlechtsgebundenes Medienhandeln und die Konstitution von ‚Gender' bei der Rezeption zu verstehen. Das Ziel der Untersuchung ist es deshalb, die Bedingungen des Frauenzeitschriftenlesens und die Bedeutungsproduktion der Leserinnen umfassend zu erklären. Da die Rezeption von Frauenzeitschriften mit Ausnahme weniger Studien (vgl. Hermes 1995; Meyen 2006; Wilhelm 2004) bisher nicht analysiert worden ist, hat sie darüber hinaus explorativen Charakter. Im Mittelpunkt stehen drei Forschungsfragen: 1. Wie entwickelt sich die Rezeption von Frauenzeitschriften lebensgeschichtlich? 2. In welchem Verhältnis stehen der geschlechtsgebundene Alltag von Frauen und die Frauenzeitschriftenrezeption? 3. Werden bei der Lektüre von Frauenzeitschriften Geschlechterrollenentwürfe artikuliert? Um diese Fragen zu beantworten, wurden neunzehn qualitative Tiefeninterviews mit fünfzehn regelmäßigen Leserinnen und vier Gelegenheitsleserinnen der klassischen Frauenzeitschrift *Brigitte* durchgeführt. In den Interviews wurden das medienbiografische Interview (vgl. Hirzinger 1991), ein Leitfadeninterview und ein Copytest trianguliert (vgl. Scholl 2003). Das Sample wurde quotiert nach Lebensalter und Formalbildung zusammengestellt. Die Interviewten waren zum Befragungszeitpunkt zwischen 23 und 69 Jahren alt und hatten entweder Ausbildungsberufe erlernt oder ein Hochschulstudium abgeschlossen, nachdem sie Realschule oder das Gymnasium besucht hatten. Die Teilnehmerinnen variierten zudem hinsichtlich ihrer familiären Lebensverhältnisse, ihrer Erwerbstätigkeit und Herkunft: Befragt wurden Mütter, Singles und in Partnerschaft lebende Frauen, Berufstätige, Frauen mit Teilzeitstellen, Hausfrauen und Frauen aus urbanen genauso wie aus ländlichen Gebieten. Viele der Befragten waren langjährige Nutzerinnen von *Brigitte,* so dass eine Erhebung der Bedeutung biografischer Einflüsse auf die Frauenzeitschriftenrezeption möglich war. Die Auswertung der Studie erfolgte mit der qualitativen Inhaltsanalyse nach Mayring und vertiefend mit der Grounded Theory, um Doing-Gender-Aspekte induktiv im Material zu ermitteln.

4 Befunde: Frauenzeitschriftenlesen und Geschlechter(un)gerechtigkeit

Im folgenden Abschnitt wird auf Basis der Befunde zur Rezeption der klassischen Frauenzeitschrift *Brigitte* diskutiert, in welcher Wechselbeziehung Frauenzeitschriftenlesen und soziale Ungleichheit stehen. Einerseits wird betrachtet, wie die Lebensbedingungen von Frauen und die Lektüre des Mediums sowie seine spezifischen inhaltlichen Charakteristika miteinander in Beziehung stehen, andererseits geht es darum, wie bei der Rezeption von Frauenzeitschriften soziale Ungleichheit bestätigt oder erzeugt wird.

4.1   Konsequenzen der ungleichen häuslichen Arbeitsteilung

Der häusliche Alltag hat sich in der theoretischen Betrachtung als Ort gezeigt, innerhalb dessen die Geschlechterungleichheit einerseits besonders ausgeprägt ist, andererseits Frauen über Gestaltungsmacht bezüglich ihrer Mediennutzung und ihres Tagesrhythmus' verfügen. Die Analyse der Rezeption von *Brigitte* in Alltagskontexten zeigt, dass die Lektüre der Zeitschrift primär im Alltag situiert ist und dass die häusliche Aufgabenteilung darin prägend ist (vgl. Müller 2010b).

Die Untersuchung bestätigt auch, dass eine Wechselwirkung zwischen häuslichem Alltag und der Rezeption von Frauenzeitschriften besteht, diese jedoch anders charakterisiert ist als es frühere Studien (vgl. Hermes 1995; Wilhelm 2004) und die Soap-Opera-Forschung (vgl. Hobson 1982; Brown 1994) nahelegen. Die befragten *Brigitte*-Leserinnen lesen *Brigitte* nicht in kurzen Pausen während der häuslichen Arbeit, weil die Lektüre leicht unterbrochen und wieder aufgenommen werden kann, sondern vor allem als „symbolischen Feierabend" (vgl. Müller 2010a: 239). Dieser dient dazu, den hinsichtlich seiner zeitlichen Ausdehnung undefinierten häuslichen Arbeitstag abzuschließen. Diese Funktion nutzen jedoch nicht nur Frauen, die zu Hause Reproduktionsarbeit verrichten, sondern auch solche, die zum Beispiel als Studentin zu Hause arbeiten oder Leserinnen, die einem Beruf nachgehen, den sie zum Teil von zu Hause aus verrichten, wie es zum Beispiel Lehrerinnen tun: „Ich würde sagen, wenn man den ganzen Tag gelernt, am PC rumprogrammiert oder irgendwas probiert hat, dann gönnt man sich halt abends mal eine Stunde und liest dann eine Frauenzeitschrift, um sich zu entspannen, um sich halt mit etwas Anderem auseinanderzusetzen" (Katja, Studentin, 23 Jahre). Für Frauen, die primär häuslichen Tätigkeiten und der Familienversorgung nachgehen, ist die Lektüre von *Brigitte* eine Möglichkeit, sich Pausen innerhalb ihres häuslichen Arbeitsalltags zu verschaffen (vgl. Müller 2010a: 263): „So: ‚Ich darf mir jetzt, weil sie *[Brigitte]* ja dort liegt, nun den Nachmittag für eine Stunde freischaufeln.' Mit den kleinen Kindern war das ja schon mal was, dass man sich die Zeit gegönnt hat sie zu lesen. Und da habe ich sie dann auch richtig intensiv gelesen" (Bettina, Diplom-Ökonomin, zz. Vermieterin, 58 Jahre). Die Lektüre von *Brigitte* dient also der Schaffung von Strukturen, denn über sie werden Pausen definiert: „[…] das war mir immer so eine kleine […] Auszeit. ‚So, jetzt mache ich das. Jetzt lese ich mal *Brigitte*. Jetzt setze ich mich hin, trinke eine Tasse Tee oder rauche mir eine und lese *Brigitte*.' Und dann konnten mir alle anderen Sachen gestohlen bleiben" (Gerda, Gymnasiallehrerin, 62 Jahre). Abends wird *Brigitte* gelesen, um den Arbeitsalltag abzuschließen und sich zu entspannen (vgl. ebd.: 237 f). Die Frauen grenzen sich dann bewusst gegen die Wünsche und Anforderungen ihres Partners oder anderer Familienmitglieder ab, indem sie durch die Lektüre von *Brigitte* signalisieren, dass sie nun eigenen Interessen nachgehen und familiäre Belange dahinter zurücktreten müssen. Die Rezeption dient den Frauen zur Konzentration auf sich selbst: „Also mir geht bei ‚Frauenzeitschriften' das Persönliche durch den Kopf. Einfach nur: etwas für mich. Einfach mal nicht für meine Familie. Nicht für mein Kind

und nicht für meinen Mann, sondern einfach nur mal etwas für mich" (Simone, Kin-
derkrankenschwester zz. Hausfrau, 46 Jahre). Über den Rückzug in das Zeitschriftenle-
sen, der aufgrund der klaren Definition der Zeitschrift als Eigentum der Leserinnen als
solcher erkennbar ist, gelingt eine Beschäftigung mit eigenen Bedürfnissen innerhalb
der familiären Gemeinschaft (vgl. ebd.: 263). Die Rezeption von *Brigitte* dient in solchen
Verbünden, innerhalb derer Frauen aufgrund der häuslichen Aufgabenteilung eingeschränkte persönliche Freiheiten haben, als Mittel zur Überwindung dieser Ungleichheit, weil durch die Rezeption eine Konzentration auf sich selbst möglich wird. Somit
mindert das Lesen die Auswirkungen sozialer Ungleichheit im lebensweltlichen Alltag
der Leserinnen ab. Die Frauen entziehen sich über das Lesen den Anforderungen des
familiären Alltags und der Reproduktionsarbeit. *Brigitte*-Lesen ist also eine Taktik (vgl.
de Certeau 1988), um sich gegen die Auswirkungen einer patriarchal geprägten Aufgabenteilung behaupten zu können und sich Freiräume zu verschaffen.

4.2   Inhaltliche Charakteristika: Weibliche Alltagskultur
       und geschlechtsgebundenes Wissen als Wert erleben

Geschlechtsgebundene Ungleichheit beeinflusst nicht nur, wann und in welchen sozialen Situationen *Brigitte* gelesen wird, sondern bietet auch Erklärungen dafür, weshalb
die Inhalte des Mediums für die Leserinnen relevant sind. Die Rezeption ist vor allem
von einem Interesse an Aspekten und Problemen motiviert, die mit der weiblichen Geschlechterrolle in Verbindung stehen. Die befragten *Brigitte*-Leserinnen schildern, dass
sie bei der Rezeption eine Auseinandersetzung mit Themen suchen, die aus dem Kontext der geschlechtsgebundenen Alltagskultur stammen (vgl. Müller 2010a: 172). Gerade junge Frauen eignen sich über die Lektüre Wissen an, das sie vor allem aufgrund
ihres Lebens innerhalb der weiblichen Geschlechterrolle benötigen: „Ich habe relativ
früh geheiratet, mit 19, und ich vermute (…) dass ich Rezepte und Hilfe beim Haushalt
brauchte. Und ich glaube, ich habe mir damals immer die *Maxi* gekauft. (…) Das war
auch so eine Mischung zwischen Haushaltstipps und anderen Themen" (Monika, Kran-
kenschwester, zz. stellvertretende Pflegedienstleiterin, 45 Jahre). Die Leserinnen berichten, dass ihnen die Frauenzeitschriftenlektüre zu Beginn der Gründung ihres eigenen
Haushalts half, sich Wissen aus dem Kontext der Haushaltsführung und vor allem des
Kochens anzueignen. In diesem Zusammenhang haben Frauenzeitschriften also einen
praktischen Wert. Die Leserinnen verschaffen sich durch die Rezeption pragmatisch
Zugang zu geschlechtsgebundenem Wissen, das sie in ihrem Alltag benötigen. Die Vermittlung dieser Kenntnisse dient jungen Frauen dazu, sich zu orientieren, welche gesellschaftlichen Anforderungen aktuell mit der weiblichen Geschlechterrolle in Verbindung
gebracht werden und um Kompetenzen zu erwerben, die die Frauen für das Erfüllen
dieser Anforderungen benötigen (vgl. ebd.). Über das Lesen von *Brigitte* findet also
einerseits eine Sozialisation innerhalb der weiblichen Alltagskultur statt, andererseits

dient die Lektüre den jungen Frauen auch dazu, Alternativen zu dem geschlechtsgebundenen Handeln ihrer Mütter kennenzulernen und somit ihr eigenes Verständnis von Femininität zu bestimmen (vgl. ebd.: 177).[2] Bei der Lektüre von Frauenzeitschriften eignen sich die Leserinnen also geschlechtsgebundene Fähigkeiten an, die in anderen Medien marginalisiert oder ignoriert werden. Das gilt nicht nur für die Einstiegsphase in die Rezeption, sondern insgesamt für das Frauenzeitschriftenlesen. Das Medium wird dafür geschätzt, dass es Wissen aus dem Kontext der weiblichen Alltagskultur vermittelt (vgl. Müller 2010a: 268 ff). Diese Kenntnisse benötigen die Frauen beispielsweise in der Interaktion mit anderen Frauen, aber auch, um sich selbst als kompetent bezüglich geschlechtsgebundener Themen zu erleben: „Oder so Neuheiten, was es so modetechnisch oder kosmetiktechnisch gibt, weiß man dann manchmal schon, bevor es dann hier nach U. [kleinere Stadt in Nordrhein-Westfalen] dringt oder zu meinen Kolleginnen" (Sabine, Physiotherapeutin, 42 Jahre). Das Wissen ist somit wichtig, um an Frauenöffentlichkeiten (vgl. Klaus 1998: 104 ff) zu partizipieren (vgl. Müller 2010a: 303).

Die Relevanz des Erwerbs dieser Kenntnisse für die Teilhabe an geschlechtsgebundenen Alltagskulturen zeigt sich in der Bedeutung, die Frauen dem *Brigitte*-Lesen zuschreiben, die entweder aufgrund ihres Lebensalters oder wegen der Versorgung eines Kleinkindes nur eingeschränkte Möglichkeiten haben, außerhalb der Medienrezeption an diesen Themen zu partizipieren. Sie nutzen es bewusst als Ausgleich, um diese Lücke zu schließen: „Man bleibt ja irgendwie so ein bisschen im Zeitgeist auch. Ich meine, das ist mein Kontakt gerade ein bisschen zu sehen, was gerade in Mode ist" (Sarah, Architektin, zz. Elternzeit, 28 Jahre).

Neben der Sammlung von aktuellem geschlechtsgebundenen Wissens werden bei der Rezeption von Frauenzeitschriften bereits erworbene Kenntnisse überprüft. Vor allem ältere Leserinnen nutzen die Rezeption entweder, um über die Zeitschrift Bestätigung zu erfahren (vgl. ebd.: 304 f), oder um sich als kompetenter zu positionieren (vgl. ebd.: 359 f): „Ja, das ist im Grunde alles das, was ich weiß, was mir klar ist. Auch bei diesen Dingen hier. Obwohl ich es lese, dann. Es sind dann doch immer mal wieder neue Tipps. Aber ich bin nun auch so ein fleißiger Medizinsendungen-Gucker im Fernsehen, dass ich immer denke: ‚Das habe ich alles drauf'" (Renate, Hotelfachfrau, zz. Hausfrau, 57 Jahre). Wenn die Befragten sich *Brigitte* überlegen fühlen, äußern sie sich oppositionell gegen die im Zeitschrifteninhalt vertretenen Positionen oder Anleitungen und bestätigen sich so in ihrem Können: „Hier jetzt auch diese Weihnachtsgeschichte mit dem Braten, da habe ich auch nicht den Eindruck, dass die [Redakteure] wirklich auch schon mal je einen richtig guten Braten gemacht haben" (Gerda, Gymnasiallehrerin, 62 Jahre). Die Kritik gründet auf Erfahrungen, die die Frauen im Laufe ihres Lebens in geschlechtsgebundenen Kontexten gesammelt haben und die ihnen die Sicherheit geben, kompetenter als die Zeitschriftenredaktion zu sein. In der Auseinandersetzung mit dem Zeitschrifteninhalt wird also geschlechtsgebundenes Wissen, das in anderen

---

2   Dies gilt besonders für die über 60-jährigen Befragten, die in den 1940er Jahren geboren wurden.

Medieninhalten und in der Lebensrealität wenig Akzeptanz findet, als Wert erfahren. Durch die Frauenzeitschriftenrezeption relativieren die Frauen die gesellschaftliche Ungleichheit zwischen der Anerkennung männlicher und weiblicher Erfahrungsräume, weil während der Aneignung die Relevanz der Alltagserfahrung von Frauen erlebbar wird. Das Wissen, das sich Frauen aufgrund ihres Lebens in der weiblichen Geschlechterrolle angeeignet haben, wird so von einem als trivial gekennzeichneten Randbereich zu einem anerkannten Reservoir für eine erfolgreiche Alltagsbewältigung.

Frauenzeitschriften sind also „Kompendien weiblicher Alltagskultur" (Müller 2010a: 312). Sie dienen zu einer Aneignung geschlechtsgebundenen Wissens. Durch die Repräsentation des Alltags und des Lebenszusammenhangs von Frauen gleichen sie deren Ungleichbehandlung in anderen Medieninhalten teilweise aus. Sie nehmen Themen ernst, die an die Erfahrungen von Frauen anknüpfen und gestehen ihnen damit einen Wert von öffentlichem Interesse zu, der in anderen Medien negiert wird. Frauenzeitschriften bieten Inhalte an, die für Frauen lebensweltlich äußerst relevant sind, auf der gesamtgesellschaftlichen Ebene wegen der mangelnden Anerkennung weiblicher Alltagskultur jedoch kaum Anerkennung erfahren. Sie füllen also eine Lücke im Medienmenü, indem sie geschlechtsgebundene Erfahrungen thematisieren und damit die Dominanz männlicher Perspektiven in den Medien ausgleichen.

4.3   Reproduktion gesellschaftlicher Abwertungsdiskurse

Die Ungleichbewertung männlicher und weiblicher Medienvorlieben spiegelt sich jedoch nicht nur in der Außensicht der Gesellschaft auf das Medium, sondern auch in der Bewertung der Rezipierenden wider. Das Lesen der Frauenzeitschrift *Brigitte* wird von den Befragten nicht als unproblematisch erlebt, sondern stets relativiert und kritisiert. Sie stehen ihrem Vergnügen an *Brigitte* nicht unbefangen gegenüber und wiederholen in ihren Äußerungen über die Zeitschrift die gesellschaftliche Kritik daran. In der Auseinandersetzung mit dem Medium reproduzieren also auch die Nutzerinnen die Abwertung weiblicher Medieninteressen.

Im Interview versuchen sie stets, Inszenierungsstrategien der Zeitschrift zu entlarven und sich als medienkompetente Nutzerinnen zu positionieren (vgl. ebd.: 301 ff). Oft reproduzieren sie die Befürchtung der feministischen Kritikerinnen, dass Frauenzeitschriften anderen Leserinnen ein schlechtes Beispiel sein könnten, während sie eine solche Wirkung auf sich selbst ausschließen:[3]

---

3   Hierbei handelt es sich um ein typisches Beispiel für den „Third-Person-Effekt" (Davison 1983), bei dem die Mediennutzer annehmen, bestimmte Inhalte könnten Dritten schaden, sich selbst aber von einer Beeinflussung ausnehmen.

„I: Können Frauenzeitschriften auch hilfreich für junge Frauen sein, um sich als Frau besser zu verstehen?

B: Das finde ich so ein bisschen gefährlich. Weil das tun sicher ganz viele. Und das ist mir eigentlich immer so ein bisschen unsympathisch an diesen Zeitungen, weil da ein bestimmtes Frauenbild geprägt wird. Wenn man das ganz ernst nimmt, hat man nicht die Chance, sich richtig zu entwickeln" (Susanne, Grundschullehrerin, 56 Jahre).

Die Leserinnen kritisieren vor allem die Abbildung von zu dünnen Models, Kleidungs- und Frisurenempfehlungen, beratende Artikel aus dem Ressort „Psychologie", „Psychotests" und das Horoskop (vgl. ebd.: 358 ff). Alle diese Themen werden traditionell abgewertet und gelten als minderwertige Medieninteressen. Die Leserinnen wissen um die soziale Unerwünschtheit der Rezeption und grenzen sich deshalb bewusst davon ab. Die Ungleichheit in der gesellschaftlichen Bewertung geschlechtsgebundener Medieninteressen führt also zu einer Verunsicherung, die zu einer Distanzierung der Leserinnen von ihrem geschlechtsgebundenen, scheinbar ‚typisch weiblichen' Medienvergnügen führt. Noch deutlicher wird der Bedarf nach Abgrenzung in der Beschreibung der Leserinnen anderer Frauenzeitschriftentitel erkennbar (vgl. ebd.: 272 f). Während die Befragten sich selbst und andere *Brigitte*-Leserinnen als intellektuell, politisch interessiert und gebildet charakterisieren, werten sie die Nutzerinnen anderer Titel als weniger gebildet ab. *Brigitte* wird demnach nicht von jeder Frau gelesen: „[…] weil es ja doch eher die Mittelschicht anspricht, oder *Brigitte* auch so eine bestimmte Formulierung hat, wo vielleicht andere Frauen – jetzt aus einer anderen Bildungsschicht – sich nicht so wiederfinden" (Margit, Förderschulpädagogin, 54 Jahre). Die Befragten argumentieren gemäß des männlich geprägten gesellschaftlichen Common Sense, weil sie sich als überlegene Beobachterinnen präsentieren wollen, um einer potenziellen Verurteilung ihrer Person auf Basis ihrer Medienvorlieben zuvorzukommen. Sie tun dies, indem sie demonstrativ Medienkritik üben und die Frauenzeitschriftentitel untereinander abgrenzen. Die Geringschätzung weiblicher Medieninteressen führt zu einer prophylaktischen Abgrenzung gegen Inhalte, für die die Frauen verurteilt oder kritisiert werden könnten. Eine freie Verfolgung geschlechtsgebundener Medieninteressen ist aufgrund der ungleichen Konnotierung männlicher und weiblicher Medienvorlieben nicht möglich.

4.4   *Reproduktion von Gender-Definitionen und Zweigeschlechtlichkeit*

Frauenzeitschriften sind in der Vergangenheit als ein Medium betrachtet worden, dass die soziale Ungleichheit zwischen Männern und Frauen befördern würde. An dieser Stelle soll aus der Perspektive der kommunikationswissenschaftlichen Gender Studies, die sich als ein Projekt verstehen, dessen Ziel gesellschaftliche Interventionen sind (vgl. Klaus 2006: 205), die Bedeutung von Frauenzeitschriften für die Hervorbringung und

Stabilisierung von Geschlechterrollen und Zweigeschlechtlichkeit in der Gesellschaft kritisch hinterfragt werden.

Um die Bedeutung der Frauenzeitschriftenrezeption bei der (De-)Konstruktion von Gender zu ermitteln, wurde die Artikulation von Gender beim Lesen untersucht (vgl. Ang und Hermes 1994). Dabei wurde analysiert, wie die Befragten in kurzen, temporären Äußerungen geschlechtliche Identität konstituieren. Es konnten sechs verschiedene Ausprägungen von Doing Gender der *Brigitte*-Leserinnen in der Befragungssituation ermittelt werden (vgl. Müller 2010a: 338). In „Performativitäten traditioneller Weiblichkeit" (ebd.: 339) stellen sie Femininität gemäß traditioneller Rollenvorstellungen her. Diese Konstruktionen zeigen sowohl Frauen, die gemäß traditioneller Frauenbilder leben, als auch solche, deren Leben nicht danach ausgerichtet ist. In „Konstruktion zeitgemäßer gesellschaftlich geprägter Weiblichkeitsentwürfe" (ebd.: 343) artikulieren die Befragten Femininität gemäß in der Gesellschaft aktuell geteilter Gender-Definitionen und bestätigen sich selbst, dass sie der gesellschaftlichen Norm entsprechend als Frau agieren. In Artikulationen „naturalisierter Weiblichkeit" (ebd.: 345) wird Femininität als das ‚Andere' in Abgrenzung zu ‚Männern' konstituiert und eine scheinbar naturgegebene Differenz zwischen den Geschlechtern betont. Wenn die Frauen „starke, progressive Weiblichkeit" (ebd.: 348) im Doing Gender bei der Rezeption zum Ausdruck bringen, so wird Femininität in diesem Moment als stark, unabhängig und durchsetzungsfähig dargestellt. Darüber hinaus konstruieren die Befragten Gender, indem sie „feminine Körperlichkeit nachempfinden" (ebd.: 351). In diesen Artikulationen erleben sie vor allem beim Ansehen von Fotografien Weiblichkeit über das Empfinden des Körpers als Ausdruck von Femininität. Dies funktioniert durch virtuellen Erfahrungen bei der Betrachtung eines fremden Körpers. Eine einzelne Leserin artikulierte Gender bei der Rezeption von *Brigitte* als „Geschlechterperformativität jenseits der Heteronormativität" (ebd.: 353). Sie setzte sich bei der Rezeption mit der Verbindung ihrer weiblichen Geschlechteridentität und ihrer sexuellen Identität auseinander, indem sie beides artikulierte und so zusammenführte. Gender wird bei der Rezeption von *Brigitte* also in vielfältigen Ausprägungen artikuliert. Die Frauen konstituieren Identität weder ausschließlich als von tradierten Geschlechterrollenkonzepten geprägt, noch der aktuellen Geschlechterrollen-Definition entsprechend oder als ausschließlich avantgardistisch. Sie mischen Geschlechterrollenentwürfe und stellen Gender als temporären Ausdruck ihrer geschlechtlichen Identität performativ her (vgl. Butler 1991). Die Leserinnen zeigen jedoch insgesamt die Tendenz, eine Trennung zwischen Männern und Frauen zu betonen und durch diese Bestätigung von Zweigeschlechtlichkeit die gesellschaftliche Ungleichheit zwischen Männern und Frauen eher zu stärken als infrage zu stellen. Sie wollen in der Rezeption „Jetzt einmal ganz Frau sein. Jetzt mir die neuen Schminktipps holen" (Anna, Theaterpädagogin, 30 Jahre). Damit betonen sie Unterschiede zwischen den Geschlechtern, anstatt diese Differenz aufzuheben. Auch wenn sie emanzipierte und traditionelle Geschlechterrollenkonzepte bei der Rezeption gleichermaßen artikulieren, stellen sie jedoch Femininität nicht grundsätzlich zur Debatte und dekonstruieren sie damit. ‚Gender trouble' (vgl. Butler 1991) wird bei der Rezeption nicht gestiftet, denn es werden keine alternativen Entwürfe jenseits von *Weiblichkeit* und *Männlichkeit* artikuliert.

5 Fazit: Das Verhältnis von Zeitschriftenrezeption und sozialer Ungleichheit

Die Befunde zur Rezeption der klassischen Frauenzeitschrift *Brigitte* haben gezeigt, dass eine Untersuchung der Bedeutung sozialer Ungleichheit eine hohe Erklärungskraft für die Charakteristika des Frauenzeitschriftenlesens hat. Soziale Ungleichheit bedingt und prägt die Frauenzeitschriftenrezeption, gleichzeitig bringt das Lesen des Mediums Geschlechterdifferenzen hervor. Über die geschlechtsbedingten Differenzen im männlichen und weiblichen Lebenszusammenhang lässt sich erklären, warum das Format ‚Zeitschrift' und die Inhalte von Frauenzeitschriften von Frauen präferiert werden. Zudem ist deutlich geworden, dass die ungleiche Repräsentanz der Geschlechter und ihrer Lebenszusammenhänge in Medieninhalten dazu führt, dass Frauen einen Mangel an geschlechtsgebundenen Themen und einer Anerkennung weiblicher Erfahrungsräume erleben. Beides suchen sie in der Rezeption von Frauenzeitschriften. In der Rezeption von Frauenzeitschriften reproduziert sich aber auch Geschlechterungleichheit, weil die Frauen dem Medium selbst kritisch gegenüberstehen und Abwertungsdiskurse wiederholen. Die Nutzung des Mediums und die darin implizierte Trennung zwischen Männern und Frauen führt darüber hinaus zu einer Bestätigung von Zweigeschlechtlichkeit und damit zu einer Festigung der Ungleichheit der Geschlechter. Das gilt gleichermaßen für die Konstitution von geschlechtlicher Identität: auch in diesem Kontext werden keine alternativen Entwürfe jenseits von Weiblichkeit artikuliert, sondern Femininität in unterschiedlichen Facetten performativ hergestellt.

In ihrem Alltagshandeln wenden sich die Leserinnen durch die Frauenzeitschriftenrezeption gegen die Geschlechterungleichheit, indem sie sich Freiräume verschaffen. Sie strukturieren mit der Rezeption die Reproduktionsarbeit und beenden sie darüber hinaus durch das Lesen. Es stellt in diesem Fall einen *symbolischen Feierabend* dar. Dadurch werden Belastungen der Reproduktionsarbeit abgemildert und die Frauen richten sich in Familienverbünden und Partnerschaften durch das Lesen Phasen ein, in denen sie sich ausschließlich mit eigenen Bedürfnissen beschäftigen. Da Frauenzeitschriften eine Auseinandersetzung mit sozial wenig anerkannten, weiblich konnotierten Themen erlauben, eröffnen sie den Leserinnen einen Anschluss an Frauenöffentlichkeiten, zu denen sie ohne das Wissen aus dem Zeitschrifteninhalt weniger Zugang hätten. Sie erlauben zudem eine Beschäftigung mit realen Erfahrungen aus dem Kontext der weiblichen Geschlechterrolle, die in anderen Medieninhalten ausgespart werden. Die ungleiche Bewertung und mediale Präsenz von männlichen und weiblichen Themeninteressen und Erlebnisräumen wird durch die Existenz und die Rezeption von Frauenzeitschriften also teilweise ausgeglichen. Bei der Rezeption erleben die Frauen eine

Anerkennung ihres gesammelten geschlechtsgebundenen Wissens und ihrer Fähigkeiten, die sie zum Agieren im Kontext der weiblichen Geschlechterrolle erworben haben, weil beides in den Zeitschriften thematisiert und als Wert begriffen wird.

Die Frauenzeitschriftennutzung führt jedoch nicht dazu, dass die Leserinnen Abwertungsmechanismen, die Femininität als das ‚Andere‘ in Abgrenzung zu der Norm ‚Mann‘ kennzeichnen, grundsätzlich zur Debatte stellen. Auch das Prinzip der Zweigeschlechtlichkeit wird durch die Rezeption von Frauenzeitschriften nicht hinterfragt, sondern durch Angebote zur Konstitution weiblicher Identität gefestigt. Durch das Frauenzeitschriftenlesen erleben die Leserinnen also Freiräume und eine Aufwertung von Femininität. In dem Rezeptionshandeln der Frauen bei der Lektüre von Frauenzeitschriften liegt jedoch wenig Potenzial für die Initiierung von gesellschaftlichem Wandel.

Literaturverzeichnis

Ang, Ien, 2006: Radikaler Kontextualismus und Ethnographie in der Rezeptionsforschung. S. 61–79 in: *Andreas Hepp* und *Rainer Winter* (Hg.), Kultur – Medien – Macht. Cultural Studies und Medienanalyse. Wiesbaden: VS.

Ang, Ien und *Joke Hermes*, 1994: Gender and/in Media Consumption. S. 114–133 in: *Marie-Luise Angerer* und *Johanna Dorer* (Hg.), Gender und Medien: Theoretische Ansätze, empirische Befunde und Praxis der Massenkommunikation. Ein Textbuch zur Einführung. Wien: Braumüller.

Bär, Maria, 1978: Was Frau sich bieten lässt. Zeitschriften für die Ware Leserin. Medium 12: 12–16.

Beck-Gernsheim, Elisabeth, 1993: Das halbierte Leben. Männerwelt Beruf, Frauenwelt Familie. Frankfurt am Main: Fischer.

Brown, Mary Ellen, 1994: Soap Opera and Women's Talk. The Pleasure of Resistance. London/ Thousand Oaks/New Delhi: Sage.

Butler, Judith, 1991: Das Unbehagen der Geschlechter. Frankfurt am Main: Suhrkamp.

Certeau, Michel de, 1988: Die Kunst des Handelns. Berlin: Merve.

Davison, W. Philips, 1983: The Third-Person Effect in Communication. Public Opinion Quarterly 47, Nr. 1: 1–15.

Duske, Dagmar, 1989: Und ewig lockt das Gleiche. Strategien und Inhalte kommerzieller Frauenzeitschriften. S. 101–118 in: Christiane Schmerl (Hg.), In die Presse geraten. Darstellung von Frauen in der Presse und Frauenarbeit in den Medien. Köln: Böhlau.

Feldmann-Neubert, Christine, 1991: Frauenleitbild im Wandel 1948 – 1988. Weinheim: Deutscher Studien Verlag.

Hall, Stuart, 1999: Kodieren/Dekodieren. S. 92–110 in: *Roger Bromley et al.* (Hg.), Cultural Studies. Grundlagentexte zur Einführung. Lüneburg: zu Klampen.

Hermes, Joke, 1995: Reading Women's Magazines. An Analysis of Everyday Media Use. Cambridge: Polity Press.

Hirzinger, Maria, 1991: Biographische Medienforschung. Wien: Böhlau.

Hobson, Dorothy, 1982: Crossroads: The Drama of Soap Opera. London: Methuen.

Horkheimer, Max und *Theodor W. Adorno*, 1997: Kulturindustrie. S. 128–176 in: dies., Dialektik der Aufklärung. Philosophische Fragmente. Frankfurt am Main: Fischer.

Klaus, Elisabeth, 2006: Verschränkungen: Zum Verhältnis von Cultural Studies und Gender Studies. S. 201–218 in: *Andreas Hepp et al.* (Hg.), Kultur – Medien – Macht. Cultural Studies und Medienanalyse. Wiesbaden: VS.

Klaus, Elisabeth, 1998: Kommunikationswissenschaftliche Geschlechterforschung. Zur Bedeutung der Frauen in den Massenmedien und im Journalismus. Wiesbaden: Westdeutscher Verlag.

Klaus, Elisabeth und *Jutta Röser*, 1996: Fernsehen und Geschlecht. Geschlechtsgebundene Kommunikationsstile in der Medienrezeption und -produktion. S. 37–60 in: *Gudrun Marci-Boencke et al.* (Hg.), BlickRichtung Frauen: Theorien und Methoden geschlechtsspezifischer Rezeptionsforschung. Weinheim: Deutscher Studien Verlag.

Meyen, Michael, 2006: Warum Frauen „Brigitte", „Joy" und „Glamour" kaufen. Eine qualitative Studie zu den Nutzungsmotiven von Zeitschriftenleserinnen. FOCUS-Jahrbuch 3: 251–269.

Müller, Kathrin Friederike, 2010a: Frauenzeitschriften aus der Sicht ihrer Leserinnen. Die Rezeption von *Brigitte* im Kontext von Biografie, Alltag und Doing Gender. Bielefeld: transcript.

Müller, Kathrin Friederike, 2010b: Das Besonderer im Alltäglichen. Frauenzeitschriftenrezeption zwischen Gebrauch und Genuss. S. 171–187 in: *Jutta Röser* et al. (Hg.): Alltag in den Medien – Medien im Alltag. Wiesbaden: VS.

Modleski, Tania, 1982: Loving with a Vengeance: Mass Produced Fantasies for Women. London: Methuen.

Röser, Jutta, 2007: Der Domestizierungsansatz und seine Potenziale zur Analyse alltäglichen Medienhandelns. S. 15–30 in: *Jutta Röser* (Hg.), Medien im Alltag. Domestizierungsprozesse alter und neuer Medien. Wiesbaden: VS.

Röser, Jutta, 1992: Frauenzeitschriften und weiblicher Lebenszusammenhang. Opladen: Westdeutscher Verlag.

Schmerl, Christiane, 2002: „Tais-toi et soi belle!" 20 Jahre Geschlechterinszenierungen in fünf westdeutschen Printmedien. Publizistik 47: 388–410.

Scholl, Armin, 2003: Die Befragung. Sozialwissenschaftliche Methode und kommunikationswissenschaftliche Anwendung. Konstanz: UVK.

Statistisches Bundesamt, 2006: Im Blickpunkt – Frauen in Deutschland 2006. https://www-ec.destatis.de/csp/shop/sfg/bpm.html.cms.cBroker.cls?cmspath=struktur,vollanzeige.csp&ID=1018095 (14. 9. 2006).

Ulze, Harald, 1979: Frauenzeitschrift und Frauenrolle. Eine aussagenanalytische Untersuchung der Frauenzeitschriften Brigitte, Freundin, Für Sie und Petra. Berlin: Volker Spiess.

Wilhelm, Hannah, 2004: Was die neuen Frauen wollen. Eine qualitative Studie zum Mediennutzungsverhalten von Leserinnen der Zeitschrift Glamour. Münster/Hamburg/London: Lit.

Williams, Raymond, 1999: Schlußbetrachtungen zu Culture and Society 1780–1950. S. 57–74 in: *Roger Bromley et al.* (Hg.), Cultural Studies. Grundlagentexte zur Einführung. Lüneburg: zu Klampen.

V Ungleichheitsproduktion in den Medien

Transitorische Sozialbeziehungen oder: Wider die Ungleichheitsblindheit der Internetsoziologie

Kai Dröge

Die sozialwissenschaftliche Diskussion um die ungleichheitsrelevanten Aspekte des Internets ist generell stark auf die zwei Fragen konzentriert: den Zugang zum Netz einerseits und die sozial ungleich verteilten Kompetenzen zu dessen Nutzung andererseits. So wird etwa der „digital divide" zwischen Norden und Süden problematisiert, der die armen Länder des Südens aufgrund mangelnder Infrastruktur immer noch weitgehend von der Teilhabe an der digitalen Ökonomie und Kultur ausschließt. Oder es wird auf die alters-, schichts- oder geschlechtsspezifisch unterschiedlichen Kompetenzen der Internetnutzung verwiesen, die dann durch entsprechende Bildungsprogramme abgemildert werden sollen (vgl. Zillien 2009).

Diese Fragen sind zweifelsohne von großer Wichtigkeit, aber eine Soziologie der sozialen Ungleichheit im Zeitalter des Internet darf dabei nicht stehen bleiben. Vielmehr muss sie ebenso untersuchen, inwiefern das Netz auch und gerade für jene, die es aktiv und kompetent nutzen, einen Ort der Produktion und Reproduktion sozialer Ungleichheiten darstellt. Leider ist dieses Thema in der aktuellen Debatte viel zu wenig präsent. Zwar gibt es durchaus Untersuchungen zu Machtungleichgewichten und sozialen Schließungsprozessen in Chats, Foren oder der Wikipedia-Community (vgl. bspw. Stegbauer 2001, 2009). Vergleichsweise wenig untersucht wird jedoch, welche Relevanz den klassischen sozialen Ungleichheitsdimensionen wie Schichtzugehörigkeit und sozioökonomischem Status, aber auch den „feinen Unterschieden" (Bourdieu) im klassenspezifischen Habitus und Lebensstil im Internet zukommt.

Man kann hier von einer gewissen ‚Ungleichheitsblindheit' der Internetsoziologie sprechen, die – so meine These – ihre Ursachen in der Geschichte des Mediums selbst sowie in dessen diskursiver Rahmung in Wissenschaft und Öffentlichkeit hat. Ich werde diese These im ersten Teil des Artikels etwas weiter ausführen und argumentieren, dass diese Ungleichheitsblindheit für die Internetsoziologie angesichts der aktuellen Entwicklungen in diesem Medium heute mehr denn je zu einem Problem wird. In einem zweiten Teil soll dann an einem empirischen Beispiel analysiert werden, wie klassische soziale Ungleichheitsmuster zwischen On- und Offline-Sphäre diffundieren, sich reproduzieren und verändern. Dabei stütze ich mich auf erste Ergebnisse eines laufenden Forschungsprojektes zur Partnersuche im Internet. Das Projekt wird von Olivier Voirol und mir in einer Kooperation zwischen der Universität Lausanne und dem Institut für Sozialforschung in Frankfurt am Main durchgeführt.[1]

1   Die Ungleichheitsblindheit der Internetsoziologie

Das „globale Dorf" ist wohl eine der einflussreichsten Metaphern, mit denen die Spezifik der sozialen Beziehungen im Internet je beschrieben wurde. Auf den ersten Blick erstaunt dieses Bild, mutet es doch in der Welt der hochtechnisierten Computernetze seltsam antiquiert an. Dennoch hat es in den Diskursen um das neue Medium eine erstaunliche Karriere erfahren. Anfang der 1960er Jahre wurde das Bild von Marshall McLuhan geprägt, der damit die sozialen Beziehungen im „elektronischen Zeitalter" zu beschreiben suchte, das er am Horizont heraufziehen sah (vgl. McLuhan 1962). Als dann in den 1980er Jahren die ersten zivil nutzbaren Internetanwendungen aufkamen – die Diskussionsforen des Usenets, die frühen Chaträume und virtuellen Spielecommunities – wurde das „globale Dorf" rasch zu einem Sinnbild für die Vergemeinschaftungsformen in diesem neuen Medium insgesamt.

Zunächst ist damit vor allem eine räumliche Konstellation beschrieben: Die elektronische Kommunikation überbrückt mühelos geographische Distanzen, die Welt rückt auf die Dimensionen eines globalen Dorfes zusammen. Aber zugleich ist mit diesem Bild auch eine soziale Utopie verbunden. Das „globale Dorf" soll neue, freiere Formen des Zusammenlebens in virtuellen Communities ermöglichen. Es verspricht Gemeinschaft, Solidarität und soziale Nähe und damit eine (virtuelle) Gegenwelt zu den rationalen Vergesellschaftungsformen der modernen westlichen Welt. Für diese Form des „Digital Utopianism" (Turner 2006) legte schon Marshall McLuhan den Grundstein. Das Zeitalter des Buchdrucks habe, so meinte er, die Sozialwelt eher auseinandergetrieben und Nationalismus, technische Rationalisierung und Individualismus befördert. Dagegen sollte die elektronische Kommunikation die Menschen einander wieder näher bringen, sollte Solidarität und sozialen Zusammenhalt fördern und eine Art neo-tribaler Vergemeinschaftung auf globaler Ebene etablieren (McLuhan 1962). Später war es dann Howard Rheingold, der in seiner einflussreichen Studie über das sogenannte WELL-Netzwerk im frühen Internet den Begriff der „virtual community" geprägt und damit ganz ähnliche Vergemeinschaftungsformen beschrieben hat, wie sie bereits McLuhan vor Augen hatte (Rheingold 1993).

Es ist verschiedentlich darauf hingewiesen worden, dass es sowohl auf der Ebene der Deutungsmuster und politischen Utopien als auch auf der Ebene der beteiligten Akteure zahlreiche Verbindungen zwischen den community-orientierten Pionieren des Internets und der (v. a. us-amerikanischen) Gegenkultur- und Alternativbewegung der 1970er und -80er Jahre gab (vgl. Barbrook/Cameron 1997; Turner 2006). So ging das von

---

1   Das Projekt wird vom Schweizerischen Nationalfonds gefördert (FNS Nr. 10015-122617/1).

Rheingold erforschte WELL-Netzwerk (WELL steht für „Whole Earth ‚Lectronic Link") unmittelbar aus dem „Whole Earth Catalog" hervor, einem in der us-amerikanischen Gegenkultur-Szene seit den späten 1960er Jahren weit verbreiteten Publikationsorgan (vgl. ebd.). Aber auch sonst hatten die Gemeinschaftsideale der „virtual community" und des „globalen Dorfes" enge Bezüge zu den romantisierten Vorstellungen über das Zusammenleben in kleinräumigen Sozialzusammenhängen, die die Gegenkultur- und Alternativbewegungen geprägt und u. a. in den Landkommunen praktisch umzusetzen versucht hatte.

Zu diesen Gemeinschaftsidealen, die nun ebenso als Anspruch an die virtuellen Communities im Internet herangetragen wurden, gehörten auch die Ideen von Gleichheit und Gleichberechtigung. Im Netz sollte einen prinzipiell egalitärer, solidarischer und antihierarchischer Kulturraum entstehen, in dem die Restriktionen des „real life" – einschließlich der sozialen Statusdifferenzen und anderer Ungleichheiten – keine oder nur eine unbedeutende Rolle spielten. „Wir erschaffen eine Welt, die alle betreten können ohne Bevorzugung oder Vorurteil bezüglich Rasse, Wohlstand, militärischer Macht und Herkunft", schrieb etwa John Perry Barlow (1996), Mitbegründer der „Electronic Frontier Foundation" und langjähriger „Wired"-Autor, in seiner damals breit rezipierten „Unabhängigkeitserklärung des Cyberspace" anlässlich des Weltwirtschaftsforums in Davos 1996. Das Internet sollte, so hofften damals viele, eine Welt zwar nicht ohne Unterschiede, aber ohne soziale Ungleichheiten sein, d. h. ohne Diskriminierung, sozialen Ausschluss und Benachteiligung. „Ubiquitous networked computing had arrived, and in its shiny array of interlinked devices, pundits, scholars, and investors alike saw the image of an ideal society: decentralized, egalitarian, harmonious, and free" (Turner 2006: 1).

Zwar ist seit diesen frühen Tagen eine gewisse Desillusionierung über die sozialrevolutionären Potentiale des neuen Mediums eingetreten. Aber die Hoffnungen auf mehr Egalität und weniger soziale Ungleichheit finden sich auch heute noch in vielen Diskursfeldern im und um das Internet. Sie prägt bspw. das egalitär-basisdemokratische und partizipative Selbstverständnis der Wikipedia-Community (vgl. Stegbauer 2009: 173 ff.), das sich deutlich gegen ein herkömmliches hierarchisches Modell sozialer Wissensproduktion abgrenzt, welches über Bildungstitel und institutionelle Positionen (Professuren, Forschungsstellen) reguliert ist. Aber auch für viele Gründerinnen und Gründer der New Economy gehörte die Ablehnung formaler Hierarchien und Statusunterschiede zum Kernbestand ihrer öffentlichen Selbstinszenierung (vgl. Dröge 2008: 116 ff.). Schließlich, um noch ein aktuelles Beispiel zu nennen, enthält auch die gegenwärtige Debatte um das sogenannte Web 2.0 (vgl. Schmidt 2009) vielfach antihierarchische, egalitäre Impulse – etwa wenn die „Schwarmintelligenz" der breiten Masse gegen das institutionalisierte Expertenwissen in Stellung gebracht wird, die alltägliche Weltbeobachtung der Blogger gegen die Meinungshoheit der professionalisierten Presse, die Graswurzelberühmtheiten auf MySpace gegen das Starsystem der Schallplattenindustrie, etc.

2   „Weak social context clues" oder die Hoffnung
auf ein egalisierendes Medium

Dieser generell egalitätsorientierte Diskurs hat seinen Teil mit dazu beigetragen, dass die Internetsoziologie Probleme sozialer Ungleichheit bisher vor allem in den Zugangs-bedingungen zum Netz gesehen hat und weniger innerhalb dieses Mediums selbst. Zu diesem Diskurs ist und musste allerdings hinzutreten, dass auch aus der Forschung selbst ernstzunehmende Hinweise darauf kamen, dass die herkömmlichen Reproduk-tionsmuster sozialer Ungleichheitsstrukturen im Internet nicht im selben Maße greifen wie in Offline-Interaktionen.

Wichtig waren hier u. a. die frühen sozialpsychologischen Untersuchungen zur com-putervermittelten Kommunikation von Lee Sproull und Sara Kiesler (1986) sowie die zahlreichen Studien, die daran angeschlossen haben. Auf Sproull und Kiesler geht die These der sogenannten „weak social context clues" zurück. Damit ist gemeint, dass die primär textbasierte Kommunikation im Internet so wenig soziale Kontextinformationen über das jeweilige Gegenüber liefere, dass computervermittelte Kommunikation kaum durch Status- und Machtungleichheiten beeinflusst sei (ebd.). Die These der „weak so-cial context clues" und der daraus resultierenden egalisierenden Wirkung der media-len Vermittlung auf die Kommunikation ist in der Folge auf viele Bereiche des Internets ausgeweitet worden und hat maßgeblich mit dazu beigetragen, hier auf die Entstehung eines Kommunikationsraumes zu hoffen, der weniger durch soziale Ungleichheiten res-tringiert ist (vgl. Stegbauer/Rausch 2006: 95 ff.; Döring 2003: 127 ff.; Walther 1996).

Tatsächlich streifen wir einen Teil unserer sozialen Identität zunächst einmal ab, wenn wir in eine Online-Interaktion eintreten. Dies hat nicht allein mit der Anonymität bzw. Pseudonymität der Kommunikation im Netz zu tun. Zusätzlich sind viele der so-zialen ‚Marker', über die wir sonst auch uns unbekannten Personen einen gesellschaft-lichen Status zuschreiben, im Internet nicht oder nur vermittelt präsent. So hat man i. d. R. kein oder nur ein sehr reduziertes Bild des Äußeren einer Person, womit sowohl bestimmte materielle Statussymbole wie Kleidung etc., aber auch körperliche Attribu-te wie die äußeren Geschlechtsmerkmale, Hautfarbe, Alter etc. unserer direkten Wahr-nehmung entzogen sind. Ähnliche verhält es sich mit dem klassenspezifischen Habitus, der sich als „Hexis" (Bourdieu 1976) in den Körper und in die körperlichen Verrichtun-gen eingeschrieben hat.[2] Daher gilt das Internet als ein sozialer Interaktionsraum, der zu einem experimentellen Umgang mit der eigenen Identität einlädt, der es ermöglicht, die sozialen Restriktionen des ‚real life' hinter sich zu lassen und neue Identitäten zu entwerfen, die ein anderes Geschlecht, einen anderen Körper und andere soziale Sta-

---

2   Von dieser ‚Verkörperung' des sozialen Standes, über die sich Angehörige ähnlicher sozialer Schich-ten oder Klassen wechselseitig (wieder)erkennen können, bleibt im Netz einzig der sprachliche Aus-druck, der deshalb auch für die Einschätzung des jeweiligen Gegenübers eine herausgehobene Bedeutung bekommt.

tusmerkmale besitzen können (vgl. Turkle 1996; 2010). Das Fehlen von „social context clues" birgt also ein Potential der Befreiung, es öffnet einen Raum für das experimentelle Überschreiten der Begrenzungen, in die das Individuum sonst durch seine Klassen- oder Schichtzugehörigkeit, sein Geschlecht und seinen Körper eingeschlossen ist.

3 Transitorische Sozialbeziehungen und die Wiedereinführung von „social context clues"

Allerdings muss dieses Potential der Online-Kommunikation nicht notwendig positiv wahrgenommen werden. Der flexible und kreative Umgang mit der eigenen Online-Identität, der den einen als befreiende Möglichkeit des experimentellen Selbstentwurfs erscheint, kann für andere zu einem Problem werden, weil sie darin die Vorspiegelung falscher Tatsachen und einen Beleg für die generell mangelnde Authentizität und Wahrhaftigkeit in der Onlinekommunikation sehen.

Im Folgenden soll die These entfaltet werden, dass die kulturelle Ordnung des Internets sich gegenwärtig in einem Umbruch befindet, im Zuge dessen die zuletzt genannte, kritisch-skeptische Perspektive stärker ins Zentrum rückt. Das „postmoderne" Selbst, dass sich in Sherry Turkles Untersuchungen aus den 1980er und -90er Jahren noch in den virtuellen Welten des Netzes experimentell vervielfältigen konnte, wird jetzt zunehmend wieder mit der ganz klassischen Forderung nach einer Einheit des Selbst konfrontiert – einer Einheit, die insbesondere auch die Online- und Offline-Identität miteinander in Deckung bringen soll. In diesem Zusammenhang werden verschiedene Techniken entwickelt um den sozialen Status einer Person aus der Offline- in die Online-Sphäre zu übersetzen, um also das Fehlen von „social context clues" technologisch zu kompensieren.

Besonders virulent ist das Thema der Wahrhaftigkeit in der eigenen Selbstdarstellung heute im Kontext von Anwendungen, die gemeinhin als typisch für die aktuelle Inkarnationsform des Internet angesehen werden, also für das sogenannte Web 2.0 oder „social web" (Schmidt 2009). Dies betrifft etwa Text- oder Videoblogs (Näser 2008), soziale Netzwerkplattformen wie Facebook, Xing, StudiVZ usw., aber auch die von uns untersuchten Online-Dating-Angebote. In diesen Formaten des „social web" besteht i. d. R. die „Leiterwartung, dass Nutzer mit ihrer realweltlichen Identität vertreten sind" (Schmidt 2009: 79). Facebook bspw. fordert in seinen Nutzungsbedingungen explizit, dass die Mitglieder ihre „tatsächlichen Namen und Daten" und „keine falschen persönlichen Informationen" angegeben.[3] Pseudonyme, wie sonst in Foren o. ä. üblich, sind nicht gestattet. Nachdem in jüngster Zeit immer wieder über Fälle von „Identitätsdiebstahl" geklagt wurde – also der Erstellung eines Profils oder einer Seite unter fremdem (oft prominentem) Namen (vgl. Stone 2009) – ist Facebook sogar dazu übergangenen,

---

3   vgl. http://www.facebook.com/terms.php (28. 10. 2010)

in bestimmten Fällen eine Verifizierung der persönlichen Angaben via Handy oder anderer Plausibilitätsprüfungen zu verlangen.[4]

Auch im Kontext der von uns untersuchten Online Dating-Praktiken bildet die Klage über die mangelnde Wahrhaftigkeit der Selbstdarstellung im Netz einen durchgängigen Topos, der sich in sämtlichen im Projekt bisher durchgeführten Interviews auf die eine oder andere Weise findet, und der auch in anderen Untersuchungen immer wieder hervorgehoben wird (vgl. Bühler-Ilieva 2006: 239; Brym/Lenton 2001: 36). Authentizität – verstanden als Deckungsgleichheit der Selbstdarstellung im Netz mit der eigenen Offline-Identität – ist daher eine zentrale und von unseren Interviewpartnerinnen und -partnern immer wieder eingeforderte Norm der sozialen Beziehungen im Feld des Online Dating.

Auf einer sehr viel grundsätzlicheren Ebene lässt sich schließlich auch das umstrittene Gesetz zur Vorratsdatenspeicherung als Versuch interpretieren, die Freiheit des eigenen Selbstentwurfes im Netz hoheitsstaatlich einzugrenzen und eine undurchschneidbare technologische Verknüpfung zwischen der sozialen Identität einer Person außerhalb des Netzes und ihren Aktivitäten in diesem Medium herzustellen. Dazu wurden die Internetzugangsprovider verpflichtet, die Verbindungsdaten ihrer Kundinnen und Kunden über mehrere Monate aufzubewahren und den Strafverfolgungsbehörden ggf. zur Verfügung zu stellen.[5]

Wie kommt es, so kann man angesichts dieser aktuellen Entwicklungen fragen, dass das früher häufig positiv bewertete Spiel mit der eigenen Identität im Internet nun zunehmend skeptischer gesehen und durch entsprechende identifikatorische Maßnahmen eingehegt wird? Ein wichtiger Grund liegt darin, dass Online-Interaktionen immer seltener innerhalb der Grenzen dieses Mediums verbleiben. Das Internet hat sich inzwischen so weit in unseren Alltag hinein etabliert, dass der „Cyberspace" kaum noch als eine in sich abgeschlossene Sozialwelt eigener Ordnung verstanden werden kann.[6] Stattdessen nehmen ‚transitorische' soziale Praxen zu, also solche, die beständig zwischen Online- und Offline-Sphäre oszillieren. Und in diesen werden die fehlenden „social context clues" und ganz generell die mangelnde Konsistenz zwischen Online- und Offline-Identität zunehmend problematisiert.

Alle oben genannten Beispiele betreffen solche transitorischen Praxen: Das Gesetz zur Vorratsdatenspeicherung etwa geht auf eine entsprechende EU-Richtlinie (2006/24/EG vom 13. April 2006) zurück, die als Reaktion auf die Terroranschläge auf den öffentlichen Nahverkehr in Madrid (2004) und London (2005) entstanden ist und die Aufklärung entsprechender Planungen im Internet erleichtern sollte. Die eigentliche

---

4   vgl. http://www.facebook.com/help/?faq=18257&tq (28.10.2010)

5   Das Gesetz wird gegenwärtig revidiert, nachdem das Bundesverfassungsgericht es in seiner bisherigen Form im März 2010 aufgehoben hatte.

6   Gleiches gilt im übrigen auch für die andere Seite, das früher so genannte „real life", das sich heute ebenso kaum angemessen beschreiben lässt, ohne das Internet und die digitalen Interaktionen in Betracht zu ziehen.

Bedrohung liegt also darin, dass bestimmte Aktivitäten die Grenzen des Mediums überschreiten und zu einer Gefahr für Leib und Leben in der Offline-Sphäre werden können. Soziale Netzwerkplattformen wie Facebook, Xing, StudiVZ o. ä. sind im Unterschied zu vielen älteren Angeboten im Internet von ihrer ganzen Anlage her auf transitorische Praxen ausgerichtet: Soziale Beziehungen aus der Offline-Sphäre – aus Schule, Studium, Beruf, Freundes- oder Familienkreis – sollen im Internet nachgebildet, gepflegt und erweitert werden. Von dort führen wiederum vielfältige Wege in die Offline-Sphäre zurück – sei es durch im Netz getauschte Seminararbeiten oder Vorlesungsskripte, sei durch Jobangebote oder Aufträge für Freelancer, sei es in Form von online organisierten Partys oder Freizeitaktivitäten. Diese Aktivitäten werden dann ihrerseits wieder durch Fotos, Videos oder Berichte im Netz dokumentiert. Kurz: On- und Offline-Sphäre sind fast unentwirrbar miteinander verknüpft, und die sozialen Beziehungen bewegen sich stetig zwischen beiden Bereichen hin und her. Die von uns untersuchten Online-Dating-Plattformen schließlich bilden fast schon einen klassischen Fall transitorischer Sozialbeziehungen im Internet. Frühe Überlegungen und Erwartungen, das Liebesleben werde sich durch Cybersex und „Teledildonik" (Rheingold 1991) zunehmend in die virtuellen Welten des Internet verlagern, haben sich bis heute nicht erfüllt. Vielmehr geht es in der verschiedenen Formen von Online Dating in aller Regel explizit um die Etablierung einer Beziehung außerhalb des Netzes, d. h. um die schlussendliche Überwindung der Mittelbarkeit des medialen Kontaktes hin zu jenem Ort von Unmittelbarkeit und Intimität schlechthin, den unsere Kultur kennt: der (erotischen) Liebesbeziehung – sei es als Paar, als sexuelle Affäre, oder als Familie.

Transitorische Praktiken der Internetnutzung verlangen nach einer größeren Konsistenz der sozialen Identität über die Grenzen des Mediums hinweg. Daher der Versuch, durch Vorratsdatenspeicherung die Anonymität im Netz zumindest potentiell aufhebbar zu machen, daher die Erwartung der ‚wahrhaftigen' Selbstdarstellung in sozialen Netzwerken, Blogs, etc., daher die Moral der Authentizität im Kontext von Online Dating. Immer geht es darum, die soziale Identität innerhalb und außerhalb des Netzes enger miteinander zu verknüpfen. Damit ist jedoch auch die Vorstellung passé, das Internet sei – ungleichheitssoziologisch betrachtet – eine Art ‚tabula rasa', ein Raum, in dem die Akteure ihre Klassen- oder Schichtzugehörigkeit, ihr Geschlecht und ihren Status einfach abstreifen und sich in neuen, egalitären Kollektiven zusammenfinden würden. Mit dem wachsenden Anteil transitorischer Sozialbeziehungen diffundieren auch die sozialen Ungleichheitsmuster stärker zwischen Off- und Online-Sphäre. Damit rückt die Frage in den Fokus, auf welche Weise die herkömmlichen Dimensionen sozialer Ungleichheit in den medialen Interaktionsraum übersetzt werden und wie sie dort zur Geltung kommen. Die Internetsoziologie darf diese Fragen nicht länger aussparen.

4   „Bringing society back in" – Repräsentationsformen sozialer Ungleichheit auf Online Dating Sites

Im Folgenden soll anhand eines empirischen Fallbeispiels exemplarisch untersucht werden, mit welchen Techniken die Kommunikation im Netz heute mit „social context clues" angereichert wird und wie sich dabei soziale Ungleichheitsrelationen im Netz reproduzieren und teilweise sogar verschärfen.

Betrachtet man das Internet generell, so lassen sich je nach Plattform ganz unterschiedliche Strategien und Praktiken beobachten, die die Konsistenz von On- und Offline-Identität medial in Szene setzen sollen. Teilweise kommen hier ästhetische Stilmittel und Ausdrucksformen zum Einsatz, die ihren Ursprung eher in klassischen Medien haben. Die wackelnde Handkamera als Ausweis der Wahrhaftigkeit des Dargestellten bspw. ist seit dem „direct cinema" der 1960er Jahre fester Bestandteil unserer Sehgewohnheiten im Bereich des Dokumentarfilms (vgl. Saunders 2007); heute findet sich dies millionenfach reproduziert auf YouTube und anderen Videoplattformen. Fotos als Authentizitätsausweis, als Zeugnis des „Es-ist-so-gewesen" (Barthes 1985: 90), haben eine lange Tradition u. a. im Journalismus, die heute in den Bildergalerien von Facebook, StudiVZ oder FriendScout24 ihre digitale Fortsetzung findet.

Die wichtigste und vielleicht auch eigenständigste Repräsentationsform der sozialen Identität im Netz ist jedoch das ‚Profil‘, das die verschiedenen Aspekte des „digitalen Selbst" (Voirol 2010) einer Person an einem Ort bündelt.[7] Dieses Profil kann je nach Plattform sehr heterogene Formen annehmen und umfasst ganz unterschiedliche Angaben – Kommentare und Bewertungen anderer Nutzerinnen und Nutzer, Spuren eigener Aktivitäten wie Forumsnachrichten, Bild- oder Videobeiträge, aber auch Angaben zur sozialen Identität außerhalb des Netzes. Internetanwendungen, in denen transitorische Sozialbeziehungen eine zentrale Rolle spielen, sind i. d. R. dadurch gekennzeichnet, dass sie dem zuletzt genannten Aspekt, also den Identitätsmerkmalen aus der Offline-Sphäre, einen besonders breiten Raum geben.

Dies gilt auch für FriendScout24[8], der nach verfügbarer Datenlage wohl größten Dating-Site im deutschsprachigen Raum. Die Profile auf dieser Seite umfassen zunächst einen Katalog mit rund 30 Fragen und 170 vordefinierten Auswahlmöglichkeiten, die von der Augenfarbe bis zum Jahreseinkommen und vom Kinderwunsch bis zu den Essgewohnheiten reichen. In einem weiteren Bereich lassen sich mit nahezu den gleichen

---

7   Auch für die Repräsentationsform des Profils gibt es nicht-digitale Vorläufer – bspw. den Steckbrief des gesuchten Verbrechers oder den Lebenslauf in einer Bewerbung. Aber diese historischen Vorläufer sind auf sehr spezifische Interaktionssituationen beschränkt. Die ständige Mitführung eines solchen Profils, das zudem häufig weitgehend uneingeschränkt von den eigenen Interaktionspartnern eingesehen werden kann, ist ein neues und internetspezifisches Phänomen.

8   Ich beziehe mich hier auf die schweizerische Seite FriendScout24.ch, die sich jedoch in ihrem Aufbau nur unwesentlich von den anderen Länderausgaben (Deutschland, Österreich, Spanien, Italien, Belgien, Niederlande) unterscheidet.

Kategorien auch die eigenen Partnerinnen oder -partnerwünsche detailliert eingrenzen. Weiter gibt es einen Abschnitt mit 25 offenen Fragen (von „Was ist Ihnen wichtig in einer Beziehung?" bis zu „Würden Sie sich als tierlieb bezeichnen?"), eine Fotogalerie sowie einen sogenannten „VIP-Bereich" mit Angaben, die nicht öffentlich einsehbar sind sondern erst auf Verlangen für einzelne Nutzerinnen und Nutzer freigegeben werden können.

Der hohe Anteil an vordefinierten, standardisierten Kategorien zur Selbstbeschreibung macht die Profile sehr leicht durchsuchbar. Verschiedene Filtermöglichkeiten und ein detailliertes Rechercheformular ermöglichen es, aus der Gesamtheit der eingeschriebenen Mitglieder sehr gezielt potentielle Interaktionspartnerinnen oder -partner herauszufiltern. Dieser Vorgang des ‚Filterns' ist für Online Dating aus zwei Gründen zentral. Zum ersten liegt darin schlicht eine praktische Notwendigkeit, denn die großen Dating Seiten konfrontieren ihre Nutzerinnen und Nutzer mit einer „Tyranny of Choice" (Fiore 2004: 24; Schwartz 2004), einem extremen Überangebot potentiell verfügbarer Partnerinnen bzw. Partner, in dem sie dennoch eine Wahl treffen müssen. FriendScout24 etwa hat nach eigenen Angaben inzwischen rund zehn Millionen Mittglieder,[9] und selbst wenn man darin nach Region, Alter und Geschlecht grob vorauswählt, werden einem i. d. R. immer noch hunderte oder tausende von Profilen zur Auswahl angeboten. Es müssen daher praktische Strategien und Handlungsroutinen gefunden werden, um diese Zahl auf ein handhabbares Maß zu reduzieren. Das Filtern der Profile nach verschiedenen Eigenschaften ist dabei ein wichtiger Aspekt.

Zum zweiten korrespondiert der Vorgang des Filterns aber auch mit einen zentralen Versprechen von Online Dating: der Verheißung auf eine glückliche Beziehung durch eine optimierte ‚Passung' zwischen den (zukünftigen) Partnern. „Den Traumpartner zielgenau finden: Bei FriendScout24 ist das kein Problem!", heißt es etwa in der Selbstdarstellung der Seite.[10] Und der Konkurrent Parship wirbt mit dem Slogan: „Liebe ist, wenn's passt".[11] Außerdem berufen sich die Seiten immer wieder auf Ergebnisse sozialpsychologischer Forschungen, die belegen sollen, dass ‚passgenaue' Partnerschaften langfristig stabiler und glücklicher verlaufen.[12] Online-Dating verspricht, mit der Kombination aus praktisch unerschöpflicher Auswahl und zielgenauer Suche genau diese Passung zu optimieren.

9   Diese Zahl umfasst nicht nur die Schweiz, sondern alle europäischen Ausgaben von FriendScout24.

10 http://www.friendscout24.ch/operate.html (23.10.2010)

11 vgl. http://www.parship.de/das-ist-parship/das-parship-prinzip/unser-grundsatz-liebe-ist-wenns-passt. htm (23.10.2010)

12 vgl. hierzu etwa die regelmäßige Kolumne des „Flirtexperten Prof. Dr. Hassebrauck" im Magazin von FriendScout24 (vgl. http://member.friendscout24.ch/magazine.html, 23.10.2010, nur für angemeldete Nutzerinnen und Nutzer abrufbar) oder die entsprechenden Einträge in den Magazinteilen von Parship (http://www.parship.de/magazin/index.htm, 24.10.2010) oder Elitepartner (http://www.elitepartner.de/ km/magazin/index.html, 24.10.2010).

Entsprechend ermöglicht die Suche von FriendScout24 sehr detaillierte Datenbankabfragen, die sich neben den basalen Kriterien wie Alter, Geschlecht und Region noch in den drei Rubriken „Aussehen", „Bildung und Familie" sowie „Lebensstil" weiter eingrenzen lassen.[13] Dieses Suchformular ist besonders interessant, weil es exemplarisch zeigt, wie die Profildaten und darin eingelagerten ‚Marker' gesellschaftlicher Ungleichheitsrelationen die sozialen Beziehungen auf der Seite formen und kanalisieren können.

4.1   Körperbilder

Die erste Rubrik (vgl. Abb. 1) umfasst Kategorien, die den Körper und das äußere Erscheinungsbild einer Person genauer klassifizieren – die Größe, das Gewicht, die Augen- und Haarfarbe sowie den Kleidungsstil. Bei näherem Hinsehen stellt man allerdings schnell fest, dass viele der hier angebotenen Kategorien nicht in erster Linie darauf zielen, eine physiologisch exakte Beschreibung des Äußeren einer Person zu geben. Ob

Abbildung 1   Erweitertes Suchformular von Friendscout24.ch – Rubrik „Aussehen"

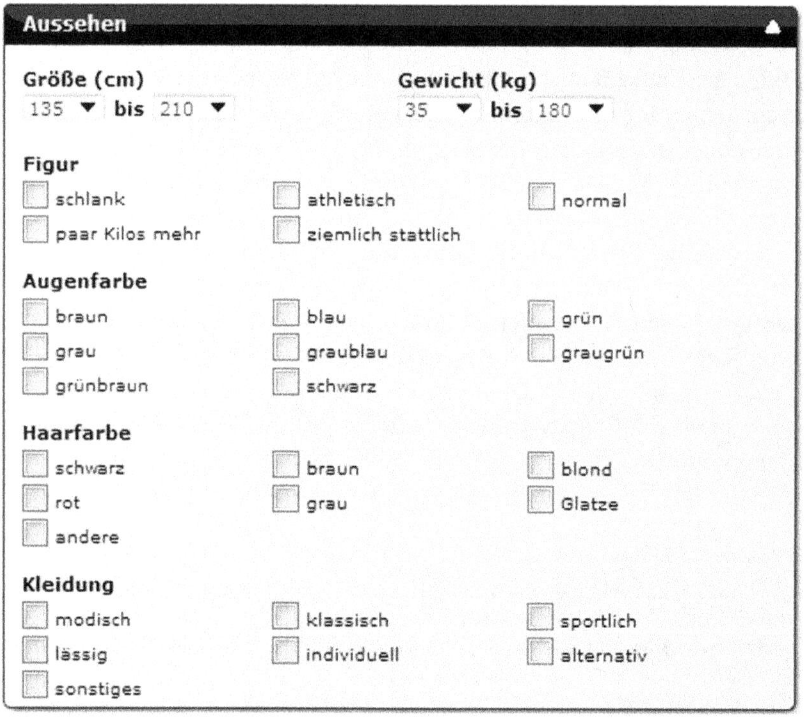

---

13   vgl. http://member.friendscout24.ch/extendedsearchform.html (23. 10. 2010, nur für angemeldete Mitglieder zu erreichen).

man eine menschliche Figur beispielsweise als „schlank", „athletisch" oder „normal" beschreibt, ist nicht in erster Linie eine Frage physiologischer Daten. Vielmehr werden hier stereotypisierte Körperbilder zur Auswahl gestellt, die in ihrer spezifischen Bedeutung wiederum an bestimmte subkulturelle Milieus und deren Geschlechternormen gebunden sind. In noch stärkerem Maße gilt dies für die angebotenen Kleidungsstile.

Die Unterschiede zwischen „lässig" und „sportlich", „individuell" und „alternativ" beispielsweise kann nur verstehen, wer über ein sehr ausgeprägtes Sensorium für die feinen Unterschiede der gesellschaftlichen Kleiderordnung verfügt. Und dies ist auch ein Wissen um soziale Ungleichheitsrelationen, denn es sind solche feinen Unterschiede in der gesellschaftlichen Kleiderordnung, über die sich die Mitglieder der sozialen Klassen und Milieus füreinander erkennbar machen (vgl. Bourdieu 1993). Schon in dieser ersten Rubrik, die scheinbar nur das äußere Erscheinungsbild betrifft, findet also ein *sozialer* Selektionsprozess statt, in dem sich Mitglieder ähnlicher sozialer Lagen und Milieus wechselseitig einander zuordnen können.

4.2   Sozioökonomischer Status

In der zweiten Rubrik „Bildung und Familie" (vgl. Abb. 2) geht es nun an das sozioökonomische Eingemachte der gesellschaftlichen Ungleichheitsordnung. Die Eingrenzung von Familienstand, Kinderzahl und Kinderwunsch ist nur der erste Schritt in der wechselseitigen Abgleichung der Lebenslagen. Sehr detailliert lässt sich der Bildungsab-

Abbildung 2   Erweitertes Suchformular von Friendscout24.ch –
                 Rubrik „Bildung und Familie"

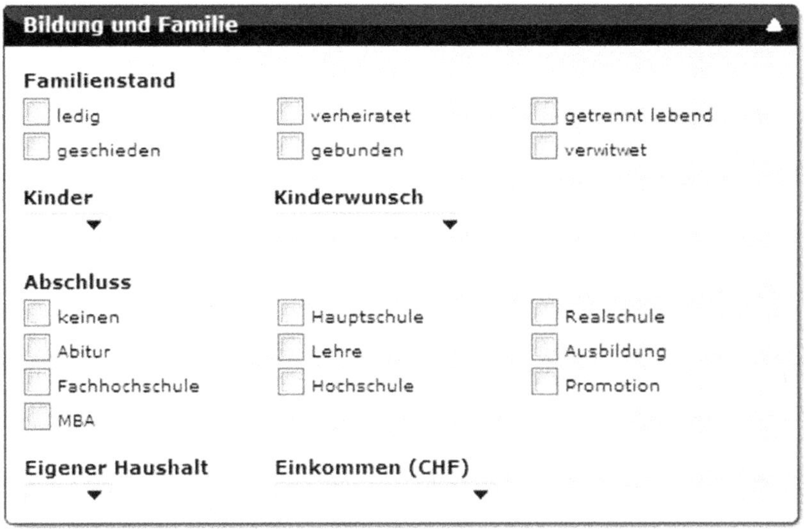

schluss des gewünschten Partners bzw. der gewünschten Partnerin vorgeben. Insgesamt zehn Kategorien stehen hier zur Wahl; kein anderes Selektionskriterium bietet eine ähnlich große Fülle an Differenzierungsmöglichkeiten. So kann beispielsweise bei den Hochschulabschlüssen zwischen „Fachhochschule", „Hochschule", „Promotion" und „MBA" unterschieden werden. Diese feingegliederten Auswahlmöglichkeiten tragen der Tatsache Rechnung, dass der Bildungsstand in der modernen Gesellschaft ein zentrales soziales Differenzierungskriterium darstellt – ein Kriterium, das gerade auch bei der Partnerwahl immer noch eine sehr bedeutsame Rolle spielt (vgl. die in Klein 2001 versammelten Beiträge). Sollte auch diese Spezifizierung noch nicht ausreichen, kann im letzten Eintrag der Rubrik zusätzlich das Jahreseinkommen der gesuchten Person vorgegeben werden – in sechs groben Klassen, die von „unter 21 000" Schweizer Franken bis „über 117 000" reichen. Damit ist der sozioökonomische Status einer Person in ihren wesentlichen Dimensionen bestimmt.

4.3 Tugendhaftigkeit

Die dritte und letzte Rubrik schließlich verspricht, den „Lebensstil" der gesuchten Person genauer einzugrenzen (vgl. Abb. 3). Man könnte erwarten, dass es hier um den Abgleich gemeinsamer Interessen, Hobbies und persönlicher Vorlieben geht – Aspekte, die bei der Partnerwahl ja durchaus eine wichtige Rolle spielen können.

Wenn man sich die einzelnen Elemente dieser Rubrik jedoch genauer ansieht, so findet man wenig, das in eine solche Richtung weist. Vielmehr wird ein auffälliger Schwerpunkt auf das gesundheits- und fitnessbezogene Verhalten einer Person gelegt. In der

Abbildung 3   Erweitertes Suchformular von Friendscout24.ch – Rubrik „Lebensstil"

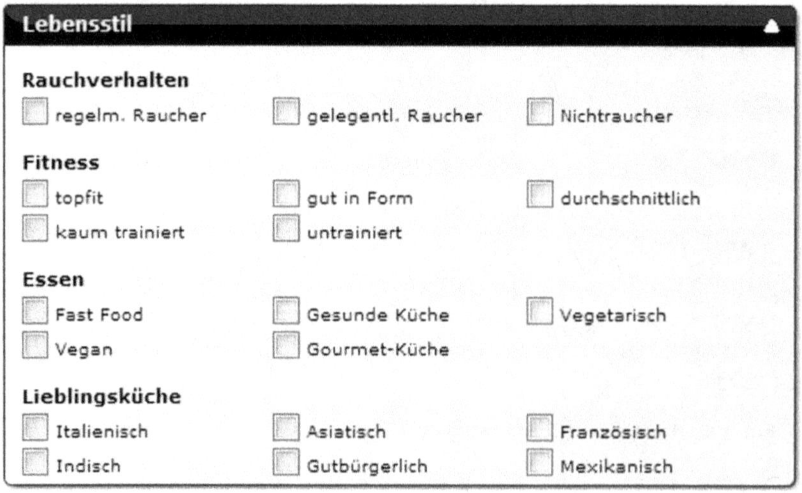

Kategorie „Essen" beispielsweise lässt sich sehr fein zwischen „Gesunder Küche", „vegetarisch" und „vegan" differenzieren. Weniger gesundheitsorientierte Essensstile können hingegen nur sehr grob in „Fast Food" oder „Gourmet Küche" unterschieden werden. Den Fitnessstatus der gesuchten Person wiederum kann man in insgesamt fünf Stufen sehr genau eingrenzen, zusätzlich zu den schon in der Rubrik „Aussehen" vorgenommenen Klassifizierungen des Körpers als „athletisch", „schlank" etc.

All diese Kategorisierungen dienen weniger dazu, individuelle Lebensstilmuster oder persönliche Eigenheiten zu beschreiben. Vielmehr geht es hier um die Nähe und Distanz zu einem kulturell normierten Idealmodell des begehrenswerten Subjekts, das sich heute in vielen gesellschaftlichen Sphären und Diskursen wiederfindet. Es waren vor allem die an Foucault anschließenden Gouvernementality-Studies – und hier insbesondere deren feministischer Zweig – die die Konturen dieses Idealmodells prägnant herausgearbeitet haben (vgl. Greco 2004; Trethewey 1999; Waring/Waring 2009). Zu diesem Modell gehört die Perfektionierung eines ‚fitten' und leistungsfähigen Körpers, die aktive Sorge um sich selbst und die eigene Gesundheit sowie die Mäßigung hinsichtlich schädlicher Genüsse wie Rauchen oder Fast Food. Hier werden zeittypische Tugenden eines begehrenswerten, anerkannten und sozial wie ökonomisch erfolgreichen Subjekts formuliert. Dieser Tugendkatalog findet sich in gesundheits- und sozialpolitischen Debatten ebenso wie in den Prospekten der Wellnessindustrie, in den Körperidealen der heutigen Arbeitswelt ebenso wie in populären Frauen- und Männermagazinen. Dabei dient dieses Ideal immer auch der sozialen Distinktion und entwirft eine gesellschaftliche Ungleichheitsordnung: Übermäßiger Zigaretten- und Alkoholkonsum, Fettleibigkeit und eine schlechte Gesundheitsvorsorge gelten als Charakteristika der Unterschicht, während die gesellschaftlich Erfolgreichen sich in gläsernen Fitnessstudios und ayurvedischen Wellnessrestaurants demonstrativ um das eigene Wohlbefinden und den Erhalt ihrer Produktivkraft kümmern (vgl. Greco 2004). FriendScout24 greift diese soziale Hierarchisierung auf und verlangt von seinen Mitgliedern schon beim Ausfüllen des eigenen Profils, sich selbst darin zu verorten. Diese Verortung ist dann wiederum Grundlage des Suchformulars, über das die potentiellen Partnerinnen und Partner auch im Hinblick auf die Tugendhaftigkeit der Lebensführung ihre soziale Stellung miteinander abgleichen können.

4.4 Die sozialen Konturen des begehrenswerten Subjekts

Betrachtet man die analysierten Kategorisierungen und Suchoptionen im Gesamt, so muss man feststellen, dass von einem Fehlen von „social context clues" wohl kaum die Rede sein kann, ganz im Gegenteil: Es wird ein hoher Aufwand betrieben, um soziale Ungleichheitsrelationen aus der Offline-Welt in das Medium Internet zu übersetzen und hier zur Geltung zu bringen. Dies betrifft, wie gezeigt, klassische sozioökonomische Unterscheidungsmerkmale wie Einkommen und Bildung ebenso wie die „feinen Unterschiede" in den subkulturellen Differenzierungen des Kleidungsstils; es betrifft Fragen der tugendhaften Lebensführung ebenso wie die Selbstklassifizierung in stereotypisierten Körperbildern.

Im Ergebnis entsteht ein soziales Setting der Beziehungsanbahnung, in dem man sich wie in kaum einem anderen Zusammenhang vorab über die ungleichheitsrelevanten Merkmale einer Person informieren kann – und dies lange bevor man eine einzige Zeile im Chat oder per Email ausgetauscht hat. Das hier analysierte Suchformular geht sogar noch einen Schritt weiter. Es fordert von seinen Nutzerinnen und Nutzern, zunächst völlig losgelöst von konkreten anderen Individuen die *soziale* Gestalt der gesuchten Person abstrakt zu entwerfen, indem man eine Auswahl aus den geschilderten Kategorien trifft. Erst in einem nächsten Schritt, nach dem Klick auf den Suchen-Button, füllen dann *konkrete* Andere mit ihren Fotos, Nicknames etc. dieses zuvor entworfene, abstrakte soziale Gefäß aus. Wer nicht in dieses Gefäß passt, verschwindet dagegen gänzlich aus dem Blickfeld, wird durch die Filterkriterien unsichtbar gemacht (vgl. Fiore 2004; Voirol 2005). Eine stärkere soziale Selektivität der Kommunikation ist kaum vorstellbar. Zumindest im Hinblick auf das hier untersuchte Phänomen Online Dating kann man also die begründete These formulieren, dass das Internet keineswegs zu einer Egalisierung der sozialen Beziehungen beiträgt, sondern im Gegenteil die bestehenden sozialen Ungleichheitsrelationen eher noch stärker zur Geltung bringt als in der Welt außerhalb des Netzes.

Diese These lässt sich durch eine Reihe von Untersuchungen untermauern, die hohe Homogamieraten im Online Dating feststellen (vgl. etwa Fiore/Donath 2005; Skopek/ Schulz/Blossfeld 2009, Schulz/Skopek/Blossfeld 2010). Obwohl das Internet geradezu unerschöpfliche Möglichkeiten bietet, mit Personen in Kontakt zu kommen, denen man sonst nie im Leben begegnen würde, so finden am Ende finden auch hier meist jene zusammen, die aus einer ähnlichen sozialen Schicht kommen, eine ähnlichen Bildungshintergrund haben, usw. usf. Ob die Homogamieraten dabei höher oder ähnlich ausfallen, als in anderen sozialen Kontexten, lässt sich mangels direkter Vergleichsdaten jedoch schwer beurteilen.

Interessanter ist ein anderer Unterschied: Klassischerweise wird Homogamie in der Partnerwahl u. a. daraus erklärt, dass viele Orte des Kennenlernens bereits durch soziale Auswahlprozesse vorstrukturiert sind: In der Schule, der Universität, am Arbeitsplatz oder auch in der Bar ist die Wahrscheinlichkeit, Personen aus dem eigenen sozialen Milieu zu begegnen, signifikant höher als die Chance, auf Angehörige anderer Klassen oder Schichten zu treffen (vgl. Klein/Lengerer 2001). Ein weiterer Erklärungsansatz betont den Einfluss der habituellen Nähe, die maßgeblich mit bestimmt, ob sich zwei Personen sympathisch und anziehend finden oder nicht (vgl. Bourdieu 1987: 373 ff.). Der Habitus aber wiederum hängt, wie wir seit Bourdieu wissen, unmittelbar mit der sozialen Herkunft einer Person zusammen, die sich über den Sozialisationsprozess in den Körper, in alltägliche Gesten und Verrichtungen eingeschrieben hat (ebd.).

Beide Erklärungsmuster greifen im Fall von Online Dating jedoch nur begrenzt. Die meisten Online Dating Sites sind sozial weit weniger homogen als klassische Orte des Kennenlernens. Und die habituelle Nähe zwischen zwei Personen kann schon deshalb nur begrenzt zur Geltung kommen, weil der Körper, an den der Habitus unablöslich gebunden ist, in der Online-Kommunikation sehr viel weniger präsent ist.

Stattdessen, und hier unterscheidet sich Online Dating tatsächlich fundamental von anderen Kontexten der Partnersuche, wird Homogamie zu einem Gegenstand rationaler Wahl. Wie am Beispiel des Suchformulars von FriendScout24 gezeigt, steht am Beginn ein umfassender Prozess der individuellen Selbstbefragung. Dabei müssen die eigenen Präferenzen der Partnerwahl detailliert expliziert und in die vorgegeben Suchkriterien der Seite übersetzt werden. Kaum ein soziales Setting verlangt ein solches Maß an rationaler Selbstreflexivität in der Partnerwahl. Wo sich in anderen Handlungszusammenhängen eher intuitiv eine Anziehung zwischen zwei Personen herauskristallisiert, muss man sich im Netz permanent entscheiden, muss Filterkriterien definieren, Daten analysieren, Informationen bewerten – und dabei Angehörige anderer sozialer Lagen oder Klassen bewusst ein- oder ausschließen.

Eine Interviewpartnerin in unserem Projekt hat diesen Vorgang einmal mit dem Kauf einer Digitalkamera verglichen: „Du hast da deine Vorschläge und die Vergleiche und da passt mir das und das, das und das. … Es geht alles nach Katalog, du kannst aussuchen" (Interview Carol, Abs. 235). Tatsächlich aktiviert Online Dating Formen des rational-strategischen Handelns, die sonst eher im Bereich von Shopping und Konsum zum Tragen kommen. Es geht um den Vergleich von Angeboten anhand ihrer Eigenschaften, um die Ausbildung von eigenen Präferenzen, und schließlich um eine rationale Wahl im Hinblick auf die möglichst optimale Passung von Präferenzen und verfügbaren Angeboten (vgl. Dröge 2010; Illouz 2006: 129 f.; Arvidsson 2005). Und in dem Maße, wie in die Kriterien der Wahl ‚Marker‘ sozialer Ungleichheitsverhältnisse eingeschrieben sind, erfasst der Prozess der Rationalisierung auch die Reproduktion dieser Verhältnisse im Netz.

5   Fazit

Transitorische Sozialbeziehungen, wie sie für Online Dating ebenso wie für viele andere soziale Interaktionsräume im heutigen Internet typisch sind, verlangen nach Techniken der Anreicherung der Online-Kommunikation mit „social context clues" und der Gewährleistung einer höheren Konsistenz zwischen On- und Offline-Identität. Das Profil und die daran geknüpften Such- und Filtermöglichkeiten sind solche Techniken, die sich in ähnlicher Form auch auf vielen anderen Plattformen finden. Die Profile auf sozialen Netzwerkseiten wie Facebook, Xing oder StudiVZ bspw. enthalten ebenfalls detaillierte Angaben zur Berufs- und Bildungsbiographie, zu Freizeitaktivitäten, zum „Beziehungsstatus", etc. Die Online-Identität wird hier durch eine Fülle von Informationen eingerahmt und angereichert, die weit über das Medium selbst hinaus verweisen und kaum einen Lebensbereich aussparen. Damit diffundieren soziale Ungleichheitsrelationen heute stärker als früher zwischen Off- und Online-Sphäre und formen mehr denn je auch die sozialen Beziehungen im Netz. Der Traum einer nach eigenen sozialen Regeln funktionierenden, egalitären Cybervergemeinschaftung scheint ausgeträumt.

Das obige Beispiel zeigt jedoch noch eine zweite Entwicklung, die ebenfalls für weite Teile des gegenwärtigen Internets kennzeichnend ist. Im Prozess der Übersetzung in den medialen Kontext ändern die gesellschaftlichen Ungleichheitsrelationen ihre Gestalt. Kaum jemand trägt in der Offline-Sphäre sein Universitätsdiplom oder seine Gehaltsabrechnung offen vor sich her; vielmehr sind wir auf komplexe interpretative Prozesse angewiesen, um den sozialen Status einer uns unbekannten Person zu eruieren. Wenn die Dimensionen sozialer Ungleichheit jedoch in ein Profil auf einer sozialen Netzwerk- oder Online-Dating-Seite übersetzt werden, dann werden sie zu ,Daten‘, die sich auf eine ganz andere Weise nutzen lassen. Nicht ohne Grund wecken diese Informationen immer wieder sowohl die Begehrlichkeiten des Marketings als auch die ernstzunehmenden Bedenken der Datenschutzbeauftragten. Aber auch individuelle Nutzerinnen und Nutzer können diese Daten bspw. in der oben geschilderten Weise für Such- und Filteroperationen verwenden.

Max Weber hat immer wieder betont, wie wichtig die Erfindung des Prinzips der „aktenmäßigen Verwaltung" für den Prozess der bürokratischen Rationalisierung in der frühen Neuzeit war (vgl. Weber 1980: 128 ff.). Profile, Such- und Filterstrategien, Freundeslisten (Facebook) und „Flirtstatistiken" (FriendScout24) – das sind die Rationalisierungstechniken der heutigen Internetvergesellschaftung. Die Vervielfältigung der sozialen Kontaktmöglichkeiten verlangt nach effizienten Techniken ihrer Organisation, Kanalisierung und Strukturierung, und dies hat einen enormen Rationalisierungsschub in diesem Medium ausgelöst. Überhaupt hat es den Anschein, dass der Prozess der Rationalisierung der sozialen Beziehungen, den Weber, Simmel, Durkheim und andere zu ihrer Zeit vor allem an dem Übergang zwischen den dörflichen Vergemeinschaftungsformen und der städtisch-industriell geprägten Massengesellschaft in der frühen Moderne beobachtet haben, sich heute im Internet vehement fortsetzt (vgl. Voirol 2010a).

Auch dort lässt sich gegenwärtig eine Art Verstädterung beobachten. Das globale Dorf, das das Internet in seinen frühen Tagen vielleicht tatsächlich einmal war, ist inzwischen zu einer globalen Megacity herangewachsen. Wo sich in den Zeiten von Howard Rheingold und anderen noch wenige Pioniere des jungen Mediums in überschaubaren virtuellen Communities zusammenfanden, sind heute hochkomplexe globale Massenvergesellschaftungen entstanden, deren Mitgliederzahlen regelmäßig in die Millionen gehen. Facebook steht hier mit inzwischen mehr als einer halben Milliarde aktive Nutzerinnen und Nutzer gegenwärtig an der Spitze und bildet einen Sozialzusammenhang, der in seiner Größe nur noch von wenigen Ländern dieser Erde übertroffen wird.[14]

---

14   vgl. http://www.facebook.com/press/info.php?statistics, 27.11.2010

Die Entwicklung zur Massengesellschaft am Beginn der Moderne hat uns jedoch nicht nur eine Rationalisierung und Formalisierung der sozialen Beziehungen gebracht, sondern auch die Freisetzung aus den Kontrollmechanismen kleinräumiger Sozialbeziehungen und den Schranken der ständischen Gesellschaftsordnung. Dies barg neue Individuierungs- und Selbstentfaltungschancen, die beispielsweise im romantischen Liebesideal ihren Ausdruck gefunden haben. Sich endlich ohne die soziale Kontrolle von Familie, Freunden und sozialem Umfeld frei einen Partner oder eine Partnerin wählen zu können, das ist auch heute noch ein nicht immer leicht zu realisierender Wunsch. Das Internet bildet für dieses romantische Bedürfnis einen neuen Entfaltungsraum (vgl. Dröge 2010; Dröge/Voirol 2011). Dass damit zugleich ein „Gehäuse der Hörigkeit" (Weber) errichtet wird, in dem sich die Akteure bei ihrer Suche nach einer selbstbestimmteren Liebe verfangen können, gehört zu den Ambivalenzen, die dem Rationalisierungsprozess immer schon eigen sind.

Literatur

Arvidsson, Adam, 2005: Quality Singles: Internet Dating as Immaterial Labour (Cultures of Consumption, Working Paper Series). [online: http://www.consume.bbk.ac.uk/working_papers/ArvidssonReality.final.doc, 12.02.2007].

Barbrook, Richard & Cameron, Andy, 1997: Die kalifornische Ideologie. In: Telepolis [online: http://www.heise.de/tp/r4/artikel/1/1007/1.html, 13.01.2006].

Barlow, John Perry, 1996: Unabhängigkeitserklärung des Cyberspace In: Telepolis [online: http://www.heise.de/tp/r4/artikel/1/1028/1.html, 15.01.2008].

Barthes, Roland 1985: Die helle Kammer. Bemerkungen zur Photographie. Frankfurt am Main: Suhrkamp.

Bourdieu, Pierre, 1976: Entwurf einer Theorie der Praxis auf der ethnologischen Grundlage der kabylischen Gesellschaft. Frankfurt am Main: Suhrkamp.

Bourdieu, Pierre, 1987: Die feinen Unterschiede. Kritik der gesellschaftlichen Urteilskraft. Frankfurt am Main: Suhrkamp.

Bourdieu, Pierre, 1993: Haute Couture und Haute Culture. S. 187–196 in: *Bourdieu, Pierre*: Soziologische Fragen. Frankfurt am Main: Suhrkamp.

Brym, Robert J. und *Lenton, Rhonda L.*, 2001: Love Online: A Report on Digital Dating in Canada. Toronto: MSN CA [online: http://www.nelson.com/nelson/harcourt/sociology/newsociety3e/loveonline.pdf, 10.11.2006].

Bühler-Ilieva, Evelina, 2006: Einen Mausclick von mir entfernt. Auf der Suche nach Liebesbeziehungen im Internet. Marburg: Tectum Verlag.

Döring, Nicola, 2003: Sozialpsychologie des Internet. Die Bedeutung des Internet für Kommunikationsprozesse, Identitäten, soziale Beziehungen und Gruppen. 2., vollständig überarbeitete und erweiterte Auflage. Göttingen: Hogrefe.

Dröge, Kai, 2008: Der Unternehmer. Aufstieg und Fall eines gesellschaftlichen Leitbildes. Gießen: unveröff. Dissertation.

Dröge, Kai, 2010: Romantische Unternehmer im Netz. Widersprüchliche Identitätsangebote beim Online Dating. S. 82–94 in: WestEnd. Neue Zeitschrift für Sozialforschung, Jg. 7, Nr. 2.

Dröge, Kai und *Voirol, Oliver* 2011: Online dating: The tensions between romantic love and economic rationalization. In: Journal of Family Research, Jg. 23, Nr. 3 (im Erscheinen).

Fiore, Andrew Rocco Tresolini, 2004: Romantic Regressions. An Analysis of Behavior in Online Dating Systems. Boston: Massachusetts Institute of Technology [online: http://www.ischool.berkeley.edu/~atf/thesis_mit/fiore_thesis_final.pdf, 15. 02. 2007].

Fiore, Andrew T. und *Donath, Judith S.,* 2005: Homophily in Online Dating: When Do You Like Someone Like Yourself? Cambridge: MIT Media Laboratory [online: http://smg.media.mit.edu/papers/atf/fiore_donath_chi2005_short.pdf, 18. 01. 2007].

Greco, Monica, 2004: Wellness. S. 293–299 in: *Bröckling, Ulrich, Krasmann, Susanne* und *Lemke, Thomas* (Hg.): Glossar der Gegenwart. Frankfurt am Main: Suhrkamp.

Illouz, Eva, 2006: Gefühle in Zeiten des Kapitalismus. Adorno-Vorlesungen 2004. Frankfurt am Main: Suhrkamp.

Klein, Thomas und *Lengerer, Andrea,* 2001: Gelegenheit macht Liebe – die Wege des Kennenlernens und ihr Einfluss auf die Muster der Partnerwahl. S. 265–285 in: *Klein, Thomas* (Hg.): Partnerwahl und Heiratsmuster. Sozialstrukturelle Voraussetzungen der Liebe. Opladen: Leske + Budrich.

Klein, Thomas (Hg.), 2001: Partnerwahl und Heiratsmuster. Sozialstrukturelle Voraussetzungen der Liebe. Opladen: Leske + Budrich.

McLuhan, Marshall, 1962: The Gutenberg Galaxy. The Making of Typographic Man. Toronto: University of Toronto Press.

Näser, Torsten, 2008: Authentizität 2.0 In: kommunikation @ gesellschaft, Jg. 9.

Rheingold, Howard, 1991: Teledildonik: Die totale Erotik. S. 178–182 in: *Waffender, Manfred* (Hg.): Cyberspace. Ausflüge in virtuelle Wirklichkeiten. Reinbek: Rowohlt.

Rheingold, Howard, 1993: The Virtual Community. homesteading on the electronic frontier. Reading: Addison-Wesley.

Saunders, Dave, 2007: Direct cinema. Observational Documentary and the Politics of the Sixties. London: Wallflower.

Schmidt, Jan, 2009: Das neue Netz. Konstanz: UVK.

Schulz, Florian, Skopek, Jan und *Blossfeld, Hans-Peter,* 2010: Partnerwahl als konsensuelle Entscheidung. Kölner Zeitschrift für Soziologie und Sozialpsychologie, Jg. 62, Nr. 3: 485–514.

Schwartz, Barry, 2004: The Tyranny of Choice. Scientific American, April 2004: 70–75.

Skopek, Jan, Schulz, Florian und *Blossfeld, Hans-Peter,* 2009: Partnersuche im Internet. Bildungsspezifische Mechanismen bei der Wahl von Kontaktpartnern. Kölner Zeitschrift für Soziologie und Sozialpsychologie, Jg. 69, Nr. 2: 183–210.

Sproull, Lee und *Kiesler, Sara* 1986: Reducing social context cues: electronic mail in organizational communication. Management Science, Jg. 32, Nr. 11: 1492–1512.

Stegbauer, Christian und *Rausch, Alexander,* 2006: Strukturalistische Internetforschung. Netzwerkanalysen internetbasierter Kommunikationsräume. Wiesbaden: VS Verlag.

Stegbauer, Christian, 2001: Grenzen virtueller Gemeinschaft. Strukturen internetbasierter Kommunikationsforen. Wiesbaden: Westdeutscher Verlag .

Stegbauer, Christian, 2009: Wikipedia. Das Rätsel der Kooperation. Wiesbaden: VS Verlag für Sozialwissenschaften.

Stone, Brad, 2009: Keeping a True Identity Becomes a Battle Online. New York Times, 18. Juni 2009: B1.

Trethewey, Angela, 1999: Disciplined Bodies: Women's Embodied Identities at Work. Organization Studies, Jg. 20, Nr. 3: 423–450.

Turkle, Sherry, 1996: Life on the screen. Identity in the age of the internet. London: Weidenfeld & Nicolson.

Turkle, Sherry, 2010: Computerspiele als evokative Objekte: von Projektionsflächen zu relationalen Artefakten. WestEnd. Neue Zeitschrift für Sozialforschung, Jg. 7, Nr. 2 (im Erscheinen).

Turner, Fred, 2006: From Counterculture to Cyberculture: Stewart Brand, the Whole Earth Network, and the Rise of Digital Utopianism. Chicago: University of Chicago Press.

Voirol, Olivier (Hg.), 2005: Réseaux – Visibilité/invisibilité. Paris: Lavoisier Editions.

Voirol, Olivier, 2010: Die Ambivalenz der „digitalen Gesellschaft". Über die Erweiterung und Vervielfältigung der sozialen Kreise im Internet. Neue Zürcher Zeitung, 23. Oktober 2010.

Voirol, Olivier, 2010: Digitales Selbst: Anerkennung und Entfremdung. WestEnd. Neue Zeitschrift für Sozialforschung, Jg. 7, Nr. 2 (im Erscheinen).

Walther, Joseph B., 1996: Computer-Mediated Communication: Impersonal, Interpersonal, and Hyperpersonal Interaction. Communication Research, Jg. 23, Nr. 3: 3–43.

Waring, Amanda und *Waring, Justin,* 2009: Looking the Part: Embodying the Discourse of Organizational Professionalism in the City. Current Sociology, Jg. 57, Nr. 3: 344–364.

Weber, Max, 1980: Wirtschaft und Gesellschaft. Grundriss der verstehenden Soziologie. Tübingen: Mohr.

Zillien, Nicole, 2009: Digitale Ungleichheit: Neue Technologien und alte Ungleichheiten in der Informations- und Wissensgesellschaft. Wiesbaden: VS Verlag für Sozialwissenschaften.

Strukturelle Ursachen der Entstehung von Ungleichheit in Beziehungsmedien

Christian Stegbauer

Zusammenfassung

Im Beitrag werden Ungleichheiten behandelt, die nicht durch, sondern in Medien entstehen. Es wird zunächst die Kommunikationsstruktur in Beziehungsmedien an einigen Beispielen (vor allem Mailinglisten) aufgezeigt. Hierbei spielt die Herausbildung von Positionen eine wichtige Rolle. Im Verlauf wird dann versucht, eine Erklärung für das Entstehenmüssen von Ungleichheit zu entwickeln. Strukturen, die Ungleichheit hervorrufen, bilden sich heraus und bleiben einen Zeitraum stabil. Differenz wird dann als Ungleichheit gesehen, wenn es zu unterschiedlichen Beteiligungschancen und zu Vor- oder Nachteilen dabei führt, von den anderen Beteiligten Gehör zu finden.

1   Einführung

Seit Mitte der 1980er Jahre beschäftigt sich der Autor dieses Beitrags mit soziologischen Aspekten zunächst des Computers, dann der Datenfernübertragung, wie es damals hieß. Kommunikation via Computernetze war ein Abenteuer – und manchmal war es auch gar nicht einsichtig, warum man sich über die dazwischen geschaltete Maschine verständigen sollte. Zu Zeiten des staatlich gestützten Postmonopols war das alles gar nicht so einfach. Für mich wäre es unmöglich gewesen, hätte nicht mein damaliger Professor, der für meine Forschungen[1] ein wenig Geld beantragt hatte, einen Akustikkoppler aus den USA mitgebracht. Es handelt sich dabei um einen Apparat, der, ähnlich wie beim Telefax, die digitalen Computersignale in Töne verwandelt. Der Hörer des damaligen Standardtelefons der Post (andere als die von der Post gelieferten Apparate durfte man nicht anschließen) passte genau in die Halterungen des Kopplers. Die Geschwindigkeit mit der Daten übertragen wurden, betrug 300 Baud. Wenn Text übertragen wurden, war dies so langsam, dass man deren Erscheinen auf dem Bildschirm bequem mitlesen konnte.

---

[1]   Eine der Untersuchungen wurde veröffentlicht (Stegbauer 1990).

Die Phantasie reichte noch nicht sehr weit um zu überlegen, was alles damit einmal anzustellen sei[2]. Das lag zum einen an der technischen Entwicklung und an der Verhinderung der Verbreitung durch die Post, die immer noch ihrem eigenen Kommunikationssystem, dem Bildschirmtext (BTX) anhing. Bei einem Studenten standen Frühmorgens, es muss etwa 1993 oder 1994 gewesen sein, Polizisten vor der Tür der elterlichen Wohnung. Sie kamen, um das bei einem Versender bestellte Modem (und nicht von der Post zugelassene) zu beschlagnahmen.

In den damaligen Diskussionen wurde Ungleichheit im Bereich der Datenübertragung noch gar nicht thematisiert, ja es war in der deutschsprachigen Forschung fast gar nicht präsent (Rammert 1990). Die Forschung beschäftigte sich allenfalls mit dem Verhältnis der Generationen in Bezug auf die Nutzung von Computern. Kinder/Jugendliche hatten es leicht, die Anschaffung eines Homecomputers bei den Eltern mit dem Hinweis auf die Brauchbarkeit in der Schule durchzusetzen (Noller/Paul 1991). Es wurde darüber sinniert, wie „der Computer" das Schreiben und deren Inhalte verändern würde.

Eltern waren von der Befürchtung geplagt, dass, wenn ihre Kinder keine Programmiersprache lernen, sie irgendwann die Konkurrenz auf dem Arbeitsmarkt nicht mehr bestehen würden. In den Schulen führte man Informatikunterricht ein (Humbert 2000) und man war der Auffassung, dass Programmieren künftig eine Schlüsselkompetenz werden würde. Ungleichheit wurde auch durch Ungleichzeitigkeit bei der Diffusion von Computern befürchtet. Von Computerbildung („Führerschein") war die Rede und von gegenseitiger Unterstützung vom Kauf bis zur Anwendung in sozialen Netzwerken (Hoag/Allerbeck 1989). Ende 1987 wurde die Zahl der Bulletin Boards (in Deutschland „Mailboxen") in den USA auf etwa 30 000 geschätzt (Dodge 1988, zitiert nach Hoag/ Allerbeck 1989). Die Inhalte der Bulletin Boards dienten in größerem Umfang der gegenseitigen Unterstützung im Aneignungsprozess. Damals wurde meist gar nicht unterschieden zwischen den Anwendungen, die auf den Computern liefen. Es wurde von „dem Computer" gesprochen.

Damit begann die computergestützte Kommunikation – revolutioniert wurde sie aber erst, als das Internet sehr breit zugänglich wurde und Internetbrowser zur Verfügung standen, mit denen die Inhalte abrufbar gemacht werden konnten. Das, was damals mit „Kommunikation" gemeint war, betraf meist das Anschauen und evtl. das Hochladen von Informationen auf die Mailbox. Wenn der Betreiber einer Mailbox anwesend war, konnte man auch mit ihm chatten (Stegbauer 1990). Insofern handelte es sich dabei auch schon um ein „Beziehungsmedium" – es war möglich, über die medialisierte Verbindung Beziehungen aufzunehmen. Probleme der Ungleichheit wurden zu Beginn der computervermittelten Kommunikation noch selten thematisiert.

---

2   Immerhin konnte der Autor seine SPSS-Jobs auf diese Weise an den Uni-Großrechner übertragen. Um das Ergebnis zu kontrollieren war die Übertragung allerdings zu langsam.

In Organisationen wurden computerbasierte Kommunikationsmedien flächende-ckend auch ab etwa 1990 eingeführt. Dort war Ungleichheit insofern ein Thema, weil nicht alle Organisationsmitglieder Zugang zur E-Mail erhielten (Stegbauer 1996b). Ein weiterer Punkt, der damals diskutiert wurde, war, inwiefern sich die Organisation ver-ändert, wenn bislang informelle Vorgänge durch die E-Mail dokumentiert werden und eine doppelte (auf Papier und elektronisch) Aktenführung entsteht. Auf der Ebene der Mikropolitik konnte durchaus mit Machtverschiebungen gerechnet werden – was na-türlich auch Ungleichheit zur Folge hat (Stegbauer 1995). Es wurde damals aber argu-mentiert, dass – zumindest in der Anfangsphase – die Nutzung des digitalen Mediums einer genaueren Kenntnis der medialen Gewohnheiten der Kommunikationspartner notwendig machte – nicht jeder war bereit und in der Lage E-Mail zu nutzen – hierauf mussten sich die Beteiligten einstellen. Wer nicht über die Information verfügte, wel-cher der anderen Mitarbeiter regelmäßig sein Postfach anschaute, lief Gefahr, dass seine Mitteilung nicht ankam. Es handelt sich um eine subtile Art des Ausschlusses – durch die Mitarbeiter, die über starke Beziehungen verfügten, den Vorteil genossen, dass sie sicher mit dem neuen Medium kommunizieren konnten. Ähnliche Probleme findet man heute bei der Benutzung von Networking Sites: hier muss man auch wissen, wer in welchem Netz unterwegs ist, um die Zielpersonen zu erreichen.

2   Was sind Beziehungsmedien?

Schon die E-Mail der beginnenden 1990er Jahre war also von Bedeutung für die Entste-hung und Aufrechterhaltung von Beziehungen, bzw. bestimmten Aspekten davon. Mit der Verbreitung des Internet und besonders des WWW kam es zu einer Diversifizierung der Anwendungen. Zu den Anwendungen werden auch solche gezählt, die Gegenseitig-keit in der Kommunikation erlauben. Inhalte im WWW waren zunächst sehr statisch und eher als Verlautbarungsinstrumente, die sich an ein Publikum richteten, anzusehen. Schon bevor der graphische Browser eingeführt wurde, gab es E-Mail und E-Mail-Ver-teiler. Um die Möglichkeit der Kommunikation via Verteiler zu erleichtern, gab es bald Programme, die in der Lage waren, Mitglieder zu verwalten und das Verfahren solche Listen zu abonnieren und abzubestellen. Damit kam man einer Auseinandersetzung, der Möglichkeit in Kontakt mit Anderen zu kommen näher. Eine Kommunikation zwi-schen Mehreren war möglich. Newsgroups waren ein anderes Anwendungsfeld, in dem Kommunikation stattfinden konnte.

Mit der Kommunikation über E-Mail Verteiler, Newsgroups, Foren, Chat aber auch durch die Networkingsites ergaben sich mit der Möglichkeit, Diskussionen zu führen, Beziehungen. Für die meisten Netzwerkanalysen müssen die entstehenden Beziehun-gen nicht inhaltlich gedeutet werden, es reicht, um die Struktur zu erkennen, zu unter-suchen, wer mit wem in Kontakt kommt. In diesem Beitrag sind eben jene hierdurch entstehenden Kommunikationsstrukturen von besonderem Interesse. Beziehungen werden vor allem daran gemessen, wer mit wem in Kontakt steht. Für einen solchen Kontakt sind mindestens zwei Teilnehmer notwendig. Es sind aber auch Kontakte zwischen Mehreren möglich. Im Internet werden sogar ganze Organisationen aufgebaut, etwa Wikipedia, über die im Weiteren noch zu reden sein wird.

3   Ungleichheit in Beziehungsmedien?

Beobachtet man, wie die Medienentwicklung verläuft, so findet sich ein interessantes Muster – immer wieder wird, bei Einführung eines neuen Mediums vor allem deren emanzipative Wirkung hervorgehoben. Mit Hilfe der Technologie, so die Vermutung, würden Ungleichheiten eingeebnet, Strukturen, die außerhalb der Medien gleichberechtigte Kommunikation verhindern, verlören an Bedeutung. Die Argumentationen wiederholen sich in ähnlicher Weise bei jeder Einführung eines neuen Mediums. Für das Beispiel von Wikipedia wurde behauptet, es entwickele sich eine Heterarchie (Schmalz 2007). Im Prinzip richtig ist es zwar, dass man in Wikipedia skeptisch ist, was „offizielle" Zertifikate und Titel angeht, es bildete sich aber dennoch eine interne Führungsschicht heraus. Für zuvor eingeführte neue Medien behaupteten Autoren beispielsweise, dass Räume unbedeutend würden (Luhmann 1998; Raulet 1988; Simon 1996; Berghaus 1994; Bühl 1997; Hoffmann 1997b; Perry 1992; Stichweh 2000; Ahrens 2004). Obgleich dies so mit Sicherheit nicht stimmte bzw. deren Visionen sich nicht bewahrheitet haben, findet man tatsächlich Auswirkungen auf den Raum – etwa was die Dichte an Bankfilialen betrifft, die Verfügbarkeit von Buchhandlungen usw. Auch findet man tatsächlich Telearbeiter, die zeitweise zu Hause arbeiten. Räume präsentieren sich teilweise durch das Internet in einer anderen Struktur, aber dass es dazu gekommen wäre/käme, dass diese verloren ginge, dass es unbedeutend wäre, wo man sich befindet – das wird nicht der Fall sein (Stegbauer 2009). Strukturlosigkeit und Gleichheit, wie von Gurak (1996) behauptet – auch dies ist im Internet nicht zu finden (Stegbauer 2001; Stegbauer/ Rausch 2006a). Es wurde erwartet, dass traditionelle Hierarchien in Frage gestellt werden (z. B. Rost 1997) – dies ist zum Teil eingetreten, aber nur dort, wo im Internet eine „Gegenwelt" erschaffen wurde, etwa bei Wikipedia oder der Einführung von Networking Sites, wie Facebook, die junge Leute in einem Tempo reich und bedeutend werden ließ, die ohne die im Internet entwickelte Dynamik kaum denkbar gewesen wäre (so etwa den Microsoftgründer, die Protagonisten von Apple in der Vor-Internetzeit, die Gründer von Google oder Facebook). Man kann vielleicht sagen, dass dort traditionelle Eliten eine geringere Chance hatten – allerdings gibt es in den neuen Unternehmen ebenfalls Hierarchien, die den alten kaum nachstehen werden. Eine weitere Überlegung war es, das Internet schaffe eine elektronische Agora mit direkter partizipatorischer Demokratie (Gore 1995). Die Idee, man könne durch das Internet eine neue Phase der Demokratie erreichen und dabei womöglich zu einem „deliberativen Diskurs" (Habermas 1990) gelangen, ist bestechend. Tatsächlich hat sich an manchen Stellen das Machtgefüge verändert (Rheingold 1991[3]) – an Beispielen für Internetkampagnen mit einer Demonstrationen etwa von Verbrauchermacht fehlt es nicht (Kryptonite[4], Strikebike[5]). Das Internet spielte auch eine Rolle beim Umsturz von Despoten (Nordafrika etwa). Es scheint so als bestehe die Macht des Internet vor allem darin – eine zunächst unorganisierte Menge zusammenführen zu können und damit schlagkräftig zu machen. Die Veränderung bezieht sich damit auf die Balance zwischen Internet und all dem, was sich außerhalb abspielt. Hier deutet sich auch ein Widerspruch zu der These der Aufhebung des Raumes an – durch den Übergang zwischen Netz und dem, was sich außerhalb abspielt, kommt der Raum sehr wohl ins Spiel. Man kann sogar behaupten, dass er wichtiger wird – wenn im Internet Massenbewegungen organisiert werden können, die dann politische Revolutionen von realen Plätzen ausgehend bewirken.

Was bis jetzt noch kaum zur Sprache kam, ist die hier als zentral angesehene Dimension der Ungleichheit – die Entstehung einer Beziehungsstruktur im Internet selbst, die der Gleichheit entgegensteht. Was relativ offensichtlich ist, sind Ungleichheiten bei der Verteilung der Beiträge, etwa in Mailinglisten oder Chatforen. Es geht aber noch viel weiter in die Kommunikationsstruktur. Um solche Ungleichheiten aufdecken zu können, sind die richtigen Analyseinstrumente notwendig. So kann man mit Hilfe von netzwerkanalytischen Verfahren (z. B. positionale Verfahren) aufdecken, dass sich immer wieder eine Struktur entwickelt, die ein ähnliches Muster aufweist: Zentrum-Peripherie Muster (Stegbauer/Rausch 1999, 2006a; Stegbauer 2001).

In vielen Internetforen finden sich sogenannte Lurker, Teilnehmer, die zwar anwesend sind, aber selbst nichts beitragen. Diese wurden oft negativ, als Trittbrettfahrer gesehen, die von den Leistungen der Anderen profitierten (Matzat), aber nicht bereit waren, selbst etwas beizutragen. Eine andere Argumentation war, dass es sich um eher zurückhaltende, wenig extrovertierte Teilnehmer handelte. Wir hatten ein Verfahren entwickelt, mit dem man die Anzahl der Lurker in Mailinglisten bestimmen kann. Dabei traten sehr starke Hinweise daraufhin zu Tage, dass man Lurker als eine Position auffassen kann, die mehr durch den Verlauf der Kommunikation und die Menge der Nachrichten beeinflusst wird, als durch individuelle Eigenschaften. Wir konnten zeigen, dass Lurker in den untersuchten Mailinglisten zu einem beträchtlichen Ausmaß in anderen Bereichen des Internet aktiv waren und dass der Anteil der „Stummen" von dem Mitteilungsaufkommen abhängt (Stegbauer/Rausch 2001). Beides macht deutlich, dass

---

3   Rheingold sprach davon, dass die Einführung des Colts die Machtverteilung im wilden Westen verändert habe: Raufbolde seien aufgrund der veränderten Kampftechnik von da an unterlegen gewesen.

4   Über Internetforen wurden Berichte über die Möglichkeit des Öffnens von diesen Fahrradschlössern verbreitet, u. a. über Youtube, was massiven Druck auf den Hersteller ausübte, sich mit den Kunden auf eine Lösung des Problem zu einigen. Ein Beispiel: http://www.youtube.com/watch? v=LahDQ2Z Q3eo (23. 05. 2011).

5   Im Internet wurden Hinweise zu, von Arbeitern einer besetzten Fahrradfabrik, hergestellten Fahrrädern verbreitet. Diese sollten aus Solidarität gekauft werden. Informationen zu Strikebike finden sich hier: http://www.labournet.de/branchen/sonstige/fahrzeug/bikesystems.html (23. 05. 2011).

ungleiche Beteiligungschancen erst im Verlauf der Kommunikation entstehen und relativ unabhängig von den Merkmalen der Akteure sind.

Mit den Mitteln der nichtreaktiven Untersuchung eines größeren Kommunikationsraumes konnten bei Wikipedia Machtkartelle aufgedeckt werden. Dabei wurde herausgefunden, dass sich Leitungspositionen von anderen Teilnehmern abschirmen (Stegbauer 2009).

4   Positionen

Hier wird von Positionen als wesentliches Strukturierungselement gesprochen. Dabei gebrauche ich den Begriff der „Position" in zweierlei Weise:

1. als grobes Strukturmerkmal für die Art und Weise wie und dafür mit wem kommuniziert wird

damit zusammenhängend ...

2. als „Funktion" in einer funktionalen Gliederung (diese bringt die Merkmale, die unter 1. als grobes Strukturmerkmal bezeichnet werden, hervor).

Eine Grundsatzannahme ist, dass sich in allen sozialen Situationen Positionen ausbilden, also zuschreibbare Verhaltensweisen. Das Verhalten reproduziert sich in jeder neuen Situation[6] – auf das dabei unterstellte regelhafte Verhalten gibt die mit Hilfe der Netzwerkanalyse untersuchbare Beziehungsstruktur, das heißt, wer mit wem kommuniziert/ nicht kommuniziert einen Hinweis. Die Herausbildung (Zuschreibung und Übernahme) von Positionen ist eine Lösung für das Problem, ein Stück Gewissheit hinsichtlich des im Prinzip „alles Möglichen" zu bekommen. Ungewisses Verhalten der Anderen wird durch Positionen erwartbarer und gibt somit Sicherheit.

5   Ungleiche Beteiligung in Mailinglisten

Wie schon gesagt, ist es relativ einfach, ungleiche Beteiligung in Mailinglisten zu finden. Man braucht nur in den Archiven die Nachrichten jedes Teilnehmers aufzusummieren. Egal wo man hinschaut, überall findet sich eine starke Konzentration auf wenige Teil-

---

6   Dabei sind die Situationen grundsätzlich offen, was heißt, dass in jeder Situation Aushandlungen statt-
     finden, die zwar meist in einer Reproduktion der zuvor bereits ausgehandelten Positionen endet – dieser
     Ausgang aber keineswegs gewiss ist. Offenheit bedeutet also, dass die neue Aushandlung auch zu einem
     anderen Ergebnis führt.

nehmer. Die hier betrachteten Listen weisen Unterschiede hinsichtlich ihrer Inhalte und Teilnehmer auf. In einem Fall hat gar ein Einzelner 45 % des gesamten Aufkommens an Mitteilungen geschrieben. In anderen Fällen, etwa in der Liste, die sich mit Genderproblemen beschäftigt, ist die Teilnahme etwas ausgeglichener, vergleicht man es mit dem extremeren Fall, aber der Befund bleibt dennoch eindeutig: Einige tragen viel bei – die Masse wenig – der größte Anteil wird von Lurkern gestellt.

Die in der Tabelle 1 aufgeführten Verteilungen zeigen eine starke Konzentration der Beteiligung auf wenige Teilnehmer. Eine solche Konzentration legt die Interpretation nahe, dass dort ungleiche Beteiligungschancen bestehen. Eine ungleiche Verteilung der Beiträge lässt auch auf einen ungleichen Einfluss schließen. Größere Einflusschancen ergeben sich für die stärker Beteiligten allein schon durch ihre größere Präsenz in der jeweiligen „Teilöffentlichkeit". Allerdings ist dies nicht alles – die Beteiligung an der kleinen Öffentlichkeit der Mailingliste weist darüber hinaus ein klares Muster auf. Es gibt ein paar Teilnehmer, die immer anwesend sind und die mit fast allen andern in einer Beziehung stehen. In vielen Listen sind dies die einzigen Teilnehmer, die der Masse

Tabelle 1   Ungleiche Verteilung der Beiträge in einer Mailingliste

	Anzahl Teil-nehmer	Anzahl Nach-richten	Nachrichtenanteil Teilnehmer mit größter Beteiligung	Anteil Teilnehmer mit mehr als 1 % Beteiligung	Anteil Teilnehmer, die zu-sammen mehr als die Hälfte des Kommunikationsvolumens beitragen
Sparkles	62	1928	45 %	26 %	3 %
Mbike	61	935	19 %	31 %	8 %
Popper	176	2244	17 %	12 %	3 %
GWTF	60	227	17 %	33 %	7 %
Talkaboutdogs	505	8585	13 %	3 %	2 %
Ph-logic	316	8962	13 %	6 %	3 %
Europa	262	1142	13 %	7 %	6 %
IPNG	919	8536	11 %	2 %	4 %
Soziologie	348	1342	8 %	5 %	8 %
Critical cafe	147	2503	8 %	18 %	7 %
Sci-fraud	492	8354	7 %	4 %	3 %
Bee-I97	752	6921	7 %	2 %	6 %
WMST96	1136	4160	6 %	1 %	12 %
Cel-Kids	146	409	6 %	18 %	16 %

der Empfänger auch namentlich bekannt sind, wie wir in einer kleinen Befragung von Mailinglistenteilnehmern einmal festgestellt haben[7].

Internetforen, wie es Mailinglisten darstellen, sind folgendermaßen strukturiert: Die große Masse wird durch sog. Lurker gebildet (Stegbauer/Rausch 2001). Lurker sind eingetragene Mitglieder, die sich aber nicht an den Diskussionen beteiligen. Sie sind in allen Listen (zumindest denjenigen, die von uns daraufhin untersucht wurden) in der Mehrheit. Wir betrachten „Lurker" ebenfalls als eine Position, die eher von Merkmalen der Liste abhängt, als von Eigenschaften der Teilnehmer. Die Lurker waren in unserer Studie (Stegbauer/Rausch 2001), in anderen Bereichen des Internet nur unwesentlich weniger aktiv, als die sich im Untersuchungsbereich zu Wort meldenden Teilnehmer. Hinweise darauf, dass es sich um eine Position handelt, geben Wortmeldungen zum Positionswechsel, wenn (sinngemäß) geschrieben wird: „ich habe jetzt so lange mitgelesen, jetzt will ich mich auch beteiligen" oder „die Beiträge der anderen sind so kompetent, dass ich lange gezögert habe, etwas beizutragen".

Die zweitgrößte Position bilden die von uns so genannten „Ankündiger". Es handelt sich um Teilnehmer, die etwas an die Liste schicken, aber darauf keine Antwort erhalten – und damit wird (nach der Definition) auch keine Beziehung kreiert. Fallweise konnten wir zeigen (Stegbauer/Rausch 1999), dass die Teilnehmer, die in dieser Position zusammengefasst sind, tatsächlich auch geographisch die Peripherie repräsentieren – ihre Beiträge zielten auch weniger auf eine Diskussion (beispielsweise handelte es sich um Veranstaltungsankündigungen).

„Normale" Diskutanten sind zeitweise beteiligt, gehen aber in der Zeit auch auf andere Beiträge ein. Zeitweise Beteiligung trifft es genau, denn sehr oft ist die Beteiligung eher auf einen Zeitraum begrenzt als auf ein Thema.

Am herausragendsten ist die numerisch kleinste Position – die des Zentrums. Dieses zeichnet sich durch permanente Anwesenheit aus. Auch beteiligt sich das Zentrum an fast allen Diskussionen, sodass auch mit den temporär Anwesenden eine Beziehung entstehen kann. Diese Position tritt gleichzeitig als „Gedächtnis" und als „Normwächter" auf. Dadurch, dass allenfalls die Personen, die das Zentrum repräsentieren, bekannt sind, kommt ihnen ein größerer Einfluss zu, als allen anderen Teilnehmer. Auf diese Weise – so kann man argumentieren – resultiert Ungleichheit nicht allein durch Unterschiede in der Beteiligung – die Unterschiede in der strukturellen Position stehen auch für Differenzen im Einfluss, weil dann der Einfluss abhängig ist von der eingenommenen Position. Diejenigen, die in der relativ stabilen Zentrumsposition sind, sind wichtiger als das gemeine Mitglied.

Die gerade beschriebenen Zusammenhänge finden sich in der folgenden Abbildung (Blockimagematrizen). Cluster von Teilnehmern (Blöcke) sind hier als Beziehungsmatrizen zwischen den Blöcken abgebildet. Dabei steht eine Eins immer für eine beste-

---

7   Die Ergebnisse selbst wurden nicht veröffentlicht – es gibt aber einen Hinweis auf die Befragung in, siehe Stegbauer/Rausch (1999).

hende Beziehung innerhalb oder zwischen den Blöcken; Nullen stehen für fehlende Beziehungen. Bei der Darstellung der Mailingliste „Critical Cafe" handelt es sich um eine lehrbuchgemäße Zentrum-Peripherie Struktur mit Multilogen. Das Beziehungskriterium ist symmetrisch. Aus diesem Grunde ist die Beziehungsmatrix ebenfalls symmetrisch. Das Zentrum wird vom Block in der ersten Zeile/Spalte gebildet. Dieser Block ist in fast alle Diskussionen involviert. In diese Diskussionen sind auch die Teilnehmer, die zu den anderen Multilogen gehören, einbezogen. Diese Teilnehmer sind nur temporär dabei. Der Begriff „Multiolog" deutet darauf hin, dass mehrere Teilnehmer durch solche Diskussionen miteinander verbunden sind. Die vorhandenen Null-Blöcke weisen auf Lücken in den Beziehungen hin.

Tendenziell weisen alle 13 (hier sind nur 6 abgebildet) damals untersuchten Mailinglisten (Stegbauer 2001) eine Zentrum-Peripherie Struktur auf – ganz eindeutig sind nur für sieben davon. In allen Listen finden sich Multiloge. Diese werden in den Blockimagematrizen abgebildet wie Subgruppen. Sie sind in der Abbildung durch eine Eins in der Diagonalen gekennzeichnet.

Abbildung 1   Blockimage Matrizen für ein paar Mailinglisten: Blockmodelle zeigen in vielen Fällen Zentrum-Peripherie Struktur

Critical Cafe, overall-density 0.17, 147 Akteure, 8 Blöcke	Europa, overall-density 0.03, 262 Akteure, 7 Blöcke
1 1 1 1 0 0 0 0	1 1 1 1 0 0 0
1 1 0 0 0 0 0 0	1 1 0 0 0 0 0
1 0 1 0 0 0 0 0	1 0 1 0 0 0 0
1 0 0 1 0 0 0 0	1 0 0 1 0 0 0
0 0 0 0 1 0 0 0	0 0 0 0 1 0 0
0 0 0 0 0 0 0 0	0 0 0 0 0 1 0
0 0 0 0 0 0 0 0	0 0 0 0 0 0 0
0 0 0 0 0 0 0 0	

GWTF, overall density 0.02, 60 Akteure, 7 Blöcke	Mbike, overall density 0.36, 61 Akteure, 8 Blöcke
1 1 1 1 0 0 0	1 0 0 0 0 0 0 0
1 0 1 1 0 0 0	0 1 0 0 0 0 0 0
1 1 0 0 0 0 0	0 0 1 0 0 0 0 0
1 1 0 0 0 0 0	0 0 0 0 0 0 0 0
0 0 0 0 1 1 0	0 0 0 0 0 0 0 0
0 0 0 0 1 0 0	0 0 0 0 0 0 0 0
0 0 0 0 0 0 0	0 0 0 0 0 0 0 0
	0 0 0 0 0 0 0 0

Popper, overall density 0.12, 176 Akteure, 7 Blöcke	SCI-Fraud, overall density 0.08, 492 Akteure, Blöcke 7
1 0 0 0 0 0 0	1 1 0 0 0 0 0
0 1 0 0 0 0 0	1 1 0 0 0 0 0
0 0 1 0 0 0 0	0 0 0 0 0 0 0
0 0 0 1 0 0 0	0 0 0 0 0 0 0
0 0 0 0 0 0 0	0 0 0 0 0 0 0
0 0 0 0 0 0 0	0 0 0 0 0 0 0
0 0 0 0 0 0 0	0 0 0 0 0 0 0

Abbildung 2   Netzwerkanalytische Charakterisierung der Mailinglisten

Mailingliste	Subgruppenähnliche multilogische Struktur	Zentrum-Peripherie
Critical Cafe	Ja (5 von 8 Blöcken)	Ja
Europa	Ja (6 von 7)	Ja
GWTF	Ja (2 von 7)	Ja
Mbike	Ja (3 von 8)	Nein**
Popper	Ja (4 von 7)	Nein**
SCIfraud	Ja (2 von 7)	Nein**
Soziologie	Ja (5 von 7)	Ja
Sparkles	Ja (4 von 7)	Ja
Talkaboutdogs	Ja (4 von 7)	Ja
Celkids	Ja (6 von 7)	Ja
IPNG	Ja (4 von 7)	Nein**
Ph-logic	Ja (5 von 7)	Nein**
Wmst96*	Ja (4 von 7)	Nein**

* hier konnte aus Kapazitätsgründen nicht der gesamte Datenbestand bearbeitet werden (es ging lediglich der Zeitraum 96.01–96.12 in die Betrachtung ein). Ähnliches gilt für die Bee-l Liste. Eine genauere Analyse dieser Liste findet sich unten.

** Tendenziell, d. h. unterhalb des Grenzwertes finden sich auch hier Zentrum-Peripherie Strukturen.

Ein Problem dieser Art von Untersuchung ist, dass Kommunikation, die verteilt über einen längeren Zeitraum stattfindet, zusammengerafft wird. Sie wird ihrer Entwicklung dadurch beraubt, dass der Faktor Zeit gar keine Rolle spielt. Man kann zeigen, dass neben dem Zentrum meist nur ein Multilog zur selben Zeit aktiv ist. Das bedeutet, dass die subgruppenartige Struktur außerhalb des Zentrums jeweils ein kurzzeiträumiges Phänomen ist. Allein aufgrund der kürzeren Anwesenheit können die darin Beteiligten nicht das gleiche Gewicht entfalten, wie die zentralen Akteure.

Aufgrund unserer über eine lange Zeit gewonnenen Erfahrungen, haben wir angenommen, dass die strukturell entstehende Ungleichheit etwas ist, was notwendig ist, damit die Kommunikation in solchen Austauschräumen überhaupt funktioniert. Diese Überlegung brachte uns zu der Idee, zu testen, ob ein herausgehobenes Zentrum in Mailinglisten immer existiert (Stegbauer/Rausch 2006b). Aus diesem Grund wurde die Kommunikationsgeschichte einer Mailingliste (siehe Tabelle 2), in Dreimonatszeiträume zerlegt. Die untersuchten Perioden wurden um jeweils einen Monat überlappend angelegt. Hierin kommt die Idee zum Ausdruck, dass Kommunikation mit der Zeit vergessen wird, wohl aber noch einen gewissen Zeitraum in Erinnerung verbleibt.

Tabelle 2 Blockmodelle für 38 Zeitfenster

Critical-Café Moving-Structure, 38 Perioden, überlappende Dreimontatsperioden

Periode	overall-density	im Zen-trum	Beziehungs-dichte zwischen Zentrum und Peripherie	in der Peripherie	Anzahl Teil-nehmer im Zentrum	Anzahl Teil-nehmer in der Peri-pherie	Modell
1	0,381	2,170	0,250	0,290	4	11	M1
2	0,404	2,000	0,710	0,080	4	13	C/P
3	0,257	2,670	0,500	0,120	3	18	C/P
4	0,400	2,800	0,700	0,130	5	21	C/P
5	0,295	2,240	0,500	0,090	7	29	C/P
6	0,273	1,930	0,320	0,060	10	29	C/P
7	0,278	2,900	0,490	0,120	7	38	C/P
...	...	...	...	...	...	...	...
15	0,445	3,480	0,540	0,200	7	26	C/P
16	0,460	5,500	1,140	0,180	4	28	C/P
17	0,530	6,300	1,030	0,170	5	27	C/P
18	0,488	4,900	0,840	0,170	5	24	C/P
19	0,340	5,000	0,780	0,130	4	27	C/P
20	0,413	3,000	0,980	0,290	2	22	C/P
21	0,231	1,670	0,420	0,130	4	23	C/P
22	0,247	1,670	0,420	0,140	4	21	C/P
23	0,212	1,060	0,080	0,170	9	19	M1
...	...	...	...	...	...	...	...
35	0,260	2,830	0,500	0,140	4	27	C/P
36	0,375	1,380	0,400	0,110	11	21	C/P
37	0,452	2,000	0,620	0,300	5	21	C/P
38	0,451	2,200	0,700	0,290	5	25	C/P
Durch-schnitt	0,391	3,347	0,701	0,181	5,1	25,6	
range min	0,212	1,060	0,080	0,060	2	11	
range max	0,854	9,100	1,790	0,380	11	38	

Für jeden der überlappenden Zeiträume wurde nun eine Blockmodellanalyse durchgeführt. Hierbei stellte sich als Ergebnis heraus, dass in jeder der 38 Perioden eine Zentrum-Peripherie Struktur zu erkennen ist, mit allerdings zwei Ausnahmen: der allerersten Periode und einer Periode zwischendrin. Zwar gab es auch hier schon ein Zentrum (im Sinne eines Multilogs) und eine Peripherie, im Sinne von Teilnehmern, die mit dem Zentrum verbunden waren, aber nicht untereinander kommunizierten – es wurde aber nicht der Schwellenwert erreicht, um die gefundene Struktur als Z-P-Modell zu kennzeichnen. Ähnlich ist die Struktur in der 23. Periode. Eine genauere Betrachtung der Umstände zeigt, dass in diesem Zeitraum (warum auch immer) das bis dahin agierende Zentrum abwesend war. In der Folgeperiode drangen dann andere Personen ins Zentrum vor. Die folgende Abbildung zeigt die Teilnehmer der Mailingliste Critcal Cafe. Die Spalten stehen für die Perioden, die Zeilen für die Teilnehmer. Nur diejenigen, die zu Anfang schon dabei waren, können die gesamte Kommunikationsgeschichte mitmachen. Später hinzugekommene haben nur wenige Perioden, um aktiv zu sein. Diejenigen, die über die Zeit eine zentrale Position inne hatten, sind dunkel eingefärbt.

In Abbildung 3 ist zu erkennen, dass zentrale Positionen in der Regel für einen längeren Zeitraum eingenommen werden. Das bedeutet, dass genügend Konstanz vorhanden ist, um die zentralen Akteure bei den anderen Teilnehmern bekannt zu machen und ihnen in der Wahrnehmung der anderen eine besondere Bedeutung zu verleihen. Insofern entsteht tatsächlich Ungleichheit im Verlauf der Diskussion in einer solchen Mailingliste.

Abbildung 3   Visualisierung: „coloured matrix" der Konstanz von Akteuren im Zentrum

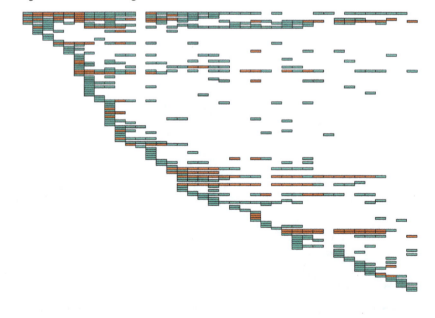

6   Wo haben die Entstrukturierungsdiagnosen Recht?

Die Ausführungen sollten an bereits veröffentlichten Daten zeigen, dass die Entstrukturierungsdiagnosen mit der Idee, aufgrund der technischen Medien, käme es zu einer Auflösung von Ungleichheitsstrukturen, Unrecht haben. Ganz klar lassen sich Strukturen nachweisen, die auf Ungleichheit hinweisen. Dies ist an sich ein Zeichen dafür, dass empirische Analysen weit mehr bringen, als „Extrapolationen" aufgrund von Medieneigenschaften und wegfallenden Strukturierungsagenten (etwa die sog. Social Context Cues – Sproul/Kiesler 1986).

Allerdings gibt es auch Veränderungen, die ein Stück weit auf eine Veränderung durch die Medien hinweisen: Oft sind die Hauptakteure in den Beziehungsmedien andere als außerhalb. Stellenweise kann es dadurch zu einer Erosion traditioneller Hierarchien kommen. In Wikipedia beispielsweise haben sich eigene Ungleichheitsstrukturen entwickelt (Stegbauer 2009). Diese weisen nur an wenigen Stellen einen Bezug zu traditionellen Wissenshierarchien außerhalb auf. Zertifizierungen, Ernennungen, Berufungen, all das ist in Wikipedia untergeordnet. An manchen Stellen scheint dies durch. So monierte ein Teilnehmer, dass ein pensionierte Politologieprofessor, der seine Mitarbeit an Wikipedia anbot, nur eine Standardbegrüßung erhielt. In der Antwort darauf wurde sinngemäß gesagt: „pensionierte Politologieprofessoren sind sowieso überschätzt."

In dieser Antwort steckt auch ein Anklang an Konkurrenz – anekdotisch oft gehört, dass Kollegen aus der Wissenschaft, sich als Autoren probiert hatten. Allzu oft wurden aber ihre Bemühungen von anderen Teilnehmern vom Tisch gefegt. Sehr schnell – so konnten wir es in unserer Untersuchung zeigen, entstehen innerhalb des neuen Mediums neue Hierarchien, bei denen man die für sich selbst etablierte zentrale Stellung gegen Konkurrenz versucht zu verteidigen. Die zunächst proklamierte Offenheit, ohne die, die Enzyklopädie nicht entstanden wäre, weicht dann einer dort neu etablierten Ungleichheitsstruktur.

Im nächsten Abschnitt sollen ein paar Überlegungen dazu geäußert werden, warum solche Ungleichheitsstrukturen immer wieder entstehen – man könnte sogar sagen – entstehen müssen.

7   Warum Ungleichheit entstehen muss

Auch wenn die Beschäftigung innerhalb der Soziologie mit Ungleichheit implizit eine Thematisierung der Ungerechtigkeit beinhaltet, die nicht gleich verteilte Möglichkeiten mit sich bringen, so muss wohl der Tatsache ins Auge gesehen werden, dass es keine wirkliche Gleichheit geben kann. Zudem gibt es legitime und nicht legitime Ungleichheit. An dieser Stelle soll aber nicht Ungleichheit gerechtfertigt werden – das läge mir zudem sehr fern, es geht darum, zu zeigen, warum das Ungleichheitsthema nicht von der Tagesordnung verschwinden wird. Ungleichheit wird nämlich immer wieder produziert – ja, so die hier vertretene These – ihr Entstehen ist sogar unumgänglich.

7.1   Kapazitätsgrenzen

Eine Ursache für die Entstehung von Ungleichheit liegt in Grenzen der Kapazität. Niemand kann mit allen Menschen gleichartige Beziehungen eingehen. Davor stehen beispielsweise kognitive Begrenzungen. Man kann sich nicht alle Menschen merken, mit denen man in Kontakt kommt[8]. Zwar kann Social Software hier als eine Art soziales Werkzeug die Kapazität potentiell erweitern, es wird aber nicht möglich sein, die Grenzen zu beseitigen.

Neben den kognitiven Grenzen bestehen sozialräumliche Grenzen. Diese sind in weiten Teilen immer noch geographisch rückgebunden (Stegbauer 2008) und zwar sowohl hinsichtlich eines möglichen Übergangs von der Internetwelt nach Außen, als auch thematisch, weil Bedeutungen tatsächlich häufig mit dem physischen Raum zusammenhängen.

Seit Leopold von Wiese (1933) kann man von einer Trennung von physischem und sozialem Raum reden, denn er betrachte beides als getrennte Sphären. Für das Internet bedeutet das, dass die Teilhabe einerseits natürlich ein Stück unabhängiger vom physischen Raum wird – die Möglichkeit Kontakte aufzunehmen, weniger durch den realen Raum begrenzt ist, aber dennoch gilt, dass nur dort Beziehungen entstehen können, wo man sich auch aufhält. M. a. W. auch die sozialen Räume des Internet unterliegen Begrenzungen.

Wenn man nicht gleichzeitig überall sein kann, so ergeben sich hiermit Reichweitenbeschränkungen, Auch im Internet, dort wo die geographische Barriere technisch aufgehoben ist, kann man nicht überall sein. Neben geographischen Schranken finden sich aber noch weitere, die in Teilen durch die Geographie herausgebildet wurden, die heute über das Netz hinaus Gültigkeit haben. So finden sich Sprachbarrieren, kulturelle Eigenheiten, mit der Herkunft zusammenhängende Relevanzen und vieles andere mehr, was die Möglichkeit der gleichmäßigen Teilhabe einschränkt.

Die Teilnehmer in einem Sozialraum nehmen die anderen unterschiedlich wahr. Erkennbar sind am ehesten zentrale Teilnehmer – evtl. sind weitere Teilnehmer sichtbar, wenn sie sich im Themenbereich des eigenen Spezialthemas bewegen. Zentrale Teilnehmer sind strukturell insofern überlegen, weil sie permanent (einen längeren Zeitraum)

---

8   Hinweise auf die Kapazitätsgrenzen sind die Beschränkungen der Merkfähigkeit (im Kurzzeitgedächtnis – Miller 1956) oder die sog. Dunbar-Zahl, die der Anthropologe aus einer Extrapolation der Hirngröße von Affen gewann und die beim Menschen, eine Maximalzahl von Beziehungen auf etwa 150 bestimmt. So fragwürdig das Vorgehen auch ist und selbst wenn, die Zahl nicht stimmt, so dürfte eine Einschränkung der Möglichkeiten aufgrund von kognitiven Grenzen unbestritten sein.

anwesend sind. Dadurch kennen sie die Geschichte des Sozialraumes und sind mit vielen Akteuren vertrauter. Obgleich wir zeigen können, dass auch die Teilnehmer im Zentrum wechseln – besteht mit der Dauer der Anwesenheit im Zentrum eine Tendenz zu einer weiteren Verfestigung der Struktur. Die zentrale Position wird von mehr und mehr andere Teilnehmern wahrgenommen – Mitglieder im Zentrum sind dann auch am ehesten die Ansprechpartner.

Die zentrale Position ist relativ exklusiv – sie kann, wie gezeigt, nicht von beliebig vielen Personen eingenommen werden. Das bedeutet, dass ein Vordringen von neuen Teilnehmern in das Zentrum einer bestehenden Lücke bedarf – beispielsweise wenn sich die zentralen Teilnehmer aus dem Forum zurückziehen oder für eine Weile inaktiv sind. Die Exklusivität der zentralen Position ist aber dann eine Quelle von Ungleichheit. Wenn sich die anderen an die zentralen Teilnehmer wenden, wenn diese aufgrund ihrer Position mehr Beachtung erfahren, dann werden die anderen Teilnehmer nicht in gleicher Weise einbezogen – sie können nicht in gleicher Weise teilnehmen.

Die Peripherie, sei es die Position der Lurker oder der gelegentlich Aktiven, ist weit weniger Kapazitätssensibel als die wichtige Position des Zentrums. Teilnehmer in der Peripherie können viele hinzukommen.

7.2 Ein Mehrebenenmodell zur Entstehung der Struktur

Ganz richtig ist es sicherlich nicht, die Kommunikationsstruktur in eindeutig drei Ebenen einzuteilen. Als ein Modell, zur Erklärung scheint es hier aber durchaus brauchbar zu sein. Es wird zwischen der Mikro-, Meso- und Makroebene unterschieden. Ein ähnliches, sehr populär gewordenes Modell findet sich beispielsweise bei Coleman (1991), der das Funktionieren des Modells am Beispiel von Webers Erklärung der Entstehung des Kapitalismus durch den Protestantismus aufzeigt. Das Problem an Colemans Modell ist, dass die relationale Ebene dort nicht vorkommt – im Prinzip gibt es nur Gesamtgesellschaft (Makro) und Individuen (Mikro). Die Ebene, in der Positionen entstehen und Ausgehandelt werden, fehlt in seinem Modell. Dies trifft aber insbesondere auf die Mesoebene zu.

Wenn man in Bezug auf das Modell in Abbildung 4 die unterschiedlichen Ebenen betrachtet, kann man unterscheiden zwischen dem, was unverrückbar die Kommunikationsstrukturen immer beeinflussen wird und dem Teil, der Aushandlungen unterliegt, in dem also Veränderungen möglich sind. Betrachten wir die Makroebene, diese kann als die „Welt geteilter Ideen" angesehen werden. Dabei ist es wichtig, dass die Ideen von vielen Anderen geteilt werden. Man kann auch von einem Common Sense sprechen. Allerdings gibt es auch für einen Common Sense Schranken gesellschaftlicher oder kultureller Art. Auf dieser Ebene ist das „Cultural Toolkit" (Swidler 1986, 2001) angesiedelt. Es ist auf dieser Ebene kaum wirklich beeinflussbar und unterliegt (vielleicht abgesehen von radikalen Umbruchphasen) einem sehr langsamen Wandel. Darin integriert

Abbildung 4   Modell: Entstehung der Struktur in Beziehungsmedien

sind Rituale, Geschichten, Weltsichten, Symbole, aber auch Prototypen von erkennbaren Positionen.

Auf der Mikroebene sind es vor allem Beschränkungen, denen der einzelne Teilnehmer unterliegt, die nicht zu beeinflussen sind. Hierzu gehören kognitive Begrenzungen, etwa die Zahl, Beziehungen einzugehen oder aufgrund von Raum-Zeit Einschränkungen an beliebig vielen Foren teilzunehmen.

Auf der Seite des Beeinflussbaren stehen die Aushandlungen, die sich in der Mitte der Ressourcen aus der Mikro und Makroebene bedienen. Aushandlungen bewirken über den Gebrauch von Common-Sense Tools und der situativen Entwicklung eigener Tools eine Skalierung des Toolkits. In Situationen wird ausgehandelt, was als Werkzeug anerkannt wird und was nutzbar ist. Nicht nur das – die wichtigste Aufgabe der Situation dürfte die Bereitstellung (Aushandlung) von sozialen Identitäten in Form von Positionen sein. Positionen sind halbwegs verlässliche Handlungsmuster, die den Beteiligten zugeschrieben werden. Eine Positionszuordnung und eine Aushandlung des Erwartungsmusters schließt dabei an die Wahrnehmung der Personen aufgrund ihrer Positionen in anderen Situationen an. Auf diese Weise entstehen im übergeordneten sozialen Raum Netzwerkpositionen. Hierdurch wird aber auch klar, dass die Situation die kleinste soziologische Einheit bildet. Obwohl man auch eine Situation bereits als ein Beziehungsnetz fassen könnte, wird im allgemeinen das Netzwerk als darüber liegend angesehen. Es gehört aber ebenfalls zur Mesoebene. Was hierbei klar wird, ist, dass ein solches starres Ebenenmodell die Vielheit der miteinander verwobenen Relationen kaum wirklich adäquat zu erfassen vermag.

Notwendig ist darüber hinaus eine Idee, wie die Situationen miteinander zusammenhängen.

Von der Mesoebene ist eine Beeinflussung der Makroebene möglich, wenngleich dieser Weg sehr eingeschränkt ist. Die kulturellen Tools, die als Common Sense bezeichnet werden können, können nur über die mittlere Ebene dorthin gelangt sein. Es liegt aber kaum in der Hand derjenigen die agieren, dorthin bestimmte Tools zu bugsieren – vielmehr dürften es eher langfristige Veränderungen sein, die Werkzeuge aufsteigen lassen. Solche Veränderungen werden in Aushandlungen angebahnt – die Aushandlungsergebnisse werden dann von den Teilnehmern der Situationen von einer Situation auf die nächste übertragen. Sie befinden sich dann im Toolkit der Teilnehmer – aber nur einer spezifischen Gruppe von Teilnehmern, nämlich denjenigen, die an jenen Situationen beteiligt waren. Natürlich können sich Tools auch über Geschichten und Medien verbreiten. Irgendwann einmal haben sie dann den Makro, den Common Sense Status erreicht und sind damit sehr weitgehend akzeptiert. Sie dienen dann als allgemeine Ressource in Aushandlungen. Andere Tools werden dadurch verdrängt, kommen außer Mode oder werden einfach vergessen. Eine kulturelle Entwicklung auf der oberen Ebene ist hierdurch möglich, aber diese ist, wegen des Problems der Verbreitung und Übernahmen in Situationen relativ langsam. Über den Austausch mit der Mesoebene können die Tools angereichert werden und auch Werkzeuge verschwinden über die Zeit, wenn sie nicht mehr nachgefragt werden.

Schneller geht die Verbreitung auf der mittleren Ebene vonstatten. Es entstehen dann „Spezialkulturen".

Betrachtet man die Makroebene, so wird klar, dass diese kaum beeinflussbar ist. Auf der Makroebene nach diesem Model befindet sich „Common Sense" Kultur. Common Sense beinhaltet hier das, was allgemein anerkannt ist. Aber wie weit reicht die allgemeine Anerkennung? Man kann fragen, welche Tools mit wem geteilt werden? Zahlreiche Tools werden nur von einem Teil der Menschen geteilt. Bei den Tools handelt es sich also nur dann um eine Ressource, wenn sie verstanden werden. Da es offenbar nur wenige Tools gibt, die tatsächlich von allen verstanden werden, befinden sich die Tools nicht unbedingt auf der obersten Ebene, aber irgendwo zwischen Makro und Mikro – auf jeden Fall (um im Bild zu bleiben) oberhalb der Situation. Kenntnis oder Unkenntnis über die anzuwendenden Tools entscheidet darüber, ob jemand als gleichwertig anerkannt wird oder nicht. Insofern sind die Tools in starkem Maße relevant für die Ungleichheitsproblematik.

Die Makroebene steht auch für die Erwartungen und Erwartungs-Erwartungen auf einer sehr allgemeinen Ebene. Welche Erwartungen dann tatsächlich gestellt werden, ist immer Teil der Aushandlungen.

Der beschriebene Prozess, so die Annahme, bleibt konstant vorhanden, auch wenn sich die Inhalte mit der Zeit ändern.

Durch die notwendige Aushandlung verändern sich die Mikrokulturen mit der Zeit. Je nachdem, wie stark der Kontakt zu Situationen[9] mit anderen Teilnehmern ist, ergibt

---

9   Zu Betrachtungen hinsichtlich der Bedeutung und Definition von Situationen, siehe Mische/White (1998).

sich stärker oder weniger stark die Möglichkeit, kulturelle Tools auszutauschen. Dort, wo weniger Kontakte nach außen vorhanden sind, entwickeln sich tendenziell eher Spezialkulturen. Vielleicht kann man auf der untersten Ebene auch von „Mikro-Kultur" sprechen.

Dort wird im Medium festgelegt, wer wofür zuständig ist. Es finden sich Konkurrenzkämpfe innerhalb der Positionen (pecking order, White 1992). Handlungen entstehen nach einem Muster der Erwartungs-Erwartungen nachdem die Positionen ausgehandelt sind.

8   Ungleichheit

In internetbasierten Beziehungsmedien ist meist ein Teil – der größte Teil? – der Beteiligten unsichtbar. Dies trifft auf Lurker zu; es trifft aber auch auf die vielen Mitarbeiter bei Wikipedia zu, die unangemeldet dabei sind. Diejenigen, die sichtbar sind, bilden häufig einen Nukleus, um den herum sich Beziehungen herausbilden. Solche Angliederungsprozesse werden von der, in der Physik entwickelten Netzwerkmodellierung als „preferential attachment" (Barabasi/Albert 1999) bezeichnet. Ein Prozess, der ähnlich in der Soziologie als „Matthäus-Effekt" beschrieben wurde (Merton 1968). Dort wo nicht mit jedem Kontakt zusätzliche Aufmerksamkeit oder Kapazität der Personen, um die herum die Beziehungen anwachsen, benötigt wird, entstehen innerhalb der Beziehungsmedien populäre Personen. Besser würde man sagen, es bilden sich populäre Identitäten heraus, die aufgrund dieses Mechanismus für die Spitze eine Ungleichheitsverteilung stehen.

Während das „preferential attachment"-Muster fast unbegrenztes Wachstum in der Popularität ermöglicht, ja damit sogar die Entstehung von Nahezu-Monopolen befördert wird, ist die konkrete Kontaktebene aufgrund der Kapazitätseinschränkungen sowohl des Einzelnen begrenzt. Zu den Beschränkungen zählen die Merkfähigkeit von Personen und zusammen mit dem Faktor Zeit die Einschränkung der Möglichkeit mit Anderen in Interaktion zu treten. Hieraus erwachsen Einschränkungen auch für die Situation. Eine Lösung mit dem permanenten Druck aus den Limitierungen umzugehen, ist es, sich an Bewährtem zu orientieren.

Man orientiert sich beispielsweise an beobachteten vorangegangenen Verhaltensweisen – also an Positionen. Die damit verbundenen Erwartungen werden verallgemeinert, was als Entstehen von Institutionen im Sinne von Berger/Luckmann (1997) als gegenseitig anerkannte sedimentierte Handlungsmuster gedeutet werden kann. Solche Institutionalisierungen verfestigen Ungleichheiten. Diese sind in Beziehungsmedien dort fester, wo die Positionen nicht nur informell entstehen, sondern sogar zugeordnet werden, etwa bei Wikipedia. In Mailinglisten ist der Organisationsgrad meist geringer. Zwar lassen sich hier – wie gezeigt – ebenfalls Positionen erkennen, diese sind aber weit weniger institutionalisiert.

Dadurch dass Verhaltensmuster festgelegt sind und diese Festlegungen anerkannt sind, werden Ungleichheiten erzeugt.

Ein anderes Modell zur Erklärung der Erzeugung von Ungleichheiten im Internet wurde bereits genannt. Es ist das Modell des preferential attachment (Barabasi/Albert 1999), nachdem kleine Anfangsunterschiede zu großen Differenzen werden. Die hierdurch aufgebauten Größen werden dann von vielen Beteiligten in den Netzwerken immer wieder thematisiert, was zu einer Festigung und weiteren Steigerung der Sichtbarkeit führt. Bei der Vernetzung von Internetseiten führt dies zu einer Exponentialverteilung (ganz wenige mit sehr vielen Kontakten – viele mit wenig Kontakten). In den Beziehungsmedien gilt dies in ähnlicher Weise – auch (oder insbesondere) dort, wo meist nur schwache Beziehungen entstehen oder dort wo es um die Verbreitung von Informationen geht. Meist ist die Zahl der Akteure, die als solche sichtbar werden, sehr gering. Das Gesicht einer Mailingliste ist oft genau nur das einer Person. Ein Problem des Modells ist, dass es Rücksicht auf die tatsächliche Struktur der Beteiligung nimmt. Dort sind es Personen, die sichtbar werden, wobei die Person an sich nicht unbedingt eine Rolle spielt, genauso wird diese in ihrer Funktion (bzw. Position) wahrgenommen.

Die hier diskutierte Position läuft auf eines hinaus: Die Ungleichheit ist nicht (unbedingt) schon von vornherein vorhanden. Eine Chance zur Neutarierung von Ungleichheitsmustern, die außerhalb des Internet bestehen, ist für einen Moment möglich (wobei klassische Ungleichheitsdimensionen, etwa Bildungsunterschiede, sicher auch Geschlecht auch dort wieder zum Vorschein kommen). Innerhalb der Beziehungsmedien beginnen aber vom ersten Tag an schon wieder neue Differenzen zu entstehen, die als Ungleichheit gedeutet werden können.

9   Handelt es sich um Differenz – oder Ungleichheit?

Ist das, was man im Internet in Beziehungsmedien an Unterschieden findet, Ungleichheit oder einfach nur Differenz? Um Differenz handelt es sich, wenn jeder könnte, wenn er wollte. Anders ausgedrückt, Differenzen, die lediglich auf Fleiß beruhen, werden normalerweise als legitime Ungleichheit angesehen. Setzt man dort den Scheidepunkt an, dann wäre das Maß für Ungleichheit, wenn vorhandene Positionen für andere Beteiligte nur schwer oder gar nicht erreichbar wären. Hinzu müsste kommen, dass mit der Position ungleicher Einfluss verbunden ist. Dies ist aber am Beispiel von Wikipedia ganz deutlich der Fall. Dort ist es abhängig von der Position, welche Möglichkeiten die Teilnehmer besitzen. Wir haben den Einfluss nach Position auch an einem Beispiel getestet (Stegbauer 2009). Es wurde untersucht, in wessen Version ein Artikel gesperrt wurde. Es konnten deutliche Einflussunterschiede festgestellt werden. Eine Sperrung erfolgte immer in der Version des Statushöheren. Damit wird klar, dass dort Ungleichheiten vorhanden sind.

In Mailinglisten und Chatforen ist dies nicht so einfach, weil dort nicht so leicht Hierarchien auszumachen sind. Meist gibt es formell nur einen Betreiber des Forums. Wie aber ist das bei Zentrum-Peripherie Modellen? Zentrumspositionen wissen mehr als die anderen Teilnehmer, sie sind mehr mit der Geschichte des Kommunikationsraumes verbunden, sie verkörpern das kommunikative Gedächtnis und wissen sicherlich auch am besten, wen man ansprechen müsste. Sie sind die einzig sichtbaren Personen in den Foren. Wenn sich also ein Teilnehmer an jemanden wenden möchte, ist außer der Allgemeinheit nur der zentrale Teilnehmer zu adressieren. Insofern spricht auch hier alles dafür, dass man die Differenz Ungleichheit nennen kann.

Literatur

Ahrens, Daniela, 2004: Internet, Nicht-Orte und die Mikrophysik des Ortes. S. 163–177 in: *Budke, Alexandra, Kanwischer, Detlef* und *Pott, Andreas* (Hg.), Internetgeographien. Beobachtungen zum Verhältnis von Internet, Raum und Gesellschaft – Stuttgart: Franz Steiner Verlag.

Barabasi, Albert-László und *Albert, Reka*, 1999: Emergence of Scaling in Random Networks. Science 286: 509–512.

Berger, Peter L. und *Luckmann, Thomas*, 1977: Die gesellschaftliche Konstruktion der Wirklichkeit. Eine Theorie der Wissenssoziologie. 5. Aufl. Frankfurt/M.: Fischer.

Berghaus, Margot, 1994: Multimedia-Zukunft. Herausforderungen für die Medien- und Kommunikationswissenschaft. Rundfunk und Fernsehen, Jg. 42, H. 3: 404–412.

Bühl, Achim, 1997: Die virtuelle Gesellschaft. Ökonomie, Politik und Kultur im Zeichen des Cyberspace. Opladen: Westdeutscher Verlag.

Coleman, James Samuel, 1991: Handlungen und Handlungssysteme. München: Oldenbourg (Grundlagen der Sozialtheorie, 1).

Dodge, Bernie und *Dodge, June*, 1988: Telecommunications. CUE Newsletter, Ausgabe 10, 5: 19/21.

Dunbar, R. I. M., 1993: Coevolution of neocortical size, group size and language in humans. Behavioral and Brain Sciences 16: 681–694.

Gore, Al, 1995: Forging a New Athenian Age of Democracy. Intermedia, Jg. 22, H. 2, : 4.

Gurak, Laura J., 1996: The Rhetorical Dynamics of a Community Protest in Cyberspace: What Happened With Lotus MarketPlace. S. 267–277 in: *Herring, Susan* (Hg.), Computer Mediated Communication. Linguistic, Social and Cross-Cultural Perspectives. Amsterdam: John Benjamins.

Habermas, Jürgen, 1990: Strukturwandel der Öffentlichkeit. Untersuchungen zu einer Kategorie der bürgerlichen Gesellschaft. Frankfurt am Main: Suhrkamp.

Hoag, Wendy J. und *Allerbeck, Klaus R.*, 1989: „Utopia is Around the Corner" – Computerdiffusion in den USA als soziale Bewegung. Zeitschrift für Soziologie, Jg. 18, H. 1: 35–53.

Hoffmann, Ute, 1997: Die erträgliche Leichtigkeit des Seins. Subjektivität und Sozialität in der Netzwelt. S. 95–125 in: *Voß, G.* und *Pongratz H. J.* (Hg.), Subjektorientierte Soziologie. Leverkusen: Leske & Budrich.

Humbert, Ludger, 2000: Umsetzung von Grundkonzepten der Informatik zur fachlichen Orientierung im Informatikunterricht. Informatica Didactica 1. Online verfügbar unter http://www.informatica-didactica.de/cmsmadesimple/index.php?page =humbert.

Luhmann, Niklas, 1989: Kommunikationsweisen und Gesellschaft. S. 11–18 in: *Rammert, Werner* und *Bechmann, Gotthard* (Hg.), Technik und Gesellschaft. Jahrbuch 5. Frankfurt/ Main [u. a.]: Campus.

Matzat, Uwe, 1998: Informal academic communication and Scientific Usage of Internet Discussion Groups. Konferenzbeitrag: IRISS '98: Conference Papers. International Conference, 25 –27 March 1998, Bristol.

Merton, Robert K., 1968: The Matthew Effect in Science. Science, Jg. 159, H. 3810: 56–63.

Miller, G. A., 1956: The magical number seven, plus or minus two: Some limits on our capacity for processing information. Psychological Review 63: 81–97.

Mische, Ann und *White, Harrison*, 1998: Between Conversation and Situation: Public Switching Dynamics across Network, Domains. Social Research, Jg. 65, H. 3: 695–724.

Noller, Peter und *Paul, Gerd*, 1991: Jugendliche Computerfans. Selbstbilder und Lebensentwürfe. Frankfurt/Main [u. a.]: Campus.

Perry, Tekla S., 1992: E-Mail at Work. IEEE Spectrum, Jg. 29, H. 10: 24–28.

Rammert, Werner, 1990: Telefon und Kommunikationskultur. Akzeptanz und Diffusion einer Technik im Vier-Länder-Vergleich. Kölner Zeitschrift für Soziologie und Sozialpsychologie 42: 20–40.

Raulet, Gérard, 1998: Die neue Utopie. Die soziologische und philosophische Bedeutung der neuen Kommunikationstechnologien. S. 283–316 in: *Frank, Manfred, Raulet, Gérard* und *van Reijen, Willem* (Hg.), Die Frage nach dem Subjekt. Frankfurt am Main: Suhrkamp.

Rheingold, Howard, 1991: Electronic Democracy. Whole Earth Review: 71: 4.

Rost, Martin, 1997: Anmerkungen zu einer Soziologie des Internet. S. 14–38 in: *Gräf, Lorenz* und *Krajewski, Markus* (Hg.), Soziologie des Internet. Handeln im elektronischen Web-Werk. Frankfurt/Main [u. a.]: Campus.

Schmalz, Sebastian, 2007: Zwischen Kooperation und Kollaboration, zwischen Hierarchie und Heterarchie. Organisationsprinzipien und -strukturen von Wikis. In: *Stegbauer, Christian, Schmidt, Jan* und *Schönberger, Klaus* (Hrsg.), Wikis: Diskurse, Theorien und Anwendungen. Sonderausgabe von kommunikation@gesellschaft, Jg. 8. Online-Publikation: http://www.soz.uni-frankfurt.de/K.G/B5_2007_Schmalz.pdf.

Simon, Fritz B., 1996: Virtuelle Realitäten, Cyberspace und die neuen Medien. Familiendynamik, Jg. 21, H. 3: 305–310.

Sproull, Lee und *Kiesler, Sara*, 1986: Reducing Social Context Cues: Electronic Mail in organizational communication. Management Science 32: 1492–1512.

Stegbauer, Christian und *Rausch, Alexander*, 1999: Ungleichheit in virtuellen Gemeinschaften. Soziale Welt, Jg. 50, H. 1: 93–110.

Stegbauer, Christian und *Rausch, Alexander*, 2001: Die schweigende Mehrheit – „Lurker" in internetbasierten Diskussionsforen. Zeitschrift für Soziologie, Jg. 30, Heft 1: 48–64.

Stegbauer, Christian und *Rausch, Alexander*, 2006: Strukturalistische Internetforschung. Wiesbaden: VS.

Stegbauer, Christian und *Rausch, Alexander*, 2006: „Moving Structure" als Analyseverfahren für Verlaufsdaten am Beispiel von Mailinglisten. S. 11–30 in: Sozialwissenschaftlicher Fachinformationsdienst „soFid" (Methoden und Instrumente der Sozialwissenschaften 2006/1).

Stegbauer, Christian, 1990: Telekommunikation im Verborgenen – Private Mailboxen in der Bundesrepublik Deutschland. S. 174–187 in: *Rammert, Werner* (Hg.): Computerwelten – Alltagswelten. Opladen: Westdeutscher Verlag.

Stegbauer, Christian, 1995: Electronic Mail und Organisation. Partizipation, Mikropolitik und soziale Integration von Kommunikationsmedien. Göttingen: Schwartz.

Stegbauer, Christian, 1996: Euphorie und Ernüchterung auf der Datenautobahn. Frankfurt am Main: dipa-Verl.

Stegbauer, Christian, 1996b: Electronic Mail im Unternehmen. Keinen Mitarbeiter ausschließen. Business-Online, Jg.1, 1996, H.1: 59–61.

Stegbauer, Christian, 2001: Grenzen virtueller Gemeinschaft. Wiesbaden: Westdeutscher Verlag.

Stegbauer, Christian, 2008: Raumzeitliche Struktur im Internet. Aus Politik und Zeitgeschichte 39: 3–9.

Stegbauer, Christian, 2009: Wikipedia. Das Rätsel der Kooperation. Wiesbaden: VS Verlag.

Stichweh, Rudolf, 2000: Adresse und Lokalisierung in einem globalen Kommunikationssystem. S. 220–244, in: *Stichweh, Rudolf* (Hg.), Die Weltgesellschaft. Soziologische Analysen. Frankfurt am Main: Suhrkamp.

Swidler, Ann, 1986: Culture in Action: Symbols and Strategies. American Sociological Review 51: 273–286.

Swidler, Ann, 2001: Talk of love. How culture matters. Chicago, London: University of Chicago Press.

White, Harrison, 1992: (erweitert und überarbeitet 2008). Identity and Control. Princeton: Princeton University Press.

Wiese, Leopold von, 1933: System der allgemeinen Soziologie als Lehre von den sozialen Prozessen und den sozialen Gebilden der Menschen (Beziehungslehre). 2., neubearb. Aufl. München: Duncker & Humblot.

„Bowling alone together" – Der Zusammenhang von Sozialkapital und sozialer Ungleichheit in Online-Spielwelten

Jeffrey Wimmer

1 Einleitung

Soziale Ungleichheit ist ein klassisches Thema der Sozialwissenschaften. Im Zuge der Mediatisierung gesellschaftlicher Zusammenhänge erscheinen ihre Ursachen, Manifestationen und Folgen zunehmend medienvermittelt (vgl. im Überblick Krotz 2007; Marr und Zillien 2010). Dieser Prozess besitzt mehrere Charakteristika: (1) Alte Ungleichheiten werden z. T. gelindert (z. B. Infrastrukturungleichheiten) oder bestehen weiter (z. B. Geschlechterdifferenzen), es ergeben sich aber auch eine Vielzahl neuer (z. B. digitale Kluft). (2) Durch die kommunikative Vermittlung von Ungleichheit werden materielle Ursachen von Ungleichheit zunehmend mit ihrer medienvermittelten Symbolik und Repräsentation verknüpft. (3) Digitale Medientechnologien und das Entstehen virtueller und persistenter Kommunikationsräume führen zwar dazu, dass Ungleichheiten in der Alltagswelt leichter und schneller artikuliert werden können. Die Kontextualisierung und Differenzierung von Ungleichheit werden aber zugleich aus analytischer Perspektive zunehmend relevanter. Die kommunikationswissenschaftliche Forschung fokussiert dabei hauptsächlich einerseits aus struktureller Perspektive die technisch wie gesellschaftspolitisch bedingten Zugangs- und Beteiligungsbarrieren der neuen Informations- und Kommunikationstechnologien, andererseits die individuell recht unterschiedlich ausfallenden Motive und Kompetenzen für (gesellschaftliche) Partizipation im Rahmen digitaler Kommunikations- und Informationsräume.

Interessanterweise wird in der aktuellen Diskussion auf interaktive Unterhaltungsangebote wie z. B. virtuelle Welten oder Digitale Spiele wenig Bezug genommen. Das erstaunt umso mehr, da Computerspielen mittlerweile ein allgegenwärtiges, gar globales Phänomen von großer kultureller, sozialer, technologischer und wirtschaftlicher Bedeutung darstellt. Aktuelle Forschungsergebnisse zur konvergenten Medienwelt gerade von Jugendlichen zeigen eindrücklich, dass sich interpersonale Kommunikation via Email zu einer Kommunikation via Social Networks und/oder diversen Spielapplikationen verlagert. Computerspielnutzung erscheint damit nicht nur als ein reiner Akt der Unterhaltung, sondern im Gegenteil als ein Ausdruck der Orientierung und identitätsstiftenden Sinnsuche. Interessanterweise verweisen daher Vertreter der Computerspielbranche wie z. B. die Veranstalter der World Cyber Games (WCG) auf den öffentlichen Mehrwert einer weltumspannenden Computerspielkultur (vgl. Wimmer 2010).

Bei der Produktion, Verbreitung und Nutzung von Computerspielen handelt es sich also zweifellos um gesellschaftsrelevante Kommunikationsprozesse, die zum Teil öffentlich (z. B. in verschiedenen Formen von Computernetzwerken) wie interpersonal ablaufen. Diese tendenzielle Auflösung traditioneller Trennlinien zwischen Massen- und Individualkommunikation, aber auch die Charakteristika Multimedialität und Interaktivität machen Computerspiele zu einem Forschungsobjekt, das einen Blick in die Zukunft der Mediengesellschaft ermöglicht (vgl. grundlegend Wolling et al. 2008). Daher erscheint es sinnvoll, die Aneignung von Computerspiele auch unter Berücksichtigung ihrer technischen und gesellschaftspolitischen Kontexte und damit auch in Bezug auf Fragestellungen der digitalen Ungleichheit zu konzeptualisieren. Im Rahmen dieses Beitrags wird kritisch danach gefragt, welche neuartigen aber auch klassischen Struktur- und Prozessaspekte sozialer Ungleichheit mit Computerspielen potentiell verbunden sind. Der aktuellen Forschung zu digitaler Ungleichheit folgend liegt der Fokus der Analyse nicht auf der Frage nach dem Zugang zum Computerspielmedium sondern auf den dazugehörigen Praktiken und Routinen und damit den sozialen Implikationen, die ihnen inhärent sind (z. B. Zillien 2006).

Im Gegensatz zu traditionellen (Massen-)Medien stellen Online-Spiele grundsätzlich Unterhaltungsangebote dar, die zu weiten Teilen auf kommunikative und/oder soziale Interaktion angelegt sind (z. B. Cole und Griffiths 2007) und denen damit ein großes Potential zur Vergemeinschaftung inhärent ist (Abschnitt 2). Mit Hilfe des Sozialkapital-Ansatzes (Abschnitt 3) lassen sich spezifische Prozesse sozialer Inklusion und Exklusion in Online-Spielwelten beschreiben, die unter bestimmten Bedingungen gesellschaftliches Engagement fördern aber auch beeinträchtigen können (Abschnitt 4). Unter Bezugnahme auf das Konzept der Medienkultur wird abschließend diskutiert, wie in den größtenteils kommerziellen Computerspielwelten neue aber auch alte Formen und Prozesse sozialer Ungleichheit zustande kommen, und implizit aufgezeigt, wie diese ggf. gelindert werden können (Abschnitt 5).

2   Soziale Implikationen des Computerspielens

Computerspiele wurden bisher oft allein als intensive Freizeitbeschäftigung und Idealtypus eines mit nicht zu unterschätzenden negativen Folgen behafteten unterhaltenden Medienangebots angesehen. Demgegenüber machen aktuelle mediensoziologische Untersuchungen greifbar, dass bedingt durch ihr Interaktionspotenzial Computerspiele als eine Form medienvermittelter Kommunikation verstanden werden können, die Alltagswelt und Identitätsprozesse stark beeinflusst (Hand und Moore 2006; Krotz 2008). Es handelt sich hierbei um ein höchst komplexes kommunikatives Phänomen, das in einer weltweiten, vielschichtigen und zumeist oft nur virtuellen Spielkultur verwurzelt ist. Der Begriff „Computerspielen" verweist dabei zum Einen auf ganz verschiedene *Handlungsmodi*, die nicht immer trennscharf voneinander zu unterscheiden sind, wie v. a. regelbasiertes Spielhandeln („game"), zweckfreies Tun („play"), entlohntes Handeln (Arbeit)[1] oder leistungsorientiertes Handeln („E-Sport") (Schmidt et al. 2008: 12) (vgl. Abbildung 1).

Abbildung 1   Spielmodi und Kommunikationsprozesse in Online-Spielen
(in Anlehnung an Schmidt et al. 2008: 12)

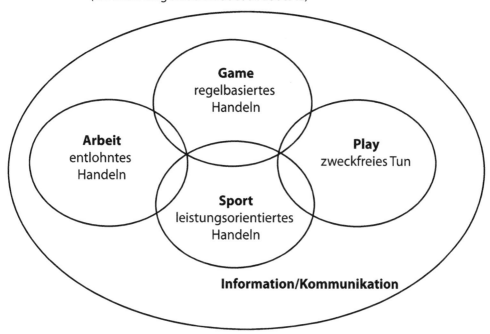

Zum Anderen können gerade Onlinespiele und virtuelle (Spiel-)Welten aufgrund ihrer vielfältigen und komplexen Möglichkeiten sowohl für interpersonale als auch für öffentliche Kommunikation als *Kommunikationsräume* verstanden werden (Kücklich 2009). Diese stellen nicht nur interaktive Unterhaltungsöffentlichkeiten dar, sondern es finden in ihnen auch Prozesse der Informationsselektion, -vermittlung und -aneignung und damit politische Sozialisations- und Lernprozesse statt. Diese Aspekte lassen sich an einem recht besonderen Beispiel der Informationsvermittlung im Online-Spiel *Hattrick* konkretisieren (vgl. Nickol und Wimmer 2011). In den Diskussionsforen spielinterner Gruppierungen, den sog. „Föderationen", berichten beispielsweise Mitglieder, die als Zeitsoldaten in Afghanistan stationiert sind, von ihren militärischen Einsatz. Es werden

---

1   Ein medial oft zitiertes, idealtypisches Beispiel ist das Phänomen der „Goldfarmer" in Online-Rollenspielen, die Ihre Spielavatare und andere Spielgegenstände außerhalb des Spiels an andere Spieler verkaufen.

dabei Informationen an die Mitspieler kommuniziert und anschließend in der Gruppe diskutiert, die diese in der aktuellen Berichterstattung nur schwerlich finden und wenn ja zeitlich verzögert bzw. zensiert.[2]

Diese im Spiel stattfindenden Prozesse der Information und Kommunikation gehen über die reine „Mensch-Maschine-Interaktionen" hinaus und lassen Computerspiele auch als *soziale Kommunikationsmedien* verstehen (Krotz 2008). Folgerichtig ist daher danach zu fragen, welche soziale und kulturelle, also *sinnstiftende Bedeutung* Computerspiele haben und wie diese zustande kommt (Krotz 2008). Der Blick auf die Kultur des Computerspielens, v. a. auf die Erlebnisqualität, und der alltägliche Umgang mit Computerspielen, kann nun dazu beitragen, diese komplexen Prozesse besser zu verstehen, gleichwohl wir noch sehr wenig über die höchst unterschiedlichen Computerspielkulturen wissen (Quandt 2010).

Die *sozialen Aspekte* des Computerspielens wurden dabei neben den *kompetitiven* und *immersiven* schon frühzeitig als zentrale Eigenschaften des Spielerlebens und der Computerspielnutzung identifiziert (vgl. grundlegend Bartle 1996; Yee 2006; vgl. im Überblick Jöckel und Schuhmann 2010). So wurde bspw. festgestellt, dass Online-Spielwelten die Aufnahme von sozialen Kontakten erleichtern oder ein Großteil der dabei zustande gekommenen Bekanntschaften interessanter als reale eingeschätzt wird (z. B. Quandt und Wimmer 2008, Yee 2009). Die diesbezügliche Forschung konzentrierte sich neben der LAN-Szene hauptsächlich auf das Genre der so genannte ‚Massively Multiplayer Online Role-Playing Games' (MMORPGS) wie z. B. *World of Warcraft (WoW)* oder *Everquest* (vgl. im Überblick Jöckel und Schumann 2010). Bei diesem Genre ist die Zusammenarbeit der Spieler notwendig, da zentrale Herausforderungen im Spiel so gestaltet sind, dass sie nicht alleine bewältigt werden können. Viele Online-Spiele bieten mitunter von Haus aus Optionen für die Bildung von virtuellen Gruppen bzw. persistenten „Gilden", „Föderationen", „Clans" etc, die rege genutzt werden.[3] Der Grad der Verbindlichkeit ist dabei natürlich verschieden und reicht von sehr kurzfristigen Engagement bis hin zu Langzeit-Zugehörigkeiten, die natürlich auch mit entsprechenden- mitunter recht zeitintensiven – sozialen Verpflichtungen (Verabredungen zu Spielesessions, Unterstützung von Gildenmitgliedern usf.) einhergehen. Die Eigenschaften dieser virtuellen Spielergemeinschaften variieren stark, je nachdem um welche Technologien, Spielwelten und um welche Nutzergruppe es sich handelt (vgl. Wimmer et al. 2008). Dabei beziehen sich die Interaktionen eben nicht nur auf ein Kommunikationsmittel, sondern dehnen sich auf übergreifende (alltagsrelevante) Techniken und Praxen

---

2   Hiermit soll natürlich nicht für eine Aufhebung der Öffentlichkeits-Funktion des klassischen Journalismus plädiert werden, allerdings entstehen aufgrund des Medienwandels neue Kanäle der Politikvermittlung, die wie z. B. Online-Spiele oder das Social Web gerade die jüngere Generation besonders ansprechen.

3   So geben 75 % der von Quandt und Wimmer (2008) befragten Online-Spieler an, Mitglied in einer virtuellen Spielergemeinschaft zu sein.

aus (Deterding 2009: 129). Aus diesem Grund kann in diesem Kontext auch von *Kommunikationsgemeinschaften* gesprochen werden (Knoblauch 2009: 85).

Analysen von Gruppendynamiken in *WoW* zeigen, dass eine gewisse „Nähe", die das Entstehen sozialer Bindungen ermöglicht, wichtig für das langfristige Aufrechterhalten von Spielergemeinschaften ist (Ducheneaut et al. 2006). Götzenbrucker (2001: 54 ff.) stellt bspw. in einer frühen Analyse von textbasierten Online-Spielen fest, dass der Zusammenschluss auf Basis vorgelagerter Lebensstile und Werthaltungen erfolgt. Die Vergemeinschaftung gründet demnach nicht auf face-to-face-Kontakten, sondern auf „Interessenhomogenitäten" oder „Neigungshomophilien" (ebd.: 203). Der Zusammenhalt wird insbesondere durch die Ausbildung sozialer Konventionen verstärkt. Es sind also weniger die Spielhandlungen, als die gemeinsam etablierten Normen und Konventionen, die Spielergemeinschaften entstehen lassen. Vergemeinschaftungsprozesse können sich auch aus dem virtuellen Umfeld in die Realität verlagern, was Götzenbrucker (ebd: 178) mit dem Begriff des *spill over* konkretisiert (vgl. allg. zu Transferprozessen zwischen Spiel und Alltag Fritz 2003). Damit ist eine Art „Überschwappen" in die reale Umgebung gemeint. So sind Real-Life-Treffen in Form von Partys oder Stammtischen für viele Online-Spielgenres charakteristisch (z. B. Wimmer et al. 2008).

Das Interesse vieler Spieler an Sozialkontakten fördert einen Rückbezug an geografische Orte und reale Beziehungen (Götzenbrucker 2001: 177 f.), wobei sich dann die neuen Beziehungen häufig durch ihren Geselligkeitscharakter auszeichnen. Repräsentative Studien zeigen dabei, dass Online-Computerspielen nach Fernsehnutzung aktuell zu der intensivsten medialen Freizeitbeschäftigung überhaupt gehört, da Online-Spieler im Durchschnitt mehr als 20 Stunden pro Woche in ihren virtuellen Spielumgebungen verbringen (Quandt und Wimmer 2008).[4]

Verallgemeinernd kann man feststellen, dass die *soziale Architektur* in Online-Spielwelten, wie u. a. Designentscheidungen und Spielregeln, einen entscheidenden Einfluss auf das Spieler- und Gemeinschaftsverhalten sowie die Art und Weise der Gruppenbildung besitzt, indem sie spielinterne Normen und Erwartungen prägt (Nardi und Harris 2006; Yee 2009). Der Code legt die Regeln der Kommunikation und Interaktion fest. Im Spiel werden die gewöhnlichen Regeln sozialen Handelns geändert, das heißt aber nicht, dass diese keine Rolle mehr spielen oder folgenlos sind (z. B. Ducheneaut et al. 2006). Zumindest grundsätzlich können Computerspiele jenseits ihrer determinierenden Eigenschaften der technischen Kontexte Räume eröffnen, in denen Spieler der Regelkontrolle des Spiels entkommen können (Schäfer 2006). Obwohl noch diesbezüg-

---

4   Dieser Befund verweist darauf, dass es sich bei Online-Spielen zwar grundsätzlich um soziale, auf (kommunikative wie handelnde) Interaktion angelegte Spiele handelt. Dies führt allerdings zu einer Verbindlichkeit, die über die eigentlichen Spielesessions hinaus geht und generell mit der Spieldauer zunimmt. Zudem bindet das Spielen über das Netz durch die Eigenaktivität des Nutzers in vielerlei Hinsicht stärker als andere Formen des Medienkonsums. So gesteht u. a. knapp ein Drittel der Online-Spieler selbstkritisch ein, dass sie das Gefühl hätten, durch das Spiel andere Dinge zu vernachlässigen (Quandt und Wimmer 2008).

liche Studien ausstehen, ist es plausibel anzunehmen, dass – analog zu den Befunden der Forschung zur Aneignung von Web 2.0-Angeboten – nur eine Minderheit von Spielern diese kreativen Spiel- und Kommunikationsräume nutzt wie z. B. das Erstellen von Computerspielmodifikationen („Mods").

3   Sozialkapital als Konzept der Ungleichheitsforschung

Putnam (2000) macht in seiner kritischen Analyse der zeitgenössischen US-amerikanischen Gesellschaft soziale Desintegrationstendenzen an einer scheinbar rapiden Abnahme von in Gemeinschaft verbrachter Zeit wie z. B. Vereinsaktivitäten, Kirchenbesuchen etc. fest (Diagnose des „bowling alone"). Diese Formen von freiwilligem Bürgerengagement stellen für ihn den eigentlichen Kitt eines modernen Gemeinwesens dar. Im Mittelpunkt steht dabei ein Konzept von Sozialkapital, das davon ausgeht, dass ein Netzwerk sich selbstregulierender Assoziationen und damit verbundenen interpersonalen Netzwerken Vertrauen, Engagement und Partizipation generieren und somit indirekt soziale Ungleichheiten mildern kann. Interessanterweise führt Putnam als eine der Hauptursachen der damit in sozialer Hinsicht einhergehenden Isolations- und Separationstendenzen das Fernsehen – und hier insbesondere dessen Unterhaltungsangebote – aber auch neue Medien an sich an, da deren Konsum für ihn das Freizeitverhalten auf die Privatsphäre reduziert und die Zeit absorbiert, die eigentlich dem sozialen Engagement zugute kommen könnte.

In seinen Studien belegte Putnam (2000) seine Annahmen allein durch Analysen von Aggregatdaten. Nicht zuletzt aufgrund dieser problematischen Datengrundlage rief die empirische Tragfähigkeit der Diagnose eine Reihe kritischer Einwände hervor, die sich sowohl auf die Prämissen des Konzeptes als auch auf seine Operationalisierung beziehen, hier v. a. die Definition von Vertrauen, die Vermischung von Sozialkapital als unabhängige und abhängige Variable und deren Operationalisierung (vgl. im Überblick Göhler-Robus 2005). Aus kommunikationswissenschaftlicher Perspektive ist dabei v. a. auch auf Putnam's recht reduktionistische Auffassung der Rolle der Massen- und Kommunikationsmedien bei der Bildung und des Erhalts der verschiedenen Formen von Sozialkapital hinzuweisen (Krotz 2007). Eine besonders bedenkliche Folge sind für ihn so genannte Kohorteneffekte. Putnam diagnostiziert auffällige Verluste an Sozialkapital unter den Angehörigen der „Fernsehgeneration". Empirische Untersuchungen rechtfertigen allerdings Zweifel am „Mythos" dieser pauschalen Schuldzuweisung (Arnold und Schneider 2004: 423). Auch die behaupteten Kohortenunterschiede scheinen nicht generell gesichert zu sein. Verschiedene Analysen legen vielmehr differenzierte Erklärungen nahe (vgl. im Überblick Arnold und Schneider 2004; 2008). So lassen sich negative Zusammenhänge am ehesten bei exzessiver Nutzung unterhaltsorientierter Medieninhalte beobachten, während die Nutzung politischer und informationsorientierter Medieninhalte größtenteils eher positiv mit Vertrauen und Engagement zusammenhängt (vgl. für viele Norris 1996). Ein weiterer Kritikpunkt betrifft die Analyse der Mediennutzung allein auf Aggregatebene. Die Art und Weise sowie Bedeutungszuweisung der Mediennutzung durch die Rezipienten werden von Putnam nicht weiter berücksichtigt. Dem Konzept von Putnam folgende quantifizierende Analysen der Mediennutzung konnten Fragen des Entstehungszusammenhanges von Sozialkapital und zivilgesellschaftlichem Engagement daher bisher nicht schlüssig beantworten (Krotz 2007: 292 ff.).

Gerade die neuen digitalen Medien – allen voran das Internet – erfordern eine regelrechte Rekonzeptionalisierung des Konstrukts Sozialkapital (Quan-Haase et al. 2002). Wellmann et al. (2001) weisen darauf hin, dass schon vor dem Internetzeitalter Gemeinschaft nicht mehr lokal begrenzt war. Die analytische Berücksichtigung neuer (mediatisierter) Formen von Vergemeinschaftung klärt auf, dass es sich um keine Verminderung von Engagement bzw. in Gemeinschaft verbrachter Zeit an sich sondern um eine Transformation und Einbettung in digitale Netzwerke handelt. Durch die zunehmende soziale Vernetzung im Rahmen digitaler Medien sind daher positive wie negative Beiträge zum Sozialkapital zu erwarten. Zillien (2006) zeigt in ihrer Fallstudie zum Internet auf, wie komplex neue Medientechnologien und Sozialkapital miteinander verknüpft sind. So ist Sozialkapital nicht nur ein wichtiger Faktor zur Unterstützung effektiver Internetnutzungsformen. Die Nutzung des Internets kann wiederum auch zur Steigerung des Sozialkapitals beitragen. So können mit Hilfe digitaler Medien insb. Social Networks zwischenmenschliche Beziehungen trotz steigender Flexibilisierungsanforderungen des Arbeitsmarkts aufrecht erhalten werden. Auf der Mesoebene erleichtert sich die Bildung virtueller Interessengruppen und schließlich auf der Makroebene ergeben sich für den Bürger neue Partizipationsmöglichkeiten an demokratischen Prozessen.

Als tragfähig für die Analyse der sozialen Implikationen von Online-Spielen erweist sich die auf Putnam kritisch aufbauende Differenzierung dreier Vergemeinschaftungsprozesse im Rahmen der Produktion von Sozialkapital (Woolcock 2001, Göhler-Robus 2005): a) bindendes *(bonding)* , b) überbrückendes *(bridging)* und c) koppelndes *(linking)* Sozialkapital wie z.B. rechtliche und/oder institutionelle Rahmenbedingungen. Unter „bridging" bzw. „inclusive social capital" werden Vergemeinschaftungsprozesse verstanden, die mit Blick nach außen gerichtet sind und die Personen unterschiedlicher sozialer Schichten umfassen, wie z.B. Vereine, Bürgerinitiativen oder Begegnungszentren. Als „bonding" bzw. „exclusive social capital" werden enge soziale Verbindungen gefasst, die durch Familie, erweiterten Freundeskreis, Dorfgemeinschaften oder Gemeinden gegeben sind, welche dazu neigen, ausschließende Identitäten (exclusive identities) und homogene Gruppen zu verstärken. Aufbauend auf diesen Dimensionen der Vergemeinschaftungsprozesse kann Sozialkapital somit als Konzept verwendet werden, um das wechselseitige, solidarische und freiwillige Engagement von Personen und Gruppen in einer Gesellschaft als einen produktiven Prozess darzustellen, der sich innerhalb einer netzwerkartigen Struktur abspielt.

4   Der Zusammenhang von Sozialkapital, Engagement und Online-Spielen

Wie oben skizziert fokussiert der klassische Sozialkapital-Ansatz u. a. zu sehr auf die traditionellen Formen des sozialen Engagements aber auch der Vergemeinschaftung, ohne die neuen und emergenten Potentiale virtueller (Spiel-)Welten zu berücksichtigen. Steinkuehler und Williams (2006) argumentieren daher am spezifischen Beispiel von Mehrspieler-Online-Rollenspielen (MMORPGS), dass Computerspiele – verstanden als soziale Kommunikationsmedien – in der Lage sind, neue Formen von gesellschafts-politisch relevanten Interaktions- und Partizipationsräumen zu eröffnen, die auch als virtuelle Manifestationen von „third places" beschrieben werden können. Damit werden grundsätzlich in Abgrenzung zum „first place", dem Zuhause, und dem „second place", dem Arbeitsplatz, quasi halböffentliche Kommunikationsorte bezeichnet, die über ihr eigentliches Angebot hinaus wichtige soziale Funktionen für die Gesellschaft überneh-men (Oldenburg 1991: 16). Damit ähneln sie dem Marktplatz im Mittelalter oder den von Habermas prominent beschriebenen Kaffeehäusern und Salons als Entstehungs-orten demokratischer Prozesse – in der Vorstellung von Oldenburg (1991: IX) „homes away from home' where unrelated people relate."[5]

Oldenburg führt den Niedergang öffentlicher Orte in den USA v. a. auf eine fehl-geleitete, oftmals zu autozentrierte Stadtplanung zurück, die den sozialen Gemeinsinn und Geselligkeit ersticken würde (ähnlich Whyte 1988). Aktuelle konsumsoziologische Analysen machen greifbar, dass öffentliche Kommunikationsorte in unserer Gegenwart zunehmend privatisierte bzw. kommerzielle Räume darstellen wie etwa Freizeitparks, Wellnesscenter, Sportstätten, Shopping Malls, Internetcafes etc. (vgl. auch z. B. die Bei-träge in Hellmann und Zurstiege 2008), wo nur unter erschwerten Bedingungen ein zi-vilgesellschaftlicher Diskurs im Sinne Dewey's entstehen kann. Für Oldenburg stellen die in den 1980er Jahren populären Computerspielhallen (Arcades) ebenso wenig einen Dritten Ort dar, denn „not all games stimulate conversation and kibitzing; hence, not all games complement third place association. A room full of individuals intent upon video games is not a third place (…)."[6] (Oldenburg 1991: 31)

Im Gegensatz dazu postulieren Steinkuehler und Williams (2006: 2) anhand einer deskriptiven Analyse der spezifischen Kommunikationsstrukturen und -kontexte von MMORPGS, dass diese das Potential besitzen, die von Oldenburg genannten Charakte-ristika eines Dritten Orts wie z. B. eines relativ herrschaftsfreien Kommunikationsraums

---

5   Die stark normative Konnotierung dieses Ansatzes kommt auch darin zum Ausdruck, dass Oldenburg von „great good places" spricht.

6   An dieser Diagnose offenbart sich auch nachdrücklich die normative Analyseperspektive von Oldenburg, da Huhh (2008) in seiner Analyse südkoreanischer Spielhallen – den sog. *PC Bang* – den produktiven medienkulturellen und sozialen Stellenwert, den Spielhallen in anderen Kontexten sehr wohl einnehmen können, verdeutlicht.

(„neutral ground") oder einer geringen Zutrittsschwelle („accessibility") einzulösen (vgl. Tabelle 1).[7]

Tabelle 1   Charakteristika eines Dritten Orts (in Anlehnung an Oldenburg 1991: 22 ff.; Steinkuehler und Williams 2006: 5 f.)

Charakteristikum	Definition
Neutral Ground	Third places are neutral grounds where individuals are free to come and go as they please with little obligation or entanglements with other participants.
Leveller	Third places are spaces in which an individual's rank and status in the workplace or society at large are of no import. Acceptance and participation is not contingent on any prerequisites, requirements, roles, duties, or proof of membership
Conversation is Main Activity	In third places, conversation is a main focus of activity in which playfulness and wit are collectively valued.
Accessibility & Accommodation	Third places must be easy to access and are accommodating to those who frequent them
The Regulars	Third places include a cadre of regulars who attract newcomers and give the space its characteristic mood
A Low Profile	Third places are characteristically homely and without pretension
The Mood is Playful	The general mood in third places is playful and marked by frivolity, verbal word play, and wit
A Home Away from Home	Third places are home-like in terms of rootedness, feelings of possession, spiritual regeneration, feelings of being at ease, and warmth

Die virtuellen Interaktions- und Partizipationsräume von Online-Spielen sind für Steinkuehler und Williams (2006: o. S.) daher (aus theoretischer Perspektive) untrennbar mit der Generierung von Sozialkapital verbunden (ähnlich Turkle 1996; Ducheneaut et al. 2007; Wenz 2008):

> „Participation in such virtual ‚third places' appears particularly well suited to the formation of bridging social capital – social relationships that, while not usually providing deep emotional support, typically function to expose the individual to a diversity of worldviews."

Sie greifen damit auf ein Argument zurück, dass Rheingold (1993: 26) am spezifischen Beispiel der Onlinecommunity *The WELL* artikuliert hat: Die diversen Applikationen computervermittelter Kommunikation wie z. B. Chats, Diskussionsforen,

---

7   Moore et al. (2009) gehen einen analytisch einen Schritt weiter und differenzieren, dass Online-Spielwelten aufgrund ihres Facettenreichtums nicht an sich als Dritte Orte bezeichnet werden können, sondern allein spezifische Kommunikationsräume in ihnen wie z. B. virtuelle Diskotheken in *Second Life* oder virtuelle Kneipen in *Star Wars Galaxies*.

Multi-User-Environments ermöglichen aufgrund ihrer besonderen Charakteristika wie Interaktivität und Intimität grundsätzlich verschiedene Formen von Beziehungs- und Gemeinschaftsbildung und leisten damit einen produktiven Beitrag zum Aufbau von Sozialkapital. Rheingold benennt diese neue Formen von Vergemeinschaftung prägnant als „virtual communities", die in ihrer Funktionsweise als Kommunikationsraum auch als virtuelle Dritte Orte fungieren (können) (vgl. auch Soukup 2006).

Allerdings ist die spezifische Frage empirisch nur in Ansätzen geklärt, inwieweit das zunehmende Verweilen in virtuellen Spielwelten sich auf den Aufbau von Sozialkapitel auswirkt. So besitzen die meisten bisherigen Fallstudien methodische Einschränkungen wie z. B. nicht-repräsentative bzw. selbstselektive Stichproben oder das Fehlen von Kontrollgruppen, welche u. a. einen komparativen Vergleich mit anderen Formen der medienvermittelten Generierung von Sozialkapital oder die Prüfung anderer Einflussfaktoren – man denke an die Intervention Dritter – erlauben würden.

Eine erste empirische Pilotstudie zu einer Gruppe von Intensivcomputerspielern, den so genannten Clanspielern (Reinecke und Trepte 2009) kann einen klaren Beitrag des Computerspielens zum Aufbau von Sozialkapital – im Sinne sozialer Kontakte und Ressourcen von Individuen – zeigen. So erweitern Clanspieler durch das gemeinschaftliche Computerspiel ihr Kontaktnetzwerk und bilden verstärkt tiefe Freundschaften mit anderen Spielern. Sie erfahren dadurch auch signifikant mehr soziale Unterstützung als andere Computerspieler und entwickeln ein stärkeres (Grund-)Vertrauen in soziale Beziehungen (ähnlich Wimmer et al. 2008; Ratan et al. 2010). Inwieweit nun diese Zusammenhänge auch für andere Computerspielerkulturen sowie für die Mehrheit der Gelegenheitsspieler feststellbar ist, ist empirisch noch unbeantwortet.

Gerade die Analyse der sich überschneidenden Handlungs- und Kommunikationsmodi im Rahmen der Computerspielkommunikation bzw. die dabei verschwimmenden Grenzen von unterhaltungs- und informationsorientierten Medieninhalten erscheint allerdings gewinnbringend für die weitere Debatte um den gesellschaftlichen Einfluss von Computerspielen. So stellen für Simkins und Steinkuehler (2008) Online-Rollenspiele trotz ihres fiktionalen Settings *Lernräume* dar, in denen gesellschaftlicher Diskurs gut eingeübt werden kann, da das Spielerleben und dessen Bedeutung aufgrund der Interaktivität stets vom Spieler mitbestimmt und mitproduziert wird (Fromme et al. 2008). Das entspricht genau der Art einer Lernumgebung im Sinne Dewey's, die notwendig für die Entwicklung der Fähigkeiten eines Bürgers in der modernen Demokratie ist. In diesem Sinne kann auch die Nutzung von Computerspielen bzw. die Immersion in Computer-Spielwelten jenseits der reinen Unterhaltung einen zutiefst gesellschaftlicher Akt bzw. einen Akt der „sozialen und kulturellen Reproduktion" (Slater 2003: 147) darstellen. Das kulturelle und gesellschaftspolitische Bewusstsein der Menschen wird durch Computerspielen quasi „modelliert", insbesondere im Hinblick u. a. auf Zeitgefühl, Aufmerksamkeitssteuerung, die Formierung von Emotionalität, Relevanzen und Orientierungsmodellen sowie bezogen auf die allgemeine Sozialisation (Krotz 2008). Im Spezifischen bedeutet das auch, dass Computerspiele zu einem ernstzunehmenden

Faktor für die Persönlichkeitsentwicklung und für die gesellschaftlich-politische Sozialisation werden (vgl. dazu Fromme und Biermann 2009).

Dieses Potential ist aber bisher nur in Ansätzen analysiert worden. Kahne et al. (2008) postulieren aufgrund ihrer instruktiven Fallstudie, dass Computerspiele generell gut geeignet wären, *bürgerschaftliche Orientierungen* bei Kindern und Jugendliche zu fördern. Auf der Basis einer repräsentativen Befragung von US-amerikanischen Jugendlichen fanden die Autoren heraus, dass ein signifikanter Zusammenhang zwischen der Häufigkeit des Spielens von sog. „Civic Games" – also Computerspielen, die z. B. soziale oder moralische Belange berühren oder politische Prozesse nachbilden – und dem realweltlichen Engagement der Jugendlichen besteht. Darüber hinaus wirken sich eher allg. soziale Aktivitäten im Spiel auch auf die realweltliche Partizipation aus: „Youth who socially interact around the game (commenting on Web sites, contributing to discussion boards) are more engaged civically and politically." (Kahne et al. 2008: 24) Damit können die Autoren zwar noch keine Kausalität nachweisen, zumindest kann man aber davon ausgehen, dass Computerspielen bürgerschaftliches Engagement grundsätzlich nicht dämpft.

In der akademischen Diskussion dieser postulierten Lernprozesse verweisen Jenkins et al. (2009:12) auf die emotionale und damit höchst subjektive Beteiligung der Computerspieler als zentralen Erfolgsfaktor (vgl. auch Krotz 2008):

> „[T]he new participatory culture offers many opportunities for youth to engage in civic debates, to participate in community life, to become political leaders, even if sometimes only through the ‚second lives' offered by massively multiplayer games or online fan communities. Empowerment comes from making meaningful decisions within a real civic context: we learn the skills of citizenship by becoming political."

Die Kombination von Information und Unterhaltung macht Computerspiele also ideal für das Aufgreifen gesellschaftlicher oder politischer Sachverhalte und das Wecken von Interesse in einer publikumswirksamen Art und Weise.[8] Sie stellen ein einfaches und v. a. zeitgerechtes Instrument dar, um die Bedeutung von Politik im Alltag zu erhöhen, dies gilt umso mehr, wenn Computerspieler mit den Konsequenzen ihres Handelns konfrontiert werden. Als zwingend erforderlich dafür gilt ebenso, dass die Computerspieler ihre im Computerspiel gemachten Erfahrungen auch auf realweltliche Situationen übertragen können („real world application").[9] Empirisch ist hier allerdings noch zu über-

---

8   Gerade ihre Interaktivität unterscheidet Computerspiele von anderen massenmedialen Vermittlungsformen, so betont Frasca (2006, zit. n. Neys und Jansz 2010: 229): „Unlike literature and movies (…) games encourage risk-taking, and learning the results of your actions. They force [the player] to view the world from a different angle, and always be ready to learn something new. These are the skills required to create social change and to be better human beings."

9   Ethnographische Studien zeigen, dass es Spielern oft schwer fällt, im Spiel erlerntes Wissen und Kompetenzen in andere Kontexte zu übertragen.

prüfen, inwieweit in einem Computerspiel erlernte (soziale) Kompetenzen – wie z. B. die Organisation einer Gilde – auch in realweltliches Engagement – wie z. B. die Organisation einer Nachbarschaftshilfe – münden kann. So postulieren Egenfeldt-Nielsen et al. (2008: 217): „Without explicitly framing the experience as educational, the goals and rules in play take over, [especially] when the game goals work against the learning goals."

Dieser Umstand erklärt auch, dass etablierte wie nicht-etablierte politische Akteure wie z. B. NGOs oder Medienaktivisten zunehmend sog. „Persuasive Games" produzieren, um auf bürgerschaftliche und politische Themen im Allgemeinen aufmerksam zu machen (z. B. Bogost 2007). Mit diesem Genre wird versucht, gezielt Einfluss auf das politische Bewusstsein der Spieler auszuüben (bekannte Beispiele dafür sind die Onlinespiele *Darfur is Dying* oder *September the 12th*). Aufgrund einer explorativen Befragung sowohl von Machern als auch von Spielern dieser Spiele kommen Neys und Jansz (2010) zu der Schlussfolgerung, dass diese Spielform als eine Art „sozialer Vermittler" fungieren kann. So würden begeisterte Spieler, die im Spiel artikulierten Themen im Anschluss mit der Familie oder Freunden diskutieren. Diese Motivation, das Thema zu diskutieren, ist für die Autoren wiederum ein Indikator für ein durch das Computerspiel bewirktes größeres politisches und soziales Engagement.

5   Computerspielen und die Generierung von Sozialkapital im Kontext ihrer medienkulturellen Einbettung

Die Einsicht, dass Computerspielen – und damit auch dessen soziale Implikationen – nicht losgelöst im luftleeren Raum stattfindet sondern sich stets auf reale und konkrete Kontexte bezieht, erläutern King und Krzywinska (2006: 38):

> „Gameplay does not exist in a vacuum, any more than games do as a whole. It is situated instead, within a matrix of potential meaning-creating frameworks. These can operate both at a local level, in the specific associations generated by a particular episode of gameplay and in the context of broader social, cultural and ideological resonances."

Diese Kontexte, die mit dem Konzept der Medienkultur gefasst werden können, liefern das Wissen darüber, wie Computerspiele als digitale Medientechnologien Ungleichheiten entstehen lassen bzw. lindern können (vgl. grundlegend Lawson Mack 2001). Aus analytischer Perspektive kann man Computerspielkultur in Anlehnung an Hepp (2004) als einen immer bedeutender werdenden Teilaspekt aktueller Medienkultur verstehen, dessen primäre Bedeutungsressource sich in digitalen Spielen manifestiert und die v. a. mittels technischer Kommunikationsmedien wie z. B. Handhelds oder Konsolen vermittelt bzw. zur Verfügung gestellt wird. Daher sind in der Analyse der sozialen Implikationen von Online-Spielen die verschiedenen Elemente der *Bedeutungsprozesse,* die das kommunikativ vermittelte Phänomen Computerspielen ausmachen, in ganzheitlicher Weise in Betracht zu ziehen. Zum Verständnis der Genese von Computerspielkulturen hilft es, sich die verschiedenen, v. a. medial vermittelten Artikulationsebenen von Computerspielkultur in einem Kreislauf verschränkt vorzustellen. Eine Orientierung an den Kreislauf der Medienkultur (Hepp 2004) macht dabei zwei wichtige analytische Einsichten deutlich, einerseits den der prozesshaften Genese der Bedeutungsprozesse im Rahmen von Computerspielnutzung und andererseits den alle Sinngehalte prägenden ökonomischen Kontext der Spielindustrie. Es können hier grundlegend fünf spezifische Prozessebenen differenziert werden. Auf jeder Analyseeben wird im Folgenden knapp skizziert, inwieweit die ökonomischen Kontexte der Spielwelten ihrem Potential für die Bildung von Sozialkapital und der Linderung sozialer Ungleichheit größtenteils eher abträglich sind (vgl. Tabelle 2):

- Die Ebene der (ökonomischen) *(Re-)Produktion* von und innerhalb von Computerspielen beschreibt „die Strukturen, Praktiken und Prozesse der ‚Hervorbringung' von Kulturprodukten" (Hepp 2006: 72) wie v. a. der Bereich der Spielindustrie und -entwicklung. Hardt und Negri (2000) postulieren diesbezüglich, dass jedwede Form interaktiver Medien unter staatlichen wie ökonomischen Einfluss steht. Dyer-Witheford und Peuter (2009) übertragen diese Diagnose auf den Bereich der Computerspiele und zeigen an Fallbeispielen wie *Full Spectrum Warrior* oder *Grand Theft Auto,* wie Computerspielwelten nicht nur der Unterhaltungs- und Profitorientierung der Produzenten sondern auch politischen oder gar militärischen Interessen dienen können. Eine determinierende Top-Down-Spielkultur trifft hierbei auf eine vielfältige Bottom-Up-Spielkultur der Computerspieler, die allerdings aufgrund ungleicher Produktionsprozesse nicht in vollem Maße an Computerspielkommunikation teilhaben (Apperley 2010: 129; vgl. auch Coleman und Dyer-Witheford 2007):

„The bottom line of full inclusion is not just to be able to play games, but to be able to participate in the productive paratextual industries, and also in the content creation and sharing that characterizes the contemporary digital game ecology."

Am sowohl aus ökonomischer als auch aus publikumswirksamer Perspektive äußerst erfolgreichen *WoW* können diese Zwänge demonstriert werden. 2005 rief eine Spielergemeinschaft zu einem virtuellen Sit-in auf – der Eingang zu einer Spielinstanz sollte mit den Avataren blockiert werden, da man sich durch die Spielregeln im Vergleich zu anderen Charakterklassen im Spiel benachteiligt sah. Das Ergebnis des virtuellen Streiks war für die Aktivisten unerfreulich. Die am digitalen Protest federführend Beteiligten wurden durch Blizzard kurzerhand von den Spiel-Servern verbannt (Abalieno 2005). Nichtsdestotrotz ist die Kommunikationskultur in *WoW* wie auch die Mehrheit der Onlinespiele grundsätzlich von einer lebendigen Spielkultur stark geprägt (vgl. z. B. Taylor 2006, Quandt 2010), Moore et al. (2009) stellen allerdings in ihrer Analyse von Kommunikationsräumen in virtuellen Spielwelten fest, dass analog zur realen Welt auch die hier bereitgestellte soziale Architektur tendenziell ein Hindernis für Partizipation und Engagement darstellen kann, da sie oftmals auf reine Spielverweildauer ausgerichtet ist.

- *Repräsentation* bezeichnet die „Artikulationsebene der ‚Darstellung' von Kultur in Kulturprodukten" (Hepp 2006: 72). Bei Computerspielen geht es auf dieser Artikulationsebene also z. B. insbesondere um die Darstellung von Gewalt oder Geschlechterrollen in Spielen und deren Bedeutungszuschreibung durch die Computerspieler. Obwohl die meisten Online-Spiele einen stark eskapistischen und fiktiven Charakter besitzen, kann man gerade in Bezug auf die Darstellung von Gewalt und Geschlechter in Computerspielen oftmals eine der realweltlichen Stereotypisierung folgende Repräsentation feststellen. Eine umfassende quantitative Inhaltsanalyse der meistverkauften US-amerikanischer Computerspiele zeigt dementsprechend eine systematische Überrepräsentierung männlicher, weißer und erwachsener Avatare im Gegensatz zu einer Unterrepräsentierung von weiblichen, älteren und anderen Volksgruppen zugehörigen Avataren gerade im Vergleich zur realweltlichen Bevölkerungsverteilung (Williams et al. 2009). So ist anzunehmen, dass nicht nur soziale Ungleichheiten der Realwelt ebenso in virtuellen Spielwelten zum Tragen kommen, sondern dass deren virtuelle Reproduktion auch problematische Folgen für die Identitätsbildung der Spieler hat.

  Thiedeke (2010) weist hierbei grundsätzlich darauf hin, dass Online-Spiele wie alle sog. „Spiel-Räume (…) *Exklusionsbereiche* gesellschaftlicher Normalität" darstellen (2010: 298, Hervorhebung i. O.), welche soziale Ungleichheiten hervorrufen bzw. verstärken können. Nichtsdestotrotz haben sie als mediales Unterhaltungsangebot das Potential „ebenso mit sozialen Identitäten (…) oder gesellschaftlicher Differenzierung zu spielen, etwa mit der segmentären Differenzierung in Clans oder der stratifikatorischen Differenzierung in den hierarchischen Gilden mittelalterlicher Spielwelten (…)." (Thiedeke 2010: 312) Entscheidend erscheint daher der Aspekt der individuellen Aneignung der Computerspiele (Quandt 2010: 196 f.).

- *Aneignung* ist grundsätzlich „die Artikulationsebene von Kultur, die den Prozess des aktiven ‚Sich-Zu-Eigen-Machens' von Kultur als Lokalisierung im Alltag fasst" (Hepp 2006: 72). Eine Vielzahl von Online-Spielen sind mit Medienkulturen verknüpft, in denen das Spiel in „communities of practices" eingebettet ist und man durch die Kommunikation mit Anderen regelrecht erst zur Spielerin oder Spieler „wird", ein Prozess, der bspw. an der Entstehung von Normen und Regeln innerhalb bestimmter Spielergemeinschaften wie z. B. Computerspiel-Clans deutlich wird. Analog zum Aspekt der Repräsentation zeigt sich auch bei der Aneignung von Computerspielen eine Fortführung klassischer Formen sozialer Ungleichheit wie z. B. Geschlechterungleichheiten. So verfügen weibliche Computerspielerinnen tendenziell über nicht so ausgeprägte Netzwerke wie männliche Computerspieler, da die meisten Computerspielkulturen lange Zeit männlich ausgerichtet waren und es z. T. heute noch sind (Schott und Horrell 2000).

Weitere Dimensionen von Spiel-Aneignungskulturen sind neben den Spiel*sub*kulturen im Sinne spezifischer Spielgemeinschaften individuelle Spiel*er*kulturen (z. B. spezifische Spielertypen und deren z. T. höchst differenzierte Spielarten), Spiel*meta*kulturen (z. B. Fanzines oder der „co-kreative" Umgang mit Computerspielen, besonders mit ihren technischen Aspekten im Rahmen von „poaching"- oder „modding"-Phänomenen etc.) und auf einer gesellschaftlichen Makroebene Computerpiele als *kulturelle Objekte* (z. B. Computerspiele als Brands im Prozess der Konvergenz der Unterhaltungsindustrie etc.) (vgl. ausführlich Dovey und Kennedy 2006). Repräsentative Studien stehen in diesem Bereich zwar noch aus, aber es ist plausibel anzunehmen, dass das Gros der Spieler – ähnlich wie für den ganzen Bereich des Web 2.0 generell geltend – sich eher passiv-rezipierend anstatt aktiv-partizipierend an der Gestaltung der Kommunikationsräume beteiligt. Schäfer (2006) bezeichnet diese gestaltende Partizipation an der Produktion und den Inhalten von Computerspielen wie andere Formen der Computer-Subkultur wie z. B. der Open Source-Programmierung als ein „Spielen jenseits der Gebrauchsanweisung", das im Gegensatz zu einer „reinen Benutzung" im Sinne eines „meaningful use", das Potential zur Überwindung digitaler Klüfte besitzt (Selwyn 2002).

- *Regulation* stellt „die Artikulationsebene von Kultur dar, die Einflussnahmen nichtproduzierender Institutionen und Formationen (bspw. Politik) auf Kultur fasst." (Hepp 2006: 72) Bezogen auf Computerspiele geht es hier also zum Beispiel um gesetzliche Bestimmungen über Spielinhalte oder die Festlegung von Altersgrenzen zum Jugendschutz durch die USK (Unterhaltungssoftware Selbstkontrolle). Eine darüber hinausgehende gestaltende „Computerspielpolitik" steckt noch in den Kinderschuhen (Wüstefeld 2009), da sich ein Großteil der Debatte allein um die Zulassung gewalthaltiger Inhalte dreht. Eine Diskussion darüber, inwieweit die gerade bei den Jugendlichen äußerst beliebten Computerspielwelten auch mit Hilfe öffentlicher Gelder gestaltet werden können, d. h. z. B., wie geht man von Seiten der Medienpolitik bspw. konkret mit der Ökonomisierung der Spielwelten um und wie fördert man eine Befähigung zur kritischen Teilhabe, findet (noch) nicht statt.

- *Identifikation* bezeichnet „die Artikulationsebene von Kultur, die den (fortlaufenden) Prozess der Konstitution von Identität auf Basis vermittelter Muster und Diskurse beschreibt." (Hepp 2006: 72) Sichtbar wird diese Artikulationsebene zum Beispiel bei Mitgliedern eines Clans oder einer Szene, die bestimmte Kleidungsstücke tragen oder bestimmte Sprachausdrücke verwenden, um damit ihre Clan- oder Szenenzugehörigkeit auszudrücken und sich von Nicht-Mitglieder abzugrenzen. Empirische Studien zur der sich darauf beziehenden Frage, „nicht so sehr *ob*, sondern *wie* sich soziales Handeln der Individuen und die Formen des Zusammenlebens der Menschen auch durch das Potential des Computerspielens langfristig verändern", stehen noch aus (Krotz 2008: 37, Hervorhebung i. O.).

Tabelle 2   Hemmnisse für die Generierung von Sozialkapital
in Computerspielwelten

Perspektive	Ausgewählte Problembereiche
Produktion	• Unterhaltungs- und Profitorientierung der Produzenten • Soziale Architektur als Hindernis für Partizipation/Engagement
Repräsentation	• Stereotype Darstellung von Gender, Jugend, Nationalitäten etc. • Exklusion und Ungleichheiten als Spielprinzipien
Aneignung	• „reine Benutzung" vs. „meaningful use" (Selwyn 2002) • top-down vs. bottom-up Spielkulturen
Regulation	• Fehlende Reaktion auf Ökonomisierung der Spielwelten • Geringe Befähigung zur Teilhabe
Identifikation	• Vergemeinschaftung oft auf Basis vorgelagerter Werthaltungen • Grenzen und Folgen des Sinnbereichs Spiel

Neben dem Aspekt der medienkulturellen Einbettung von Online-Spielen gilt es festzuhalten, dass Computerspiele und ihre Spielkulturen zwar für sich alleinstehend untersucht werden können, allerdings in ihrer Komplexität erst verstanden werden, wenn
sie im Kontext eines umfassenden Veränderungsprozesses gesehen werden, der seinen
Ausdruck in sich wandelnden Medien- und Kommunikationsformen findet. Konkret
ist hier auf die gegenwärtigen, gesellschaftsprägenden Prozesse der *Mediatisierung, Individualisierung, Globalisierung* und *Ökonomisierung* von Alltag und Gesellschaft zu
verweisen (vgl. hierzu ausführlich Krotz 2007: 161 ff.; 2008: 38). Diese eher abstrakten
Überlegungen lassen sich exemplarisch gut an dem Spannungsverhältnis von kommerzieller Produktion und individueller Aneignung von Computerspiele verdeutlichen. So
fördern Computerspiele zwar die Handlungsfähigkeit ihrer „hoch individualisierten"
Spieler (Schuhmacher und Korbel 2010), aber zum Preis einer scheinbaren Sozialisation
für den „Neoliberalismus":

> „I encounter a confusing world and figure it out. I encounter a world in pieces and assem-
> ble it into a coherent whole. I take a risk and am rewarded for my courage. I encounter a
> difficult ant agonist and triumph over him. I encounter a challenge test of skill or strate-
> gy and succeed at it. I start off with very little of a valuable commodity and end up with
> a lot of it (or I start off with a great deal of a burdensomme commodity and get rid of all
> of it). I am challenged by a world of constant unpredictable emergencies and I survive it."
> (Murray 1997: 142)

6   Ausblick: Herstellung öffentlicher Konnektivität durch Computerspiele?

In der sich zunehmend entfaltenden Mediengesellschaft scheint die dichotomische Unterscheidung zwischen „Bürger","Konsument" und „Rezipient", wie sie im demokratietheoretischen Diskurs bisher üblich war, überkommen, denn die Rezipienten stellen zugleich ein Publikum partizipierender Bürger und vice versa dar (Couldry 2004; Krotz 2007). Generatoren dieser Entwicklung sind die neuen Möglichkeiten und Formen der Partizipation, die digitale Medientechnologien mit sich bringen (vgl. auch Shah et al. 2001) und das Verhältnis zwischen Medieninstitutionen und ihrem Publikum, zwischen dem Programm und seinen Zuschauern neu definieren.[10] Gerade die verschiedenen Formen der Medienkommunikation im Kontext des Internets machen anstatt einer Unterscheidung in einen „aktiven", „reaktiven", „interaktiven" oder auch „partizipierenden" Rezipienten eine differenziertere Bestimmung des gesellschaftlichen Charakters der neuen Formen medialer Partizipation und deren kulturelle Verortung notwendig. Couldry et al. (2007) entwickeln dabei in ihrer Analyse von übergreifenden *Medienrepertoires* die These, dass eine größere kommunikative Vernetzung der Bürger untereinander und eine größere Orientierung an – in Massenmedien vermittelten – öffentlichen Themen zu einem größeren Vertrauen in den Staat und zu mehr zivilgesellschaftlichem Engagement führen (Konzept der *Public Connection*).

Die Erforschung der Aneignung von Online-Computerspielen und deren Einbettung in den Alltag der Computerspieler im Kontext der im Beitrag skizzierten Forschungsperspektive ist daher ein – sowohl in theoretischer als auch in methodischer Hinsicht – vielversprechendes Thema. Gerade am spezifischen Beispiel der Diskussion über die zunehmende Bedeutung kommunikativer Vergemeinschaftung im Rahmen von Online-Spielwelten lässt sich aufzeigen, dass hier neue Potentiale für die Bildung von Sozialkapital und damit zusammenhängend sowohl gesellschaftliches Engagement gefördert als auch soziale Ungleichheit im Sinne fehlender Teilhabe gelindert werden kann. Online-Spielwelten sind trotz der Profitorientierung der Spielindustrie ein Paradebeispiel dafür, wie sich durch digitale Medientechnologien und im Zuge der Mediatisierung der Gesellschaft neue Formen der medialen Partizipation entwickeln, die den gesellschaftlichen Ort des jeweiligen Mediums neu definieren. So wird hier angenommen, dass auch in Online-Spielwelten öffentlich relevante Themen vermittelt werden und durch eine größere kommunikative Vernetzung der Bürger untereinander zu einem größerem Vertrauen und mehr zivilgesellschaftlichem Engagement führen kann.

Auf den ersten Blick erscheint es natürlich etwas abwegig, von Politik und bürgerschaftlichem Engagement in Spielwelten zu sprechen. Nichtsdestotrotz macht dies den öffentlichen Wert deutlich, den Handlungs- und Kommunikationsräume in Online-

---

10 Ein Beispiel, das über die traditionellen Formen politischer Partizipation hinausgeht, ist der sog. *politische Konsum*. Damit sind Kaufentscheidungen bzw. -boykotte gemeint, die sich nicht nur auf ökonomische Kriterien beziehen, sondern in einem weiteren Sinne „politische Motive" enthalten.

Spielen bieten können. Dieser erscheint desto größer, je geringer die ökonomischen Interessen der Betreiber ausgeprägt sind. Als ein unter diesem Aspekt „öffentlichkeitsförderndes" Fallbeispiel kann der Online-Fussballmanager *Hattrick* fungieren (Nickol und Wimmer 2011), wo wiederholt politisch konnotierte Aktionen beobachtbar sind und sowohl aus Sicht der Computerpieler als auch der Entwickler für eine lebendige Spielkultur sorgen. So brachten u. a. mehrere tausend Spieler während der „Orangen-Revolution" 2004 in der Ukraine ihre Solidarität mit der Demokratiebewegung zum Ausdruck, indem sie ihre virtuellen Mannschaften mit orangefarbenen Schleifen versahen.

Der Gedanke, dass allein durch das Spielen von Onlinespielen ein demokratisches Selbstverständnis oder zumindest Einsicht in politische Zusammenhänge gewonnen werden kann, erscheint auf den ersten Blick sehr verführerisch. Allerdings ist er streng genommen bisher stark hypothetisch, da die diesbezügliche empirische Validierung noch in ihren Kinderschuhen steckt. Vor dem Hintergrund, dass die klassischen Leitmedien bzw. der öffentlich-rechtliche Rundfunk insbesondere Jugendliche immer schlechter erreichen, lohnt sich allerdings der Aufwand weiter auszuloten, inwieweit digitale Spielwelten geeignete Kanäle wären, um demokratische Werte zu vermitteln. Realweltliche Probleme wie insb. soziale Ungleichheit können natürlich nicht durch Computerspiele gelöst werden, aber sie sind bestens dafür geeignet, die Computerspieler darauf aufmerksam zu machen.

Literatur

Abalieno, 2005: These Screenshots Are Worth a Ban! http://www.cesspit.net/drupal/node/491 [01. 12. 2010]

Apperley, Tom, 2010: Gaming Rhythms: Play and Counterplay from the Situated to the Global. Amsterdam: Institute of Network Cultures.

Arnold, Anne-Katrin und *Beate Schneider*, 2004: TV kills Social Capital? Eine kritische Auseinandersetzung mit der Sozialkapitalforschung von Robert Putnam. Publizistik 49: 423–438.

Arnold, Anne-Katrin und *Beate Schneider*, 2008: Interdisziplinärer Theorietransfer in der Kommunikationswissenschaft am Beispiel des sozialen Kapitals. S. 193–209 in: *Carsten Winter, Andreas Hepp* und *Friedrich Krotz* (Hg.), Theorien der Kommunikations- und Medienwissenschaft. Grundlegende Diskussionen, Forschungsfelder und Theorienentwicklungen. Wiesbaden: VS.

Bartle, Richard, 1996: Hearts, Clubs, Diamonds, Spades: Players who suit MUDs. http://www.mud.co.uk/richard/hcds.htm [01. 11. 2010]

Bogost, Ian, 2007: Persuasive Games: The Expressive Power of Video Games. Cambridge: MIT.

Cole, Helena und *Mark D. Griffiths*, 2007: Social Interactions in Massively Multiplayer Online Role-Playing Gamers. CyberPsychology & Behavior 10: 575–583.

Coleman, Sarah und *Nick Dyer-Witheford*, 2007: Playing on the Digital Commons: Collectivities, Capital and Contestation in Videogame Culture. Media Culture Society 29: 934–953.

Couldry, Nick, 2004: The Productive „Consumer" and the Dispersed „Citizen". In: International Journal of Cultural Studies 7 (1): 21–32.

Couldry, Nick, Sonia Livingstone und *Tim Markham*, 2007: Media Consumption and Public Engagement. London: Palgrave Macmillan.

Deterding, Sebastian, 2009: Virtual Communities. S. 115–131 in: *Ronald Hitzler, Anne Honer* und *Michaela Pfadenhauer* (Hg.), Posttraditionale Gemeinschaften. Theoretische und ethnografische Erkundungen. Wiesbaden: VS.

Dovey, Jon und *Helen W. Kennedy*, 2006: Games Cultures. Computer Games as New Media. Maidenhead: Open University.

Ducheneaut, Nicolas, Nicholas Yee, Eric Nickell und *Robert J. Moore*, 2006: „Alone Together?" Exploring the Social Dynamics of Massively Multiplayer Online Games. S. 407–416 in: CHI 2006: Conference an Human Factors in Computing Systems, Montreal/Quebec/Kanada, 22.–27. April 2006.

Ducheneaut, Nicolas, Robert J. Moore und *Eric Nickell*, 2007: Virtual Third Places: a Case Study of Sociability in Massively Multiplayer Games. Computer Supported Cooperative Work 16 (1-2): 129–166.

Dyer-Witheford, Nick und *Greig de Peuter*, 2009: Games of Empire. Global Capitalism and Video Games. Minneapolis: University of Minnesota.

Egenfeldt-Nielsen, Simon, Jonas Heide Smith und *Susana Pajares Tosca*, 2008: Understanding Video Games. The Essential Introduction. London/New York: Routledge.

Fritz, Jürgen, 2003: Wie virtuelle Welten wirken. Über die Struktur von Transfers aus der medialen in die reale Welt. O. S. in: *Jürgen Fritz* und *Wolfgang Fehr* (Hg.), Computerspiele. Virtuelle Spiel- und Lernwelten. Bonn: Bundeszentrale für politische Bildung (Beitrag auf CD-ROM).

Fromme, Johannes und *Ralf Biermann*, 2009: Identitätsbildung und politische Sozialisation. S. 113–138 in: *Tobias Bevc* und *Holger Zapf* (Hg.), Wie wir spielen, was wir werden. Konstanz: UVK.

Fromme, Johannes, Benjamin Jörissen und *Alexander Unger*, 2008: Bildungspotenziale digitaler Spiele und Spielkulturen. In: MedienPädagogik 15/16. http://www.medienpaed-com/15/fromme0812.pdf [01.12.2010]

Göhler-Robus, Mareike, 2005: Sozialkapital als Analysekonzept für Osteuropa? Eine vergleichende Untersuchung von Anwendungen des Konzeptes auf postsozialistische Gesellschaften. Berlin: Osteuropa-Institut der Freien Universität Berlin

Götzenbrucker, Gerit, 2001: Soziale Netzwerke und Internet-Spielewelten. Eine empirische Analyse der Transformation virtueller in realweltliche Gemeinschaften. Opladen/Wiesbaden: Westdeutscher.

Hand, Martin und *Karenza Moore*, 2006: Community, Identity and Digital Games. S. 241–266 in: *Jason Bryce* und *Jo Rutter* (Hg.), Understanding Digital Games. London: Sage.

Hardt, Michael und *Antonio Negri*, 2000: Empire. Cambridge: Harvard University.

Hellmann, Kai-Uwe und *Guido Zurstiege* (Hg.), 2008: Räume des Konsums. Über den Funktionswandel von Räumlichkeit im Zeitalter des Konsumismus. Wiesbaden: VS.

Hepp, Andreas, 2004: Netzwerke der Medien. Medienkulturen und Globalisierung. Wiesbaden: VS.

Hepp, Andreas, 2006: Transkulturelle Kommunikation. Konstanz: UVK.

Huhh, Jun-Sok, 2008: Culture and Business of PC Bangs in Korea. Games and Culture 3: 26–37.

Jenkins, Henry, Ravi Purushotma, Katie Clinton, Margaret Weigel und *Alice Robison*, 2009: Confronting the Challenges of Participatory Culture. Media Education for the 21st Century. Cambridge: MIT.

Jöckel, Sven und *Christina Schumann*, 2010: Spielen im Netz. Online-Spiele als Kommunikation. S. 460–484 in: *Klaus Beck* und *Wolfgang Schweiger* (Hg.), Handbuch Online-Kommunikation. Wiesbaden: VS.

Kahne, Joseph, Ellen Middaugh und *Chris Evans*, 2008: The Civic Potential of Video Games. An Occasional Paper of the John D. and Catherine T. MacArthur Foundation Digital Media and Learning Program. http://www.civicsurvey.org/White_paper_link_text.pdf [01.12.2010]

King, Geoff und *Tanya Krzywinska*, 2006: Tomb Raiders and Space Invaders. Videogame Forms and Contexts. London: Tauris.

Knoblauch, Hubert, 2009: Kommunikationsgemeinschaften. Überlegungen zur kommunikativen Konstruktion einer Sozialform. S. 73–87 in: *Ronald Hitzler, Anne Honer* und *Michaela Pfadenhauer* (Hg.), Posttraditionale Gemeinschaften. Theoretische und ethnografische Erkundungen. Wiesbaden: VS.

Krotz, Friedrich, 2007: Mediatisierung: Fallstudien zum Wandel von Kommunikation. Wiesbaden: VS.

Krotz, Friedrich, 2008: Computerspiele als neuer Kommunikationstypus. Interaktive Kommunikation als Zugang zu komplexen Welten. S. 25–40 in: *Thorsten Quandt, Jeffrey Wimmer* und *Jens Wolling* (Hg.), Die Computerspieler. Studien zur Nutzung von Computer- und Videogames. Wiesbaden: VS.

Kücklich, Julian, 2009: Computerspiele, Medialität und Öffentlichkeit. S. 411–425 in: *Lothar Bisky, Konstanze Kriese* und *Jürgen Scheele* (Hg.): Medien – Macht – Demokratie. Neue Perspektiven. Berlin: Karl Dietz.

Lawson Mack, Raneta, 2001: The Digital Divide: Standing at the Intersection of Race and Technology. Durham, NC: Carolina Academic.

Marr, Mirko und *Nicole Zillien*, 2010: Digitale Spaltung. S. 257–282 in: *Wolfgang Schweiger* und *Klaus Beck* (Hg.), Handbuch Onlinekommunikation. Wiesbaden: VS.

Moore, Robert J., E. Cabell Hankinson Gathman und *Nicolas Ducheneaut*, 2009: From 3D Space to Third Place: The Social Life of Small Virtual Spaces. Human Organization 68: 230–240.

Murray, Janet, 1997: Hamlet on The Holodeck. The Future of Narrative in Cyberspace. Cambridge, MA: MIT.

Nardi, Bonnie und *Justin Harris*, 2006: Strangers and Friends. Collaborative Play in World of Warcraft. S. 149–159 in: CSCW 2006. Proceedings of the 20th anniversary Conference on Computer Supported Cooperative Work. New York, NE: ACM.

Neys, Joyce und *Jeroen Jansz*, 2010: Political Internet Games. Engaging an Audience. European Journal of Communication 25: 227–241.

Nickol, Jana und *Jeffrey Wimmer*, 2011: Online-Spiele(n) im Alltag. Eine sinnverstehende Analyse des alltäglichen Umgangs mit digitalen Spielen am Beispiel des Browser-Spiels Hattrick. Zur Publikation eingereicht.

Norris, Pippa, 1996: Does Television Erode Social Capital? A Reply to Putnam. Political Science and Politics 29 (3): 474–480.

Oldenburg, Ray, 1991: The Great Good Place. New York: Da Capo.

Putnam, Robert D., 2000: Bowling Alone. The Collapse and Revival of American Community. New York: Simon & Schuster.

Quan-Haase, Anabel, Barry Wellman, James C. Witte und *Keith N. Hampton*, 2002: Capitalizing on the Net: Social Contact, Civic Engagement, and Sense of Community. S. 291–324 in: *Barry Wellman* und *Caroline Haythornthwaite* (Hg.), The Internet in Everyday Life. Oxford: Wiley-Blackwell.

Quandt, Thorsten, 2010: Real Life in Virtual Games. Computerspiele und Jugendkultur. S. 187–207 in: *Kai-Uwe Hugger* (Hg.): Digitale Jugendkultur. Wiesbaden: VS.

Quandt, Thorsten und *Jeffrey Wimmer*, 2008: Online-Spieler in Deutschland 2007. Befunde einer repräsentativen Befragungsstudie. S. 169–192 in: *Thorsten Quandt, Jeffrey Wimmer* und *Jens Wolling* (Hg.), Die Computerspieler. Studien zur Nutzung von Computer- und Videogames. Wiesbaden: VS.

Ratan, Rabindra et al., 2010: Schmoozing and Smiting: Trust, Social Institutions, and Communication Patterns in an MMOG. Journal of Computer-Mediated Communication 16: 93–114.

Reinecke, Leonard und *Sabine Trepte*, 2009: The Social Side of Gaming: eSports und der Aufbau von Sozialkapital. Unveröffentlichter Forschungsbericht. http://www.hamburgmedia-school.com/download/medien-management/forschungsprojekte/Ergebniszusammen-fassungESLStudie.pdf [13.02.2010]

Rheingold, Howard, 1993: The Virtual Community. Homesteading on the Electronic Frontier. New York: Harper Collins.

Schäfer, Mirko T., 2006: Spielen jenseits der Gebrauchsanweisung. Partizipation als Output des Konsums softwarebasierter Produkte. S. 296–310 in: *Britta Neitzel* und *Rolf F. Nohr* (Hg.): Das Spiel mit dem Medium. Partizipation-Immersion-Interaktion. Marburg: Schüren.

Schmidt, Jan, Stephan Dreyer und *Claudia Lampert*, 2008: Spielen im Netz. Zur Systematisierung des Phänomens „Online-Games". Hamburg (Arbeitspapiere des Hans-Bredow-Instituts Nr. 19).

Schott, Gareth R. und *Kirsty R. Horrell*, 2000: Girl Gamers and their Relationship with the Gaming Culture. Convergence 6: 36–54.

Selwyn, Neil, 2002: Defining the ‚Digital Divide‘: Developing a Theoretical Understanding of Inequalities in the Information Age. Cardiff School of Social Sciences Occasional Paper 49. Cardiff: School of Social Sciences, Cardiff University.

Shah, Dhavan, Nojin Kwak und *R. Lance Holbert*, 2001: „Connecting" and „Disconnecting" with Civic Life: Patterns of Internet Use and the Production of Social Capital. Political Communication 18: 141–162.

Simkins, David und *Constance Steinkuehler*, 2008: Critical Ethical Reasoning and Role-Play. Games and Culture 3: 333–355.

Slater, Don, 2003: Cultures of Consumption. S. 147–164 in: *Kay Anderson, Mona Domosh, Steve Pile* und *Nigel Thrift* (Hg). Handbook of Cultural Geography. London: Sage.

Soukup, Charles, 2006: Computer-Mediated Communication as a Virtual Third Place: Building Oldenburg's Great Good Places on the World Wide Web. New Media & Society 8: 421–440.

Steinkuehler, Constance und *Dmitri Williams*, 2006: Where Everybody Knows Your (Screen) Name: Online Games as ‚Third Places.‘ In: Journal of Computer-Mediated Communication 11(4). http://jcmc.indiana.edu/vol11/issue4/steinkuehler.html [01.12.2010]

Taylor, T. L., 2006: Play Between Worlds: Exploring Online Game Culture. Cambridge: MIT.

Thiedeke, Udo, 2010: Spiel-Räume: Kleine Soziologie gesellschaftlicher Exkursionsbereiche. S. 17–32 in: *Caja Thimm* (Hg.), Das Spiel: Muster und Metapher der Mediengesellschaft. Wiesbaden: VS.

Turkle, Sherry, 1996: Virtuality and its Discontents. The American Prospect 7(24). http://www.prospect.org/print-friendly/print/V7/24/turkle-s.html [01.12.2010]

Wellman, Barry, Anabel Quan Haase, James Witte und *Keith Hampton*, 2001: Does the Internet Increase, Decrease, or Supplement social capital? Social Networks, Participation, and Community Commitment. American Behavioral Scientist 45 (3): 437–456.

Wenz, Karin, 2008: Baumhaus oder Kaserne – Soziale Strukturen in „World of Warcraft". S. 35–46 in: Ida Pöttinger und Sonja Ganguin (Hg.), Lost? Orientierung in Medienwelten – Konzepte für Pädagogik und Medienbildung. Bielefeld: AJZ.

Whyte, William H., 1988: City: Rediscovering the Center. New York: Doubleday.

Williams, Dmitri, Nicole Martins, Mia Consalvo und James D. Ivory, 2009: The Virtual Census: Representations of Gender, Race and Age in Video Games. New Media & Society 11(5): 815–834.

Wimmer, Jeffrey, 2010: „More than a game" – Die Bedeutungsdimensionen von Computerspielkultur(en) am Beispiel der World Cyber Games 2008 in Köln. S. 349–363 in: Andreas Hepp, Marco Höhn und Jeffrey Wimmer (Hg.), Medienkultur im Wandel. Konstanz: UVK.

Wimmer, Jeffrey, Thorsten Quandt und Kristin Vogel, 2008: Teamplay, Clanhopping und Wallhacker. Eine explorative Analyse des Computerspielens in Clans. S. 149–167 in: Thorsten Quandt, Jeffrey Wimmer und Jens Wolling (Hg.), Die Computerspieler. Studien zur Nutzung von Computer- und Videogames. Wiesbaden: VS.

Wolling, Jens, Thorsten Quandt und Jeffrey Wimmer, 2008: Warum Computerspieler mit dem Computer spielen. Ein Thema für die Kommunikationswissenschaft? Vorschlag eines Analyserahmens für die Nutzungsforschung. S. 13–21 in: Thorsten Quandt, Jeffrey Wimmer und Jens Wolling (Hg.), Die Computerspieler. Studien zur Nutzung von Computer- und Videogames. Wiesbaden: VS.

Woolcock, Michael, 2001: The Place of Social Capital in Understanding Social and Economic Outcomes. ISUMA Canadian Journal of Policy Research 2 (1): 1–17.

Wüstefeld, Jens, 2009: Computerspielpolitik – zwischen Kontrolle und Förderung. S. 209–225 in: Tobias Bevc und Holger Zapf (Hg.), Wie wir spielen, was wir werden. Konstanz: UVK.

Yee, Nick, 2006: Motivations for Play in Online Games. CyberPsychology & Behavior 9: 772–775.

Yee, Nick, 2009: Befriending Ogres and Wood-Elves: Relationship Formation and The Social Architecture of Norrath. Game Studies 9.

Zillien, Nicole, 2006: Digitale Ungleichheit. Neue Technologien und alte Ungleichheiten in der Informations- und Wissensgesellschaft. Wiesbaden: VS.

Zu den Autoren

Cigdem Bozdag ist wissenschaftliche Mitarbeiterin am ZeMKI (Zentrum für Medien-, Kommunikations- und Informationsforschung) der Universität Bremen. Ihre Schwerpunkte in Forschung und Lehre sind Globalisierung, transnationale und transkulturelle Kommunikation, Medien und Migration sowie Internetforschung.

Tanja Carstensen, TU Hamburg-Harburg, Arbeitsgruppe Arbeit-Gender-Technik, leitet zurzeit das Projekt „Subjektkonstruktionen und digitale Kultur". Arbeitsschwerpunke: Technik- und Internetforschung, Arbeitssoziologie, Geschlechterforschung. Publikationen: *Die interpretative Herstellung des Internet.* Bielefeld, 2007; *Gender Trouble in Web 2.0: Gender Relations in Social Network Sites, Wikis and Weblogs,* in: International Journal of Gender, Science and Technology 2009, Vol. 1, No. 1.

Thomas Döbler war Studienleiter an der Forschungsstelle für Medienwirtschaft und Kommunikationsforschung, danach Leiter der IT- und Medienforschung der MFG Stiftung Baden-Württemberg. Seit 2007 ist er Professor im Fachgebiet Medienmanagement an der MHMK (Macromedia Hochschule für Medien und Kommunikation) in Stuttgart. Neueste Publikationen: *Social Software in Unternehmen* (Hrsg.), Stuttgart 2008; *Wissensmanagement: Open Access, Social Networks, eCollaboration.* In: *Handbuch Online-kommunikation,* Wiesbaden 2010.

Kai Dröge ist Soziologe und wissenschaftlicher Mitarbeiter an der Universität Lausanne sowie am Institut für Sozialforschung an der Goethe Universität Frankfurt am Main. Zudem ist er Dozent an der Hochschule Luzern – Wirtschaft. Letzte Veröffentlichungen zum Thema: Kai Dröge 2010: *Romantische Unternehmer im Netz. Widersprüchliche Identitätsangebote beim Online Dating.* WestEnd, Jg. 7, Nr. 2, S. 82–94. Kai Dröge und Olivier Voirol (2011): *Online Dating: The Tensions between Romantic Love and Economic Rationalization.* Zeitschrift für Familienforschung, Jg. 23, Nr. 3 (im Erscheinen).

David Gilles studiert Sozialwissenschaften und arbeitet als studentische Hilfskraft an der Universität Köln. Forschungsgebiete: Methoden der empirischen Sozialforschung, Sekundäranalysen mit MA-Daten. Veröffentlichungen: Meulemann, H., Hagenah, J. & Gilles, D. (2009). *Neue Angebote und alte Gewohnheiten. Warum das deutsche Publikum zwischen 1987 und 1996 vom öffentlich-rechtlichen auf das private Fernsehen gewechselt hat.* Publizistik 54/2, 240–264. Gilles, D., Hagenah, J. & Meulemann, H. (2008). *Frei-*

zeit zunehmend durch Fernsehen bestimmt. Freizeit und Fernsehnutzung in Deutschland 1987–2005. Informationsdienst Soziale Indikatoren (ISI), 40, 11–14.

Heike M. Greschke leitet seit 2009 die Nachwuchsforschungsgruppe „KlimaWelten" an der Bielefeld Graduate School in History and Sociology der Universität Bielefeld. Ihre Forschungsschwerpunkte sind Migration und Medien, Ethnographie globaler Phänomene, Kommunikationsanalyse, Jugendhilfeforschung. Ihre Monografie *„Daheim in www.cibervalle.com. Zusammenleben im medialen Alltag der Migration"* ist 2009 im Verlag Lucius und Lucius erschienen.

Oliver Gruber ist Wissenschaftlicher Mitarbeiter am Institut für Publizistik- und Kommunikationswissenschaft der Universität Wien und befasst sich insbesondere mit Migrations-/Integrationsforschung sowie politischer Kommunikation.

Jörg Hagenah ist Geschäftsführer des Medienwissenschaftlichen Lehr- und Forschungszentrums (MLFZ) und Dozent für Soziologie an der Universität Köln. Forschungsgebiete: Mediensoziologie, Methoden der empirischen Sozialforschung, Sekundäranalysen mit MA-Daten, medialer und sozialer Wandel. Publikationen: Hagenah, J. & Meulemann, H. (2008). *Alte und neue Medien – Zum Wandel der Medienpublika in Deutschland seit den 1950er Jahren.* LIT Verlag: Münster. Meulemann, H. & Hagenah, J. (2011). *Mass Media Research.* In: *German Data Forum* (RatSWD) (ed.). Building on Progress: Expanding the Research Infrastructure for the Social, Economic and Behavioral Sciences, Vol. 2. Budrich UniPress Ltd: Opladen & Farmington Hills (1173–1196).

Andreas Hepp ist Professor für Kommunikations- und Medienwissenschaft mit dem Schwerpunkt Medienkultur und Kommunikationstheorie am ZeMKI (Zentrum für Medien-, Kommunikations- und Informationsforschung) der Universität Bremen. Seine Schwerpunkte in Forschung und Lehre sind Medien- und Kommunikationstheorie, Mediensoziologie, transnationale und transkulturelle Kommunikation, Cultural Studies, Medienwandel, digitale Medien, Methoden der empirischen Medienkulturforschung.

Petra Herczeg ist Senior-Lecturer für Journalismus am Institut für Publizistik- und Kommunikationswissenschaft der Universität Wien und befasst sich insbesondere mit Migrations-/Integrationsforschung sowie Journalismus.

Kurt Imhof ist Ordentlicher Professor für Publizistikwissenschaft und Soziologie am Institut für Publizistikwissenschaft und Medienforschung (IPMZ) sowie am Soziologischen Institut der Universität Zürich (SUZ). Er ist Leiter des Forschungsbereichs Öffentlichkeit und Gesellschaft (fög) der Universität Zürich. Arbeitsschwerpunkte: Öffentlichkeits- und Mediensoziologie, Sozialtheorie, Soziologie sozialen Wandels, Minderheiten- und Religionssoziologie. Aktuelle Publikation: Imhof, Kurt (2011): *Die Krise der Öffentlichkeit. Kommunikation und Medien als Faktoren des sozialen Wandels*. Frankfurt a. M.: Campus.

Karin Knop ist Wissenschaftliche Mitarbeiterin am Institut für Kommunikationswissenschaft und Medienforschung (IfKW) der Ludwig-Maximilians-Universität München. Forschungsschwerpunkte: Medieninhalts- und Nutzungsforschung, historische Werbeforschung, Fernsehformate und Populärkultur, Medien und gesellschaftlicher Wandel. Publikationen: *Comedy in Serie: Medienwissenschaftliche Perspektiven auf ein TV-Format. Bielefeld.* Transcript Verlag 2007. *Unterhaltungskultur.* München: Wilhelm Fink Verlag 2006 (mit Werner Faulstich).

Christine Linke ist wissenschaftliche Mitarbeiterin am Institut für Publizistik- und Kommunikationswissenschaft der Freien Universität Berlin. Forschungsschwerpunkte: Medienalltag und soziale Beziehungen; Migration, Geschlecht und Medien; Mobilität und Kommunikation. Publikationen u. a.: *„Medien im Alltag von Paaren. Eine Studie zur Mediatisierung der Kommunikation in Paarbeziehungen"*, VS, 2010; *„Mobile Communication and the Change of Everyday Life"* hrsg. mit J. R. Höflich, G. F. Kircher, I. Schlote, Peter Lang, 2010.

Klarissa Lueg ist Doktorandin am Institut für Soziologie der TU Darmstadt. Ihre Arbeit zur Bedeutung von Herkunft und Habitus im journalistischen Feld beendet sie derzeit als Visiting Ph.D. Student an der Aarhus School of Business. Zuletzt hat sie Aufsätze zur Bewerberauswahl aus medienethischer Perspektive sowie zur hochschuldidaktischen Auseinandersetzung mit sozialer Ungleichheit veröffentlicht.

Kathrin F. Müller ist wissenschaftliche Mitarbeiterin am Institut für Kommunikationswissenschaft und Medienkultur an der Leuphana Universität Lüneburg. Sie forscht u. a. zu Gender Studies, Medienaneignung und Cultural Studies. Der Beitrag beruht auf der Studie „Frauenzeitschriften aus der Sicht ihrer Leserinnen. Die Rezeption von Brigitte im Kontext von Biografie, Alltag und Doing Gender", erschienen 2010 bei transcript.

Mike S. Schäfer ist Juniorprofessor am Institut für Journalistik und Kommunikationswissenschaft und Leiter der Forschungsgruppe „Media Constructions of Climate Change" im Bundesexzellenzcluster „CliSAP" der Universität Hamburg. Publikationen u. a.: *„Terrorismus im Fernsehen"* (VS 2011) sowie *„Wissenschaft in den Medien"* (VS 2007).

Andreas Schmidt hat Politikmanagement und Soziologie in Bremen, Berlin und Vilnius studiert. Aktuell ist er wissenschaftlicher Mitarbeiter in der Forschungsgruppe „Media Constructions of Climate Change" an der Universität Hamburg. Zu den Arbeitsschwerpunkten gehören Klimagerechtigkeitsvorstellungen und die Klimakommunikation von zivilgesellschaftlichen Akteuren.

Christian Stegbauer ist Privatdozent für Soziologie an der Goethe-Universität Frankfurt. Schwerpunkte: Theoretische und empirische Netzwerkforschung, Kultursoziologie, Medien- und Kommunikationssoziologie. Veröffentlichungen: *Handbuch Netzwerkforschung* (Hg., mit Roger Häußling), Wiesbaden 2010, *Netzwerkanalyse und Netzwerktheorie* (Hg.), Wiesbaden 2010, 2. Aufl., *Wikipedia. Das Rätsel der Kooperation*. Wiesbaden 2009.

Laura Suna ist wissenschaftliche Mitarbeiterin am ZeMKI (Zentrum für Medien-, Kommunikations- und Informationsforschung) der Universität Bremen. Ihre Schwerpunkte in Forschung und Lehre sind post-traditionale Vergemeinschaftungen, kulturelle Identitäten, Medienaneignung Jugendlicher, Medien und Migration.

Cornelia Wallner ist Wissenschaftliche Mitarbeiterin am Institut für Kommunikationswissenschaft und Medienforschung an der Ludwig-Maximilians-Universität München und befasst sich insbesondere mit Mediensystemforschung, Öffentlichkeit und sozialem Wandel sowie politischer Kommunikation.

Jeffrey Wimmer ist seit 2009 Juniorprofessor für Kommunikationswissenschaft an der TU Ilmenau. Er ist Sprecher der ECREA-Section „Communication and Democracy" sowie der DGPuK-Fachgruppe „Soziologie der Medienkommunikation". Forschungsschwerpunkte: Soziologie der Medienkommunikation, Digitale Spiele/Virtuelle Welten, Öffentlichkeitstheorien. Publikationen u. a.: *Die Computerspieler: Studien zur Nutzung von Computergames* (hrsg. mit T. Quandt und J. Wolling, Wiesbaden 2009), *Medienkultur im Wandel* (hrsg. mit A. Hepp und M. Höhn, Konstanz 2010).

Gabriele Winker, Professorin für Arbeitswissenschaft und Gender Studies an der TU Hamburg-Harburg. Arbeitsschwerpunkte: Arbeits- und Geschlechtersoziologie sowie Intersektionalitätsforschung. Letzte Publikationen: *Prekarisierung und Geschlecht*. In: Manske/Pühl (Hg.): Prekarisierung zwischen Anomie und Normalisierung. Münster, 2010, 165-184 sowie Winker, Gabriele; Degele, Nina: *Intersektionalität. Zur Analyse sozialer Ungleichheiten*. Bielefeld, 2009

Teresa Zeckau hat Sozialpädagogik und Soziologie in Bamberg, Krakau und Berlin studiert. Ihre Arbeitsschwerpunkte liegen im Bereich Transnationalisierungsprozesse sowie Migration/Integration und interethnisches Zusammenleben.

GPSR Compliance

The European Union's (EU) General Product Safety Regulation (GPSR) is a set
of rules that requires consumer products to be safe and our obligations to
ensure this.

If you have any concerns about our products, you can contact us on

ProductSafety@springernature.com

In case Publisher is established outside the EU, the EU authorized
representative is:

Springer Nature Customer Service Center GmbH
Europaplatz 3
69115 Heidelberg, Germany